"双减"背景下普通高中多样化特色发展探索

北京教育科学研究院　编著

科学技术文献出版社
SCIENTIFIC AND TECHNICAL DOCUMENTATION PRESS

·北京·

图书在版编目（CIP）数据

"双减"背景下普通高中多样化特色发展探索 / 北京教育科学研究院编著. — 北京：科学技术文献出版社，2023.3
ISBN 978-7-5235-0122-1

Ⅰ.①双⋯　Ⅱ.①北⋯　Ⅲ.①高中—学校管理—研究—北京　Ⅳ.① G637

中国国家版本馆 CIP 数据核字（2023）第 051530 号

"双减"背景下普通高中多样化特色发展探索

策划编辑：崔　静　责任编辑：张　丹　邱晓春　责任校对：王瑞瑞　责任出版：张志平

出　版　者	科学技术文献出版社
地　　　址	北京市复兴路15号　邮编 100038
编　务　部	（010）58882938，58882087（传真）
发　行　部	（010）58882868，58882870（传真）
邮　购　部	（010）58882873
官方网址	www.stdp.com.cn
发　行　者	科学技术文献出版社发行　全国各地新华书店经销
印　刷　者	北京厚诚则铭印刷科技有限公司
版　　　次	2023 年 3 月第 1 版　2023 年 3 月第 1 次印刷
开　　　本	710×1000　1/16
字　　　数	361 千
印　　　张	25.5
书　　　号	ISBN 978-7-5235-0122-1
定　　　价	68.00 元

版权所有　违法必究

购买本社图书，凡字迹不清、缺页、倒页、脱页者，本社发行部负责调换

北京教育科学研究院
"双减"工作领导小组

组　长　方中雄

副组长　冯洪荣　张　熙　钟祖荣

实施团队

策　划　"'双减'背景下普通高中多样化特色
　　　　　发展研究"项目组

成　员

佟　德　殷桂金　占德杰　李海燕　李瑞雪
杨德军　黄晓玲　范佳午　张　毅　朱　娜

序

2021年7月，中共中央办公厅、国务院办公厅印发《关于进一步减轻义务教育阶段学生作业负担和校外培训负担的意见》。北京教育科学研究院高度重视"双减"工作，全面介入，主动担责，系统谋划，协同推进，举全院之力、集全院之智，以"改革转型促提升"为主线，充分发挥教育科学研究的支撑、驱动和引领作用，全面落实"双减"工作。

北京教育科学研究院坚持和加强党的全面领导，充分发挥党委的组织领导作用，迅速研制下发了《北京教育科学研究院支持"双减"工作行动计划》（以下简称《"双减"工作行动计划》），其内容包括1项综合政策研究、6项专题调查、15项专项研究、N项典型经验提炼推广，即"1+6+15+N"，以部门为单位开展独立或联合研究。成立了"双减"工作领导小组，由院长方中雄任组长，副院长冯洪荣、张熙、钟祖荣任副组长，相关部门负责人作为成员，定期研究工作；建立每周工作调度机制、每月推进机制、每学期总结机制，听取工作进展，加强合作交流，协调解决实施中的问题，深入推进工作开展。

同时，在院内结合党史学习教育活动、师德师风建设等，适时开展宣传和讨论。在院外加强全院与各区教育科研、教研机构的协同合作，形成与市区教科研部门"联合调查、联合研究、联合提炼、联合实验"的"四项联合"工作机制。依托北京市教育科学规划领导小组办公室，在全市增加"双减"专项课题，开展《北京市教育科学规划研究成果快报》"双减"专题征稿工作，有力带动市区校的"双减"研究。召开"北京市教研科研工作会"等系列重要会议，促进全市各区经验交流，加强市区联动，形成强大的研究、实践合力，初步形成市区联动的良好局面。

一年多来，各项目组在政策建议、理论研究、实践改进与经验推广等方面全面发力，多点开花，"双减"工作向纵深发展，成果不断显现。围绕中小学课后服务、高中多样化发展，以及教育教学质量提升等热点问题，为上级决策部门及时提供了系列信息参考和决策咨询成果，获得了北京市教委领导的肯定。更多的研究则着力解决实践中存在的问题，与区、校共同研究，发挥着同行者、促进者、引领者的作用。以作业设计改革为例，我院连续召开了3次全市交流会，推出了《义务教育阶段教师优化作业的十条建议》、《中小学作业指导手册》（包括理科类、文科类、综合类和语言类）、优秀学科作业设计和优秀作业案例集锦，引领着作业改革的方向，为区、校进行作业改革探索提供了基本范式，《北京日报》、《北京青年报》、《新京报》、《现代教育报》及千龙网等多家媒体争相报道，产生了积极的社会影响。

《"双减"工作行动计划》中有3项研究分别关注的是"教研员素质提升""幼小衔接""双减与高中教育"问题，均涉及多部门协同研究，《"双减"背景下普通高中多样化特色发展探索》正是其中一项研究成果的汇集，既真实地反映出跨部门合作研究的过程与结果，更是对跨部门合作研究机制的一种探索。期望该成果能够为教育行政管理部门、教育科研工作者及一线教育教学工作者提供借鉴和参考，也能够成为我院跨部门团队研究的典型代表，以此为新的起点，加强跨部门研究，发挥出更重要的学术影响力和实践影响力。

北京教育科学研究院"双减"工作领导小组
2022年9月

本书说明

2021年7月，中共中央办公厅、国务院办公厅印发《关于进一步减轻义务教育阶段学生作业负担和校外培训负担的意见》（以下简称《意见》），提出"有效减轻义务教育阶段学生过重作业负担和校外培训负担"，进一步强化学校教育主阵地作用，全面提升学校教育质量。北京市作为"双减"政策的试点市，中共北京市委办公厅、北京市人民政府办公厅于2021年8月印发《北京市关于进一步减轻义务教育阶段学生作业负担和校外培训负担的措施》，对北京落实"双减"政策的具体内容、规则和管理机制等做了明确说明。"双减"政策指向义务教育，虽不直接涉及高中教育，但基础教育的贯通性及高中阶段对义务教育的引导性，使得"双减"政策必然向高中阶段延伸并逐步深化，对高中多样化特色发展、高中课程建设、学生发展指导等将产生深远影响。

2019年6月，国务院办公厅印发《关于新时代推进普通高中育人方式改革的指导意见》（国办发〔2019〕29号）（以下简称《国办意见》）；2020年3月，中共北京市委教育工作领导小组出台《北京市关于深化育人方式改革推进普通高中多样化特色发展的意见》（京教组发〔2020〕2号）（简称《北京意见》）。《北京意见》中提出进一步强调深化教育改革，推进高中多样化特色发展，全面形成普通高中多样化特色发展教育生态的目标。2022年10月16日，习近平总书记在中国共产党第二十次全国代表大会的报告中明确提出，加快建设高质量教育体系，坚持高中阶段学校多样化发展。《国办意见》与"双减"政策相互融通，在高中多样化特色发展和学校"提质增效"上双向赋能，在学校的实践探索中协同推进。

为进一步贯彻落实党的二十大报告精神及"双减"政策的实施，在北京市教委的领导下，市区教科研机构和中小学校围绕"双减"与学校高质量发展提升理性认识，开展一系列理论和实践探索。北京教育科学研究院举全院之力，集全院之智，系统谋划，成立"双减"工作领导小组，研制《北京教育科学研究院"双减"工作行动计划》。"双减与高中教育"是行动计划中3项专题研究之一，旨在探索"双减"背景下高中教育的理论与实践，如高中多样化发展、高中课程建设、学生发展指导等领域，总结梳理学校落实"双减"政策的典型经验。一年多来，在院领导的指导下，课题组在理论探索、实践改进、政策建议等方面全方位发力，取得了一系列成果。

本书聚焦"双减与高中教育"问题，呈现在贯彻落实"双减"政策的过程中，包括高中多样化特色发展、高中课程建设、学生发展指导等方面的理性思考、现状分析和实施策略，重点围绕"认识与思考""现状与分析""对策与建议""探索与实践"4个篇章进行了总结与提炼。既有市级层面的理论探索，也有来自"双减"背景下高中学校校长、教师、家长的基线调研，还有高中学校在"双减"背景下开展的一系列创新举措与实践反思，是北京市"双减"政策落地实施一年多来高中多样化特色发展生成性的记录和总结。

"双减"是贯彻党中央、国务院决策部署的重大教育改革，事关基础教育体系、教育生态和育人格局，对于全面贯彻党的教育方针、促进学生健康成长具有重要意义。"双减"政策的实施将进一步推动基础教育的优质均衡发展，形成良好的教育生态，全面提升育人质量，构建高质量教育体系。

"'双减'背景下普通高中多样化特色发展研究"项目组
2022年12月

目 录
Contents

第一篇　认识与思考 — **001**

政策工具理论视角下"双减"政策执行研究
　　——以省市级政策工具选择为例 …………………………… 003
多样化特色发展与"双减"共融共进的三重逻辑 ………………… 019
"双减"背景下普通高中多样化特色发展的机遇与挑战 ………… 037
"双减"背景下普通高中特色课程的基本内涵与一般路径 ……… 056

第二篇　现状与分析 — **071**

"双减"背景下普通高中多样化特色发展现状 …………………… 073
基于校长视角的"双减"背景下普通高中多样化特色发展现状 … 102
基于教师视角的"双减"背景下普通高中多样化特色发展现状 … 132
基于家长视角的"双减"背景下普通高中多样化特色发展现状 … 171
"双减"背景下普通高中特色课程建设的现状分析 ……………… 205

第三篇　对策与建议 — **217**

分类培养："双减"背景下普通高中育人方式的实施策略 ……… 219
北京市高中育人方式为"双减"提供的环境支持分析
　　——基于一线教师的调查 ………………………………… 229
"双减"背景下普通高中多样化特色发展对策研究 ……………… 240

"双减"背景下普通高中学生多元发展指导的探索……249

"双减"背景下普通高中特色课程建设的对策思考……259

第四篇　探索与实践　　**275**

"双减"背景下普通高中多样化特色发展的实践探索……277

破解"双减"难题，助力小初高一体化特色发展……287

"双减"背景下工美附中的特色发展与实践……297

"双减"背景下普通高中教学变革实践与思考……305

学术赋能，全面构建良好的教育生态环境……315

贯通"双减"精神，建设高中特色品牌……321

"双减"背景下学校特色课程群建设的实践探索……333

让每一个学生都获得最好的发展
　　——北京市延庆区第五中学"人文见长"特色课程建设实践……341

"双减"背景下普通高中特色课程体系建设探索……351

附　录　　**361**

"双减"背景下北京市高中多样化特色发展研究方案……363

国务院办公厅关于新时代推进普通高中育人方式改革的指导意见……368

中共中央办公厅　国务院办公厅印发《关于进一步减轻义务教育阶段
　　学生作业负担和校外培训负担的意见》……375

北京市关于进一步减轻义务教育阶段学生作业负担和
　　校外培训负担的措施……383

后　记　　**392**

第一篇
认识与思考

政策工具理论视角下"双减"政策执行研究

——以省市级政策工具选择为例

北京教育科学研究院 张 熙 高 翔

减轻中小学生学业负担问题，已经成为基础教育治理的"顽疾"。自1955年教育部发出新中国第一个"减负令"——《关于减轻中小学生过重负担的指示》以来，国家层面已发布了11道"减负令"，地方出台的"减负令"多达上百道。然而，减负虽然略有成效，但中小学生的学业负担不但没有减轻[1]，反而出现了"校内减负，校外增负"的趋势[2]。减轻中小学生学业负担仍然是存在于教育政策领域的"老大难"问题。

2021年7月24日，中共中央办公厅、国务院办公厅印发《关于进一步减轻义务教育阶段学生作业负担和校外培训负担的意见》（以下简称《意见》），《意见》认为："义务教育最突出的问题之一是中小学生负担过重，短视化、功利化问题没有根本解决"，并提出应"全面压减作业总量，降低考试压力""全面规范校外培训机构，明确培训机构收费标准，依法规范教学培训秩序"[3]。首次将作业负担和校外培训负担共同作为减轻学生学业负担的两大重任。教育部也提出把"双减"工作列入本年度重点工作任务[4]。"双减"政策的颁布，指导着减负措施的新动向。

"双减"虽然面向义务教育阶段，但是基础教育是一个连贯发展的整体系统，"双减"的政策效果对于高中阶段也有着关键影响。《国务院办公厅关于新时代推进普通高中育人方式改革的指导意见》也指出"普通高中教育是国民教育体系的重要组成部分，在人才培养中起着承上启下的关键作用。办好普通高中教育，对于巩固义务教育普及成果、增强高等教育发展后劲、进一步提高国民整体素质具有重要意义"。

十多年来，我国各省市级政府及教育行政部门颁布了减轻中小学作业负担和规范校外培训机构的诸多政策，这些政策是打开减负政策为何成为顽疾的"黑箱"。而减负政策的制定并不代表政策价值和政策目标已经实现，政策价值和目标实现是一个复杂的过程，政策工具的选择和使用在政策价值目标实现过程中处于至关重要地位。公共行动的失败不是源于政府管理人员的无能或者渎职，更关键的是由于他们使用的工具或者行动方式[5]。基于政策工具理论视角，结合减负类型维度，笔者研究梳理了 28 个省级行政单位 89 个市级行政单位①校内减负政策文本和校外培训机构规范政策文本，来探究我国省级层面和地市级层面十多年减负政策工具的选择特点及其运用偏差，以期能够提出合理的省市级"双减"政策工具优化策略。

一、我国省市级减负政策的计量分析框架及分布特征

（一）研究方法与文本选择

1. 研究方法

本文采用内容分析法，以定量分析方式对我国省级、地市级减负政策文本（包含校内作业等减负政策和校外培训机构减负政策）进行研究，以了解十多年来省市级减负政策工具使用特点和国家减负政策在省市级层面如何落地。内容分析法是一种以定性资料为基础的量化分析技术，将定性的文字资料等内容转化为可用数量表示的数据资料，并使用数理统计方法来呈现和解释分析结果[6]。

首先，引入政策工具和减负类型 2 个维度构建本文的二维分析框架，政策工具是将政策预期转化为实际行动而达成政策目标的手段和方式，即为政策目标的实现"选择合适的工具"[7]。减负类型是双减政策关注的主体部分，是政策工具促进政策转化和应用过程中的载体。其次，将政策文本进行政策工具的编码，并结合具体内容进行描述性分析和频次统计。最后，在量化分析的基础

---

① 本文中的 89 个市均为地级市。

上剖析中国省市级减负政策在政策工具的选择、组织与建构中存在的问题,并给出相应的政策建议。

2.文本选择与编码

本文所选择的省级和地市级减负政策文本均为公开的数据资料,主要来源于我国省市级政府、教委的官方网站和北大法宝数据库。由于涉及减负政策的文本数量众多,为了选取的准确性和代表性,研究按照以下原则对政策文本进行了整理和筛选:一是发文单位为省级和地市级机关,以省市级政府、省级教育厅、市级教育局为主;二是直接与减轻学生校内学业负担和规范校外培训机构密切相关;三是政策类型主要选取法律法规、意见、办法、通知等体现省市级政府和教育行政部门对学生学业负担进行管理的相关政策文本;四是发文时间是2011年至今,原因是在2011年,《政府工作报告》首次提出"切实减轻中小学生过重课业负担"[8],减负也成为各省市级政府关注的要点。本文共收集省级减负政策样本218份、市级减负政策样本243份,并自行设计了分析单元编码表对461份政策文本进行信息抽取,如表1所示。

表1 政策文本分析单元编码表

编号	政策名称	政策级别	减负类型	政策年份	政策主体	内容编码	政策工具类型	具体要素
1	北京市教育委员会印发《关于禁止组织义务教育阶段学生参与学科竞赛活动的通知》	省级	校内减负	2011	北京市教育委员会	1-1 1-2 1-3	权威工具 能力建设工具	禁止 要求 培训与支持
2	陕西省教育厅印发《县区教研机构监测义务教育学校学生课业负担实施方案》	省级	校内减负	2011	陕西省教育厅	2-1 2-2 2-3	激励工具 权威工具	声誉激励 要求 规范
3	《北京市教育委员会 北京市人民政府教育督导室〈关于切实减轻中小学生过重课业负担〉的通知》	省级	校内减负	2013	北京市教育、北京市政府教育督导室	3-1 3-2 3-3 3-4	象征与劝诫工具 权威工具	倡导 禁止 规范 要求
……	……	……	……	……	……	……	……	……

续表

编号	政策名称	政策级别	减负类型	政策年份	政策主体	内容编码	政策工具类型	具体要素
321	鞍山市切实减轻中小学生课外负担开展校外培训机构突出问题专项治理实施方案的通知	市级	校外减负	2018	鞍山市教育局、民政局、人社局、工商局	321-1 321-2	权威工具	整改 禁止
322	巴彦淖尔市减轻中小学生课外负担开展校外培训机构专项治理行动工作实施方案的通知	市级	校外减负	2018	巴彦淖尔市人民政府	322-1 322-2 322-3	权威工具 系统变革工具	整改 禁止 社会力量
……	……	……	……	……	……	……	……	……
461	福建省教育厅关于加强"五项管理"进一步推进中小学生减负工作的通知	省级	校内校外减负	2021	福建省教育厅	461-1 461-2 461-3	能力建设工具 权威工具 象征与劝诫工具	培训与支持 规范 号召

（二）政策工具视角下减负政策计量分析框架

本文以政策工具为横向维度，以校内减负和校外减负为纵向维度，构建"政策工具—减负类型"二维分析框架。

1. X维度：政策工具维度

本文结合我国已经颁布的校内减负和校外减负政策的特征，借鉴麦克唐奈（McDonnell）和艾尔莫尔（Elmore）的分类方法，发现将政策工具分为权威工具、激励工具、能力建设工具、象征与劝诫工具和系统变革工具5类，能够准确且相对完整地覆盖我国在校内外减负上使用的政策工具。因此，采用此5类政策工具作为分析框架的政策工具维度（表2）。

表2 政策工具类型及其具体解释

政策工具类型	解释
权威工具	权威工具是政府使用法律、直接行政和管制等方式达成政策目标的手段，本研究把要求、整改、规范、禁止、许可等纳入权威工具范畴，并把制度、标准、禁止、评估、监管、许可等统称为管制

续表

政策工具类型	解释
激励工具	激励工具是指通过向个人或组织转移资金等以诱导其做出一定行为的政策工具类型，包括财政激励、声誉激励和授权激励等具体政策工具
能力建设工具	能力建设工具是指提供个体、群体或机构以做决策或采取某种行为的信息、培训、教育和资源给那些有能力的个体、群体或机构去决策或开展活动，包括培训与支持、信息提供制度建设等
象征与劝诫工具	象征与劝诫工具通过价值倡导、认同、整合、同化等策略诱导目标群体按照政策所倡导的理念和目的去行动，具体包括鼓励、倡导、号召
系统变革工具	系统变革工具也可称为志愿性工具，是指通过个人、家庭、社会组织或市场发挥作用，在自愿的基础上解决社会问题的手段、途径和方法，主要包括市场、社会力量、自我管理等

2. Y维度：减负类型维度

中共中央办公厅、国务院办公厅印发《关于进一步减轻义务教育阶段学生作业负担和校外培训负担的意见》，《意见》强调义务教育阶段要"减轻校内作业负担"和"校外培训负担"，校内减负和校外减负同时成为国家及各级党委、政府关注的问题。在减负类型中，本研究将减负分为"校内减负"和"校外减负"2类，结合搜集到的省级减负政策数据和市级减负政策数据，最终将减负类型分为：省级校内外减负政策和市级校内外减负政策。

3. 政策工具—减负类型二维分析框架构建

基于基本政策工具维度和减负类型维度的构成，最终构建了省市级减负政策的二维分析框架，如图1所示。

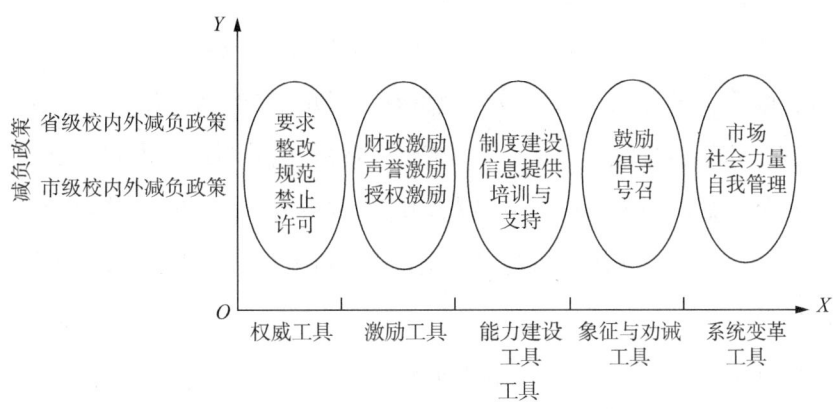

图1 省市级减负政策二维分析框架

（三）我国省市级减负政策工具的分布特征

1. 校内外减负政策的 X 维度分析

本文对我国校内外减负政策的五类政策工具及其具体政策工具使用频次参考点如表3所示。由表3可知，权威工具和能力建设工具使用频次最多，其次为象征与劝诫工具，激励工具和系统变革工具使用频次较少。

表3 我国校内外减负政策工具使用频次

政策工具类型	权威工具					激励工具			能力建设工具		
政策工具	要求	整改	规范	禁止	许可	财政激励	声誉激励	授权激励	培训与支持	制度建设	信息提供
参考点	1054	356	1752	84	196	3	17	5	1331	673	1

政策工具类型	象征与劝诫工具		系统变革工具		
政策工具	鼓励	倡导与号召	市场力量	社会力量	自我管理
参考点	174	28	1	35	3

2. 校内外减负政策的 Y 维度分析

根据省市两级和校内校外2个方面，将减负政策Y维度分为2类：省级校内外减负政策、市级校内外减负政策。省级校内外减负政策工具共计3056，市级校内外减负政策工具共计2829。

"双减"政策落地之前，以往省市级颁布的减负政策往往是校内减负和校外减负相分离。所以，在进行具体统计时，为了更好地展示省市级对政策工具的使用，在省级校外减负维度具体统计了省级校内减负和省级校外减负，在市级校内外减负政策中也具体统计了市级校内减负和市级校外减负。其中，省级校内减负政策工具1906，省级校外减负政策工具1150；而市级校内减负政策工具1130，市级校外减负政策工具1699。省级校内减负政策占到32.39%，省级校外减负政策占到19.54%，市级校内减负政策占到19.20%，市级校外减负政策占到28.87%。由于培训机构属地化管理，市级对于校外减负的政策工具使用频次最多。

3. 校内外减负政策的 X、Y 维度分析

我国校内外减负政策的"政策工具—减负类型"（X、Y维度）交叉分析如

表4所示。由表4可知，各省市级不同减负类型使用的政策工具分布表现出明显的类别化特征。通过X、Y维度交叉大致可以分为4类。第一类是频繁涉及的减负政策工具，包括"要求""规范""培训与支持""制度建设"这4类政策工具，涉及权威工具和能力建设工具2种类型。其中，省级校内减负政策使用最频繁的是"要求"和"规范"；省级校外减负政策使用最频繁的是"培训与支持"；市级校内减负政策使用最频繁的是"规范"和"制度建设"，市级校外减负政策使用最频繁的是"培训与支持"和"规范"。第二类是较为频繁涉及的减负政策工具，包括"整改""禁止""许可""鼓励"，涉及权威工具和象征与劝诫工具2种类型。在"整改"工具中，省市级校外减负政策使用频率明显高于省市级校内减负政策；在"禁止"工具中，省市级校内减负政策高于校外政策，校内减负政策的"禁止"主要关注在职教师在校外补课现象；在"许可"工具中，省市级校外减负政策使用频率高于校内减负政策，校外减负政策主要涉及机构证件许可、教师资格证及办学环境条件许可等；在"鼓励"工具中，校内减负政策大大高于校外减负政策。第三类是较少涉及的政策要素，包括"财政激励""声誉激励""授权激励""倡导与号召""社会力量"，分布在激励工具、象征与劝诫工具和系统变革工具中。所有的激励工具均为校内减负政策使用，校外减负政策没有涉及激励工具。"倡导与号召"工具也是校内减负政策使用为主。第四类是几乎没有涉及的政策要素，包括"信息提供""市场力量""自我管理"，分布在能力建设工具和系统变革工具中。

表4 我国校内外减负政策的"政策工具—减负类型"交叉分析

减负类型		省级校内外减负政策		市级校内外减负政策	
具体统计要素		省级校内减负政策	省级校外减负政策	市级校内减负政策	市级校外减负政策
权威工具	要求	468	150	233	203
	整改	55	116	48	137
	规范	582	319	380	471
	禁止	37	9	23	15
	许可	55	83	15	143

续表

减负类型		省级校内外减负政策		市级校内外减负政策	
激励工具	财政激励	37	0	14	0
	声誉激励	34	0	10	0
	授权激励	7	0	12	0
能力建设工具	培训与支持	199	385	93	638
	制度建设	309	60	243	61
	信息提供	0	1	0	0
象征与劝诫工具	鼓励	97	19	41	17
	倡导与号召	16	1	10	1
系统变革工具	市场力量	0	0	0	1
	社会力量	9	8	6	12
	自我管理	1	0	2	0
总计		1906	1150	1130	1699

二、我国省市级减负政策工具选择特点

自2011年以来，我国进入减负的正本清源阶段，逐步步入全方位综合治理减轻课外负担时期[9]，校外培训机构治理也进入到强治理阶段[10]，省市级校内减负政策和校外培训机构规范政策数量大大增加。本文统计的省市级减负政策文件实际上均是基于不同的国家层面减负政策文献的落地办法，有着不同的表述，但也有相互自洽的部分研究。这些政策综合使用了权威工具、激励工具、能力建设工具、象征与劝诫工具和系统变革工具，政策工具组合不断丰富和完善，有利于发挥政策整体效应。同时，在校内减负引发了校外培训的"剧场效应"后，政策也有所转向，不仅将减负指向校内作业负担，还指向校外培训机构的规范。虽然中央全面深化改革委员会首次在2021年5月提出"双减"，然而事实上，政策在近十年内已经对校外培训机构乱象进行管理和规范，表明我国减负政策体系正在逐步完善。

在政策资源有限，基础教育改革任务艰巨，"剧场效应"和"内卷"风靡的条件下，我国减负政策工具组合和减负类型结构不断完善，初步形成了以作业

减负和校外培训减负为主体减轻中小学生学业负担的政策体系。通过分析省市级校内校外减负政策，研究发现政策工具应用上存在自身特点及应用偏差，接下来具体分析减负政策工具的选择特点，以期提出相应的优化策略。

（一）整体上权威工具、能力建设工具使用过溢，激励、象征与劝诫、系统变革工具使用不足

权威工具的使用频次是其他类型政策工具使用频次的几十倍乃至几百倍。权威工具无须额外的资源投入，政策影响容易控制，易于规避不确定性，可以迅速、便捷、低成本地达到政策目标，这是其被大量使用的重要原因[11]。权威工具虽然能够保障政策贯彻落实到位，促进政策转化和降低执行成本[12]，但其在一定程度上忽视了中小学校和校外培训机构的自身差异和需求，而且权威工具过溢，容易造成象征性执行、选择性执行和替换性执行的现象[13]。

激励工具、象征与劝诫工具和系统变革工具使用频次合计占比仅为4.67%。激励工具需要投入额外的政策资源，如财政激励需要投入额外的专项经费。但是激励工具可以激发政策执行机构的内在动力。象征与劝诫工具是基于人们的思想和对世界的看法转变进而转变人们行为的一种政策工具[14]，这种政策工具的使用和激励工具一样可以激发目标群体的内在动力。这2类工具使用不足，容易导致减负执行机构对于减负任务执行没有足够动力。系统变革工具强调社会自治，各社会主体在自愿的基础上进行自我管理，解决社会问题，其重心是市场工具[15]。在校内减负政策中采用系统变革工具主要是在民办学校中，其目的是通过给民办中小学一定的压力，从而激发民办教育的办学活力，提高教学质量，减轻作业负担，促进科学规范的学校管理。在校外减负政策中采用系统变革工具主要希望通过行业自治和市场力量推动校外培训机构有效办学，增强办学主动性。同时，系统变革工具的动力作用也有利于学生高中、大学时期的长远发展。事实上，资本力量对校外培训机构推动较大，且校外培训机构的行业自治力量薄弱。所以，无论校内减负还是校外减负，系统变革工具使用都相对不足。

（二）省级层面和地市级层面的校内校外减负政策工具存在同质化现象

新制度主义者鲍威尔（Walter W. Powell）和迪马其奥（Paul J. DiMaggio）将

政策同质化称为"制度同构"[16]，也就是政策单元的政策实施方式日益相似。鲍威尔也指出，强制机制、模仿机制和规范机制容易导致同质化。其中，模仿机制中模仿的对象一般是同领域中被认为更有合法性和更成功的相似组织[17]。所以，在减负政策中权威工具使用较为频繁的情况下，为了获得更高的"合法性"，省级政府之间出现了"模仿"，地市级政府也向省级政府的政策进行"对标"。

减负政策的同质化主要有2个方面，一是省级层面和地市级层面减负政策同质化，即"纵向同质化"；二是省级政府之间、地市级政府之间减负政策同质化，即"横向同质化"。纵向同质化是地市级政府在推进减负政策过程中倾向于将上级政策文本作为"模仿"对象，以提高其政策文本"合法性"。例如，安徽省教育厅联合省公安厅等四部门印发《安徽省切实减轻中小学生课外负担开展校外培训机构专项治理行动实施方案》的通知时提出治理和排查内容包括六点，而淮南市教育局等四部门印发的《淮南市切实减轻中小学生课外负担开展校外培训机构专项治理行动计划》的通知中也将治理排查范围分为六大类，和安徽省发文内容一致，而且安徽省和淮南市在制定政策时使用的政策工具也十分一致。横向同质化是同级政府之间的政策出现了"类似""对标"的现象。这可能由于同级政府在政策颁布过程中为了避免上级政府的督导问责，通过"制度同构"减少本政府政策中的"不作为""乱作为"政策风险[18]。例如，2019年上海市教育委员会等九部门关于印发《本市落实义务教育阶段学生减负增效工作实施意见》的通知和广西壮族自治区教育厅等九部门关于印发《广西壮族自治区中小学生减负实施方案》的通知，内容基本一致，都涉及规范学校办学、规范培训机构、家庭教育引导和政府管理监督4个方面，使用政策工具也都涉及权威工具、能力建设工具2个方面。

减负政策同质化，影响了减负政策在省级和地市级具体实施的效果。由于减负政策的横向同质化和纵向同质化，我国多个省（自治区、直辖市）事实上都在按照"差不多"的方式进行减负，导致政策没有因地制宜，没有适合本地的环境，也难以达到最初预想的效果。政策同质化会异化地方教育政策生态，破坏教育政策的地方多样性。

（三）校内减负和校外减负政策工具选择之间差异化显著，存在不均衡情况

校内减负政策工具使用偏重于权威工具、能力建设工具和象征与劝诫工具，激励工具、系统变革工具使用较少；校外减负政策工具使用偏重于权威工具和能力建设工具，象征与劝诫工具和系统变革工具使用较少，从不使用激励工具。在使用频次较多的权威工具和能力建设工具中，校内校外减负政策内部差异化明显。

权威工具使用中，校内校外减负政策侧重点不同。在"要求"工具中，校内减负使用频率明显高于校外减负政策，对于学校如何减轻中小学生课业负担，政策中具体的要求。在"禁止"工具中，校内减负使用频率也明显高于校外减负政策，这主要针对作业负担、考试问题和在职教师有偿补课问题。例如，作业"小学不超过1小时""初中不超过1.5小时""义务教育阶段每学期统一考试不得超过两次"等，且在职教师有偿补课问题，禁止在职教师"校内不讲校外讲"。在"整改"工具中，校外减负使用频率明显高于校内减负政策，对于校外培训机构，政府要求其机构有"双证"、教师有教师资格证、补课场所容量和消防安全要求等准入门槛，如若达不到门槛，便勒令其"整改"。

能力建设工具中，校内校外减负政策着力也不同。例如，"培训与支持"一项，校内减负偏重"支持"，而校外减负偏重"培训"。在"培训与支持"政策工具中，校外减负政策工具使用频次大大高于校内减负政策，这是由于政策条文要求校外培训机构对于教职工进行合理的上岗培训。在"制度建设"中，校内减负政策使用频次大大高于校外减负政策，这是由于政府更注重完善学校制度建设，把学校教育作为主阵地。

在使用频次较少的激励工具、象征与劝诫工具内部，校内减负政策和校外减负政策也存在显著差异。校外减负从不使用激励工具，校外减负的象征与劝诫工具使用频率明显低于校内减负。

三、"双减"背景下未来省市级减负政策工具优化策略

自2021年5月21日中央全面深化改革委员会第十九次会议审议通过了《关

于进一步减轻义务教育阶段学生作业负担和校外培训负担的意见》以来，各省级部门在制定本省减负政策时，已经尝试将校内减负和校外减负一起放入政策文件中，如福建省教育厅在 2021 年 6 月 4 日发布的《关于加强"五项管理"进一步推进中小学生减负工作的通知》中提出既提出要减轻校内作业负担，也提出要规范校外培训机构。

然而，部分省市在贯彻落实"双减"行动时，并没有真正领悟到中央层面的真实含义，以至于出现了某些省份把校外培训机制治理纳入"扫黑除恶、打黄扫非"专项考核等让群众哗然的事件。为进一步做好省市级校内减负和校外减负工作，切实落实减负着力点，在了解以往省市在贯彻落实校内减负和校外减负中政策工具的选择特点及运用偏差后，提出如下优化建议。

（一）因症制宜：以权威工具为抓手，优化减负政策工具使用结构，提升政策协同效力

当前，我国减负政策推进已经进入深水区，政策的进一步深化触及既有的校外学科类培训、学校教师承担课后服务工作等校内教师工作制度改革和校外培训机构业务重组。既有的制度安排在长期发展存续过程中形成了相互嵌套的制度体系，捆绑了复杂的权力格局和利益结构，其变迁具有强大的路径依赖性[11]，所以减负政策的推进应该以权威工具和系统变革工具为抓手，寻找减轻中小学生作业负担和校外培训负担的切入点，分步骤、有序地实施调整。

麦克唐纳和埃尔莫尔认为不同的政策工具具有最优的适用情境且各有其优缺点[19]，政策工具的科学化组织尤为重要。当前，省市级政府在以权威工具、能力建设工具为抓手的同时，也要根据减负政策目标与现实需求，对其他政策工具进行合理组合，实现优势互补。

具体来讲，权威工具是促使减负政策能够有效执行的关键力量，既能在校内减负中起到自上而下的学校管理效果，也能在校外减负中对校外培训机构进行严格规范。能力建设工具有助于提升学校自身和校外培训机构的长远发展，在制定政策时应酌情合理使用。激励性工具有助于调动学校自身和校外培训机构的积极主动性，消解权威工具的强制命令导致的消极情绪，对于提升学校减负积极性有一定推动作用。象征与劝诫工具能够对政策目标群体进行引导，让其能够自发认同减负政策，并努力达到政府最初期望的价值观和行为[19]。系统变革工具是激发政策目标群体自身动力的工具，能够起到"造血"功能的工具，通过市场力量和社会力量来使目标群体本身主动变革。以权威工具为抓手，关注其他工具的合理使用，能够更好地"输血"与"造血"，动态地促使减负政策落到实处。

（二）因地制宜：减负政策推进关注"本土性"，寻求本地减负政策工具和政策文化、空间及受众的自洽

优质的教育政策既需要宏观层面的"顶层设计"，也需要地方政府的"基层创新"，在战略决策上坚持顶层设计、统一领导，战术选择上鼓励基层创新、因地制宜[18]。唯有如此，才能调动中央和地方2个积极性，最大限度地激发出推动改革发展的强大功能[20]。所以，减负政策的推进，需要来自于国家层面的"自上而下"和地方政府层面的"自下而上"2种路径的变革。而现有政策较多使用"自上而下"的变革，且"自上而下"的政策工具一致性较强，对本土政策的探索不足。同时，省级、地市级政府为了政绩和"政策竞争"，更愿意使用同级政府的政策表达和政策工具，缺乏"本土化"因地制宜的政策话语和政策工具。减负政策的"本土化"能够兼顾地方情况，提升国家政策和地方政策文化、空间及受众的契合性，这可能需要省级政府、地市级政府在制定减负政策和使用政策工具时从2个方面去考虑。

一是衡量本地学生负担水平，常规化检测中小学生的校内作业负担和校外培训负担水平，根据学业负担水平适时调整政策。明确每个省份、每个地市在全国范围内属于什么水平，对于学业负担较重的地市要切实减负，而对于学业负担不足的地区也要适时增负。所有省份都可以依托省市级科研部门来摸清底数，了解学生的负担情况。具体来讲，发达省份可以通过高新科技和实时检测了解学生实时学业负担，并根据学业负担情况对政策进行相应调整。不发达省份可以通过实地调研或者深入中小学参与式观察了解学生负担水平，并依此进行调整。在衡量学生学业负担时，不应把学生学习时间或者作业时间作为唯一负担标准，关键还是要全面、准确、动态地了解负担情况。

二是制定符合本省或者本地市省情、市情、学情的减负政策，使用合理有效的减负政策工具，避免"一刀切""盲目对标"。较为粗放的"一刀切"减负政策，是没有实地考察本地实情、本地学校制度特点、学生学情、家长需求的情况下，盲目对接上级政府或者对标同级政府减负政策。校内减负政策制定和政策工具选择要考虑到本省、本地市学校、教师、学生、家长情况，尤其需要考虑家长需求、地方社会观念和舆情的引导方式，校外减负政策也要考虑到本省或者本市校外培训机构的具体情况。

（三）因材制宜：注重激励工具和系统变革工具的使用，关注学生的中高衔接，树立长远育人观

激励工具和系统变革工具在政策中使用甚少，是由于激励工具需要一定的政策资源倾斜和奖励支持，在政策设计中更烦琐；而系统变革工具需要强有力的行业组织及良性的市场来发挥推动作用。这些政策工具选择会对省市两级政府治理能力和资源供给带来一定的挑战。然而，提升减负中政策目标主体的内在动力，是校内外减负的关键之举。

"双减"政策的最终目标指向了建设公平的高质量基础教育体系，高中阶段也是不可缺少的一环。"双减"的政策基本针对义务教育阶段学生，关于高中阶段的要求较少，然而，协同推动、系统衔接是未来完善"双减"政策的必然道路。

校内减负应关注激励工具，提高内在动力，提升校内课堂质量，减轻课后作业负担。激励性工具包括财政激励、声誉激励和授权激励。一方面，树立减负典型学校，结合其他学校实际情况进行推广。通过学业负担检测系统了解负担轻、效率高学校的做法，并以德尔菲法了解这些做法的可行性和可推广度，进而进行推广。对于典型学校，可以授权进行进一步的探究，并且给予财政激励和声誉激励。另一方面，探究提升课堂质量的办法，对课堂质量高的教师给予声誉激励。提高校内课堂质量，让多数学生"吃饱"，才是避免大量课堂作业的关键前提。对于课堂质量高的教师，可以让其在教研会议、暑期培训时对同校和同城教师进行培训，并给予相应的声誉激励。

校外减负应关注系统变革工具，发挥行业力量并转变职能，通过政府购买服务方式助力课后延时服务。随着课后延时服务的出现，下午"三点半"问题正在被着力解决，但是课后延时服务的内容、教师和形式各省市地区差异很大。事实上，通过政府购买服务的方式，校外培训机构转变职能，提供课后延时服务等，也是值得该行业关注的转化思路。发挥行业组织的力量和社会力量，关注系统变革工具的使用，是增强校外减负目标群体内在动力的关键着力点。充分发动社会力量和行业自治能力，促进社会各界力量尤其是校外培训委员会参与校外减负的治理，推动省市级政府、社会组织和学校构建合作伙伴关系。

同时，校内外减负都应该注重学生的长远发展，注重义务教育和高中的衔接。高中阶段的负担主要是课业负担和考试负担，而且高中教育的课业有难度、深度、高度，考试负担有数量和质量上的双重压力。如何做好初中高中的衔接，树立长远人才观，破解整个基础教育阶段的减负难题，是当下"双减"继续推进完善的关键课题。

参考文献

[1] 文雪，扈中平. 从博弈论的角度看"教育减负"[J]. 中国教育学刊，2007（1）：22-24.
[2] 项贤明. 七十年来我国两轮"减负"教育改革的历史透视[J]. 华东师范大学学报（教育科学版），2019，37（5）：67-79.
[3] 中共中央办公厅 国务院办公厅印发《关于进一步减轻义务教育阶段学生作业负担和校外培训负担的意见》[EB/OL].（2021-07-24）[2022-03-16].http://www.gov.cn/xinwen/2021-07/24/content_5627132.htm.
[4] 教育部回应"双减"传闻：切实减轻学生校外培训负担和作业负担[EB/OL].（2021-03-31）[2022-03-16]. http://www.moe. gov.cn/jyb_xwfb/moe_2082/2021/2021_zl25/bd/202104/t20210401_523862.html.
[5] 萨拉蒙. 公共服务中的伙伴：现代福利国家中政府与非营利组织的关系[M]. 田凯，译. 北京：商务印书馆，2008：23.
[6] STEMLER S E. An overview of content analysis[J]. Practical assessment research & evaluation，2001，7（17）：1-10.
[7] JENSEN C，JOHANSSON S，LÖFSTRÖM M. The project organization as a policy tool in

implementing welfare reforms in the public sector[J]. International journal of health planning & management，2013，28（1）：122-137.

[8] 张烁，杨文明，陈圆圆. 减负不是简单做减法 [N/OL]. 人民日报，2018-03-29[2022-03-16] http：//edu.people.com.cn/n1/2018/0329/c1053-29895918.html.

[9] 张冰，程天君. 新中国成立以来学生"减负"历程的回顾与反思 [J]. 教育科学，2019，35（6）：33-39.

[10] 薛海平，刁龙. 改革开放以来我国校外培训机构治理政策的文本计量分析 [J]. 教育经济评论，2020，5（6）：18-37.

[11] 李廷洲，焦楠，陆莎. "十二五"期间我国教师政策计量分析与前瞻：基于政策工具视角的文本计量研究 [J]. 中国教育学刊，2016（9）：36-41.

[12] 周付军，胡春艳. 政策工具视角下"双一流"政策工具选择研究：基于政策工具和建设要素双维度的分析 [J]. 教育学报，2019，15（3）：84-93.

[13] 廖辉. 课程政策有效执行的运行机制研究 [J]. 课程·教材·教法，2019，39（5）：57-63.

[14] MCDONNELL L M. Assessment policy as persuasion and regulation[J]. American journal of education，1994（8）：394-420.

[15] 李科利，梁丽芝. 我国高等教育政策文本定量分析：以政策工具为视角 [J]. 中国高教研究，2015（8）：50-56.

[16] 许长青，卢晓中. 粤港澳大湾区高等教育融合发展：理念、现实与制度同构 [J]. 高等教育研究，2019，40（1）：28-36.

[17] DIMAGGIO P J，POWELL W W. The iron cage revisited：Institutional isomorphism and collective rationality in organizational fields[J]. American sociological review，1983，48（2）：147-160.

[18] 顾秀林，佘林茂. 省级政府推进新一轮国家减负政策的困境与出路：基于23个地区减负方案的政策分析 [J]. 教育发展研究，2020，40（15）：32-39.

[19] 黄忠敬. 教育政策导论 [M]. 北京：北京大学出版社，2011.

[20] 穆克瑞. 把握好顶层设计与基层创新的关系 [EB/OL].（2019-03-18）[2022-03-16]. http：//theory.people.com.cn/n1/2019/0318/c40531-30980455.html.

多样化特色发展与"双减"共融共进的三重逻辑

北京教育科学研究院　李瑞雪

2010年，国务院颁布《国家中长期教育改革和发展规划纲要（2010—2020年）》（以下简称《规划纲要》），提出推动普通高中多样化特色发展的目标。这是一项国家层面的指导性政策，鼓励试验探索，逐步在全国范围推广。2021年7月，中共中央办公厅、国务院办公厅印发《关于进一步减轻义务教育阶段学生作业负担和校外培训负担的意见》（以下简称《意见》），标志着义务教育阶段新一轮减负的"双减"政策正式落地执行。"双减"是一项国家层面的强制性政策，要求依法综合治理，限期达标见效。基础教育是一个连贯发展的整体系统，多样化特色发展和"双减"分别针对我国基础教育中普通高中和义务教育这两个首尾相继的阶段。这两项政策具有什么内在联系？彼此是如何相互作用、相互影响的？如何一体化推进落实？是需要深入研究并着力解决的现实问题。本文拟站在基础教育政策整体性和发展性的高度，从历史逻辑、底层逻辑和实践逻辑三个视角审视多样化特色发展与"双减"相互融通、协同推进的内在关系和作用机制。

一、历史逻辑：多样化特色发展与"双减"贯通全程、彼此相依

在我国的基础教育中，学校特色发展、多样化发展数十年以前已经成为政策话题，减轻学生课业负担政策的落实更是经历曲折反复的长期过程。回溯历史，关联分析，可以获得多样化特色发展和"双减"内在联系的深刻理解和全面认识。

（一）从学校特色发展提升到高中学校多样化特色发展

特色学校的概念，深深嵌入中华传统文化的基因，也有西方相关理念的植

入和映照。差异、个性和特色是所有学校存在和发展的共同逻辑起点，构成学校未来前进方向的合理依据，彰显学校教育的多样、丰富和活力[1]。倡导中小学特色化办学，多年来一直是教育界的呼声。20世纪90年代，在特色学校发展普遍进入基础教育视野的同时，学校多样化的探索也已经开始[2]。特色学校是学校自主规划设计视角的概念，多样化发展是政府公共管理视角的概念[3]。在我国，以往谈论特色学校发展基本上都是将中小学作为整体一概看待的，并不区分义务教育阶段和高中阶段。普通高中多样化最初与特色化类似，体现在课程方面，后来拓展到学校类型、培养目标、教学形式、教学组织、评价方式等方面，并在20世纪90年代进入政策视野，如1993年《中国教育改革与发展纲要》（以下简称《规划纲要》）就有相关表述[4]。《规划纲要》将多样化发展与特色发展相统一，形成专门针对普通高中的多样化特色发展概念。多样化表现在办学主体、办学形式、育人方式等方面，属于外延层面的要求，特色发展表现在高中学校内涵发展上，着力于提升学校办学质量和水平，二者不可分，相互促进[5]。由此可知，多样化特色发展是基于学校特色发展的，是适应普通高中特征和要求的进一步扩展和提升。

将多样化与特色化融合，为我国普通高中教育未来发展明晰了图景。义务教育由国家统一实施、充分保障，坚持优质均衡、公益普惠，这个教育阶段的学校特色发展是具有较强限制性和较多规定性的。普通高中以"升学、就业、全人"为教育目标定位，为高中学校特色发展开辟了更大空间，提供了更多可能。特别是普通高中教育的特有属性和价值追求，使普通高中学校办学体制、机制、模式可以多样化，可以由分层教学转向分类办学。将普通高中的特色化建立在多样化基础之上，可以实现更具特色、更具差异的发展。多样化与特色化相互联结，深度贯通，使多样化特色发展成为普通高中学校发展的动力之源、创新之基。因此，多样化特色发展与特色发展一脉相承，贯穿中小学教育全过程。

（二）减负始终是义务教育和普通高中教育的共同任务

从1955年教育部颁布新中国第一个"减负令"——《关于减轻中小学生过

重负担的指示》开始,在我国基础教育的发展过程中,绝大多数情况下都是以中小学的名义整体推进减负工作的,同时兼顾义务教育阶段和高中教育阶段。这样设计的弊端是指向宽泛,重点模糊,针对性不强,可操作性差。但是,我国也曾制定专项政策,着力解决特定学段学生的减负问题。例如,1988年原国家教育委员会颁布《国家教育委员会关于减轻小学生课业负担过重问题的若干规定》、2013年教育部出台史上最严厉减负政策——《小学生减负十条规定》。"双减"政策主要针对义务教育阶段学生,并不意味着高中教育阶段无需减负。实际上,"规划纲要"中也提出要把减负落实到中小学全过程。2014年出台的《国务院关于深化考试招生制度改革的实施意见》针对的问题之一是唯分数论影响学生全面发展,一考定终身使学生负担过重。2019年6月颁布的《国务院办公厅关于新时代推进普通高中育人方式改革的指导意见》要求切实减轻高中学生过重课业负担,严禁超课标教学、抢赶教学进度和提前结束课程,严禁组织有偿补课,减少高中统考统测和日常测试。因此,国家层面更加重视高中教育的减负工作,单独提出有针对性的具体要求和措施。

"双减"政策继承了以往减负的成功经验,也吸取了以往减负失败的教训,是迄今为止最科学、最完备、最系统的减负工具。长期以来,我国注重校内减负,20世纪90年代末以来,校外培训问题又成为影响学生减负的新问题,国家自2018年才真正开始专项治理,颁布了多种政策文件。"双减"指向明确,聚焦作业负担和校外学科类培训,由具体问题切入,从治标到治本,突出依法、多元、系统、综合治理。"双减"基于义务教学阶段学生负担的实际情况,具有很强的现实针对性。专门出台主要针对义务教育阶段学生的"双减"政策,具有紧迫性和必要性,是因为义务教育阶段学生学业负担过重问题十分严重,已经构成对国家和社会的现实危害,义务教育阶段学生正处于成长发展的关键时期,学业负担过重摧残着他们的身心健康。

提出"双减"政策的《意见》中,也包含高中阶段减轻学生负担的要求。主要有2个方面:一是高中招生。完善招生录取模式和方法,提高优质普通高中招生指标分配到区域初中的比例,规范招生秩序;二是高中校外学科类培训治理。从这个意义上讲,"双减"应在义务教育阶段和高中教育阶段共同实施,但在实践中,"双减"政策落实基本上只针对义务教育阶段学生,关于高中阶段有关参照执行的要求基本停留在纸面。由于"双减"未能在高中教育阶段与义务教育阶段协同推动,因此,针对高中教育阶段的"双减"落实随后跟进很有必要。

高中阶段学生的负担与义务教育阶段学生的负担有所不同,高中学生的负担主要包括课业负担和考试负担,重点是教学难度和容量大、调整改变教学进度提前备考、考试多压力大竞争性强。高中教育具有选择性、竞争性和自主性,学生负担过重问题有三个特点:一是高中学生承担的学业负担应具有一定的挑战性,相对于义务教育阶段的学生,在数量和难度上应有较大的压力;二是高中学生承担的考试负担相对更大,竞争性更强;三是高中学科类校外培训时间、人数、机会、压力相对较小。破解高中减负难题,要深层归因,提出解决方案,辩证分析,系统治理,综合改革。尽管义务教育"双减"落实对高中减负具有正面导向和强大的推动作用,但在高中减负上依然需要顺势而为,与义务教育阶段"双减"一起构建起我国中小学减负新格局。

(三)多样化特色发展与"双减"依存共处

在推动学校特色发展时,经常将减轻学生负担作为一个因素。学生课业负担过重是推动普通高中多样化特色发展的原因之一。应试教育使得高中学生承受了太多负担和压力,压抑了个性,抑制了自主发展,改变之道是推动普通高中朝着多样化、特色化方向发展,挖掘学生的天赋和特长,满足不同潜质学生的发展需要[6]。在减轻学生负担时,过去常常将学校特色发展作为疏解之策、改革之向。学校要充分利用教育资源,发挥办学职能,满足学生多样化的教学需求,给学生更多时间和空间进行课外活动,培养个人兴趣[7]。《意见》提出在"双减"的同时,要提升课后服务水平,满足学生多样化需求。"双减"之后,要完善课后服务体系,抓住机遇,落实学校特色发展要求。要分析学生的学习需求,提供多样化、个性化、差异化的教育,着力对学生兴趣的培养。要基于学校优势,开发丰富多样的特色课程,有效实施各种课后育人活动,铺就学生成长特色之路。《教育部 2022 年工作要点》中指出，要深入推进"双减"在高中教育阶段的落实要求，高中减负循序渐进，高中减负与多样化相辅相成。因此，多样化特色发展与"减负"是中小学教育发展的一体两面，相依而存，互促共进。

二、底层逻辑：多样化特色发展与"双减"具有内在统一性与发展性

根植于我国基础教育土壤中，为解决当前中小学教育面临的现实问题，推动我国基础教育高质量发展的多样化特色发展和"双减"两项政策彼此交融，深刻联系，具有必然的内在逻辑和强大的共通属性。同时，又因基础教育发展的不同阶段特征变化呈现出发展的一致性和内涵的连贯性。

（一）教育目标：坚守学生全面且有个性发展的大方向

无论是义务教育，还是普通高中教育，都要坚持社会主义办学方向，落实立德树人目标，培养德智体美劳全面发展的社会主义事业接班人。多样化特色发展和"双减"都是促进这一教育目标达成的政策措施，其根本指向都在于促进学生全面有个性的发展。长期以来，我国普通高中同质、单一、分层发展，缺乏办学特色，不能满足学生发展和社会进步要求，背离教育目标。普通高中的多样化特色发展，最核心的是通过相应的制度建设，使学生能够得到全面个性的发展[8]，实现高中办学的开放性、灵活性和适应性。普通高中多样化特色发展，可以为学生提供丰富多样的选择机会，搭建自主发展、个性形成的崭新平台，构筑潜能特长发挥、创新精神和实践能力培养的框架基础，完善核心素养形成的集成措施和综合体系，促进学生全面发展。《意见》明确指出，"双减"的目的是促进学生全面发展、健康成长。义务教育阶段学生负担过重的背后是义务教育一定程度上淡化了"培养什么人，怎样培养人，为谁培养人"这一根本性问题，迷失了发展方向，漠视了德育、美育、体育、劳动教育，使学生的理想信念、家国情怀、品德修养等方面的教育虚化，审美观念、强健体魄、生活实践能力等方面的教育弱化，人格健全、意志锤炼、社会交往互动能力提升、核心素养培养等方面出现明显短板。"双减"旨在卸去压在学生身上的学

业重负，唤醒他们的自由思想，疏解他们压抑的精神，消弭他们焦虑的情绪，恢复他们疲惫的身体。贯彻党的教育方针，落实"双减"要求，致力于学生身心健康发展，让立德树人回归初心。

（二）教育价值：以生为本发展适合学生成长的教育模式

教育实质是一种生命与生命的相互对接与交融，也是生命与生命之间的相互摄养[9]。每个学生都是独立的生命个体，都有他的独特性和差异性，但凡生命都有一个渐进的生长过程。世界上没有两个智力、性格、特长等完全相同的学生，教育要尊重差异，因"差异"而教育。承认学生间客观存在的差异，关心学生的不同需求，让具有差异性的学生得到公平发展的机会，使学生成为具有独立个性的人，是教育的根本价值所在[10]。只有实现差异发展，教育才可能真正成为每个学生发展的工具，回归教育的本真价值[11]。多样化意味着差异化，个性化体现着差异性。坚持以学生为本，把学生作为教育的中心，尊重学生个性成长规律和发展需求，发展适合的教育是基础教育的价值追求。在普通高中学校同质发展的大环境下，我们不能忽视高中学生的差异性特征，他们来自不同的初中、社群和家庭，他们的学习动机具有多样性，学习能力、学业水平、个人抱负具有差异性[12]。高中教育要关注每一个学生的成长，给他们普适关怀，满足不同潜质学生的发展需求[13-14]。多样化特色发展的目的是满足学生成长的多样化、个性化、差异化需求，为高中学生提供适合的教育，让他们都能获得素质发展和能力提升。坚决落实"双减"政策，必将使得义务教育发生根本改变，学生压抑的个性获得张扬的机会，抑制的自主发展会获得重置动力，潜存的特长潜能会获得发展机遇，义务教育阶段学校会普遍呈现天性自由释放、差异交融互见、特色丰富多元、成长发展异彩纷呈、校园氛围健康快乐向上的生动局面。义务教育回归育人价值本真，"双减"的目标才算真正达成。

（三）教育质量：协同推动教育高质量发展

当前，基础教育已经走向以提升质量为主导的发展阶段，发展中国特色世界先进水平的优质教育是摆在我们面前的艰巨任务。基础教育高质量发展的核心特征是更公平、更均衡、更协调、更全面、更创新、更优质、更可持续及更安全的发展[15]。教育质量提升的核心在育人质量，坚持以核心素养为导向，培养学生正确的价值观、必备品质和关键能力[16]。多样化特色发展与"双减"都是基于提升教育质量而实施的政策措施。《意见》指出，"双减"的工作目标是学校教育教学质量和服务水平的进一步提升。减负背后的要求是提质，有效减负对于提升学习效果和教育质量具有促进作用[17]。"双减"之后，义务教育重新回归教育初心和本质规律，更好地促进学生全面、个性发展。"双减"之后，重构适应良好教育生态的教育机制框架，增强义务教育发展的动力。"双减"之后，推动以个性化、开放性、智慧性为特征的课程改革，提供义务教育发展的契机。"双减"之后，实施义务教育特色化发展战略，增强义务教育发展活力[18]。要重塑高中教育质量观，改变片面追求升学率的错误做法，扭转同质分层发展的错误取向，将重点放在全面提高学生综合素质和满足学生多样化发展需求上。寻求破解我国普通高中教育发展难题的路径，唯有推动普通高中多样化特色发展。多样化的发展能够促进普通高中教育质量内涵提升，是高中发展的必由之路。多样化是普通高中进入大众化阶段后的新范式，能够促使普通高中教育系统重新规划以适应新任务、新目标的要求，能够调动高中学校特色发展的积极性和主动性，能够尊重学生差异和个性发展，为学生提供"适合的教育"[19]。多样化特色发展和"双减"分别从正向引导和反向治理的角度，针对普通高中阶段和义务教育阶段，定向发力，共同致力于提升教育教学质量目标。

（四）教育原则：呵护、追求教育公平

教育公平是社会公平的基石，是我国基础教育发展始终必须坚守的基本原则。资本逐利义务教育校外培训市场，增加学生学业负担，增加学生家庭经济负担。瞄准考试分数和排名，群起竞争，相互攀比，恶性循环，义务教育成为各个家庭拼经济实力、拼社会资源的新战场，教育的公平性丧失，偏离义务教育的价值目标。要坚持义务教育的公益属性，构建优质均衡的基本公共教育体系，办好人民满意的教育。实施"双减"，着力降低义务教育家庭教育支出，是促进教育公平的重大举措[20]。义务教育在任何时候都不能成为奢侈品，高质

量义务教育永远都不能成为有钱人的专利。教育公平的核心要义是教育资源配置的公平，不仅要让所有学生都有机会接受义务教育，而且应该使他们在义务教育过程中同等接受高质量的教育[21]。高质量的教育公平是义务教育政策的主导目标，"双减"正是为实现这一目标而采取的矫正和回归举措。如果说义务教育阶段必须首先确保教育同质公平的话，那么到了高中阶段，我们就需要针对其职能定位、目标方向、规律特征、发展阶段调整教育公平的发展方向，转型到谋求实现差异性公平上。差异性公平是指针对受教育者情况不同、需求不同而差异化配置教育资源。真正的高中教育公平是在平等前提下，提供类型多样的、特色鲜明的、适合个别差异的适切性教育。这种平等又差异的公平，是高中多样化特色发展的根本特质和最终价值诉求[22]。普通高中多样化特色发展基于学生发展的多样性和丰富性，努力实现更高级的公平——差异性公平的目标。改变同质发展的错误做法，回归多样发展的追求，改变标准化发展的错误路径，回归个性化发展的目标，多样化特色发展是普通高中教育实现更高一级公平目标的关键措施和正确方向。

（五）教育生态：修复和构筑良好育人环境

良好的教育生态，是促进中小学生健康成长的重要基础，是基础教育高质量发展核心要义。"双减"直接针对义务教育生态失序失范问题，旨在修复义务教育生态。义务教育生态近年来遭受严重破坏，主要表现在功利化、短视化倾向明显，教育价值观、政绩观扭曲；学生负担过重，身心遭受摧残；资本介入学科类校外培训市场，增加家庭教育负担；唯考试、唯分数、唯升学率的倾向明显，学业压力大，学生不能得到全面发展；学校、家庭、社会在共同育人上存在错位、缺位现象。《意见》提出构建良好教育生态，重手治理过重的作业负担问题和校外学科类培训问题，强力遏制教育生态恶化蔓延势头。以"双减"为杠杆，着力撬动影响学生负担的根源性因素，促进教育优质均衡发展。"双减"之后要强化学校教育主阵地，深化校外培训机构改革，坚决防止侵害群众利益的行为，构建良好生态。普通高中多样化特色发展肇始于普通高中学校同质单一、分层失衡发展，背后的根源是普通高中以高考为唯一目标和方向，片面追求升学率、重点率、清北率，学生负担重、压力大、竞争强，所反映的普通高中教育生态问题与义务教育生态问题具有很大一致性。多样化特色发展着力于方向引领、举措调适，意在构筑普通高中教育良好的生态。做好教育生态"疏"的工作，最终实现良好教育生态的"立"，需要高中教育提质。要在高中阶段发展职业教育，调整普职分流，尊重学生个体差异和禀赋兴趣，系统推动普通高中特色化、多样化建设。不断丰富学校类型，提供更多升学选择，形成个性、有特色的育人体制，促进教育生态良性发展[23]。发展多样化、特色化普通高中教育，可以引导普通高中教育重新回归教育初心和本质规律，落实个性化、开放性、智慧化的课程改革，引领基础教育发展战略的转向，从根源上铲除滋生教育生态不良发展因素的土壤。

三、实践逻辑：多样化特色发展与"双减"相互借力、共同推进

历经 10 余年试验探索创新和稳步有序推广，我国普通高中多样化特色发展已取得初步成效，观念正在深入人心，格局形态基本呈现，成果经验持续积累。但是，也面临一些突出问题：功利性强，形式化、表层化、标签化现象较为严重；认识存在误区，目标、规划不清；重点难点聚焦、突破不够，进展不顺；政策落实与管理支持不到位，保障条件不充分；顶层设计缺乏，制度安排与实践机制不健全；高中学校自主性差，创新动力不足[24-25]。"双减"政策实施一年多来，成绩突出，效果明显，但根本问题尚未得到解决，机制尚不健全，反弹反复、隐形变形出现的可能性大；认识不科学，采用运动式改革，路径有效性值得商榷；缺乏深层系统治理，制度体系创新不够，可持续性不足；课后服务难以保障，家校合作难以协同；优质教育资源分配不均，没有消除学生负担加重动因[26-27]。高中多样化特色发展深入推进需要统筹谋划、协同实施，做好义务教育"双减"后半篇文章，需要完善制度、强化治本，两者都需要有新思维、新作为、新成效。在基础教育阶段，基于二者相互关联的立场，一体化推动高中学校多样化特色发展和义务教育"双减"两项政策落到实处，见到真效，具有重要的实践价值。

（一）普通高中学校多样化特色发展要以"双减"为背景和基础

普通高中教育是在义务教育的基础上发展起来的，义务教育"双减"效应必然投射到普通高中教育。普通高中学校的多样化特色发展必须以义务教育"双减"和学校特色发展为基础，实现跨越式提升。

1. 把握"双减"实施为普通高中学校多样化特色发展带来的机遇

治理义务教育顽疾，重磅推出"双减"政策，多措并举，成效显著，极大地提高了人们对教育改革深化的信心和决心。高位谋划，统筹推进，国家对基础教育生态治理高度重视，果断行动，基础教育面貌正在发生深刻变化，这为普通高中多样化特色发展营造了良好环境，提供了必要条件。"双减"政策的执行，为基础教育高质量发展排除障碍，提供动力，实现基础教育内涵式高质量发展正成为教育界和全社会的共同追求，这为推动普通高中多样化特色发展指明了方向，树立了导向。在"双减"政策落实中，注重多元参与、多路共进，强调运用系统、综合思维方式，突出法律手段与行政手段的结合、治标与治本结合、执行与监督结合，保持强力、快速、持续、稳妥的工作节奏，为高中多样化特色发展政策的落实，做出了样板，提供了范式。当前，我国普通高中教育发展已受到广泛重视，国家层面的综合改革措施集中推出、整体实施，普通高中教育发展的新局面正在不断呈现。在此背景下，国家提出普通高中多样化特色发展的目标，为我国普通高中未来发展指明了方向。围绕这一目标，国家会基于基层试验探索积累的经验和地方创造创新的模式，出台更多的政策，强化顶层设计，完善制度体系，强化推动机制，使多样化特色发展成为我国普通高中发展的基本样态和总体格局，以实现普通高中内涵式高质量发展，达成中国教育远景发展目标。

2. 将普通高中多样化特色发展与义务教育学校特色建设相衔接

"双减"为义务教育学校特色发展增添了新动能，开辟了新天地。在未来几年中，义务教育学校会在学校特色建设上做到步伐更坚定、内涵更丰富、基础更扎实、成果更丰硕、影响更深远。普通高中学校的多样化特色发展不能凭空而起，一定要以义务教育学校特色发展为基础。面对义务教育学校特色发展的新形势，高中学校要自觉对接，主动作为，迎接挑战，实现自身多样化特色发展的提质和增效的目标。要研究区域内义务教育学校特色建设情况，凝练特色精华，汇聚发展智慧，修正完善自己的多样化特色体系。要与区域内其他普通高中的多样化特色建设横向对比，提升特色品质，优化发展路径，提高建设效率。要以发展的理念、进阶的思维建设多样化特色高中，高中多样化特色发展内涵的宽度、深度应该更大、更深，体系化、集成化、实践化的标准、条件要更高、更严。高中学校多样化特色应该是对义务教育学校特色的进一步发展，高中学校多样化特色发展应该是学校特色建设适应高中教育实际、符合高中教育特征的更多发展形态。

3. 从义务教育"双减"中寻找普通高中学校多样化特色发展的对应之道

基础教育系统具有整体性和连贯性，义务教育"双减"一定会传导至高中教育，会对普通高中多样化特色发展产生影响。普通高中学校应该顺应义务教育"双减"及其执行之后的新情况，改进和完善多样化特色发展的相关工作。"双减"旨在促进学生德智体美劳全面发展，普通高中学校的多样化特色发展也应以此为目标，建构新格局、完善新内涵、瞄准新方向、落实新作为。"双减"着力推进教育教学改革，努力促进学生健康有个性的发展，普通高中学校多样化特色发展应该牢固树立以生为本的理念，坚定正确的前进方向。"双减"落实的正向、必然途径是课程改革，这就要求普通高中多样化特色发展必须夯实课程建设基础。"双减"政策落实的焦点是学生负担重，升学压力大，这就出现了义务教育分流的问题。因此，在普通高中多样化特色建设上，要特别关注分类发展、普职分流融通等现实课题。总之，"双减"为普通高中多样化特色提出新问题、新启发、新需求。

4. 重视高中招生对普通高中学校多样化特色发展的引领作用

《意见》非常重视高中招生对"双减"落实的导向和牵动作用。高中招生既是义务教育的出口，又是高中教育的入口。普通高中学校要从招生入手，夯实多样化特色发展的基础。要在统一招生的基础上，增强学校自主招生功能，依据学生自身兴趣特长制定相应的人才选拔方式，使不同类型人才都有进入普通高中的途径。要研究义务教育学校的办学特色，并与本学校办学定位、特色发展相衔接、相对应，明确学校特长招生的方向和范围。落实双向选择，吸引更多符合学校多样化特色发展的生源。同时，高中学校要重视中考向高考的传导作用，增强对高考招生落实综合素质评价的信心，关注新高考招生改革的未来动向，提升对多样化特色办学重要性、必要性、前瞻性的理解和把握。要主动与高等教育对接，深入挖掘学校多样化特色发展的潜能和优势，长远谋划，积极作为，不断提高学校多样化特色发展的能力和水平。

5.将普通高中学校多样化特色发展建立在高中减负的新基础之上

义务教育"双减"正在进行，高中减负势在必行。实现高中减负，需要高中学校多样化特色发展与之呼应。减负为普通高中多样化特色发展创造了良好环境，开辟了广阔空间，提供了无限可能。高中减负为学校特色课程的开发和实施提供了动能。高中减负后，高中学校学科类校外培训会被叫停，学校教育的主阵地作用得以加强，多样化特色发展动能会增加。考试负担减轻，升学压力下降，家长会理性思考孩子的发展方向和成长路线，务实地做出选择，拓宽了普通高中学校多样化发展的空间。减轻高中学生负担，会释放他们的天性，激发他们的兴趣，鼓励他们发展特长，为高中学校特色发展增加需求，培植动能。高中减负优化了高中教育生态，让升学率不再是唯一标准，让人才评价标准更加多元化，让普通高中教育道路更宽广，为我国普通高中形成多样化特色发展格局提供环境条件。总之，减负之后，普通高中教育会有新变化、新面貌，普通高中学校应趁势主动将多样化特色发展与减负相关联，从中把握多样化特色发展的新机遇，展现多样化特色发展新作为。

（二）义务教育"双减"要对接和指向普通高中学校多样化特色发展

义务教育阶段落实"双减"，目的是让教学回归课堂，让教育回归学校。唯有以学校为中心的整体性变革，才能使"双减"改革走向深入。学校是义务教育的主阵地，应该主动对接普通高中教育，瞄向多样化特色发展的未来前进方向。

1.开发内容丰富、特色鲜明的校内课后课程

治理学生负担过重问题，学校要改为"办特色"，增强课程的多样性和可

选择性，走多样化发展道路[28]。学校特色发展是推动"双减"政策落地的关键路径[29]，而特色课程是义务教育阶段学校特色发展的重要依托。"双减"之后，学校留给学生很多在校时间、很大在校空间，可以将课后服务作为平台，在落实国家课程的基础上，立足学校优势资源和办学实际，构建特色化、个性化的课后课程体系，形成适切、开放、多元的课后课程框架，以适应不同学生发展的需求。课后课程要以发现学生禀赋、激发学生兴趣、发挥学生特长为出发点，强调实践性、综合性、协作性。要以核心素养培育为导向，积极引导、鼓励，倡导学生自主选择，不设标准，不安排任务，不考核评价，不给学生新的负担和压力。课后课程应该包括文艺体育、科学工程、社会生活、政治法律等方面，关注点的选取应遵循学生身心发展规律，贴近学生现实中的热点、焦点议题，从小口切入，向深处延伸。要将系统课程与专题课程相结合，拓展全方位课程面向，提供多元化课程视角。要将课后课程与课内课程有效衔接，紧密配合。学校和教师要密切关注学生课后课程选择、学习情况，适时引导，及时调适，让学生在选择中发现兴趣，在学习中培养专长。"双减"为学校特色课程建设提供了良好契机和可能，创造了宽松的制度环境。将"双减"的具体问题统一到学校特色发展上，发挥"双减"的杠杆作用，能够促进学校系统变革和学生全面发展。

2. 实施因材施教、模式多元的高效课堂教学

"双减"之后，义务教育要提质增效，关键在于提高课堂教学质量。《意见》强调，要优化教学方式，强化教学管理；要零起点教学，做到应教尽教；要恪守课时规定，保持规定难度和进度；要降低考试压力，等级呈现考试成绩。在此基础上，要努力做到以下3点：一是因材施教。基于学生不同学情，针对学生成长变化和个性差异，开展分类施教，个性辅导，以满足不同学生的学习需求，做到课堂教学的公平性，使得不同学生都有提升。尊重不同学生在学习科目、学习方法、学习习惯、学习效率等方面的差异性，分别采用不同的引导方式和教学策略，关注学生不同个性、禀赋特质、心理、身体因素在课堂学习中的多种表现和要求，关爱、引导、调适、包容。准确把握每个学生的学

情，理解其能力发展的影响因素和具体路径、方法，有针对性地教育引导。对每个学生都提出合乎实际的发展目标，采用不同的激励方式，使全体学生共同但并不是同步获得发展。二是丰富多元教学模式。提升课堂教学效能，关键是实现教学方式的根本性变革。提倡深度课堂学习，将探究式、体验式、合作式学习嵌入其中，建立学生个性学习的新范式。推行翻转课堂教学，强调学生学习的自主性，注重学生间的互动学习和教师的导学。引导开展跨学科教学和实践性教学，使学生做到融通知识，手脑并用，培养其创新实践能力。引入智慧学习，将课堂教学与信息技术深度融合，推进线上线下结合的混合式学习，基于数据分析实施精准教学。三是采用科学有效的评价方法。从德智体美劳5个角度全方位评价学生成长，注重过程性评价和增值性评价。强化综合素质评价，采用等级评价形式，减少考试成绩评价。落实多元评价，做到教评结合、评学融合。总之，"双减"后的课堂教学要实现差异性、多样化，关注个体，增强特色，丰富元素，推动变革。

3. 扩大学校办学的外向度

义务教育学校是社会的组成部分，而社会能够为其提供无比广阔的教育场景，拥有丰富多样的教育资源，学校完全可以借助这些场景和资源，拓展学校办学的空间，提升教书育人的质量。让学生走向社会、了解社会，参加志愿服务，参与社会管理，推动社会发展进步，培养学生社会责任感和实践能力。学校要主动对接校外公共教育机构提供的多样化、个性化教育资源，开展与科技馆、博物馆、图书馆、青少年宫等机构的有效合作，围绕学校教育的盲点、弱点、堵点，丰富教学内容，创新教学形式，形成联动互补的格局。学校要引导、组织学生走向大自然，主动探究发现，亲临社会复杂问题矛盾一线，积极思考解决。学校要鼓励、支持学生参加社会性的文体竞赛表演、科学发明创造、工程方案设计等活动，树立鲜明的多样发展、个体成才的办学导向。学校要从校外非学科课程资源中吸收合理成分，完善自身课后课程服务体系，并致力于借力校外课程资源，助力学校特色课程建设、特色办学模式形成。"双减"之后，学校和家庭在协同育人方面的职责和关系得以厘清。作为学校，要密切同家庭配合、协作，基于学生的家庭背景和成长经历做出个性化的教育教学设计，充分了解学生的禀赋、才智，提供针对性的教育策略，分析学生家庭教育形式，完善与之相配合、相协调的学校教育举措。学校主动与家庭合作，解决学生成长发展中的个性化问题，使每一个学生都健康成长，充分发展。总之，"双减"使学校跳出升学考试的怪圈，面向社会，开放办学，遵循学生成长规律，借力多方资源，实现学校教育的目标。

4. 适时前置、跟进学生生涯规划教育

让学生了解职业特点要求、发展趋势，发现个性特征、禀赋兴趣与相关职业之间的关联性，增强未来发展的目标性和方向感，是学生生涯规划教育的基本内容。因为生涯规划教育不到位，面对新高考，高中学生的考试科目选择遇到困难。同样，面对高中学校普职分流、分类办学的新趋势，义务教育阶段的学生更是不知所措。这表明，在我国基础教育中，开展学生生涯规划教育非常重要，非常紧迫。在普通高中阶段，应该有系统性的生涯教育课程体系，完整性的生涯教育框架。但这种生涯规划教育不应该始于高中阶段，应该从义务教育阶段开始循序渐进地开展。在义务教育阶段引入生涯规划教育元素，并不是让学生在这个时期就确定自己未来的职业目标和发展方向，而是要让他们认识特质、开发潜能、发展特长、激发兴趣、涵养意志品质、增强进步动能，以实现个体最优更好发展。同时，也为他们选择特定类型高中，实现人生进一步发展奠定基础。在义务教育阶段，不需要开设专门的生涯规划教育课程，应该将生涯规划教育适时地融入学校教育过程中。在这方面，学校必须担负起重要职责。将生涯教育融入学科教学，在课程教学中适时介绍各行各业的优秀人物，如语文教学中介绍著名作家、新闻工作者成长之路，数学教学中介绍著名数学家的励志故事，科学教学中介绍有影响的科学家及科学领域诺贝尔奖获得者的成长道路。带领学生深入社会，走向各行各业之中，亲身感受职业体验，了解职业发展状况。将优秀模范人物、各方面成功人士请进校园，让他们以学生容易接受的方式讲解自己的奋斗历程和收获的成功喜悦，分享人生经验。为学生播放或推送不同职业人生、不同生活领域的影视资料，调动学生认知能力和成长意识，使他们在寻觅中发现自我价值，在比较中锚定前进目标。总之，在义务教育阶段渗透生涯规划教育，可以让学生正确审视自己的优势，发掘自己的潜力，寻找到适合自己更快更好成长的领域，实现自主发展、个性成长。

5. 营造良好的校园成长环境

校园是学生成长发展的重要场所，构筑适宜学生个性张扬、自由发展、健康向上、丰富有趣的校园环境至关重要。一是要创设宽松包容的成长空间。"双减"之后，确实给学生在校园活动留下一定的时间和空间，但一定不要着急填满，要注意"留白"，给他们留下自主安排、自主发展的选择和机会。校内作业负担减轻，是校内减负的开始，应该以此为起点，逐渐卸下学生的学业压力，让他们快乐成长、随性发展，减少他们对世界好奇的钝化、对自身个性的磨蚀、对独有特质的同化。校园应该是一个生命五彩缤纷、青春生机勃发的地方。要对学生减少限制，放松约束，包容错失，鼓励突破，支持独立发展，静待自然成长。二是要发展民主和谐的师生关系。学校要把关爱每一个学生作为基本遵循，让爱成为师生关系的主基调。要让学生成为校园的主人，勇于思考，乐于交流，主动学习，自主进步。师生平等，教师要适时引导学生发展方向，尊重学生学习方式差异，呵护学生自主探究精神和独特成长路径。三是要建立快乐、自由、向上、适性的校园文化环境。校园文化要以涵养学生品格、陶冶学生情操、强化学生理想信念、鼓励学生奋发向上为主题，突出采用浸润渗透、潜移默化的方式。校园文化要适合学生的身心特点，让学生喜闻乐见，遵循教育发展规律，随着年级、学段变化而不断调整改变。要开展丰富多彩的校园文化活动，引导学生主动、广泛参与，乐享其中。要在校内组织各种各样群团小组活动，让学生在交流互动中获得新知，增长才干，获得发展。

参考文献

[1] 李松林. 现阶段中小学校教育发展的四个方向[J]. 四川师范大学学报（社会科学版），2013，40（5）：81-85.

[2] 武秀霞. 多样、特色与高品质教育：关于普通高中特色发展若干问题的反思 [J]. 教育科学研究, 2019（12）：26-31, 45.

[3] 尤基守. 高中多样化发展的政策与策略 [J]. 教育科学研究, 2011（2）：1.

[4] 杨润勇, 杨依菲. 我国普通高中"多样化、特色化"发展新目标及其落实的政策分析 [J]. 当代教育科学, 2012（24）：11-14.

[5] 张宝歌, 韩嵩, 焦岚. 后普及时代普通高中多样化制约机制及对策思考 [J]. 教育研究, 2021, 42（1）：83-95.

[6] 何贝娜. 普通高中多样化发展的必要性与现状分析 [J]. 教学与管理（理论版）, 2017（5）：31-34.

[7] 刘复兴, 董昕怡. 实施"双减"政策的关键问题与需要处理好的矛盾关系 [J]. 新疆师范大学学报（哲学社会科学版）, 2022, 43（1）：91-97.

[8] 曲正伟. 普通高中多样化发展的价值取向与制度设计 [J]. 东北师大学报（哲学社会科学版）, 2011（2）：153-158.

[9] 鲁洁. 南京师范大学：一本用生命打开的教育学 [J]. 南京师大学报（社会科学版）, 2002（4）：10-11.

[10] 朱晓颖. 学业发展公平：基础教育实践的理想样态 [J]. 江西社会科学, 2013, 33（1）：230-233.

[11] 吕星宇. 教育过程公平的意蕴 [J]. 教育理论与实践, 2011, 31（11）：3-5.

[12] 霍益萍, 黄向阳, 李家成. 多样、开放、灵活：普通高中教育体系的构建 [J]. 教育发展研究, 2009（18）：15-18.

[13] 陈志利, 张新平. 普通高中多样化发展的本质 [J]. 现代教育管理, 2014（11）：49-53.

[14] 李颖. 普通高中多样化发展的价值及模式改进 [J]. 中国教育学刊, 2013（5）：23-25.

[15] 柳海民, 邹红军. 高质量：中国基础教育发展路向的时代转换 [J]. 教育研究, 2021, 42（4）：11-24.

[16] 褚宏启. 核心素养十年路：持续引领基础教育质量提升 [J]. 中小学管理, 2022（7）：60-61.

[17] 张志勇. 2018年中小学生减负调查报告 [M]// 朱永新, 袁振国, 马国川. 重构教育评价体系. 太原：山西教育出版社, 2019：169-171.

[18] 范涌峰. "后减负时代"基础教育高质量发展的生态重构 [J]. 四川师范大学学报（社会科学版）, 2021, 48（6）：42-52.

[19] 刘世清, 苏苗苗, 胡美娜. 普通高中发展的价值转型与政策选择 [J]. 教育政策观察, 2012（1）：119-128.

[20] 张志勇. "双减"格局下公共教育体系的重构与治理 [J]. 中国教育学刊, 2021（9）：20-26, 49.

[21] 褚宏启, 杨海燕. 教育公平的原则及其政策含义 [J]. 教育研究, 2008（1）：10-16.

[22] 刘丽群, 彭李. 差异公平：我国普通高中多样化发展的价值诉求 [J]. 河北师范大学学报（教育科学版）, 2014, 16（6）：64-68.

[23] 马陆亭, 郑雪文. "双减"：旨在重塑学生健康成长的教育生态 [J]. 新疆师范大学学报（哲学社会科学版）, 2022, 43（1）：79-90.

[24] 黄晓玲. 普通高中多样化特色化发展推进：现状、问题与建议[J]. 教育理论与实践, 2015, 35（29）：9-11.

[25] 余凯, 谢珊. 普通高中教育多样化发展的问题分析与政策建议[J]. 中国教育学刊, 2020（2）：40-45.

[26] 朱益明. "双减"：认知更新, 制度创新与改革行动[J]. 南京社会科学, 2021（11）：141-148.

[27] 王珺. "双减"政策背景下基础教育改革的问题及策略探析[J]. 豫章师范学院学报, 2022, 37（4）：121-124.

[28] 项贤明. 七十年来我国两轮"减负"教育改革的历史透视[J]. 华东师范大学学报（教育科学版）, 2019, 37（5）：67-79.

[29] 范涌峰. "双减"与学校特色发展[J]. 福建教育, 2021（47）：1.

"双减"背景下普通高中多样化特色发展的机遇与挑战

北京教育科学研究院 占德杰

高中多样化特色发展是高中内涵发展,实现高中教育高质量发展的必由之路。从 2010 年《国家中长期教育改革和发展规划纲要(2010—2020 年)》提出"推动普通高中多样化发展"以来,学校多样化特色发展扎实推进,在理论、政策和实践等方面的研究成果不断丰富,推动了学校由分层发展转向分类发展,满足了学生多元化学习需求,促进了学生全面而有个性发展。2021 年"双减"政策开启了教育良好生态重建之路,一年来取得了重要成效,相关政策、理论和实践研究也在深入推进。尽管"双减"政策主要是针对义务教育,但同样作为基础教育阶段的普通高中教育将会受到哪些影响,由此带来哪些机遇亟须研究探讨。

一、高中多样化特色发展与"双减"政策具有内在一致性

《关于进一步减轻义务教育阶段学生作业负担和校外培训负担的意见》(简称《意见》)提出,坚持以习近平新时代中国特色社会主义思想为指导,全面贯彻党的教育方针,落实立德树人根本任务,着眼建设高质量教育体系,强化学校教育主阵地作用,深化校外培训机构治理,坚决防止侵害群众利益行为,构建教育良好生态,有效缓解家长焦虑情绪,促进学生全面发展、健康成长[23]。因此,"双减"与当前高中多样化特色发展一样,都是教育领域的深刻变革,将对我国基础教育改革发展产生持久而深远的影响。

从工作思路看,首先,"双减"强化学校教育主阵地作用,让学生的学习回归学校、回归课堂,这是从根源上解决学生过重学业负担问题,具有基础性。高中多样化特色发展强调学校从实际出发,满足学生多元学习需求,不断提高

学校育人质量。两者都是以生为本，突出学校教育在基础教育中的重要地位和主体作用。其次，"双减"着眼建设高质量教育体系，不仅关注校内校外学业负担，而且在作业管理、课后服务、教育评价、考试招生等各方面、各环节推进，体现出系统性。高中多样化特色发展不仅要求不同学校实现多样化有特色发展，而且要求同一所学校内部要根据学生兴趣、爱好、特长实现分类培养，同时在课程建设、教学组织管理、学生发展指导、考试招生等方面综合推进。两者都是教育领域的系统性改革。再次，"双减"突出政府统筹，多部门联动，加强家庭、学校、社会教育协同，这一思路改变以往只在教育系统内部减负做法，防止出现"校内减负、校外加负"，具有创新性。高中多样化特色发展打破高中学校延续多年的分层发展模式转向分类发展模式，从"千校一面、千生一面"改变为"大家不同、大家都好"，办出特色、办出水平。两者都突破原有工作思路，实现教育新突破、新发展。可见，"双减"与高中多样化特色发展在工作思路上都具有以生为本，强化学校教育主体地位和作用的基础性，都着眼基础教育领域各方面和各环节系统性变革，都突破教育工作原有思维定式，体现基础教育领域改革的创新性。

从工作目标看，"双减"既要进一步提升学校教育教学质量和服务水平，又要全面规范校外培训机构培训行为，消除学科类校外培训各种乱象。这一目标指向当前基础教育领域的突出问题，体现了"双减"工作以问题为导向。高中多样化特色发展的工作目标是促进高中办学体制多样化，扩大优质资源；推进培养模式多样化，满足不同潜质学生的发展需要。这一目标是为解决高中优质资源短缺，培养模式单一，创新人才培养不力等突出问题，满足家长从"有学上"到"上好学"的需求。就目标的连贯性而言，"双减"目标的实现将为高中多样化特色发展营造更好的教育生态，提供全面而有个性发展的高中生源，为形成高中分类培养模式创造有利条件。反过来，高中实现多样化特色发展，将引导义务教育更好地注重学生全面发展，减轻学生考试升学压力，有效缓解家长升学焦虑，为"双减"营造更好的教育环境。因此，"双减"与高中多样化特色发展的目标不仅都是破解当前基础教育突出问题的关键举措，而且具有连贯性、相辅相成、互为促进，是基础教育改革一个有机的整体。

从具体任务看，"双减"任务主要包括减轻学生过重作业负担、提升课后服务水平、规范校外培训行为、提高学校教育质量、强化家长社会配套治理、开展试点探索等。其中在提高教学质量方面，提出深化高中招生改革，在升学考试内容上，坚持以学定考，进一步提升中考命题质量，防止偏题、怪题、超过课程标准的难题。在考试招生方式上，完善基于初中学业水平考试成绩、结合综合素质评价的高中阶段学校招生录取模式，依据不同科目特点，完善考试方式和成绩呈现方式。在招生改革上，逐步提高优质普通高中招生指标分配到区域内初中的比例，规范普通高中招生秩序，杜绝违规招生、恶性竞争。可见，中考命题质量的提升将有利于减轻学生考试压力，促进学生更加全面发展，为高中学习发展奠定基础。完善综合招生录取模式和招生改革将有利于减轻升学压力，破除高中招生"唯分数"，实现高中学校从"招好学生"向"教好学生"转变。显然，这一过程必将影响高中学校生源结构的变化，倒逼高中学校转变原有学生培养方式和发展模式，推动高中学校从分层发展转向分类发展，从而实现高中多样化特色发展。因此，"双减"任务与高中多样化特色发展的任务有交叉重叠部分，两者之间有着紧密的联系。

从保障措施看，"双减"工作是一项系统工程，涉及教育系统内外，须加强党对"双减"工作的领导，明确政府各部门的职责，强化督促检查和宣传引导。一年来的实践证明，"双减"落地见效得益于政策保障措施有力。高中多样化特色发展同样涉及众多利益群体，也涉及众多部门职责，工作难度大，构建高中多样化特色发展格局也不仅仅是由教育系统内部要素决定的，也需要发挥全社会力量，协同推进。因此，"双减"与高中多样化特色发展有效落实都要靠政府各部门相互配合、发挥合力，也需要加强督促检查和宣传引导，"双减"保障措施取得的成效，对高中多样化特色发展的深入推进具有重要的借鉴价值。

总的来说，高中多样化特色发展与"双减"都是针对基础教育的突出问题提出的应对之举，它们不仅是重大的教育课题，也是重大的民生工程。两者虽然分属不同学段，但在工作思路、工作目标、具体任务和保障措施上都具有前后连贯性、内在一致性。正因为两者之间有如此紧密的联系，"双减"作为高中多样化特色发展的一个重要变量，既可以为后者带来重要的发展机遇，也会给高中发展带来严峻的挑战，需要深入研究，积极应对。

二、"双减"带给高中多样化特色发展的机遇

随着"双减"的逐步落实，义务教育阶段学生的作业负担和校外培训负担明显减轻，学校教育聚焦作业管理、课后服务、课堂教学等，通过减负提质，教育逐渐回归学校主阵地。这些举措和变化将对高中教育在学生培养模式、特色学校建设、多样化特色发展格局形成等方面带来积极影响。

（一）促进学生全面而个性发展，推动高中培养模式多样化

无论是"双减"还是高中多样化特色发展，其最终目的都是促进全面而有个性的发展，即解决"培养什么人"的问题。但是对"如何培养人"这一根本问题，由于学生年龄阶段不同，各学段的教育定位不同，在培养方式上就会出现不同。"双减"在进一步完善德智体美劳五育融合的培养体系，提供丰富多样可供选择的课后服务，推动课堂教学改革等方面带来了新的变化，也为高中学校注重学生个性培养，为培养模式多样化奠定了基础。

一是"双减"将进一步完善全面发展育人体系，为学生全面发展、健康成长提供保证。"双减"使得教育回归学校、回归本质，也就是回归到落实立德树人根本任务上来。在学校教育的时间和空间里，通过"双减"各项举措，包括五项管理（中小学生作业、睡眠、手机、读物和体质管理），学生在德智体美劳各方面将得到全面发展，特别是在体育、美育和劳动教育上得到强化。调查显示，"双减"之后，2021年秋季学期有76.2%的学生睡眠时长达到或接近"小学10小时、初中9小时"的规定要求，中小学生体质健康状况总体呈现"逐步提升"的趋势，其中优良率由2016年的26.5%上升至目前的33%[24]。各地、各校着力补齐五育中的短板，如湖南省长沙市全面推进体艺"2+1项目"，使学生在校期间掌握2~3项体育技能，1~2项艺术爱好①。山东省曲阜市鲁城街

---

① 本文没有注明出处的案例均来自教育部发布的学校落实"双减"的典型案例。

道春秋小学自主设计24类劳动项目、8种职业体验，分低、中、高学段制定劳动教育任务清单，扎实开展劳动教育。浙江省杭州市钱塘区幸福河小学保障学生睡眠时间，制定躺睡管理制度，统一采购睡垫，将图书馆、综合教室等作为午睡场地，分区块为学生提供躺睡必备条件。可见，这些措施一方面促进了学生全面发展、健康成长，为他们将来升入高中学习生活打下了坚实的基础，另一方面完善了义务教育全面育人体系，为高中学校完善育人体系，实现五育融合提供了鲜活案例和成功经验。

二是"双减"将进一步提升课后服务质量，为学生提供丰富可选择的课程，促进学生个性成长。课后服务不仅帮助家长解决按时接送学生困难，更是落实学校教育主体责任，教育归回学校的重要举措；不仅在时间上有保证，更是在质量上有提升。课后服务是学校教育教学活动的重要组成部分，与课内教育教学活动互为补充。就内容而言，课后服务包括体育锻炼、学科答疑、科普活动、劳动体验等素质提升活动等。如江西省南昌市规定了课后服务中特色类课程时间占比，小学一、二年级不少于60%，三至六年级不少于50%，初中不少于30%。就形式而言，更加灵活多样，大多数采取学生自主选择活动内容，实行走班或以社团活动等形式，满足学生兴趣爱好和特长发展需求。如西安市高新区小学一、二年级侧重手工操作、游戏活动等，三至六年级侧重兴趣小组、综合实践等，初中阶段侧重科技创新、答疑解惑等。就资源而言，政府在师资、经费、场地等方面提供保障，学校挖掘校内外各种资源，通过购买服务等方式，学校的资源意识和开放办学水平得到了加强。如北京市西城区教委整合12家区属少年宫、科技馆等校外资源，经过专业评估遴选，首批开设了200多个课后服务活动项目，并点"餐"到校丰富课后服务内容。教育部调研数据显示，一年来，课后服务项目吸引力有效性显著提升，自愿参加课后服务的学生比例由去年春季学期末的49.1%提高到90%以上[25]。因此，学生通过课后服务活动在兴趣、爱好、特长等方面得到发展和巩固，尤其是在初中阶段由于中考升学压力，原本放弃特长培养的学生通过课后服务使得个人爱好保持下去，这为学生个性成长提供了条件。从高中角度看，高中阶段正是学生个性形成、自主发展的关键时期,在接受了义务教育阶段丰富的、具有个性培养的课后服务的学生,将会更加适应高中自主选择课程学习,对高中分来培养模式更有主动性、积极性。

三是"双减"将进一步深化课堂教学改革,为学生减轻学业负担,提升核心素养打下基础。"双减"以减轻学生作业负担为突破口,使得校长可抓、教师可做、家长可见、学生受益。当然,减轻作业负担不是单纯地减少作业数量,而是提高作业质量,从作业的设计、批改、讲评、辅导、管理等环节重新思考作业的意义、价值和具体策略。针对中小学作业的研究逐渐深入,作业设计的专业化水平得到提升,作业和教与学的衔接更加紧密,校本化、生本化的作业成为作业设计与管理的重要特点。例如,上海市教委发布高质量校本作业体系设计与实施指南,开展专题培训与教研,将高质量校本作业体系设计与实施纳入校本教研体系,以作业为切入点,形成提高教学效率的有效路径。在教学常规要求上,"双减"后更加注重从备课、上课、作业、评价、辅导、教研等各方面、各环节的管理,规范教学行为,如各地在相关要求中都提出加强新课程标准的学习和落实,确保开齐、开足、开好国家课程;加强教、考、评一致性研究,加强校本教研,提高教师研修活动质量等。在考试评价上,"双减"提出明确要求,例如,降低考试压力,改进考试方法,不得有提前结课备考、违规统考、考题超标、考试排名等行为;考试成绩呈现实行等级制,坚决克服唯分数的倾向。这些举措有利于促进课堂教学改革,提升课堂教学质量。例如,天津市出台17条举措,明确21项重点项目和17项负面清单,推动教育教学提质增效。从北京市2022年5月的一次调研结果看,超过94%的高中学校在近半年内完善了高中课堂教学要求和高中学生作业要求,增加了学校特色课程,加强了对初高中衔接的研究和学生的分类指导。这表明高中学校主动适应新的变化,在教育教学工作诸多方面进行了加强和完善。因此,"双减"也将促进高中学校进一步提高课堂教学质量,关注学生学习需求,提升学生自主学习能力。

(二)强化学校教育主阵地作用,增强高中学校特色发展动力

高中多样化特色发展需要作为教育主体的学校增强主动求变,破解教育惯习，克服教育功利化、短视化倾向的勇气和改革意愿，进而发挥学校变革的主动性。"双减"为基础教育学校变革在干部教师队伍建设，学校特色课程建设，考试招生和教育评价改革等方面起到强化学校教育主阵地作用，为高中学校特色发展增添动力。

一是通过加强校外培训机构的治理，增强了学校干部教师教书育人责任感和使命感。校外培训机构的无序发展不仅增加了学生的校外培训负担，也扰乱了学校正常的教学秩序，破坏了家长对学校教育的信任关系，弱化了学校教育的主阵地作用，这与坚持教育的公益属性原则也是相悖的。"双减"进一步明确了教育的公益属性原则，同时强化了学校教育在青少年成长中的责任与义务，为学校干部教师增强责任感、使命感，发挥教育改革的主动性和积极性提供了新的契机。"双减"对学校教师的教学行为也进行了更为明确的规范和监督，有偿家教，在校外培训机构任教，向学生推荐校外培训机构，甚至"校内不教校外教"等现象得到有效遏制。例如，辽宁省实行中小学教师"双减"工作承诺制，承诺书要求教师保证遵守教师职业道德，坚决杜绝违规有偿补课行为。此外，在教师专业发展上，"双减"要求教师不仅要提高课堂教学质量，还要做好课后服务，在作业设计与管理，课堂教学与辅导，学生综合素质评价等各方面提出了更高的要求，为此各地出台相关教师专业能力建设举措，实际上这与规范校外培训，减少学生校外培训负担是相辅相成的。例如，山东省潍坊市潍城区打造轻负高质研训体系，建立校级培基、基地固本、区级提标的三级联动研训体系，按照青年教师规范化、骨干教师优质化、优秀教师卓越化的"三化"培训模式，针对不同教师群体的业务水平实际和专业发展需求，分类分级组织开展系统性培训活动。在这一过程中，干部教师对"双减"工作的认识得到进一步深化，推动教育教学改革的能力得到了提升。

二是学校课程建设升级迭代，特色课程研究推动特色学校建设。课程是学校教育的载体和核心。"双减"要求的课后服务，绝大多数学校是按照课程的方式来落实的，各地各校立足学校和区域实际，开发和实施具有地域和学校特色的课后服务课程。例如，福建省南平市结合地方文化、生态资源和学校特色,将朱子文化、茶文化、闽越文化、非遗文化和武夷山国家公园等有机融入,开发建设地域特色类活动课程。新疆维吾尔自治区克拉玛依市利用科普资源,编制石油科普校本课程及实践活动资源包,针对小学、初中、高中不同年龄段,精心设计适宜的石油科普活动,吸引青少年共同探索石油奥秘,传承"石油精神"。四川省成都市龙泉驿区利用文化旅游资源,支持学校开设了蜀绣、川剧、舞狮、面塑、蓝染、草编、空竹、陶艺、扎染、烙画、剪纸等50余门传统文化课程,极大丰富了课后服务课程体系。从这些典型案例可以看出,课程意识在学校层面得到了很好的普及,也表明学校课程领导力和课程建设有了长足的发展。学校特色课程建设既提升了课后服务质量,又彰显了学校办学特色。这些成功经验,将对高中学校如何根据学校办学定位、学情特点、资源优势等开展学校特色课程建设起到了参考借鉴作用,而且推动了特色课程建设在理论、政策和实践等方面的研究。

三是考试招生和教育评价改革发挥"指挥棒"作用,引导高中学校特色发展。从考试角度看,初中学业水平考试是衡量完成初中学业的基本情况,初中升学考试是为学生进入高中阶段教育的选拔性考试。实行两考合一,有利于减轻学生考试负担。坚持以学定考,防止考试出现偏、难、怪题,有利于减轻考试压力。对于校内考试,各地也提出明确要求。例如,河北省印发了《义务教育学校考试管理规定》,全面规范学校考试行为,大幅压减考试次数,降低学生考试压力。从招生角度看,"双减"要求规范招生秩序,杜绝违规招生、恶性竞争,同时,完善基于初中学业水平考试成绩、结合综合素质评价的高中阶段学校招生录取模式,逐步提高优质普通高中招生指标分配到区域内初中的比例等。又如,北京市2022年高中招生政策中增加了在部分城区的部分普通高中实施登记入学,这一政策无疑是对现有招生制度的一大突破,减轻了部分考生和家长的升学压力和教育焦虑,增强了高中学校特色办学的主动性,对高中学校根据学生实际确定办学定位,推进学校特色发展具有重要的现实意义。从教育评价看,"双减"把学生参加课后服务、校外培训及培训费用支出减少等情况作为重要评价内容,严禁下达升学指标或片面以升学率评价学校和教师,这些举措有利于打破"唯分数、唯升学"评价，扭转教育功利化倾向，从"育分"转向"育人"。例如，江苏省镇江市出台义务教育学生综合素质发展性评价方案、教研组发展性评价方案和《镇江市高品质学校评选标准》，开展市县两级高品质中小学校创建工作，切实提升学校内涵品质和教育教学质量。因此，"双减"下的考试招生和教育评价改革直接影响学校发展方向，高中学校在招生方式多样化情况下，越来越需要改变既有学生培养模式和学校发展模式，学校特色化发展就会逐渐成为高中学校的主动选择和自觉行为。

（三）提升教育治理水平和效能，形成多样化特色发展格局

"双减"提出强化配套治理，提升支撑保障能力，并且扎实做好试点探索工作，精心组织实施，务求取得实效。这是在新发展理念下，着力提升教育治理水平和效能，建设高质量教育体系总体要求下的新举措。区别于以往减负措施，这种基于现代治理理念下的减负思路和策略不仅有利于减负目标的实现，而且对高中多样化特色发展格局的形成具有重要的借鉴意义和参考价值。

一是系统治理，围绕义务教育关键环节、重点领域系统推进、全链条推进"双减"工作。"双减"不仅聚焦在作业、校外培训，而且在提升课堂教学质量、加强课后服务、减轻考试压力、深化高中招生改革、完善质量评价、营造良好生态等方面做出部署。《意见》要求扎实做好试点探索，确保治理工作稳妥推进，强化督促检查和宣传引导。例如，教育部基础教育司及时组织遴选学校落实"双减"工作的典型案例，供各地各校结合实际认真学习借鉴。截至 2022 年 8 月，共有五批 102 个典型案例，这些案例有利于地方和学校进一步完善政策措施，确保"双减"要求落地见效。同时，各地加大了对违规开展校外培训和学校在职教师违规补课的监督、处理和通报力度，始终保持"双减"态势。此外，政府、学校完善教师激励机制，部分地区和学校实施教师弹性工作制，开展关心关爱教师活动，构建教师关怀机制。加大校长、教师交流轮岗力度，促进区域教育均衡发展。通过数字化赋能基础教育，如上海市闵行区推进数据驱动下大规模因材施教的"1258 工程"。即打造 1 个垂直服务的教育云平台，依托智能教学和智能学伴 2 种应用助手开展个性化教学，面向学生、家长、教师、管理者和市民 5 类用户提供精准服务，聚焦课堂教学、适性学习、课程选择、校园活动、社团参与、社会实践、家校互动、学科实验 8 项业务场景丰富应用需求，全面深入推动信息技术与教育教学深度融合。可见，"双减"落实不是"头痛医头，脚痛医脚"，而是运用系统思维，抓住教育关键环节综合施策，通过减负提质增效，最终实现最终目标。高中多样化特色发展格局的形成，也是一项复杂系统工程，纵向上与义务教育、高等教育加强学段衔接和人才贯通培养，横向上与职业教育建立沟通机制等。通过"双减"，教育治理效能得到提升，系统治理思维和能力进一步强化，为区域教育行政部门和学校进一步完善高中多样化特色发展格局提供了智力支持和人才保障。

二是协同治理，在教育系统内部和教育与社会各部门间统筹协调，形成合力。高中多样化特色发展格局的形成与"双减"的落实都是复杂系统工程，靠教育部门单打独斗，甚至是教育内部某一两个相关主管部门都很难完成。首先，教育系统内部做好统筹协调，教育部成立校外培训监管司，主要职责是承担面向中小学生（含幼儿园儿童）的校外教育培训管理工作，指导校外教育培训机构党的建设，拟订校外教育培训规范管理政策等。各地教育部门相应成立校外培训监管机构，加大对校外培训的监管和治理，并且教育行政部门会同教育科研、考试招生、教育督导等部门协同发力，为落实"双减"提供政策支持和制度保障。其次，"双减"由教育部门抓好统筹协调，财政、人力资源社会保障、民政、公安、政法等 20 个部门各负其责，多管齐下。建立"双减"工作专门协调机制，各地建立专门工作机构，联合开展专项治理活动。再次，完善家校社协同机制。加强家校沟通合作，通过家长学校、家长委员会创新家校协同方式。教育部门会同妇联等部门引导家长树立科学育儿观念，理性确定孩子成长预期，形成减负共识。例如，河北省面向各地各行各业首批选聘了 205 名"双减"工作社会监督员，积极参与"双减"工作监督，实行三年一期，一期一聘。山东省济南市出台家长委员会和家长学校

2个建设管理标准,建成1000所标准化家长学校和100所示范校,从办学目标、课程设计、教学研讨、学习评价、技术支撑及家长参与情况等多维度加强家长学校管理,提升家校共育工作实效。由此可见,"双减"落实不是由教育部门单独解决的一个教育问题,而是多部门协调解决的一个社会问题。高中多样化特色发展格局的形成既需要教育系统内部在人才培养模式、特色课程建设、考试招生改革等方面深入推进,更需要统筹协调其他部门共同参与,包括家长、社会支持。因此,一方面"双减"的协同治理推动了教育治理体系建设,提升了全社会参与教育治理的能力,为推动高中多样化特色发展格局形成打下了基础,另一方面协同治理思路为高中多样化特色发展格局形成提供了有益的启示和借鉴。

三是依法治理,在法律框架内明确各项政策,做到有法可依、依法治教。"双减"落实运用法治思维,通过贯彻落实《中华人民共和国义务教育法》《中华人民共和国未成年人保护法》等法律精神,严格依法依规治理校外培训机构乱象。2021年7月,中共中央办公厅、国务院办公厅的"双减"的意见在中央层面进行顶层设计,为开展"双减"工作提供了政策依据和指南。随后,教育、市场监管、民政等各有关部门,细化中央文件出台相关政策文件,地方省级党委政府及其部门也制定一系列规范性文件,从各层面为"双减"工作开展奠定了政策基础和执法依据。2021年10月,全国人大常委会表决通过家庭教育促进法,首次将减轻义务教育阶段学生作业负担和校外培训负担写进法律,明确规定县级以上地方人民政府应当加强监督管理,减轻义务教育阶段学生作业负担和校外培训负担,畅通学校家庭沟通渠道,推进学校教育和家庭教育相互配合。未成年人的父母或者其他监护人应当合理安排未成年人学习、休息、娱乐和体育锻炼的时间,避免加重未成年人学习负担[26]。"双减"入法,体现了依法治理的思路,坚定了推进"双减"的决心,同时为确保"双减"落地见效在法律层面提供了制度保障。可以说,这种力度和速度在我国历次减负政策落实上是没有的,"双减"立法实践将为运用法治思维破解教育难题提供了参考。有研究认为,普通高中的多样化发展受到现有制度安排的阻碍，包括普通高中教育立法缺位[27]。因此，"双减"入法为高中教育立法，完善高中多样化特色发展格局提供法律依据创造了外部条件。

综上所述，通过"双减"撬动基础教育改革，高质量教育体系逐渐完善，教育良好生态逐渐形成，为进一步深化高中多样化特色发展营造了良好的教育环境，创造了外部条件，带来了新的机遇。"双减"促进学生有个性的发展，为高中学校培养模式多样化奠定基础；强化学校主阵地作用，为高中学校特色化发展增加动力；提升教育治理水平和效能，为完善高中多样化特色发展格局提供支持。

三、"双减"背景下普通高中多样化特色发展面临的挑战

（一）高中学校课程与教学改革任务更加艰巨复杂

一是高中学校课程与教学要面对"双减"之后夯实学生文化基础的挑战。学校教育能否质效双增是"双减"政策落地的一大难点[1]。换言之，"双减"之后，学校教育质量有可能受到负面影响。有研究认为，"双减"政策长期执行导致义务教育阶段学生作业数量减少，习题训练机会减小，计算和读写能力相对减弱[2]。这一点从美国、日本、韩国等国家类似"减负"政策后的一些教训得到佐证。例如，20世纪70年代，日本的"填鸭式教育"带来了一系列校园问题和教育危机。80年代初，日本进行了"宽松教育"改革，倡导创造轻松宽裕的学习环境以培养学生的"生存力"。但PISA2003、PISA2006两次测试中日本学生成绩的下降使"宽松教育"成为众矢之的，对于学生学力下降的批判层出不穷。2008年，文部科学省的政策由"宽松教育"转向"去宽松教育"。其中，"宽松教育"提倡削减学习内容和学习时间，这在一定程度上降低了学习的难度，破坏了学科知识间的系统性[3]。又如，韩国"双减"政策肇始于20世纪70年代，以社会发展诉求、教育内卷严峻、社会负担加重为现实背景，通过推行"平准化教育"和取缔校外补习机构为主要内容，但终究无力扭转教育高压现状，憾以失败告终[4]。在对中小学教师的访谈中发现，教师普遍对小学低年

级不留书面作业、不进行纸笔考试等表示担忧,这表明教师习惯于传统教学方式,对于减负后如何提质感到迷茫。可以预见,经历"减负提质增效"前期的学生文化基础将出现分化,给高中学校课程与教学增加难度,高中学校教师需转变教学观念,改进教学行为,提高教学效率,才能确保学生在文化基础上过关,适应高中阶段学习要求。因此,高中学校必须充分认识到"双减"后学生文化基础上的差异性,既要提高课堂教学效率,又要做好因材施教分层辅导。这些变化无疑对高中学校在学校课程与教学上提出更高的要求。

二是高中学校课程与教学要面对学生多元化、个性化发展需要的挑战。"双减"促进了义务教育阶段学生的全面发展和健康成长。随着校外培训的规范和课后服务质量的提高,学生在个人兴趣爱好和特长方面的发展得到了保障,个性化的发展需求得到了满足。这种多元化发展需求将延续到高中阶段,要求高中学校在课程供给上能够满足学生多元化发展需要。虽然高中新课程改革持续推进,新课程方案和新课程标准正在落实,但是在满足学生多元发展需求上还存在发展瓶颈。例如,学校课程供给的贫困与学生学习选择权的缺失[5],大部分地区变相将一部分选择性课程统一划定为必修课程,而将另一些选修完全离弃;学校层面所开设的大量校本选修课程,多处于与国家课程两张皮的状态,无形中增加了学生的负担[6]。学校的课程改革有行动,却无明确的课程改革理念,基本上是个别课程尤其是校本课程体系的建设,缺乏学校课程的整体设计与开发[7]。有的学校片面追求特色课程建设,只关注某个学科或者某个领域的"特色"课程,对学校整体的课程关注不够[8]。因此,高中学校课程建设在体系结构上还需优化,内容上还需更加丰富,特色上还需关注整体,领导力上还需进一步提高。

三是高中学校课程与教学要面对在学段衔接、学生发展指导等方面补齐短板的挑战。"双减"着力构建学生全面发展培养体系,即德智体美劳五育融合的育人体系。从学生发展的角度看,学生成长是一个连续的过程,但现行的教育制度人为地将学生学习生活分为不同的学段。虽然每一个学段有各自的特点和教育定位,但作为学生发展不能因学段不同,出现学段割裂和培养割裂。调查显示，初高中衔接问题相比于幼小衔接、小初衔接更受关注，然而，多数学校教师对于衔接问题的了解和研究还很少，对于衔接问题的解决方法、途径还不是很清楚，因此难有有效的解决措施，远远不能满足学生成长和教育发展的需要[9]。当前，初高中衔接中存在学科不均衡、内容不衔接、情感不连续、功利不接力、制度不匹配等问题[10]。学段衔接的种种问题将会严重损害"双减"的效果，不利于学生可持续健康发展。在学生发展指导上，有研究认为，用于指导和规范学生发展指导工作的专项政策法规尚不健全；尚未建立起系统的普通高中学生发展指导体系，现有指导工作只是零散地在多个领域涉及学生发展指导的内容，无法实现整体学校氛围的改善；学生发展指导专业人员的配比偏低和专业素质不足；学生发展指导的开展尚未普及，且发展指导的科学性、规范性亟待提高；缺乏监督评估体系，学生发展指导的实效性难以保证[11]。因此，在"双减"后学生个性化、多元化发展的需求与高中学生发展指导存在的上述问题与不足之间的矛盾将更加突出，迫切需要提高学生发展指导质量，引导学生学会自主选择、自主发展。

总之，"双减"在一定程度上引起了高中校长教师对高中生源文化基础、学习适应能力、自主发展等方面的担忧。从构建高质量教育体系角度看，高中学校课程与教学也必须在"减负、提质、增效"的思路下，强弱项、补短板，完成课程与教学改革各项任务。

（二）考试招生与教育评价改革的压力和预期越来越高

随着"双减"政策落地和见效，学生和家长的升学压力与教育焦虑将从义务教育转移到高中教育。2014年以来，国家实施新一轮考试招生制度改革取得阶段性成果，但在落实"双减"过程中，人们对与高中多样化特色发展紧密相关的中考中招、高考高招和教育评价等改革的压力和预期会越来越高。

一是中考改革在落实"双减"和高中教育实现基本普及的新形势下面临新的困境。"双减"之后，中考改革既是"双减"重要举措，也成为检验评估"双减"效果的重要工具。在中考改革目标上，既要实现促进义务教育均衡发展和教育公平，又要减轻学生学习负担，提高学生综合素质。这些被赋予在中考改革上的使命，增加了中考改革的难度。有学者认为，多重目标下的中考改革面临价值理性与工具理性的冲突、规范性与自主性的冲突、统一性与多样性的冲突、多方主体的利益冲突等困境[12]。还有学者提出，中考选拔制度在高中教育高度普及化的形势下变得越来越不合时宜，不仅制约了初中教育质量，而且影响了高中教育的发展格局，应废除中考选拔制度[13]。在中考改革的技术层面，毕业和升学两考合一的政策下如何把握考试命题的难度和区分度，也就是如何在降低考试难度的前提下保证必要的区分度，使得这两大功能都能较好地实现是社会关注的一个热点问题。例如，综合素质评价在实际操作中仍过于注重对学生进行等级和分数的认定，过于强调综合素质评价的选拔功能，较少关注综合素质评价培育学生良好个性、发展学生综合素质的价值，导致初中学生综合素质评价与其育人理念渐行渐远[14]。总之，中考改革需要进一步厘清思路、制定措施，以破解当前面临的诸多难题。

二是高考改革的实际效果将直接影响高中多样化特色发展，并影响"双减"成效。高考改革破除"唯分数、唯升学"的效果越明显，学生和家长的高中升学压力和教育焦虑就会缓解，高中学习负担就会减轻，根据传递效应，义务教育阶段的学生和家长的教育焦虑和负担就会减轻，"双减"的效果也就越好。否则，就有可能出现"初中不考、高中考""初中不补、高中补"等现象，高中多样化特色发展将停滞不前。从新一轮前四批高考改革实践看，"分类考试、综合评价、多元录取"在推进过程中还存在一些亟待解决的突出问题。例如，功利性博弈对冲选择性政策设计的改革实效；综合素质评价实施难，使得"唯分数"问题未能破局；高校录取体制机制滞后，导致综合评价录取难以推广[15]。在落实"双减"政策的背景下，高考改革要更加突出考试内容和形式的改革，要更加重视发挥综合评价作用，更加协调推进改革创新举措，要更高站位完善部门协同发展机制，要更大力度开展教学、考试、招生一体化研究与实践改进[16]。由此可见，"双减"政策对深化高考改革提出了新的更高要求。

三是高中教育评价改革现状与"双减"要求还存在差距，也阻碍高中多样化特色发展。高中教育评价，既包括对学生的学业评价，也包括对教师的评价，还包括对高中学校的评价。在学生学业评价上，调查显示：高中学业质量标准对教学、评价的意义、作用得到普遍认同，学业质量标准的价值得到广泛赞同；同时，高中学业质量标准存在标准不够明确、核心素养难以量化、实施缺乏监督和必要的保障条件、教师现有能力难以满足学业质量标准的现实需求及受长期存在的应试教育影响等突出问题[17]。在教师评价上，有研究认为，我国中小学教师评价制度的构建仍需克服中小学教师评价目的模糊、评价有效性不足这两大核心问题[18]。在学校评价上，钟秉林[19]认为，要改变以升学率评价学校办学绩效和水平的做法，打破重点学校建设"终身制"的弊端，探索建立学校分类管理的动态评价体系和机制，鼓励各级各类学校科学定位、特色办学、争创一流。因此，高中教育评价改革，包括中、高考改革在内，既要适应"双减"政策要求，为"双减"落实做出贡献，又要引导高中多样化特色发展，发挥以评促改、以评促建的积极作用。

（三）高中办学自主权与办学活力亟须扩大和激发

高中多样化特色发展和"双减"都需要强化学校教育主阵地作用，发挥学校积极性和主动性，不断提高办学品质育人质量，才能实现各自的最终目标。然而，从实际情况看，优质学校求稳，普通学校抓分，薄弱学校跟风等现象普遍存在，高中多样化发展动力不足，究其原因，最重要的一条就是学校改革缺乏内驱力，校长办学自主权与教师教育教学自主权受到一定程度的限制，办学活力不够。

一是高中办学自主权还需进一步落实和扩大。中小学的办学自主权是一种为学校办学所必须具有的自我决策、自我运行的资格与能力[20]。调研显示，中小学缺乏办学自主权，主要表现在教育教学自主权、用人自主权、经费使用自主权等方面[21]。虽然教育部等八部门发布了《关于进一步激发中小学办学活力的若干意见》，但是其中提出的保障办学自主权的措施还需进一步在实践中落实。例如，"双减"之后学校对社会资源的需求明显增加，由于学校经费使用自主权落实不到位，不能自主编制预算，经费使用层层审批，手续烦琐，社会资源进入不了学校，教师负担增加。在教师绩效工资分配方面，学校权力很小，只能按上级教育行政部门要求发放,不能发挥绩效奖励作用。特别需要指出的是,当前高中学校招生自主权只是部分高中学校的"特权",还没有在每一所学校普及,既不利于高中招生制度改革,存在违规招生风险;也不能满足学生多元发展需要,削减了高中特色学校建设动力。

二是高中办学活力在"双减"之下更需要进一步释放和增强。"双减"强调提升支撑保障能力,在保障课后服务条件、完善家校协同机制等,对办学体制机制提出了明确的要求,也是对高中学校健全办学管理机制提出了要求,尤其是对完全中学、十二年一贯制、集团化办学有更现实的意义。从实际情况看,行政部门对学校"管得太多、激励不够、保障不够、管理机制不健全"等问题依然存在。例如,调研显示目前各部门机构对中小学的发文数量并未明显减少、教育外部的发文比例仍然较高、发文内容与教育教学关联性弱等问题仍然突出[22]。又如,在办学机制改革上,集团化办学、学区化治理、干部教师交流、联合教研等方面都存在城乡差距、区域差异,且形式大于内容,贴标签,走过场的现象和心态占有一定比例,同时这些办学机制改革创新在部分地区,没有结合当地实际情况,缺少前期论证、理论研究与和总结反思,实际效果还有待观察。再有,区域学校布局规划,学区范围划分,学区资源统筹,学区内学校多样特色、优质均衡发展等改革速度跟不上教育需求发展速度,导致教育供需矛盾突出,家长和社会教育焦虑加剧,高中学校特色发展止步不前。因此,推进学校办学机制改革,带动薄弱学校提高管理水平,促进新优质学校成长,不断扩大优质教育资源,亟待创新体制机制,进一步释放与增强每一所学校的办学活力,加快形成区域高中多样化特色发展格局。

三是高中教育治理体系和治理能力建设必须适应"双减"落实新要求。从宏观管理看,高中学生和家长的学业负担、教育焦虑需引起行政部门高度重视,"双减"落实后可能会出现校外培训由明到暗,由学科类转向非学科类,由义务教育阶段转向高中阶段。高中校外学科培训将通过更加隐蔽的方式进行,势必增加学生学业负担,家庭教育支出成本,增加社会监管校外培训社会成本。另外,"双减"后如何鼓励民间资本、社会力量积极参与高中办学,促进高中办学体制多样化，如何实现高中教育从普及到优质均衡与从普及到多样化有特色这两大进程统筹起来并协调发展，这是对地方教育行政部门教育治理，科研部门教育研究，以及学校校长办学勇气和智慧的考验。从内部治理看，多元主体协同治理体系还没有真正建立起来，学校领导"一言堂""家长制"还比较常见，教职工代表大会或教职工全体会议制度作用有限。在涉及师生重大利益改革的议题上，教师、学生、家长参与不够，民主决策不到位。例如，在对北京市16个行政区5768位高一、高二学生家长的问卷调查中发现，超过四成的家长对高中多样化特色发展不了解，表面上反映的是政策宣传引导不到位，实质上反映的是家长被排除在高中多样化特色发展的参与者行列。可以说，没有家长参与的高中多样化特色发展是不完整的，不符合现代学校治理理念，不适应当前构建家校协同育人机制要求。因此，传统的单一的学校管理模式很难适应当前对学校教育治理体系和治理能力建设的新要求。

总体而言，高中多样化特色发展在"双减"之下面临教育发展新形势、新要求、新变化。多样化特色发展既要克服既有发展制约因素，又要满足新变化后人民群众对高质量教育的需求。

参考文献

[1] 周洪宇，齐彦磊."双减"政策落地：焦点，难点与建议[J]. 新疆师范大学学报（哲学社会科学版），2022，43（1）：69-78.

[2] 陈新忠，王欢慧."双减"政策的高等教育影响研究[J]. 中国电化教育，2022（7）：58-63.

[3] 吴伟，赵健. 日本"宽松教育"：历史脉络与理性审视[J]. 比较教育研究，2018，40（4）：77-85.

[4] 季玟希. 韩国"双减"政策失败述评[J]. 比较教育学报，2022（1）：41-53.

[5] 周佩灵，胡杏培，王洪席. 学生学习选择权与学校课程供给[J]. 教育科学，2018，34（4）：43-46.

[6] 李希贵，秦建云，郭学军. 构建可供学生选择的普通高中学校课程体系的实践研究[J]. 教育学报，2014，10（1）：50-55，87.

[7] 和学新. 特色高中建设中的课程改革问题探讨[J]. 课程·教材·教法，2017，37（8）：17-22.

[8] 杨清. 五育融合视野下普通高中课程结构优化研究[J]. 课程·教材·教法，2022，42（5）：11-17.

[9] 王言锋，王睿，薛晓光，等 . 基础教育学段衔接问题调查报告 [J]. 大连教育学院学报，2016，32（3）：53-56.

[10] 刘辉，李德显 . 初高中学段衔接问题的破解路径 [J]. 教学与管理，2020（7）：8-10.

[11] 方晓义，袁晓娇，邓林园，等 . 构建适合我国的普通高中学生发展指导制度 [J]. 北京师范大学学报（社会科学版），2013（1）：42-50.

[12] 鲍传友 . 多重目标下的中考改革困境与制度构想 [J]. 湖南师范大学教育科学学报，2022（4）：9-15.

[13] 程红艳 . 废除中考选拔制度：必要性与可能性 [J]. 中国教育学刊，2020（2）：46-52.

[14] 刘志军，袁月 . 初中学生综合素质评价的现实困境与破解之道 [J]. 中国考试，2021（12）：32-38.

[15] 张和生，周维，于非非 . 新高考多元评价选拔机制的逻辑建构与实践进路 [J]. 中国考试，2022（8）：12-21.

[16] 桑锦龙，许晓革 . 深化教考招一体化改革：落实"双减"的必由之路 [J]. 中国教育学刊，2021（11）：21-25.

[17] 孔凡哲，吴璇，翟予因，等 . 高中学业质量标准实施的调查研究 [J]. 教育理论与实践，2021，41（11）：3-9.

[18] 冯帮，喻欣 . 我国中小学教师评价若干争议问题述评 [J]. 上海教育科研，2021（9）：16-20.

[19] 钟秉林 . 深化教育评价改革背景下高考综合改革的实施路径 [J]. 现代教育管理，2021（8）：1-8.

[20] 蒲蕊 . 高质量发展阶段我国中小学办学自主权边界 [J]. 华中师范大学学报（人文社会科学版），2022，61（4）：174-181.

[21] 李红恩 . 权力、能力、外力：影响中小学办学活力的重要因素探析 [J]. 中小学管理，2020（11）：21-23.

[22] 赵新亮，张志勇 . 从 11498 份学校"收文"情况 探析激发办学活力的外部因素 [J]. 中小学管理，2022（5）：41-44.

[23] 进一步减轻义务教育阶段学生作业负担和校外培训负担 [N]. 人民日报，2021-07-25（1）.

[24] 张东，高毅哲 ."五项管理"促进学生健康成长 [N]. 中国教育报，2021-12-23（1）.

[25] 教育回归学校主阵地"双减"政策实施一年观察 [EB/OL].（2022-03-16）[2022-07-29]. http：//www.moe.gov.cn/jyb_xwfb/moe_2082/2021/2021_zl53/mtgc/202207/t20220729_649541.html.

[26] 中华人民共和国家庭教育促进法 [N]. 人民日报，2021-10-25（13）.

[27] 余凯，谢珊 . 普通高中教育多样化发展的问题分析与政策建议 [J]. 中国教育学刊，2020（2）：40-45.

"双减"背景下普通高中特色课程的基本内涵与一般路径

北京教育科学研究院　黄晓玲

一、"双减"政策的实施对普通高中特色课程建设的要求

2021年7月，中共中央办公厅、国务院办公厅印发《关于进一步减轻义务教育阶段学生作业负担和校外培训负担的意见》（以下简称"双减"），"双减"政策的实施，不仅是教育格局的重大调整，更是教育观念的大变革、教育行为的大改进、教育发展的新契机。"双减"政策实施需要学校加大改革力度，统筹校内校外教育资源，统筹课内课后2个时段，对教育教学安排进行整体规划，全面系统构建育人生态。"双减"政策回应社会关切与期盼、促使学生学习更好地回归校园、学校发挥育人主阵地作用，对基础教育的系统性、协同性改革提出更高要求。本文基于改革的系统性和教育生态整体优化视角，从课程作为学校育人核心载体支撑"提质增效"的角度，分析"双减"背景下普通高中学校特色课程建设的意义及理解。

（一）"双减"政策的实质内涵及教育影响

"双减"工作是贯彻落实习近平总书记关于教育的重要论述的生动实践，是贯彻落实新时期党的教育方针的必然要求，是教育发展理念的回归、教育生态的重塑和教育治理的创新，必将促进基础教育领域的深刻变革，最终实现去功利化、回归公益化，去应试化、回归素质化，去焦虑化、回归理性化，让孩子全面发展、健康成长[1]。"双减"政策是我国在新发展阶段、贯彻新发展理念、开创新发展格局，全面建设高质量教育体系，迈向更高水平教育现代化的重大举措，是对培养什么人、如何培养人、为谁培养人等一系列问题的追问和思考。"双减"从国家与民族发展高度，以学生发展为中心，以素质教育为核

心，以体制机制创新为动力，整体推进基础教育育人方式、教育教学评价方式改革，重构核心素养时代学生深度学习的教育生态，形成学校、家庭、社会协同育人合力，让基础教育回归应然状态。

1. "双减"指向教育规律的基本遵循

"双减"不仅要求消除校外培训机构的培训乱象，也促使学校进一步提升自身教育质量和服务水平。学校教育作为育人的主阵地，着眼于学生成长为肩负民族复兴大任的时代新人，基于面向未来的核心素养目标，体现学生学习的主体性和创造性，突出学生德智体美劳全面而有个性的发展。教师将更多的时间和精力用来提升教书育人本领、塑造学生的健全人格和提升核心素养，更加注重课堂效率的提升和课堂改革的推进，持续推进教育生态的良性构建。

2. "双减"指向基础教育的更高质量

"双减"减轻义务教育阶段学生过重课业负担，重视孩子创新精神和综合素质的培养，引导学生全面而有个性地成长，让教育回归本真；以学生发展为中心，引导学生主动适应社会，改变"唯分数""唯升学"等不科学的教育评价导向，构建德智体美劳全面培养的教育体系。是面向每个人、适合每个人，更加开放灵活、更高质量的教育体系在基础教育阶段的体现，是全面落实党的教育方针，全面落实立德树人根本任务的具体体现。

3. "双减"指向基础教育的优质均衡

当前我国基础教育的突出矛盾在于区域教育资源的不均衡，"双减"政策从优化教育生态、促进教育公平和优质均衡发展出发，促进中小学生健康发展，体现全面深化改革阶段对义务教育突出问题和深层矛盾的系统思考、综合施策。通过调整教育资源均衡配置、促进师资交流、优质教育带动等措施；通过体制机制改革激发教育活力，提升不同区域和学校治理水平，缩小区域之间、城乡之间、学校之间教育的差距，确保每个孩子都能接受良好的教育。

4. "双减"指向基础教育的协同育人

"双减"政策落地实施，需坚持以人民为中心发展教育，做好基础教育理念、结构、内容、路径等生态系统的重构。学校作为主渠道和主阵地,需充分认识"双减"工作的重大意义,深刻理解学校在"双减"工作中肩负的重大责任,把落实中央"双减"工作部署作为重大政治任务,强化教育服务国家和社会的意识。家长需转变观念,接受孩子的差异化发展,尊重孩子、信任孩子,配合学校、教师,激发孩子学习的积极性、主动性,让孩子真正选择适合自己、感兴趣的教育方式。同时,"双减"是一项系统工程,涉及多个利益主体,只有各主体形成合力,才能在构建良好的教育生态中发挥整体性功能。

(二)"双减"对普通高中特色课程建设的要求

基础教育课程承载着党的教育方针和教育思想,规定了教育目标和教育内容,是国家意志在教育领域的体现,在立德树人中发挥着关键作用[2]。另外,当今世界科技进步日新月异,网络新媒体迅速普及,人们生活、学习、工作方式不断改变,青少年成长环境深刻变化,人才培养面临新挑战。随着发明和变革速度的加快,数字技术在改变着生活的每一个方面,我们需要学会应对渗入我们生活的新颖、不可预测和充满变化的不确定性;年轻人在一个复杂和多变世界中所需的知识,需要看到正在塑造这个世界的趋势,通过实验、创造和即兴创作来应对不确定性[3]。"双减"政策的实施,对普通高中课程的供给、实施、保障资源等提出新的要求。

1.统筹校内校外丰富供给

从供给侧角度,普通高中学校课程需统筹校内校外资源,不断增加供给数量、提升质量、优化结构。一是学校准确把握学生需求。根据学生需求和学生规模、校内外可利用资源等,综合评估学校课程供给能力,制定短期、中期和长期发展规划,明确发展方向,保障有序供给。在课程内容上,逐步实现五育并举、各领域均衡发展。二是拓展供给渠道。区域在丰富供给渠道的政策方面提供更多参照和发展空间,促进学校内部挖潜、外部引入,在丰富供给的同时不断提升学校课程开发与供给能力,以逐步实现自主供给。三是加强区域支持力度。进一步整合区域资源,加大对学校的专业支持和人财物等保障力度,逐步形成和完善学校基础性、多样性、选择性的课程体系，保障门类齐全、结构合理、质量优良的课程供给。

2. 衔接课内课后整体安排

课内课程和课后服务是学生发展的密不可分的连续性支持，课后服务是课内课程的拓展和延伸，需整体规划一体化安排。首先，区域出台"双减"背景下学校课内课程和课后服务安排指导意见或相关说明，对课内课程和课后服务的性质、功能及相互关系进行补充性说明，对具体安排提出参考意见；并赋予学校课程安排一定的自主权，鼓励学校结合学生需求和运行实际探索创新。其次，学校准确把握育人目标和办学特色，从完善德智体美劳全面培养体系和立德树人机制出发，构建面向全体、夯实基础、突出选择、特色育人的进阶课程体系。特别是在素质拓展领域，设计主题性、系列性、综合性、选择性的拓展活动，并突出素质拓展活动自身的发展持续性、内容的连续性，以及与课内课程的关联性。

3. 创新课程实施实现减负增效

首先，课内学科课程进一步突破学科及班级授课局限，重视学科内、学科间、课内课后、校内校外的协同和整合，引导学生加强跨学科学习、基于真实任务或情境的学习、综合实践学习，丰富学生学习体验和成长方式。同时在课堂教学精准落实、减少考试次数、优化作业设计等方面进行重点突破。其次，精细化教育教学管理，实现学校课程、教学管理整体优化与资源有效配置同步。统筹学生在校学习时间，形成个性化课表和学程，优化学生在校一日学习与生活安排。借助信息技术和"互联网+"赋能教育，促进教与学方式变革，提升教、学、考、评、管及家校社合作的智慧化水平，提高管理育人效益。

4. 突出区域及学校发展特色

普通高中课程切合学生及家长需求，依托区域教育水平和资源保障，在发展过程中具有一定的区域特点。突出优质资源特色育人是"双减"背景下普通高中课程建设的重要原则。一是统筹区域特色供给。从区域教育优质均衡及特色彰显的角度，区域结合学生、家长需求，整合优势力量、利用区域特色资源，整体规划、突出重点，开发覆盖全区或校际的、贯通不同年级或学段的主题课程、特色课程，减少学校之间的低水平的重复开发，逐步实现共享类优质课程资源的均衡发展。二是加大资源整合和共享力度。针对线上免费资源、区域优质资源和校际特色课程，打通课堂、学校边界，充分利用、整合社会资源，合作开发，资源共享，协同育人，促进区域普通高中教育发展的优质均衡。

5. 加强动态监测和效果评价

"双减"背景下的减负提质和教育生态优化，涉及多个利益相关者和课内外、校内外等多个育人环节，亟须建立多部门协同的实施监测机制。一方面加大对学校课内课程开齐、开足、开好的督导，确保普通高中课程设置方案的落实；同时对学校选择性课程供给数量、质量、结构及供给方式等进行动态监测，加大对学校课程实施的指导力度，整体提升区域课程实施水平。另一方面，在动态监测中完善学生、教师、家长、学校、政府部门等参与的评价机制，从师生参与率、学生需求满足度，服务供给的丰富性、协调性、科学性，师资的专业性、条件的保障情况、管理的规范性等方面进行周期性评价，并面向社会公开反馈评价结果，加强多部门之间的沟通和协同，不断优化运行机制提升服务质量。

（三）特色课程建设对"双减"政策的回应

高中阶段是学生个性形成、自主发展的关键时期，对提高国民素质和培养创新人才具有特殊意义；高中阶段教育是衔接义务教育和高等教育的重要环节，具有承上启下的关键作用。《加快推进教育现代化实施方案（2018—2022年）》指出："加快高中阶段教育普及攻坚，推动普通高中优质特色发展。"《中国教育现代化2035》指出："到2035年，总体实现教育现代化，迈入教育强国行列，推动我国成为学习大国、人力资源强国和人才强国"，确立"提升高中阶段教育普及水平""推进中等职业教育和普通高中教育协调发展，鼓励普通高中多样化有特色发展"的战略任务。课程作为普通高中核心育人载体，特色课程建设对支持普通高中多样化特色发展,是对基础教育阶段"双减"政策实施的重要回应。

1. 特色课程丰富学生课程选择

特色课程基于学校教育理念和育人目标,回应学生多样化个性化发展需求,体现学校在共同基础上促进学生个性发展的智慧实践,从课程供给数量、质量和结构方面回应学生发展需求,体现学校服务能力提升,为学生发展提供更多选择和可能,是减负提质、增强课程适应性的具体体现。一方面在共同基础上体现学科优质和优势,在学生拓展学习方面提供多样可能,同时在个性发展方面予以关照;另一方面注重课程实施的针对性和适切性,凸显对教育教学规律的遵循及学生学习的主体性,体现"双减"政策的主旨。

2. 特色课程彰显教师教学风格

教师是课程实施的关键主体,国家课程的校本实施及特色校本课程的开发,是教师团队教育智慧的集中体现。学校不同类型特色课程的建设,依赖教师团队优势的持续积淀,进而形成体现教师风格的持续发展的课程连续体。教师风格是教师在长期的教学实践中逐步形成的、富有成效的、一贯的教学观点、教学技巧和教学作风的独特结合及表现,是教学艺术个性化稳定状态的标志[4],与特色课程建设是一体两面的过程,教师团队促进特色课程的开发与持续发展,而教师专业素养在课程发展过程中得以成就。特色课程是学校凝聚教师团队的任务载体,也是彰显教师教学风格的重要途径。

3. 特色课程促进学校特色发展

学校特色发展是在共同基础上学生个性化发展的差异性、智慧化实践,集中体现在育人目标的素养要素及其结构、水平的差异和实现过程上。课程的设置与开发决定和支撑培养对象的素质结构,课程在本质上是为了满足学生学习和发展需要而存在的。只有当课程异彩纷呈,才能促进学生全面、和谐发展;也只有开放、动态的课程可供学生选择时,才能激发学生的学习内驱力,促进学生的个性化发展。特色课程丰富课程供给,为学生提供更多发展机会与可能,是学校彰显育人特色的核心载体。

二、"双减"背景下普通高中特色课程的基本内涵

（一）普通高中特色课程的内涵与外延

1. 普通高中特色课程的发展及定义

普通高中特色课程随着育人模式多样化及课程自主权下放、课程的多样化逐步发展，随着21世纪基础教育课程改革的发展和深化日益受到重视。《普通高中课程方案（实验）》提出"努力构建具有中国特色、充满活力的普通高中课程体系"；《国家中长期教育改革和发展规划纲要（2010—2020年）》提出"推动普通高中多样化发展""鼓励普通高中办出特色"；国家教育体制改革试点推动"开展普通高中多样化、特色化发展试验，建立创新人才培养基地"[5]；《普通高中课程方案（2017年版）》提出建设"具有中国特色、体现国际发展趋势、充满活力的普通高中课程体系"；《国务院办公厅关于新时代推进普通高中育人方式改革的指导意见》（国办发〔2019〕29号）提出："加强学校特色课程建设，积极开展校园体育、艺术、阅读、写作、演讲、科技创新等社团活动。"《北京市关于深化育人方式改革推进普通高中多样化特色发展的意见》（京教组发〔2020〕2号）提出："分类支持学校在人文、科技、数理、艺体、语言等方面依托课程办出水平、办出特色、提高品质。"当前特色课程成为各地推进普通高中多样化特色发展的主要载体和重要抓手，是学校在先进教育理念引领下，遵循国家课程方案和各学科课程标准，为实现特定育人目标，结合学生、学校及地域实际，开设和实施的具有鲜明特点、相对稳定的优质课程。

2. 普通高中特色课程的主要类型

根据《普通高中课程方案（2017年版2020年修订）》，普通高中特色课程涉及国家课程实施和校本课程两大类。国家课程实施类特色课程，其特色主要是校本实施特色，具体表现在：为增强课程的适应性，在遵循国家课程方案和课程标准的基础上，在课程目标适宜性调整和细化，课程内容调整、拓展、补充、整合以及学科课程体系、跨学科课程、领域课程、课程群等的系统设计，课程实施方式及组织形式多样性与创新性，课程评价方式与过程、方法突破，

课程引导学生发展方向和提供更多发展可能性等方面，体现创新和特色。特色课程是学校根据学生的多样化需求，当地社会、经济、文化发展的需要，学科课程标准的建议及学校办学特色等开发设置，学生自主选择修习的课程，其特色主要体现在：落实学校教育价值追求和支撑学校育人特色，回应学生多样化、个性化学习与发展需求，体现地域特色、学校传统及优势，以及在课程形态、实施模式、评价管理等方面的鲜明特点。

3. 普通高中特色课程的突出特点

结合普通高中多样化特色发展对课程创新的内在要求，特色课程具有较为突出的三重规定性。一是优质性。即高质量发展背景下普通高中特色课程体现在对国家课程方案和各学科课程标准的遵循和创造性落实，体现在对学生共同基础上多样化、个性化学习与发展需求的回应，体现在促进学生核心素养发展和综合素质提升的育人价值发挥。二是特点鲜明。这是特色课程的应有之义，其既可体现在课程设计的多个要素（如基本理念、课程目标、内容组织、呈现形态等）要素上，也可体现在课程实施（如课程安排、教学实施、学生学习、评价管理、资源开发、课程管理等）环节上；还可体现为课程设计、开发、实施及可持续发展等的整体特色。三是发展性。即特色课程面对不同的学生和环境体现出适应性和创新性，根据学生对象和育人目标的变化及实施环境的不同进行调整创新，呈现持续优化和迭代发展的过程，这是特色课程保持高品质和鲜明特点的基本机制。

（二）普通高中特色课程的形态及功能

1. 普通高中特色课程的呈现形态

《普通高中课程方案（2017年版）》和《义务教育课程方案（2022年版）》及各学科课程标准的颁布，标志着基础教育课程改革进入全面深化的新阶段[6]，学校课程在立德树人中发挥关键作用的地位进一步确立和突出，课程形态进一步创新，课程功能更加丰富。

从课程形态上看，结合普通高中学校课程建设实际，当前特色课程主要呈现出3种样态：一是满足学生多样性、选择性学习需求的门类特色课程，常以学科、活动、主题、项目、社团等载体形式独立呈现。此类特色课程主要依托学校优势学科进行创新性实施或立足育人特色、发展机遇、资源优势等进行新开发，特色主要体现在内容和形态创新；学科类多突出学科前沿、学科实践等内容，非学科类多以跨学科主题学习、综合实践活动、项目课程等形态出现。二是彰显学校育人特色或学科（领域）优势的特色课程群，该形态以课程群的方式呈现一类、一组或一个领域的多门课程，课程之间依据育人方向及其素养要素形成一定结构，可体现为横向上多门课程的相互关联和学生的自主选择，也可包括纵向上不同水平课程的衔接和学生的持续学习，以为学生的选科学习、职业体验、创新研究等提供特定方向、领域上的支持。三是支撑学校特色发展的分层分类的结构化课程体系，涵盖学校不同领域、形态及年级、学段的课程并具有内在关联结构，其特色主要为学校课程的整体性特点，并将逐步形成学校课程文化。

2.普通高中特色课程的组织逻辑

从特色课程形态的要素组织而言，体现在纵向、横向、关联及进程4个维度。

一是保障课程的"纵向展现"，即确保学生在不同阶段教育间顺利过渡。从纵向看，普通高中需实现共同基础上的水平进阶和差异发展，即在我国基础教育课程标准要求的学业水平基础上实现适性发展。普通高中各学科课程标准明确学生完成本学科学习任务后，学科核心素养应该达到的水平，各水平的关键表现构成评价学业质量的标准，体现纵向水平发展。特色课程构建需整体考虑基础教育阶段的学业标准与学生潜能发展水平，为其设置更高水平的发展空间。

二是保障课程的"横向展现"，即确保课程能被应用于多种类型的学习情境，培养学生多方面素养。在横向上，围绕中国学生发展核心素养总框架，界定六大核心素养指标的基本内涵与主要表现，并进一步提出分别适用于小学、初中、高中阶段的学生发展核心素养指标体系与表现水平，展现各育人要素、学科领域及不同课程形态的整体性、系统性。当前我国基础教育阶段课程涉及语言与人文、数理与科技、艺术与体育、生活与实践等多个领域，并且学科课程、社会实践与学生生活世界相互关联。特色课程在此基础上，顺应学生身心发展规律和个性化发展需求，不断拓展和补充，为学生提供更加多元、丰富和选择的课程供给。

三是体现要素的"关联性"，即课程要素之间紧密关联且能引发积极的情境变化。课程要素除了在横向和纵向的关联外，还体现学生、内容和环境之间的紧密联系。例如，普通高中课程方案将课程类别调整为必修课程、选择性必修课程和选修课程，在保证共同基础的前提下，为不同发展方向的学生提供有选择的课程。必修课程根据学生全面发展需要设置，全学全考；选择性必修课程根据学生个性发展和升学考试需要设置，选修选考；选修课程由学校根据实际情况统筹规划开设，学生自主选择修习，学而不考或学而备考。特色课程开发需增强课程内容的综合性、前瞻性，与自身发展方向和潜能的适应性，与社会需求及文化的互动性，体现自身发展与科学基础、前沿与社会需要的紧密关联。

四是适切学生的进程安排，即课程内容与师生、时间、空间、资源、条件等教育要素的统整安排与展开进程。课程是学生动态建构的发展通道，是对教育要素的统筹集成，特色课程开发与实施需进行个性化的学程建构。一方面依据学习的能力性质、学习风格、学习兴趣及情意动机等选择不同的学习方式，如个别化教学与咨询、社团活动、冬夏令营、假日研习、小组研究、独立研究、自学与个别指导等。另一方面在水平呈现的组织方式上，自定步调的学习指导、混合年级、导师制、课外活动、学分认定、线上课程等形式与课程内容匹配，呈现学生个性化的学习进程。

3. 普通高中特色课程的基本功能

从课程功能上看，美国课程学家麦克尼尔（John D. McNeil）将课程公认的、典型的功能归纳为4个方面[7]：一是通识教育，即课程要使学习者具有成为有责任心的人的最低能力，课程规划者需要考虑教学结果和学生经验之间的共性之处；二是补偿或补充功能，即针对个体的缺陷或独特才能而进行特别设计，是个体性的课程，与普通（共同）课程相对；三是探究的功能，即课程提供学生发现和发展个人兴趣的机会，使学习者发现自己是否具备从事某些类型活动的才能和热情；四是专业化功能，即课程要求学习者熟练掌握某一方向或专业、职业、研究等必需的技能，学习该课程的学生必须具备相当的专业技能和强烈的内驱力。

普通高中多样化特色发展背景下，特色课程的功能强调在通识教育基础上体现差异性，更加突出：一是调整和突出部分（整体）通用核心素养、特定核心素养及其水平，体现学生培养的针对性；二是为学生提供更多拓展性学习机会，满足和促进广泛性发展需求；三是为学生提供更多选择性、自主性学习路径，促进个性化发展；四是赋予学生更多活动、实践、体验和探究等的经历，激发学习兴趣和内驱力；五是提供专深发展机会，促进学生在特定方向（领域）上的持续发展。

三、普通高中特色课程建设的路径与重点

特色课程的价值体现在填补特色育人目标和学习者表现之间差距的巨大潜力，在普通高中多样化特色发展过程中，特色课程建设体现素养为本课程建设的一般特征[8]，即基于情境的分析、以学习者为中心、强调素养使用的证据、强调素养产生的影响、强调跨学科、考虑课程的结构和序列、更好地掌握学科内容。其基本路径如下。

（一）普通高中特色课程建设的一般路径

1. 细化课程素养并定位功能和形态

第一，分析普通高中多样化特色发展中学校整体育人目标和育人特色，结合核心素养框架结构细化素养要素及其拟达到的水平。第二，分析特色课程的学生对象及覆盖面、教师参与面和可能的参与程度，包括分析学生的学习特点、已有基础和学习需求，学校学科优势和资源基础，教师团队整体水平、风格特色等多个具有学校特点的教育要素。第三，依据目标及现状准确定位特色课程的功能和形态，如突出课程的通识性功能，还是补充性功能、探究性功能或专业化功能；课程以单门课程呈现，还是重在课程群建设或着力建设特色课程体系；是体现学科拓展、学科实践，还是综合主题、实践活动、项目学习或

体现学生的自主学习、实践体验。在此基础上进行课程审议和决策，确定特色课程的方向、目标和形态。

2. 科学选择和组织特色课程内容

依据特色课程的育人性、科学性、规范性等基本要求，选择适宜的课程内容并进行结构化组织。主要侧重：一是体现课程的横向连接，即注重课程及内容的广泛来源，突破学科边界，建立学科知识、社会实践与学生经验的联系，丰富学生学习体验；二是体现课程的纵向衔接，确保不同学段、年级学生在某一学习领域、方向上的持续学习和水平提升；三是体现课程的相互关联，确保不同领域、形态和环境中的课程相互呼应，以实现整体育人目标；四是体现课程的灵活进程，即课程内容与师生、时间、空间、资源、条件等教育要素统整安排，优化实施进程。

3. 设计课程实施方式并提出相关建议

根据课程面向的学生对象学习特点及培养目标、内容特点及组织结构，选择和创新实施方式。特别是根据学生核心素养形成机制，体现学与教方式的多样化，对课程实施所涉及的内容性资源和条件性资源、环境等进行说明。针对高中学生的选择性学习及课程的相互关系提出指导建议，处理好学生学习的自主性和指导性的关系，支持学生采取有效的学习方式参与学习过程，关注学生在课程实施中的认知性参与、情感性参与、行为性参与及品格发展，通过指导激发学生课程学习兴趣和内动力，形成科学合理的课程学习规划。

4. 加强追踪评估促进课程的持续发展

特色课程支撑和促进普通高中多样化特色发展，除需体现二者在育人目标和实现途径上的内在一致性外，还需从学校特色发展角度对课程开发、实施全过程和效果进行评估。在量化评价方面，可着眼于特色课程的师生覆盖率、满意率，课生比、课师比，以及学生选择度等方面构建指标，体现特色课程对学校特色发展的实体支撑；在效果评价方面，需通过相应数据和证据说明特色课程对学生获得、教师发展、学校特色、示范引领及自身持续发展等方面的效果，逐步建立质量保障体系，完善持续发展机制。

（二）当前普通高中特色课程建设的重点

1. 准确把握课程定位并精准设定课程目标

在普通高中课程体系中，特色课程从选修课程走向国家课程校本实施和校本课程，以及学校课程体系。尤其是在普通高中多样化特色发展中，其作用和功能更加凸显。可见，特色课程在国家课程方案课程结构中的地位和角色有所变化，更加突出与国家课程相对的在学校层面对多种课程因素的统筹和整合，为丰富学校提供更适切的课程供给，依托课程办学特色提供更大空间。首先，学校需充分认识特色课程在学校课程体系中的地位，其对学生、学科和社会需求的回应，以及对学校增强办学活力、特色发展的重要作用，是普通高中突破同质化瓶颈、满足和促进学生多样化差异化发展的重要载体。其次，对特色课程在学生、教师和学校发展功能上，结合学校办学定位、发展目标和现实基础进行"价值赋予"，如突出学校优势领域、育人特色、教师专业素养等方面的明确方向和具体内容，建立特色课程与学校特色发展的承载和支撑关系。第三，根据特色课程在学校发展中的定位，将发展目标精准转化为课程核心素养，并表述在特色课程目标中，明确课程的核心主旨和质量要求，并落实到各课程要素中。

2. 连接和整合多个育人要素创新课程形态

随着课程改革的深入和学校与经济、社会、文化的联系更加紧密，学校需要统筹配置更多教育要素，单一的课程观和课程样态难以满足学生需求。特色课程是连接多个教育要素并进行整体优化的载体，依托特色课程的开放性、综合性、选择性等特点，学校在实践中需探索基于不同课程本质、侧重不同发展功能、呈现不同样态的"校本"课程。面向未来，学校特色课程在沟通学科知识、社会实践、学生经验等方面需不断创新，在连接学生、教师、学校和社会资源方面需发展更强的凝聚力，在统筹学习时间、空间、资源方面需具有更大的灵活性，以创新的样态体现课程改革的活力，为学生提供更多差异化、个性化的发展空间。

3. 基于核心素养形成机制不断丰富学习方式

学生核心素养的形成是多种要素、多种途径、多种机制综合作用的结果[9]，既需要通过学生主体活动与已有经验建立联系，不断获得新知、发展思维、形成积极情感，也需要通过知识运用、技能训练、问题解决提升通用能力和专项能力，以及在不断的自我反思、行为调整及情绪情感体验中，增强对事物、行为与自我意义的认识。特色课程要发挥培养学生核心素养的独特作用，需进一步体现学生学习的主体性，倡导多样化的学与教方式，特别是依托自身的差异化和选择性，促进学生的课堂学习、活动学习、实践学习，以及探究体验、团队交往和自主学习，通过多样化的学习与活动体验，促进学生知情意行的统一，促进核心素养和综合素质的提升。

4.完善为教师赋权增能的支持保障措施

教师被称为课程改革落地的"最后一公里"，没有教师的发展就没有课程的发展。普通高中特色课程的地位凸显，范围和空间扩展，既意味着对教师专业自主权的赋予，同时也对教师的课程意识、课程能力等课程素养提出更高要求。学校在规划课程体系建设的同时，需有同步配套的教师专业发展规划，尤其是特色课程开发和迭代发展需要教师团队协作机制。第一，在校本教研中倡导以特色课程开发与实施为研修载体，将课程建设中的问题转化为研修主题和项目，通过课程实践和专题研修互动提升教师专业素养；第二，根据学科、发展阶段、专业水平等的不同，有针对性地为教师提供研修资源和学习机会，搭建交流展示平台；第三，重视学科组团队建设，课程实施过程和课程产品是教师团队的工作成果，鼓励每位教师成为有风格的教师，教师团队成为"气象万千的"课程建设团队[10]；第四，营造重视课程建设的良好氛围，以及尊重专业自主和交流分享的教师文化，为课程开发和教师专业发展提供支持。

5.建立多空间融通的课程共建共享机制

特色课程基于"特色"，但其有益经验、成果、资源能在更大范围发挥引领作用。为整体提升学校课程建设水平，在区域普通高中多样化特色发展生态中，特色课程建设需建立多空间融通的共建共享机制。一是学校、校际、区域之间的协作共享。一方面是教师开发、学生参与、学校分享，校校不同、校校精彩；另一方面是区域统筹、搭建校际之间交流共享、共同提升的机制和平台,激励教师、学校之间的创新探索和成果展示、资源共享,提升区域整体实力,彰显区域育人特色。二是线上线下资源的融通。区域统筹课程资源平台,学校作为资源提供方分享资源,鼓励学生线上修习课程并进行学分认定;同时学校也可整合融通线上线下资源创新实施"在校"的多种课程,为学生提供跨越时空边界的课程资源和学习支持,依托信息技术体验课程和学习新样态。

参考文献

[1] 刘宇辉."双减"引发的新时期教育思考[N].光明日报,2021-11-16(15).

[2] 中华人民共和国教育部.普通高中课程方案(2017年版)[M].北京:人民教育出版社,2018:1.

[3] 柯林斯.什么值得教?技术时代重新思考课程[M].陈家刚,译.上海:华东师范大学出版社,2020.

[4] 李如密.教学风格的内涵及载体[J].上海教育科研,2002(4):41-44.

[5] 国务院办公厅关于开展国家教育体制改革试点的通知[R/OL].(2011-01-12)[2022-03-16]. http://www.gov.cn/zwgk/2011-01/12/content_1783332.htm.

[6] 刘月霞.全面深化的课程改革[C]//第九届中国南方教育高峰年会,2021-12-18.

[7] 麦克尼尔.课程导论:第6版[M].谢登斌,陈振中,译.北京:中国轻工业出版社,2007:118-119.

[8] 冯翠典.联合国教科文组织指向未来的课程,素养及其实现的"三部曲"[J].全球教育展望,2021,50(4):3-15.

[9] 黄晓玲.基于核心素养形成机制的学校课程实施路径创新[J].教育导刊,2021(11):12-18.

[10] 胡定荣,曾文静.教师的气象与修炼:窦桂梅校长专访[J].教师发展研究,2018,2(2):102-108.

第二篇
现状与分析

"双减"背景下普通高中多样化特色发展现状

北京教育科学研究院　占德杰　殷桂金　李海燕　李瑞雪

一、调查背景与目的

为贯彻落实《国务院办公厅关于新时代推进普通高中育人方式改革的指导意见》（国办发〔2019〕29号）和《中共北京市委教育工作领导小组关于印发〈北京市关于深化育人方式改革推进普通高中多样化特色发展的意见〉的通知》（京教组发〔2020〕2号）及2021年12月教育部等九部门发布《"十四五"县域普通高中发展提升行动计划》《北京市"十四五"时期教育改革和发展规划（2021—2025）》等文件精神，了解校长、教师和家长对"双减"及"高中多样化特色发展"的认识情况，探讨"双减"背景下普通高中学校的应对策略，深化北京市普通高中多样化特色发展，建设高水平现代化高中教育，2022年5—6月，北京教育科学研究院"'双减'背景下普通高中多样化特色发展研究"项目组面向全市开展了线上调研。

通过调研了解"双减"背景下北京市普通高中学校发展的现状、困惑、需求等，了解北京市普通高中多样化特色发展现状，分析"双减"与普通高中多样化特色发展之间的关系，以及"双减"背景下普通高中多样化特色发展的影响因素，提出"双减"背景下普通高中多样化特色发展的政策建议，为推动北京市普通高中教育高质量发展提供依据。

二、问卷设计与实施

本次调研采用项目组自编调查问卷《"双减"背景下普通高中多样化特色发展现状调查》（校长问卷、教师问卷、家长问卷）。在问卷编制过程中，对问卷结构指标和具体内容进行了 3 轮专家咨询（项目顾问、学校校长、院所领导），根据专家意见修改完善问卷，并选取部分有代表性的学校进行了试测，最终定稿并通过线上方式进行问卷调查。项目组对校长、教师和家长问卷进行了整体设计，在结构指标上保持一致，包含 4 个维度：一是"双减"政策落实影响因素；二是高中多样化特色发展影响因素；三是"双减"对普通高中多样化特色发展的影响；四是普通高中多样化特色发展推进策略。立足不同主体，每个维度设计若干问题，了解校长、教师、家长对相关问题的态度、意见和建议等（表 1），问卷由结构性问题和开放性问题构成。问卷大部分题目，如校长对考试招生制度改革、高中学校评价、高中多样化特色发展现状及推进策略等采取李克特 5 等级量表计分。

表 1 问卷结构框架设计

调查维度	调查内容
"双减"政策落实影响因素	"双减"政策落实的关键、难点、成效标志等
高中多样化特色发展影响因素	高中多样化特色发展的关键、难点、现状如何等
"双减"对普通高中多样化特色发展的影响	对学生、教师的影响，学校教育教学的变化、学生作业负担、校外学科培训情况等
普通高中多样化特色发展推进策略	考试招生制度改革、普职融通、学生培养方式、特色课程建设、综合素质评价、学生发展指导、教师队伍建设等

此次调研采取整群抽样方法，兼顾区域分布、学校类型、不同年级等，调研范围覆盖首都功能核心区、城市功能拓展区、城市发展新区、生态涵养发展区等四大功能区[①]，涵盖高级中学、完全中学、十二年一贯制学校等不同学校建制，包括高一、高二和高三等不同年级。

本次调研对象涉及全市 16 个行政区和经济技术开发区、燕山共 198 所高中学校的 198 位校长、60 所高中学校的 5141 位高中任课教师、5768 位高一、高二学生家长。通过问卷星系统和 SPSS 26.0 对问卷数据进行分析，对校长、教师

---

① 首都功能核心区，即东城区和西城区；城市功能拓展区，即朝阳区、海淀区、丰台区和石景山区；城市发展新区，包括通州区、顺义区、大兴区、昌平区、房山区和经济技术开发区；生态涵养发展区，即门头沟区、平谷区、怀柔区、密云区、延庆区和燕山地区。

和家长问卷进行可靠性统计，克隆巴赫 Alpha 系数分别为 0.883、0.916、0.934，对问卷进行 KMO 和巴特利特检验，KMO 取样适切性量数分别为 0.803、0.931、0.950，表明 3 套问卷的信度和效度良好。

三、调查结果与分析

（一）调研对象分布情况

参与学校问卷调查的校长中，有完全中学 127 所、十二年一贯制学校 49 所、高级中学 22 所，分别占调研总数的 64.14%、24.75%、11.11%。从区域分布的角度来看，具体情况如表 2 所示。

表 2　参与学校问卷调查的校长分布情况

高中类型	首都功能区核心	城市功能拓展区	城市发展新区	生态涵养发展区	合计
高级中学	2	6	8	6	22
完全中学	41	52	19	15	127
十二年一贯制学校	9	30	10	0	49
合计	52	88	37	21	198
占比	26.26%	44.44%	18.69%	10.61%	100.0%

注：本文中各项数据均按四舍五入统计。

参与教师问卷调查的学校共 60 所，其中高级中学的教师占比 34.80%，完全中学的教师占比 48.26%，十二年一贯制学校的教师占比 16.94%（表 3）。从任教的年级来看，任教高一、高二、高三年级的教师分别占比 41.28%、37.29% 和 27.58%。

表 3　参与教师问卷调查的教师分布情况

高中类型	首都功能核心区	城市功能拓展区	城市发展新区	生态涵养发展区	合计
高级中学	323	356	510	600	1789
完全中学	836	896	445	304	2481
十二年一贯制学校	104	515	249	3	871
合计	1263	1767	1204	907	5141
占比	24.57%	34.37%	23.42%	17.64%	100.00%

参与家长问卷调查的高一家长占比52.32%，高二家长占比47.68%（表4）。

表4 参与家长问卷调查的家长分布情况

年级	首都功能核心区	城市功能拓展区	城市发展新区	生态涵养发展区	合计
高一	461	1215	555	787	3018
高二	593	1387	499	271	2750
合计	1054	2602	1054	1058	5768
占比	18.27%	45.11%	18.27%	18.34%	100.00%

总体来看，参与调研的校长、教师和家长中，城市功能拓展区的占比最高，其次是首都功能核心区、城市发展新区和生态涵养发展区，这与普通高中学校区域分布是一致的。

（二）"双减"政策落实影响因素

1."双减"政策落实的关键：考试招生制度改革、课堂教学质量提高和政府对校外培训的监管

在3套问卷中均设计了"您认为'双减'政策落实的关键是什么？"这一问题，共列举了"政府对校外培训的监管"等11项关键因素，校长、教师和家长分别选出其中最重要的3项并排序。通过计算每个因素的平均综合得分发现：高中校长认为"双减"政策落实的关键因素中，排在前3位的分别是"中、高考和招生制度改革""家长、学校、社会教育协同""课堂教学质量的提高"。教师问卷结果排在前3位的分别是"家长、学校、社会教育协同""中、高考和招生制度改革""政府对校外培训的监管"。家长问卷结果排在前3位的分别是"课堂教学质量的提高""中、高考和招生制度改革""政府对校外培训的监管"（表5）。可见，总体上，考试招生制度改革、课堂教学质量提高和政府对校外培训的监管是"双减"政策落实的最为关键的一些因素，尽管"义务教育优质均衡发展"没有进入前三，但排位比较靠前。由于各自角色的不同，对"双减"的认识也有所不同，校长侧重于从教育整体改革考虑，教师侧重于从家校合作角度考虑，而家长侧重于学校课堂教学质量角度考虑。这也说明"双减"政策落实的影响因素复杂，需要兼顾不同利益群体的合理诉求。

表5 不同主体对"双减"落实关键因素的认知统计情况

选项	校长问卷平均综合得分	教师问卷平均综合得分	家长问卷平均综合得分
中、高考和招生制度改革	6.20	5.51	4.46
家长、学校、社会教育协同	5.11	5.91	2.61
课堂教学质量的提高	4.88	2.48	4.53
师资队伍质量的提升	3.32	0.67	2.15
义务教育优质均衡发展	2.64	2.65	2.36
政府对校外培训的监管	2.58	3.67	4.40
学生个性化发展需要得到满足	1.77	1.96	2.23
教委对"双减"工作的指导	0.95	2.48	1.69
过重作业负担的减轻	0.89	1.54	1.87
课后服务水平的提升	0.73	0.71	1.35
其他	0.29	0.10	0.25

2. "双减"政策落实的难点：考试招生制度改革、提高课堂教学质量和义务教育优质均衡发展

对于"双减"政策落实的难点有哪些，从平均综合得分看，校长们认为排在前3位的依次是"中、高考招生制度改革""提高课堂教学质量""促进家校社协同"。教师们认为排在前3位的依次是"中、高考和招生制度改革""义务教育优质均衡发展""作业设计、指导与管理"。家长们认为排在前3位的依次是"中、高考和招生制度改革""提高课堂教学质量""学校之间差距缩小"（表6）。可见，中、高考和招生制度改革是校长、教师和家长公认的当前"双减"落实的最大难点，提高课堂教学质量和义务教育优质均衡也是"双减"落实中困难较大的方面。同时，也发现一个有趣的现象，从末位排序看，校长教师对于"规范教育教学秩序"的平均得分最低，而家长对于"促进家校社协同"的平均得分最低。

表6 不同主体对于"双减"落实难点的认知情况

选项	校长问卷平均综合得分	教师问卷平均综合得分	家长问卷平均综合得分
中、高考和招生制度改革	5.58	4.86	3.88
提高课堂教学质量	3.82	1.87	3.57
促进家校社协同	3.03	2.21	1.65

续表

选项	校长问卷平均综合得分	教师问卷平均综合得分	家长问卷平均综合得分
义务教育优质均衡发展	2.87	3.22	2.88
增强课后服务吸引力	2.08	1.96	2.11
校外培训机构的治理	1.76	2.14	2.57
作业设计、指导与管理	1.73	2.82	2.37
规范教育教学秩序	1.33	1.38	1.75
其他	0.08	0.12	0.21

3."双减"收到成效的标志：校内教育教学质量得到提升、过重作业负担得到减轻和校外培训规范有序

调查发现，校长认为"双减"政策收到明显成效的标志排在前3位的依次是"校内教育教学质量得到提升""过重作业负担得到减轻""校外培训规范有序"。教师认为"双减"政策收到明显成效的标志排在前3位的分别是"过重作业负担得到减轻""校外培训规范有序""家校社协同育人共同体形成"。家长认为"双减"政策收到明显成效的标志排在前3位的分别是"校内教育教学质量得到提升""过重作业负担得到减轻""校外培训规范有序"（表7）。可见，对于"双减"政策落实成效的认识，校长、教师和家长之间存在共识，即"校内教育教学质量得到提升""过重作业负担得到减轻""校外培训规范有序"是校长、教师和家长普遍认可的"双减"政策落实收到成效的标志。这与"双减"政策制定的预期目标是相一致的，也足以说明"双减"政策的宣传是成功的。此外，相比于校长和家长，教师更加看重家校社教育协同，注重家校合作，形成教育共同体。

表7 不同主体对"双减"落实收到明显成效的标志的认知情况

选项	校长问卷平均综合得分	教师问卷平均综合得分	家长问卷平均综合得分
校内教育教学质量得到提升	3.98	2.38	3.64
过重作业负担得到减轻	3.87	3.50	2.55
校外培训规范有序	3.15	2.80	2.24

续表

选项	校长问卷平均综合得分	教师问卷平均综合得分	家长问卷平均综合得分
家校社协同育人共同体形成	2.76	2.44	2.14
家长焦虑情绪有效缓解	2.29	2.12	2.11
课后服务水平得到提升	2.14	1.91	2.05
家庭教育支出负担减轻	1.31	1.85	1.90
其他	0.07	0.20	0.46

总之，在高中学校的校长、教师和家长看来，"双减"政策落实的关键在于考试招生制度改革、课堂教学质量提高和政府对校外培训的监管；其难点在于中、高考和招生制度改革、提高课堂教学质量和义务教育优质均衡；"双减"收到明显成效的标志是校内教育教学质量得到提升、过重作业负担得到减轻、校外培训规范有序。

（三）高中多样化特色发展的影响因素

1. 教师对高中多样化特色发展比较了解但存在区域差异，而家长对高中多样化特色发展普遍缺乏了解

调查显示，教师对高中多样化特色发展比较了解（43.07%）和非常了解（8.38%），但非常不了解（1.95%）、不太了解（8.77%）所占比例也不容忽视。从区域上看，生态涵养发展区教师相比于其他区域教师对高中多样化特色发展的了解程度要好（图1），通过对高中多样化特色发展的了解程度的均值进行差异分析发现，生态涵养发展区（3.61）、城市功能拓展区（3.51）、城市发展新区（3.43）、首都功能核心区（3.36）四大区域教师相互之间在了解程度上存在显著性差异。

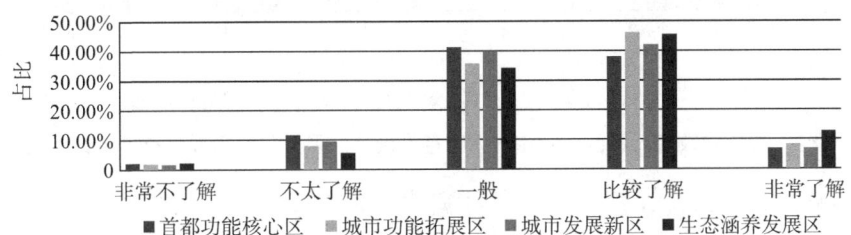

教师对高中多样化特色发展的了解程度

图1 不同区域教师对高中多样化特色发展的了解程度统计情况

值得注意的是，对高中多样化特色发展比较了解和非常了解的家长比例较低，仅占14.89%，而不太了解（38.52%）和非常不了解（3.26%）的人数超过四成。通过对家长对高中多样化特色发展了解程度的均值进行差异性分析发现，生态涵养发展区（2.75）、城市功能拓展区（2.73）、城市发展新区（2.69）、首都功能核心区（2.68）四大区域家长总体上不存在显著性差异，但生态涵养发展区家长与首都功能核心区家长在对高中多样化特色发展的了解程度上存在显著性差异。

2.校长和教师基本认同本区域已经形成高中多样化特色发展格局，但校长认同程度低于教师且存在区域差异

区域高中多样化特色发展的格局是否已经形成，通过本次问卷调查，校长、教师和家长给出了答案。46.97%的校长认为本区已经形成高中多样化特色发展格局，34.34%的校长对此不确定，还有18.69%的校长表示不同意或非常不同意。有49.18%的教师认为本区已经形成高中多样化特色发展格局，39.64%的教师对此不确定，还有11.19%的教师表示不同意或非常不同意（图2）。总体上看，校长和教师基本上同意本区域已经形成高中多样化特色发展格局，但从认可程度的均值来看，校长（3.29）对此问题的认可程度低于教师（3.44）。

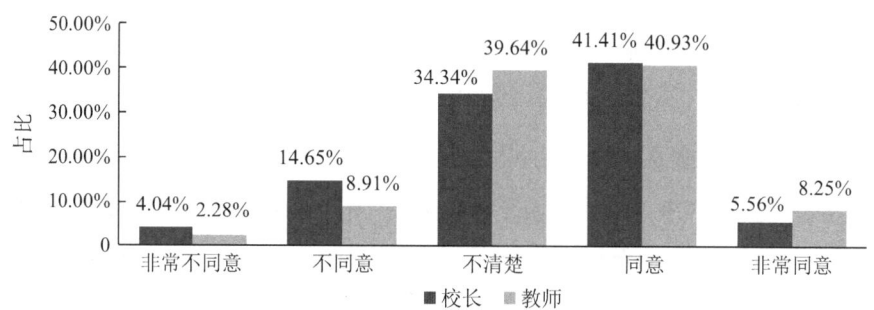

图2 校长和教师对本区高中多样化特色发展格局是否已经形成的态度统计情况

进一步分析发现，各区域校长和教师对本区域高中多样化特色发展格局是否已经形成的认识上都存在显著性差异。具体而言，从校长角度看，城市功能拓展区（3.48）比生态涵养发展区（3.38）、首都功能核心区（3.31）和城市发展

新区（2.81）的校长更倾向于认为本区已经形成高中多样化特色发展格局。从教师角度看，生态涵养发展区（3.55）比城市功能拓展区（3.43）、首都功能核心区（3.41）和城市发展新区（3.39）更倾向于本区已形成高中多样化特色发展格局。

3. 校长和教师均认为高中多样化特色发展的关键因素分别为特色课程建设、教师队伍建设和校长办学思想

校长问卷和教师问卷都有高中多样化特色发展的关键、难点选项，校长和教师按顺序从中选出最重要的4项。统计发现，校长问卷平均综合得分排在前4位的分别是"特色课程建设""教师队伍建设""校长办学思想""办学自主权的落实"。教师问卷平均综合得分前3位与教师问卷结果一致，第4位是"学生分类培养"（表8）。

表8 校长和教师对高中多样化特色发展关键因素的认知统计情况

高中多样化特色发展的关键	校长问卷平均综合得分	教师问卷平均综合得分
特色课程建设	6.63	5.83
教师队伍建设	5.75	5.05
校长办学思想	4.78	5.05
办学自主权的落实	4.34	1.26
高考高招改革	4.14	3.72
政府对高中的规划布局	2.73	1.30
学生分类培养	2.38	4.26
中考中招改革	2.28	1.72
课堂教学质量	2.06	2.41
学校文化建设	1.05	1.68
其他	0.05	0.05

由表8可知，对于影响高中多样化特色发展的关键因素，校长和教师具有高度共识，即将"特色课程建设""教师队伍建设""校长办学思想"排在了前3位。此外，校长关注办学自主权的落实，教师重视学生的分类培养。

4.校长和教师在对高中多样化特色发展难点的认识上存在差异，但高考高招改革都排在各自首位

调查发现，校长认为高中多样化特色发展的难点平均综合得分排在前4位的分别为"高考高招改革""办学自主权的落实""学校特色定位""学校分层分类课程体系建设"。而教师认为其难点平均综合得分排在前4位的分别为"高考高招改革""干部教师对多样化特色发展的认知""生源质量的改善""中考中招改革"（表9）。由此可见，校长和教师在对高中多样化特色发展难点的认识上虽有分歧，但都将"高考高招改革"作为首位难点。

表9　校长和教师对高中多样化特色发展的难点的认知的统计情况

高中多样化特色发展的难点	校长问卷平均综合得分	教师问卷平均综合得分
高考高招改革	6.29	6.41
办学自主权的落实	5.08	1.72
学校特色的定位	4.74	2.94
学校分层分类课程体系建设	4.54	3.15
干部教师对多样化特色发展的认知	3.77	3.77
打破学校分层发展现状	3.45	3.31
中考中招改革	3.10	3.38
生源质量的改善	2.73	3.52
学校管理体制机制改革	2.57	1.93
对学生进行分类指导与培养	1.72	1.98
课堂教学方式方法改进	1.08	1.65

综合来看，北京市高中多样化特色发展格局初步形成，但区域之间存在差异。校长、教师对高中多样化特色发展的关键因素认识比较一致，都认为其关键在于"特色课程建设""教师队伍建设""校长办学思想"，在发展难点认识上都认为最大难点在于"高考高招改革"。家长对于高中多样化特色发展不够了解。进一步分析发现，校长、教师均将"课堂教学质量""对学生分类指导与培养""课堂教学方式方法改进"等排在了高中多样化特色发展关键与难

点的末位，这是一个值得深思的问题，对于大部分学校领导和教师而言，高中多样化特色发展属于区域布局或学校发展层面的问题，而与学生发展密切相关的课堂教学质量、教学组织形式及方式方法等并没有纳入高中多样化特色发展范畴。

（四）"双减"对高中学校教育教学及学生发展的影响

1. 高中学校为适应新变化在课堂教学、作业管理、特色课程、初高中衔接等方面进行了加强和完善，但不同类型高中学校存在差异

"双减"政策实施后，义务教育学校在作业设计与管理、课后服务等方面都有明显的变化，高中教育教学情况是否也有变化？从校长问卷来看，绝大多数学校在近半年内完善了高中课堂教学要求（97.47%）和高中学生作业要求（97.98%），增加了学校特色课程（83.43%），加强了对初高中衔接的研究（95.46%）和学生的分类指导（96.96%）。这表明"双减"政策虽然不是针对高中学校，但高中学校主动适应新的变化，在教育教学工作诸多方面进行了加强和完善。通过差异性分析发现，完全中学与十二年一贯制学校在上述5个方面均存在显著性差异，十二年一贯制学校在各选项的符合程度上要明显高于完全中学。由此表明，十二年一贯制学校面对"双减"政策，主动性更强，也就是说，"双减"对十二年一贯制学校的高中教育教学工作的影响更大。

高中校长认为，"双减"对高中多样化特色发展的影响具体表现在其对学生分类培养（95.55%），高中作业设计与管理（93.43%），初高中贯通培养（80.80%），高中多样化特色发展（84.95%）等诸多方面提出了更高要求。同时，在初高中贯通培养方面，十二年一贯制学校比完全中学受到的影响要更显著。

2. 高中教师在"双减"后教育教学工作中更加关注学生基础差异，加强个性化指导，提升学生自主学习能力

从教师问卷看，多数教师认为"双减"与自身工作之间关系密切（74.29%）；"双减"之后，学生学习基础差异增大，教学难度加大（74.11%）；学生需要个性发展，指导难度加大（81.03%）；学生自学能力提升，教学方式方法需要改变

(74.81%)。由此可见,高中教师能够认识到在"双减"政策下,更应关注学生学习基础的差异性,适当调整教学难度;关注学生的个性化发展,进行针对性指导;关注学生自学能力的提升,同步进行教学方式的转变,从而实现高中多样化特色发展。

3.高中学生在"双减"后校外学科培训负担适当,但睡眠时间偏少,并且不同年级和不同区域均存在差异

从家长角度看,高中学生的学业负担总体上适当,其中认为"不太重"(41.16%)的占多数,学业负担"比较重"(38.90%)和"很重"(2.88%)共均占四成。从每周参加学科类培训班的数量来看,近六成学生没有参加学科类培训(59.59%),部分学生每周参加1个(18.26%)或2个(14.29%)学科类培训班,少数学生每周参加3个(5.86%)学科类培训班,极少数参加3个以上(2.01%)的学科类培训班。由此推算,高中学生平均每周有0.70个校外学科类培训班。相应地,近六成学生(57.61%)没有参与校外学科类培训的时间,部分学生参与校外学科类培训的时间在2小时及以内(17.77%),或4~6小时(6.21%),据此估计,高中学生平均每周参加校外学科培训时长约为1.40小时(图3)。

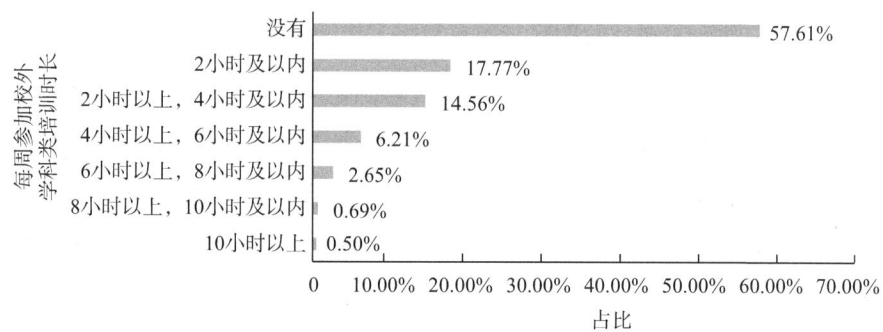

图3 高中学生每周参加校外学科类培训时长情况

需要关注的是高中学生的睡眠时间。从晚上睡觉时间来看(图4),仅有2.31%的学生可以在22:00之前睡觉,有13.28%的学生在22:00—22:30之间睡觉,有55.65%的学生在23:00之后睡觉,其中23.47%的学生在23:30之后睡觉。由此测算,高中学生晚上睡觉时间平均在23:00左右。

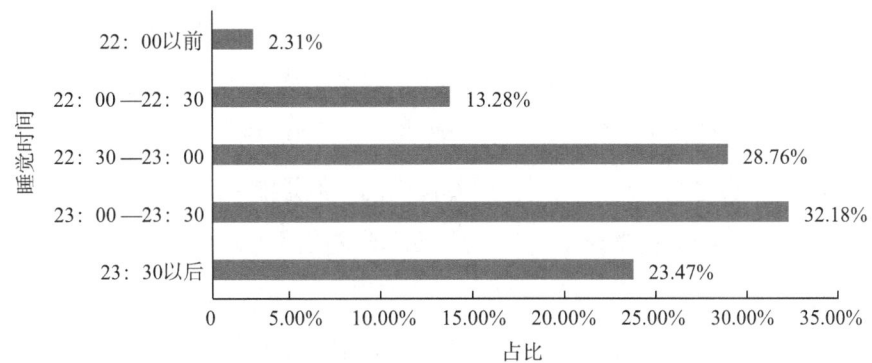

图4 高中学生晚上睡觉时间统计情况

通过差异性分析发现,不同区域和不同年级的学生在以上几个方面均存在显著性差异。具体来说,首都功能核心区学生与其他区域学生相比负担最重,参加校外学科培训最多,时间最长,睡觉时间最晚;其次是城市功能拓展区、城市发展新区和生态涵养发展区(图5)。此外,高二年级学生普遍比高一年级学生学业负担要重。

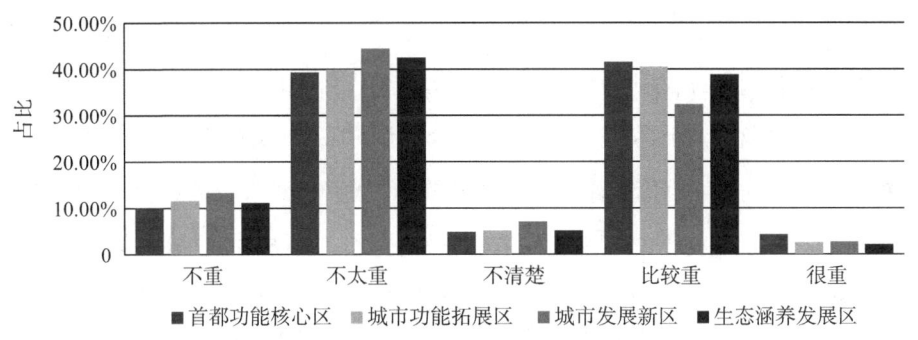

图5 不同区域高中学生学业负担情况

4. 高中学生在"双减"后学习生活适应性总体较好,多数学生有个人兴趣爱好、优势学科并明确了高考选考科目和未来发展规划

随着"双减"落实,高中学生需要从初中强调全面发展、自主学习,减少校外学科培训,依靠校内学习等新变化过渡到高中阶段更加突出自主学习和高强度的校内学习的新环境。从当前高一、高二学生在高中学习生活的适应性和兴趣爱好、优势学科、发展规划等方面调查情况来看,家长们认为孩子能够较好地适应高中学习生活（92.6%），大多数学生有喜欢的学科（94.04%）并且多数学生有优势学科（88.4%）。同时，大多数家长认为孩子有自己的兴趣爱好（90.46%），大多数孩子已经确定了高考选考科目（90.14%），对未来发展有规划（75.45%）。虽然这些结果是从家长问卷得到的，但是能从家长角度看到高中学生在"双减"后能适应学校学习生活要求，能够按照新高考要求做好从初中到高中的过渡。

5. 高中学生家长对孩子发展期望较高，对学校高考成绩、教学质量、师资水平非常关注并且总体上比较满意

通过对家长希望孩子进入的大学类型统计发现，大多数家长（82.56%）期望自己的孩子可以进入"985工程"或者"211工程"建设高校，少数家长（13.16%）希望孩子进入一般本科院校，极少数家长希望自己的孩子进入职业本科院校（0.85%）或高等职业院校（0.47%）。与此相对的是，多数家长（73.28%）对孩子的现状满意，部分家长（22.19%）对孩子的现状不满意。除此之外，还有部分家长（4.52%）对孩子的学习、生活情况不甚了解。可见，当前高中学生家长对孩子的期望值比较高，远远超出了目前北京市高等学校招生的实际比例，这就会导致家长加大孩子在学习上的压力，增加学业上的负担，也会对学校抱有更高的期望，提出更高的需求。从家长对学校的评价来看，多数家长对于孩子所在学校的高考成绩有积极的评价（80.62%），满意学校的办学理念（90.14%）、校园环境（92.06%）、教学质量（89.87%）和学校的师资水平（89.77%），多数家长对学校的校风校纪（93.51%）、课程活动（87.36%）、特色教育（80.13%）、食堂伙食（71.75%）满意。因此，总体上高中学生家长对高中学校的满意度较高，表明家校间关系和谐，家长对学校教育教学工作比较信任，有利于学校开展教育教学工作和推动家校合作。

总之，虽然"双减"政策是义务教育阶段政策，但由于很多学校是完全中学或十二年一贯制学校，所以从学校管理角度看，在这种一体化管理下，高中多样化特色发展将会受到影响。从学生成长角度看，由于学生在"双减"之下，自主时间增多，需要学生养成自主学习习惯，培养学生自主性，为他们

将来进入高中,进行自主学习打下基础。"双减"政策实施对义务教育阶段学生产生巨大影响,初中阶段的学习基础、习惯等都将对高中阶段学习产生直接影响。由学生将这种影响带到高中阶段,也就对高中发展带来影响。从家庭教育角度看,家长对孩子兴趣爱好、学习状况的了解程度、对高中教育发展现状的认识、对孩子的升学期待等也会对高中教育产生一定的影响。

(五)高中多样化特色发展的推进策略

1.当前考试招生政策对学校和学生发展还有进一步改进的空间,而中考中招改革更为迫切

在对当前中高考和招生政策对学校发展是否有利的调查中,近两成的校长(19.19%)认为当前中考中招政策对学校发展非常不利,超过一半的校长(51.51%)认为不利。对于高考高招政策,部分校长(26.27%)认为对学校发展不利。从教师角度看,部分教师(38.81%)认为当前中考中招政策对学生发展有利,而部分教师(24.77%)认为不利。部分教师(13.48%)也认为高考高招政策不利学生发展。从家长角度看,部分家长认为当前中考中招政策(19.24%)和高考高招政策(24.91%)不利孩子发展(图6)。可见,校长对中考中招政策,家长对高考高招政策认为不利学校发展和学生发展的比例都超过两成,表明当前中、高考和招生政策对学校发展和学生发展还有进一步改进的空间,而中考中招政策的改进更为迫切。

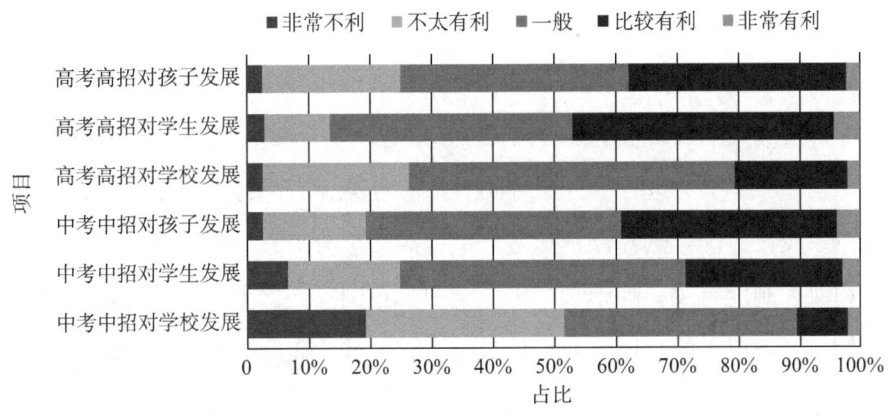

图6 当前考试招生政策对学校和学生发展是否有利调查统计情况

对于中考和招生制度改革，多数校长希望提高职业教育招生比例（74.25%），增加"1+3"培养试验项目招生学校（67.67%），减少中考考试科目（58.08%），提高综合素质评价在招生中的权重（57.07%），增加高中登记入学学校（56.57%）。从教师角度看，多数教师希望提高职业教育招生比例（65.1%），提高综合素质评价在招生中的权重（61.74%），增加"1+3"培养试验项目招生学校（56.58%），增加高中登记入学学校（55.48%），减少中考考试科目（52.01%）。从家长角度看，多数家长希望增加高中登记入学学校（69.78%），提高综合素质评价在招生中的权重（66.56%），减少中考考试科目（61.84%），增加"1+3"培养试验项目招生学校（61.69%），提高职业教育招生比例（59.76%）。

对于高考高招制度改革，多数校长希望提高职业本科招生比例（80.30%），提高强基计划招生比例（69.70%），推行高中校长推荐制度（67.18%），提高综合素质评价在招生中的权重（53.53%）。从教师角度看，多数教师希望提高职业本科招生比例（74.54%），提高强基计划招生比例（69.54%），提高综合素质评价在招生中的权重（60.40%）。从家长角度看，多数家长希望提高强基计划招生比例（70.01%），提高职业本科招生比例（67.56%），提高综合素质评价在招生中的权重（66.97%），推行高中校长推荐制度（56.69%）。

2.学校课程建设持续深入推进，总体呈现良好态势，但在特色课程类型、教学方式改革等方面发展不均衡

学校课程建设是推进高中多样化特色发展的重要手段和实施途径。在课程设计上，当前大多数高中学校对国家必修课程（75.76%）、选修课程（89.90%）、校本课程（87.37%）进行了分层分类设计。可见，大部分学校都注重分层分类课程体系建设，国家选修课程比必修课程的分层分类设计更突出，这是与高考改革和课程制度有关。高中学校比完全中学在国家必修课程分层分类设计上做得更好。三类课程的分层分类设计具有正相关性，表明高中学校对课程设计具有整体性。

在初高中衔接课程建设上，大部分高中学校在部分学科（84.34%）、心

理课程（88.39%）、学法指导（93.43%）、生涯教育（93.94%）、特色课程（79.80%）等方面都有衔接课程，但是不同区域在学法指导衔接课程上有差异，示范高中比非示范高中有更多的学科衔接课程，公办学校比民办学校有更多的特色课程衔接。总体上看，高中学校都注重学段衔接，为学生从初中到高中的顺利过渡提供了条件。这一点对于"双减"背景下的高中学校非常重要。

在特色课程建设上，多数高中学校有艺体类特色课程（71.72%）和科技类特色课程（68.18%），其次是人文类（64.14%）、跨学科综合类（41.92%）、数理类（37.37%）、外语类（20.20%）（图7）。需关注的是，在198所参与调研学校中只有2所学校有普职融通类特色课程。进一步分析发现，示范高中比非示范高中在数理类、科技类、艺体类特色课程特色更加突出。由此可见，总体上高中学校都注重学校特色课程建设，主要集中在艺体类、科技类、人文类。但高中学校在数理类、外语类、普职融通类等特色课程建设上有待加强。

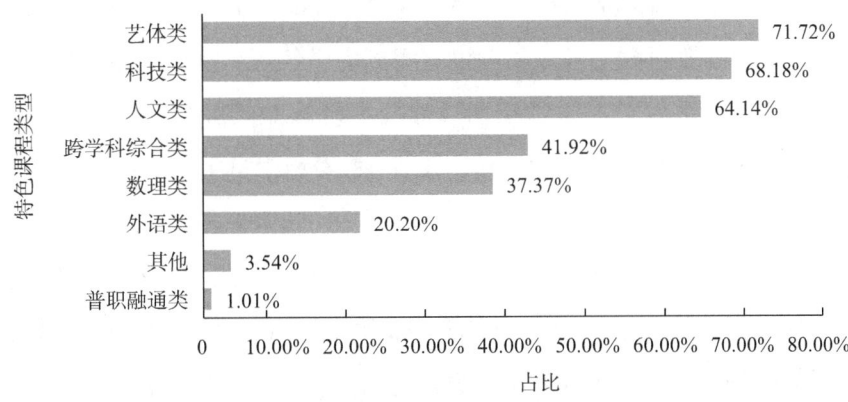

图7 高中学校特色课程类型统计情况

在学生发展指导课程建设上，大多数学校从初中开设相关课程（81.82%），多数学校（77.27%）在高中三年都开设相关课程，少数学校（22.23%）只在高一年级开设相关课程，多数学校（69.69%）是作为必修课开设的。多数教师（71.27%）会在课堂上进行与本学科相关的职业指导，并且大多数教师（89.81%）在课下也会对学生进行发展指导。

在课程实施上，大多数学校（86.36%）根据学生学习基础分层培养，多数学校根据学生学习兴趣分类培养（75.25%），部分学校（45.45%）根据学校办学特色分类培养。由此可见，大多数学校采取分层分类培养方式，促进学生全面而有个性的发展，这也正是高中多样化发展的内涵所在。多数教师（69.69%）所任教的学科实施分层走班教学，大多数的教师（88.47%）在课堂上进行大单元教学，多数教师（75.45%）在课堂上进行项目式教学。但是，不同区域教师在上述教学方式改革上存在显著性差异。在分层走班教学、大单元教学和项目式教学上，生态涵养发展区教师都要好于其他区域教师。可见，大多数教师都能在新课改下改进教学行为，但新课改理念下的教学行为方式改进还需要分区域有针对性地指导。

3.高中教师积极参与高中多样化特色发展，但还需进一步提升在单元教学设计、新教材分析、考试命题、特色课程开发等方面专业能力

教师队伍是高中多样化特色发展的主力军。调查发现，大多数高中学校（81.81%）教师存在结构性缺编，这表明新高考和新课改以来，高中地理、政治、历史等学科教师数量不足问题没有得到完全解决。从校长角度看教师队伍建设，绝大多数校长对教师定期参加校本研修（98.98%）、参加教育科研（97.98%），教师团结协作（98.49%），教师有教育教学自主权（96.47%），教师绩效考核公平合理（98.49%）教师管理民主平等（98.48%），教师有发展机会和平台（98.49%），教师有学校归属感（97.98%）方面认同度较高。进一步分析发现，在教师有发展机会和平台、有学校归属感方面，十二年一贯制学校校长比完全中学和高级中学校长倾向性更加明显。

从教师自身角度看，大多数教师也认为他们能定期参加校本教研和培训（95.46%），定期参加教育科研活动（96.09%），团结协作有凝聚力（92.99%），有教育教学自主权（84.86%），绩效考核公平合理（78.69%），管理民主平等（80.47%），有发展平台和机会（85.36%），有学校归属感（82.48%）。由此可以看出，教师队伍建设整体处于良好状态，有利于教师更进一步的成长和发展。

在校长和教师专业发展需求方面,调查显示,多数校长认为学校需要在特色课程建设(73.23%),教师队伍建设(69.19%)和学校特色发展定位(60.10%),学校发展整体规划(45.45%)等方面得到指导或支持。多数教师(57.63%)需要在单元教学设计与实施方面得到指导,部分教师需要在新教材分析(49.19%),考试命题能力(48.80%),特色课程开发(48.57%),新课程标准解读(41.88%),学生发展指导(40.83%),课题研究(36.67%)等方面得到指导。由此可见,教师们对于进行高中多样化特色发展的追求非常积极和努力,希望能够从多个方面,促进教师专业发展,从而有效地助力高中多样化特色发展的实现。

4. 综合素质评价能与日常教育教学活动相结合,但还需要加强学校层面的学生综合素质评价平台建设,并在教师层面提供针对性指导

推进学生综合素质评价改革对于学生全面而有个性地发展和教育评价改革都具有重要意义。调查显示,多数校长(82.83%)和教师(78.00%)认为综合素质评价对全体学生发展有促进作用,大多数学校把综合素质评价与日常教育教学活动相结合(94.45%),建立了学校特色的评价体系和机制(79.80%)。但是多数学校没有独立的评价网络和平台(54.04%)。从校长问卷统计看,不同区域、不同学校类型间不存在显著性差异,但从教师问卷统计看,生态涵养发展区教师对综合素质评价的认识和实际工作效果要好于其他区域教师,城市发展新区总体上要低于其他区域。这表明,综合素质评价作为高中育人方式改革的重要内容,还需要进一步在全市层面和学校层面加以落实,进一步在校长、教师、家长等不同群体间形成共识,还需要加强学校特色的评价体系和机制建设。

5. 构建区域高中多样化特色发展格局还需在高中学校办学质量评价、普职融通、扩大优质教育资源、建设特色高中等方面发力

在高中学校办学质量评价上,多数校长认为首先要加强对学校增值评价(96.97%),建立高中质量监测制度(95.46%),建立学校自我监控与评价制度(90.41%),其次要突出对学校特色的评价(88.89%),加强社会满意度调查(78.29%)等。总体上看,高中学校办学质量评价改革重点应在对学校的增值评

价和质量监测制度建设上。高级中学校长比完全中学校长更强调要突出学校特色评价和建立高中质量监测制度。

在普通教育与职业教育融通上，普通高中与职业高中均衡发展、相互融通，既是社会对人才多元化的需求，也是实现学生多元发展的需要。学生初中毕业后有没有必要进行普职分流？多数校长（51.52%）表示初中毕业后应普职分流，但教师（34.04%）表示赞成的人数不超过一半，家长明确表示不同意的人数超过一半（58.89%）。对于普通高中是否有必要开设职业教育课程，多数校长（53.54%）表示有必要，但教师（48.38%）和家长（28.02%）表示赞成的人数不超过一半。不过多数校长（67.17%）、教师（63.89%）和家长（67.93%）都赞同普通高中自愿开设职业教育课程。可见，不同主体对普职分流和普职融通等认识上还存在分歧，普通教育与职业教育协调均衡发展还需要进一步探索。

在构建区域高中多样化特色发展格局上（表10），多数校长支持建设特色高中（84.85%），如人文高中、数理高中、科技高中、艺体高中、外语高中等；赞同建设综合高中（76.27%），打通普通高中与职业高中壁垒，将职业教育与普通教育融合；赞成扩大优质高中资源（69.70%），如集团化办学、名校办分校等。相比之下，校长和教师对于"保留示范高中"的认可度最低，而教师和家长对于"扩大优质高中资源"的认可度最高，家长对于"建设综合高中"的认可度最低。但总体上看，校长、教师和家长对于丰富高中学校类型持赞成态度，这对于下一步推进区域高中多样化特色发展，构建区域高中多样化特色发展格局具有参考价值。

表10 不同主体对构建区域高中多样化特色发展格局的意见情况

选项	校长问卷 同意或非常同意	教师问卷 同意或非常同意	家长问卷 同意或非常同意
保留示范高中	61.11%	49.18%	85.41%
扩大优质高中资源	69.70%	80.80%	86.75%
建设特色高中	84.85%	75.88%	84.51%
建设综合高中	76.27%	78.78%	77.29%

通过对开放题"您对'双减'背景下的高中多样化特色发展有何意见建议?"的词云图(图8)分析发现,加大对学校的政策支持,提升高中学校办学自主权,更好地推进贯通培养等是校长意见建议的高频词。可见高中学校多样化特色发展还需要在这些方面为学校提供更多支持与指导。

图8 校长对"双减"背景下高中多样化特色发展的意见建议词云图

总之,"双减"背景下高中多样化特色发展亟须在考试招生改革、特色课程建设、教师队伍建设、综合素质评价、高中学校办学质量评价、普职融通、建设特色高中等方面持续推进。

四、结论与建议

(一)主要结论

1. 不同调研主体对于"双减"政策和高中多样化特色发展的认识程度不一,有共识也有分歧

调查结果表明:校长、教师、家长对于"双减"政策了解情况的共识度普遍明显好于对高中多样化特色发展的认识情况。如干部教师家长普遍认为"考试招生制度改革、课堂教学质量提高和政府对校外培训的监管"是"双减"政策落实的关键因素,"双减"政策落实的难点在于考试招生制度改革、提高课堂教学质量和义务教育优质均衡发展,"双减"收到成效的标志是校内教育教学质量得到提升、过重作业负担得到减轻和校外培训规范有序等。

校长、教师和家长对于高中多样化特色发展的认识情况存在分歧,共识度较低,除校长和教师均认为高中多样化特色发展的关键因素分别为特色课

程建设、教师队伍建设和校长办学思想外，教师和家长对于高中多样化特色发展的政策导向不够了解且存在区域差异，校长和教师基本认同本区域已经形成高中多样化特色发展格局，但对于本区域高中多样化特色发展格局是否已经形成的认识上都存在显著性差异；校长和教师对将"高考高招改革"作为高中多样化特色发展的首位难点，但存在区域差异，从校长角度看，城市功能拓展区（3.48）比生态涵养发展区（3.38）、首都功能核心区（3.31）和城市发展新区（2.81）的校长更倾向于认为本区已经形成高中多样化特色发展格局。从教师角度看，生态涵养发展区（3.55）比城市功能拓展区（3.43）、首都功能核心区（3.41）和城市发展新区（3.39）更倾向于本区已形成高中多样化特色发展格局。

2. 考试招生制度改革是"双减"政策落实和高中多样化特色发展的最大难点

"双减"政策表面上是减轻学生过重的作业负担和校外培训负担，但实质上是要提高校内教育教学质量，改进考试招生制度，减轻家长和社会的升学焦虑，从而达到"双减"目的。这一点在"'双减'政策收到成效的标志是什么？"的调查中也得到了证明。

调查表明，近三成的校长把考试招生制度改革排在"双减"落实关键因素的第一位，近四成的校长、三成的教师、二成的家长把其排在"双减"落实难点的第一位。考试招生制度改革与"双减"落实在校长认知中紧密相关，不仅是"双减"工作的重点，而且是"双减"工作的难点。事实上，考试招生制度的每一次改革，甚至每一年相关政策的变化都会在学校、家庭和社会引起很大的反响。

从教师角度看，中、高考对教师教学具有重要的指挥棒的作用，考试和招生制度改革必然牵涉到教师切身利益，更与学生、家庭息息相关。这就决定了考试招生制度改革具有高度敏感性，牵一发动全身，无论怎样的改革都会有赞成和反对的声音。另一方面，学生过重作业负担和校外培训负担的产生与考试招生制度密切相关。所以，历次减负难以收到理想效果正是由于与此高度相关的考试招生制度改革难以满足学校、家庭、社会各方利益诉求。高中多样化特色发展倡导学校办出特色，但是在当前考试和招生制度下，无论是校长还是教师都不可能无视考试招生制度办出学校特色，学校很难发挥出学校办学的自主性。而考试招生制度在突出公平性的同时，这种高度统一和无视学校特色发展的不足必然制约学校多样化特色发展。因此，考试招生制度改革的难度超出教育学范畴，它既是"双减"政策落实又是高中多样化特色发展的最大难点。

调查显示，家长对"双减"关注的是学校课堂教学质量，负担与质量紧密相关，恰如一枚硬币的两面。若想减轻负担，就需提高质量；反过来，提高了质量，就是减轻了负担。这里的负担不仅仅是量上的概念，更是质上的概念，也是生理和心理上的概念；质量不仅仅是结果上的体现，也是过程的体现。因此，"双减"政策落实本质是高质量发展过程，最终是要满足家长对高质量教育的需求。在这一过程中，家长认为在列出的9个难点因素中，平均综合得分第一的是考试招生制度改革。这与校长问卷和教师问卷的结果都是一致的，表明家长对考试招生制度改革有一定的了解，认识到其相比于提高课堂教学质量、校外培训机构治理等难度更大。可以说，校长、教师和家长在这一点上的共识，客观上对推进考试招生制度改革是有利的，只要实事求是、稳妥推进，即使出现一些问题和阻碍，也是能够得到全社会的理解和支持的。

3. "双减"对高中多样化特色发展在学校治理、教育教学、学生发展、家校合作等方面带来新的挑战

高中教育教学正在受到"双减"政策影响，十二年一贯制学校教师比完全中学和高级中学教师更加主动应对这种变化。虽然"双减"政策是针对义务教育阶段学生的作业负担和校外培训负担，但由于基础教育的连续性和部分学校是完全中学或是十二年一贯制学校，所以部分高中学校也在按照"双减"政策落实相关要求。调查显示，多数校长（75.76%）和教师（74.29%）都认为"双减"与自身工作之间关系密切。从高中学校的实际变化看，"双减"后，高中学校在课堂教学、学生作业、特色课程、初高中衔接、学生分类指导等方面都有明显变化。这既表明"双减"政策对高中发展，尤其是与高中多样化特色发展相关的方面带来影响；又表明高中学校积极行动起来，落实相关要求并思考

"双减"政策后的应对之举。当然,不同区域的高中教师、不同学历和职称的教师对"双减"带来变化的认识存在差异,这与教师的工作经验、认识水平和区域整体教育水平有关。但值得注意的是,十二年一贯制学校的教师比高级中学、完全中学的教师在应对"双减"政策上更加积极主动,这是学校贯通培养的办学机制对教师育人观念和方式的影响结果。

虽然"双减"针对的是义务教育,但在校外培训机构的治理上,高中学段的校外培训机构也受到影响。近六成的高一、高二学生没有参加学科类培训,近四成的学生学业负担比较重,学业负担随着年级升高而加大,城区学生的学习投入高于郊区学生。由于高中学生面临高考升学,学业负担必然随年级升高增加,但需要关注的是高一、高二年级学生睡觉时间平均在晚上 11 点。这些都需要高中学校改进作业设计与管理,提高课堂教学质量,加强学生学法指导,提高学生自主学习能力等。

4. 区域高中多样化特色发展的格局初步形成,但不同区域、不同类型高中学校在高中多样化特色发展不充分、不平衡

调查表明,特色课程建设和高中教师队伍依然是"双减"背景下高中多样化特色发展的关键因素和重要策略。校长和教师均认为高中多样化特色发展的关键因素分别为特色课程建设、教师队伍建设和校长办学思想。实际上,大多数学校特色发展的亮点也在于有面向全体的特色课程。艺体类、科技类、人文类特色课程是目前全市高中特色课程的主要类型。同时,校长们也认为学校特色发展最需要得到外部支持和指导的是学校课程建设。因此,对于学校而言,在现有体制机制下,从学校课程建设入手,开发与实施特色课程是学校特色发展的必由之路。

总体上看,多数教师(51.45%)了解高中多样化特色发展,而少数家长(14.98%)对此了解。部分校长(46.97%)和教师(49.18%)认为本区域已经形成高中多样化特色发展格局,校长认同程度低于教师。部分校长(34.34%)和教师(39.64%)不清楚本区是否已经形成高中多样化特色发展格局。可见,教师、家长对高中多样化特色发展的了解还不够深入,还需要加以引导。生态涵

养发展区教师比首都功能核心区、城市功能拓展区和城市发展新区教师更倾向于认为本区已经形成高中多样化特色发展格局。因此，还需进一步提升高中教师对高中多样化特色发展的认识，形成更广泛的共识。

不同区域和不同类型高中的校长、教师和家长对高中学校多样化特色发展的一些具体策略的认知和行为上存在差异，如十二年一贯制学校面对"双减"政策，主动性更强，"双减"对十二年一贯制学校的高中教育教学工作的影响更大；示范高中比非示范高中更倾向于认为办学自主权的落实是高中多样化特色发展的难点；大学附中校长比其他高中学校校长更倾向于把"中考中招改革"作为发展的关键和难点；不同区域在学法指导衔接课程上有差异，示范高中比非示范高中有更多的学科衔接课程，公办学校比民办学校有更多的特色课程衔接；示范高中比非示范高中在数理类、科技类、艺体类特色课程特色更加突出；不同区域、不同建制的学校在"有学校特色的评价体系和机制"和"认为综合素质评价的对全体学生发展有促进作用"两个选项上都有显著性差异等。由此，关注不同区域、不同类型高中学校在学校内涵发展上的不同特点和需求，有针对性地推进高中多样化特色发展尤为必要。

（二）政策建议

1. 稳妥推进考试招生制度改革，逐步开展高中自主招生试点工作

考试招生制度改革对于落实"双减"和推进高中多样化特色发展都具有重要的意义，需要从理论、政策到实践各层面加强研究，稳妥推进。首先，加强对教育评价和人才选拔、培养等基础理论研究，面对高中教育和高等教育普及化的新形势，必须从理论上论述中、高考的意义和价值，进一步明确考试招生在人才培养、教育公平、社会发展中的价值定位。同时，加强教育评价理论研究，突出增值评价，加强对教育评价理论、工具和方法的研究，提出具有中国特色的基础教育人才培养与评价理论。其次，政策研究方面，在前期调研和充分论证的基础上，稳妥出台考试招生相关政策。适当提高职业教育招生比例，增加"1+3"培养试验项目招生学校，增加高中登记入学学校，提高综合素质评价在招生中的权重，提高职业本科招生比例，提高强基计划招生比例等。再次，

实践研究上，加强对高中学校和教师培训和指导，提高学校和教师的教育评价能力。通过部分学校和区域考试招生评价改革试点，积累成功经验，再推广相关改革，如鼓励部分区域开展高中自主招生试点工作。积极开展学校教、考、评一致的实践研究，推动考试招生体系的教学、考试、招生分离，相互独立并相互制约。加强中高考政策的宣传和解读的力度，引导家长和社会对教育评价的认识，以积极心态主动适应考试改革要求，形成考试招生改革的良好舆论氛围和家校社协同推进的合力。

2. 加强学校特色课程建设，做好"双减"之后的初高中衔接

在总结推广多年高中多样化特色发展推进经验的基础上，发挥优质特色高中的引领示范作用，带动区域所有高中学校参与高中多样化特色发展实践研究。换言之，高中多样化特色发展是每一所高中学校的任务，特别是在特色课程建设上，依靠全校集体力量和市区教育科研部门，努力探索出一条从学校课程特色到特色课程再到学校特色，最终成为特色高中的发展路径。当前，北京市高中学生入学方式多样，生源结构呈现多元化特点，对高中教育教学提出了新的挑战。首先，学校需要注重学校分层分类课程设计，加强学生发展指导，学生社团建设，并提供职业体验活动及职业技能课程，为高中学生提供自我探索和职业体验机会，为不同发展倾向、不同能力水平的学生提供更多选择，特别是学生在义务教育阶段养成的兴趣特长爱好能够在高中阶段继续发展下去，成为学生个性发展的重要内容。其次，加强初高中课程衔接，关注每一位学生的学习基础和兴趣特长，做好学生从初中到高中学习生活的过渡，加强学法指导和个性化辅导，打好学科知识基础。再次，加强学生初高中心理衔接，系统规划设计初高中学生发展指导课程，关注学生进入高中学习生活的心理调适，指导学生做好学习规划和选考选课，帮助学生尽快适应高中学习生活。

3. 实施分类培养，为不同发展方向的学生提供适合的教育

"双减"不仅直接影响义务教育，而且对高中学校多样化特色发展带来间接影响。调查显示，由于"双减"政策的落实，校外培训更加规范，校内教

育教学质量得到提高，学生在校学习质量随之提高，学习自主性得到增强，这就为学生进入高中自主学习打下了基础，同时学生学习能力的两级分化加大，学生个性爱好特长的发展得到保证并能延续到高中阶段，这些都给高中教育教学带来新的挑战。具体而言，"双减"政策实施后的高中教育教学既要兼顾学生已有的学习基础、兴趣爱好，使其更好地适应高中学习生活，同时还要顺应新高考改革选科选课选考的要求，为升学做准备，而且随着考试招生改革力度的加大，高中生源结构发生了重大变化。调查显示：当前高一、高二年级学生中，有66.16%的学生是通过统一招生升入高中的，有17.15%的学生通过校额到校升入高中，有2.34%的学生通过特长生的身份升入高中，有6.36%的学生通过直升班的形式升入高中，有4.54%的学生通过"1+3"培养试验项目升入高中，另有0.97%的学生通过市级统筹进入高中，还有1.65%的学生以高中特色实验班的形式升入高中，0.26%的学生以中外合作办学项目的形式升入高中。由此可见，初中毕业生进入高中的形式丰富多样，整齐划一的教育教学方式难以适应新高考改革的需要，也难以适应生源结构的变化，分类培养顺应学生发展和高考改革要求，是高中多样化特色发展在学校层面的具体体现，是提升校内教育教学质量的主要途径，也是实施高质量"因材施教"的必然选择，这一主张在实践中也得到了学校干部教师的积极响应。学生进入高中后，学校和教师应从人才贯通培养和可持续发展的角度，帮助他们学会选择，做好课程选择和学业规划，并根据学生的兴趣爱好特长、学习基础与优势、选科选考、发展倾向等情况进行分类培养，提供与其发展目标相匹配相协调的培养模式，为学生的高校专业选择和未来职业发展奠定基础。同时，还要指导家长了解高中多样化特色发展的政策导向、学生多元发展的价值取向及高考改革新要求，协助学生合理规划未来发展之路。总之，"双减"重塑后的义务教育生态必将影响到高中学校发展，需要高中学校和教师做好心理准备和技术准备。

4. 精准分析高中校长和教师实际需求，提升校长办学水平和教师育人能力

高中多样化特色发展的主力军是高中校长和教师。高中校长的办学思想和教师队伍建设都是高中多样化特色发展的关键因素。在落实新课程方案、新课程标准的过程中,高中教师的教育观念和行为在发生着变化,但不可忽视的是不同区域、学校、教师学历、教龄、职称等因素都在影响着他们对高中多样化特色发展的认识,影响高中教育高质量发展。为此,从高中校长和教师的实际需求和发展现状出发,不搞一刀切,而是精准施策,提升校长和教师的办学水平和育人能力,才是根本之策。首先,大力提升高中校长办学水平,有针对性地指导高中校长分析学校办学优势与不足,明确办学定位,确定学校特色发展方向和路径,制定特色发展策略,搭建区域间、学校间特色学校建设经验交流,形成特色高中建设研讨交流机制。其次,教育科研部门根据不同区域、教龄、职称教师需求,在大单元教学、新教材分析、考试命题能力、特色课程开发等方面进行针对性指导。再次,加强区域教育科研部门能力建设,提升北京市各区教研员和科研员指导能力,通过区域教研员和科研员下沉高中学校,跟踪指导教师教育教学,进而提升教师育人能力。

5. 加强政策宣传与解读,增强家校协同意识,促进家、校、社教育协同

高中阶段是学生"三观"形成的关键时期,养成良好的亲子沟通习惯非常重要。调查表明:在亲子沟通方面,一方面存在亲子沟通不畅,家长对孩子的兴趣爱好、在校学习生活及未来发展规划了解不够,另一方面,对孩子的升学期待较高,八成的家长期望自己的孩子可以进入"985工程"或者"211工程"建设高校,家长普遍较高的升学期待不够理性,是导致家长焦虑、学生压力的主要原因之一。同时,高中家长对高中阶段的政策导向及学校办学特色不清楚,家校协同意识欠缺,尽管高中多样化特色发展在国家层面已提出十余年,但家长知之甚少。这些都会影响到家长与学校之间在教育观念、培养模式、人才观、质量观上的差异,也不利于学校和区域推进高中多样化特色发展。因此,"双减"背景下亟须更新家长的教育理念。首先,政府要通过优化区域高中学校布局,丰富高中学校类型,为家长和学生提供选择空间;学校要通过优势学科建设、特色课程建设、职业技能课程、职业体验活动等体现学校课程与教学的丰富性多样性,增强学校与家庭、社会的链接,更好地满足不同潜质学生的发

展需要，并通过多种渠道向家长和社会宣传报道高中多样化特色发展的成果和经验，促使家长了解并参与到高中多样化特色建设之中。其次，学校有必要将家校合作纳入初高衔接内容之中，并通过家长学校和定期家长会、家访等活动，做好高中阶段的政策宣传与解读，指导家长掌握亲子沟通技巧，提升家庭教育能力，树立正确的职业观和多元发展的人才观，准确了解孩子的性格特点、学业水平和发展倾向，缓解教育焦虑，帮助孩子做好学业和生涯规划。同时，完善学校家长委员会机制，发挥家长委员会在学校发展和日常管理中的作用，利用家长和社会资源，深化家校合作，形成家校合力。再次，学校要建立健全学生发展指导机制，围绕学生理想、心理、学习、生活、生涯规划等内容提供全方位指导，帮助学生树立正确理想信念、正确认识自我，更好适应高中学习生活，处理好个人兴趣特长与国家和社会需要的关系，提高选修课程、选考科目、报考专业和未来发展方向的自主选择能力。

6. 因地制宜，因校施策，促进高中多样化特色发展更加充分和平衡

由于区域不同，高中教师和家长在高中多样化特色发展的认知和行为上存在差异，高中学校在高考成绩、教学质量、师资水平、课程活动、特色教育等各方面也存在差异，说明区域之间高中学校多样化特色发展不平衡，因此需要区域和学校立足实际，因地制宜、因校施策，提升办学水平，形成多样化特色发展新格局。首先，区域和学校需分析家长对高中学校在各方面的满意程度的深层原因，分析区域和学校发展的优势和不足，以问题为导向，聚焦高中育人方式改革，补齐发展短板，促进高中内涵发展。其次，通过考试招生改革，引导家长和学校共同推进高中多样化特色发展。通过增加高中登记入学学校、提高综合素质评价在高中招生中的权重、提高强基计划招生比例等措施，引导家长合理选择适合学生个性发展的高中学校，促进高中学校根据学生需求和学校自身优势发展学校教育特色。再次，市、区教育主管部门科学制定高中教育发展规划，在保留示范高中的基础上，通过集团化办学、名校办分校等途径，进一步扩大优质高中资源，出台包括综合高中建设在内的特色高中建设方案和认定标准，推动北京市普通高中教育高质量发展。

基于校长视角的"双减"背景下普通高中多样化特色发展现状

北京教育科学研究院　占德杰　李瑞雪　李海燕　殷桂金

一、调查背景与目的

为贯彻落实《国务院办公厅关于新时代推进普通高中育人方式改革的指导意见》（国办发〔2019〕29号）和《中共北京市委教育工作领导小组关于印发〈北京市关于深化育人方式改革推进普通高中多样化特色发展的意见〉的通知》（京教组发〔2020〕2号）及2021年12月教育部等九部门发布《"十四五"县域普通高中发展提升行动计划》《北京市"十四五"时期教育改革和发展规划（2021—2025）》等文件精神，深化北京市普通高中多样化特色发展，建设高水平现代化高中教育，"'双减'背景下普通高中多样化特色发展研究"项目组于2022年5月面向全市开展线上调研。

通过调研了解"双减"背景下北京市普通高中学校的发展现状、困惑、需求等，分析北京市普通高中多样化特色发展现状，研究"双减"与普通高中多样化特色发展之间的关系，以及"双减"背景下普通高中多样化特色发展的影响因素，提出"双减"背景下普通高中多样化特色发展建议，推动北京市普通高中教育高质量发展。

二、问卷设计与实施

本次调研采取项目组集体研制的调查问卷进行调查。在问卷设计上，对问卷框架和内容进行了专家咨询。在三轮不同专家咨询修改的基础上，对问卷进行试测，并征求试测校长的意见建议最终定稿并通过线上方式进行问卷调查。

校长问卷分为两部分，一部分是校长基本信息，另一部分包含4个方面：

一是对"双减"政策的认识,二是对高中多样化特色发展的认识,三是"双减"对高中多样化特色发展的影响,四是高中多样化特色发展推进策略。每个方面设置若干问题,了解校长对相关问题的态度、意见和建议等(表1)。这部分由结构性问题和开放性问题组成。问卷大部分题目(如校长对考试招生制度改革、高中学校评价、高中多样化特色发展现状及推进策略等)都是李克特5等级量表计分。

表1 校长问卷结构框架设计

调查维度	调查内容
"双减"政策落实的影响因素	"双减"政策落实的关键、难点、成效标志等
高中多样化特色发展影响因素	高中多样化特色发展的关键、难点、现状如何等
"双减"与高中多样化特色发展关系	对学生、教师的影响,学校教育教学的变化等
高中多样化特色发展推进策略	考试招生制度改革、普职融通、学生培养方式、特色课程建设、综合素质评价、学生发展指导、教师队伍建设等

本次问卷采取问卷星的方式进行调查,回收到全市16个行政区和经济技术开发区、燕山共198所高中学校校长问卷。表2中所列的高中及完全中学数是2021—2022学年度北京市教委发布的教育统计数据。据此,此次问卷调查的高中学校占北京市高中及完全中学学校总数的58.13%。其中,石景山区、密云区、延庆区调查比例达到100%。

表2 各区参与调查的学校数及比例

区域	高中及完全中学数	调查学校数	占比
东城区	30	20	66.67%
西城区	36	32	88.89%
朝阳区	50	13	26.00%
丰台区	21	3	14.29%
石景山区	11	11	100.00%
海淀区	68	61	89.71%
门头沟区	6	4	66.67%

续表

区域	高中及完全中学数	调查学校数	占比
房山区	13	7	53.85%
通州区	17	6	35.29%
顺义区	13	6	46.15%
昌平区	28	8	28.57%
大兴区	21	6	28.57%
怀柔区	5	4	80.00%
平谷区	5	4	80.00%
密云区	4	4	100.00%
延庆区	4	4	100.00%
燕山	1	1	100.00%
经济技术开发区	4	4	100.00%
合计	337	198	75.00%

本次问卷数据主要是由问卷星系统和 SPSS 26.0 进行分析。对校长问卷可靠性统计，克隆巴赫 Alpha 系数为 0.883，对问卷进行 KMO 和巴特利特检验，KMO 取样适切性量数 0.803，表明问卷的信度和效度良好。

三、调查结果与分析

（一）参与调研的高中学校基本情况

参与本次调研的普通高中学校中，完全中学 127 所，十二年一贯制学校 49 所，高中学校 22 所，分别占调研总数的 64.14%、24.75%、11.11%。参与调研学校中有 68 所学校为北京市示范高中，占调研总数的 34.34%。从办学历史看，本次调研学校历史在百年以上的有 24 所，占调研总数的 12.12%，办学历史在 50 年以上的有 127 所，占调研总数的 64.14%，办学历史在 20 年以内的有 35 所，占调研总数的 17.68%。从学校的管理机制看，区属学校 172 所，占调研总数的 70.20%，集团化（联盟）学校 82 所，占调研总数的 41.41%，外区名校办分校 22 所，占调研总数的 11.11%，其他情况如图 1 所示。由此可知，目前北京市普通高中学校管理机制多样，这是高中多样化发展的体现。

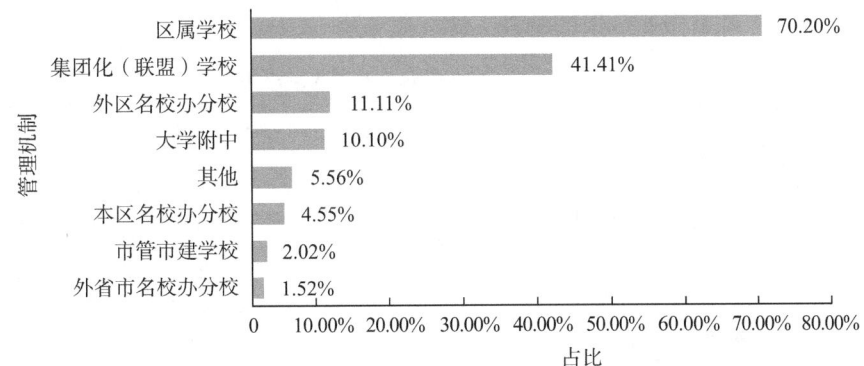

图1 调研学校的管理机制

从本次问卷调研的校长任职年限情况看，12年以上的有55人，占调研总人数的27.78%；3年以内的有43人，占调研总人数的21.72%；其他任职年限情况如图2所示。表明调研学校校长任职年限总体年轻化，由此推断北京市普通高中学校校长年龄结构比较合理，并呈年轻化趋势。

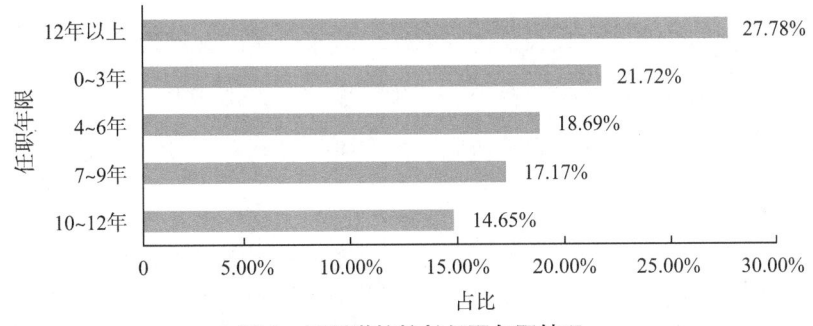

图2 调研学校校长任职年限情况

（二）"双减"政策落实的影响因素

在问卷中，设计了"您认为'双减'政策落实的关键是什么？"这一问题，共列举了"政府对校外培训的监管"等10个关键因素，校长选出其中最重要的3个并排序。通过校长问卷分析，计算出每个因素的平均综合得分，由表3可知，高中校长认为"双减"政策落实的关键因素中，排在前3位的分别是：中、高考和招生制度改革，家长、学校、社会教育协同，课堂教学质量的提高。其他关键因素依次分别为：师资队伍质量的提升、义务教育优质均衡发展、政府对校外培训的监管、学生个性化发展需要得到满足、教委对"双减"工作的指导，过重作业负担的减轻、课后服务水平的提升等。

表3 "双减"政策落实的关键因素排序情况

选项	平均综合得分
中、高考和招生制度改革	6.20
家长、学校、社会教育协同	5.11
课堂教学质量的提高	4.88
师资队伍质量的提升	3.32
义务教育优质均衡发展	2.64
政府对校外培训的监管	2.58
学生个性化发展需要得到满足	1.77
教委对"双减"工作的指导	0.95
过重作业负担的减轻	0.89
课后服务水平的提升	0.73
其他	0.29

另外，由图3可知，校长认为"双减"政策落实的关键因素排在首位的情况，有28.3%的校长将"中、高考和招生制度改革"排在第一位，有20.7%的校长把"家长、学校、社会教育协同"排在第一位，有18.7%的校长把"政府对校外培训的监管"排在第一位。

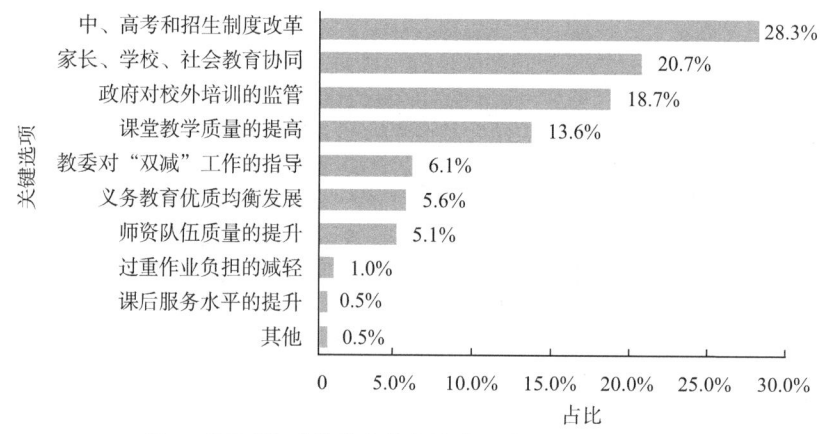

图3 "双减"政策落实的关键选项第一顺位占比情况

对于"双减"政策落实的难点有哪些,从平均综合得分看,校长们认为排在前3位的分别是中、高考招生制度改革,提高课堂教学质量,促进家校社协同,具体情况如表4所示,这与他们对"双减"政策落实的关键的认识基本一致,表明"双减"政策落实的关键和难点都在这3个方面。

表4 "双减"政策落实的难点排序情况

选项	平均综合得分
中、高考和招生制度改革	5.58
提高课堂教学质量	3.82
促进家校社协同	3.03
义务教育优质均衡发展	2.87
增强课后服务吸引力	2.08
校外培训机构的治理	1.76
作业设计、指导与管理	1.73
规范教育教学秩序	1.33
其他	0.08

从"双减"政策落实难点的第一位占比情况来看,有36.2%的校长把"中、高考和招生制度改革"放在落实难点的第一位,15.6%的校长把"提高课堂教学质量"放在难点第一位,13.6%的校长把"义务教育优质均衡发展"放在第一位(其他情况见图4)。

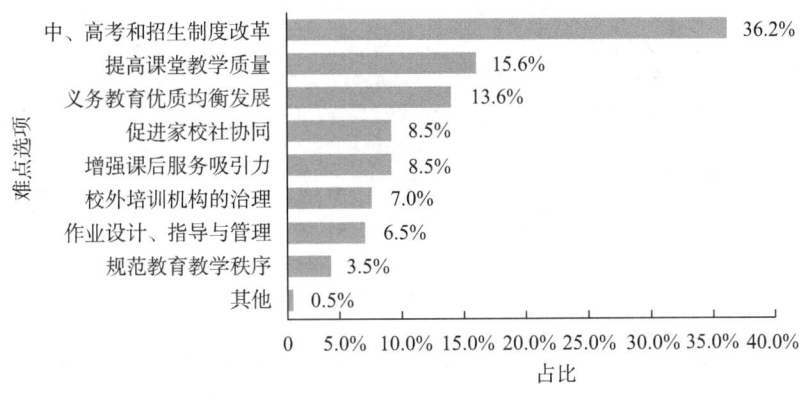

图4 "双减"政策落实难点选项第一顺位占比情况

调查发现，校长认为"双减"政策收到明显成效的标志排在前 3 位的分别是校内教育教学质量得到提升、过重作业负担得到减轻、校外培训规范有序，具体情况如表 5 所示。这表明综合 8 种因素总体来看，"双减"政策是否收到成效最重要的是校内教育教学质量是否得到提升。

表 5 "双减"政策收到明显成效的标志排序情况

选项	平均综合得分
校内教育教学质量得到提升	3.98
过重作业负担得到减轻	3.87
校外培训规范有序	3.15
家校社协同育人共同体形成	2.76
家长焦虑情绪有效缓解	2.29
课后服务水平得到提升	2.14
家庭教育支出负担减轻	1.31
其他	0.07

但是从第一顺位的占比情况看，有 27.3% 的校长认为"双减"成效的标志第一位的是过重作业负担得到减轻，25.3% 的校长把"校内教育教学质量得到提升"放在第一位，19.7% 的校长把"校外培训规范有序"放在第一位，其他情况如图 5 所示。这表明虽然第一位的占比最高与平均综合得分最高的略有差异，但前 3 位因素总体上是一致的。

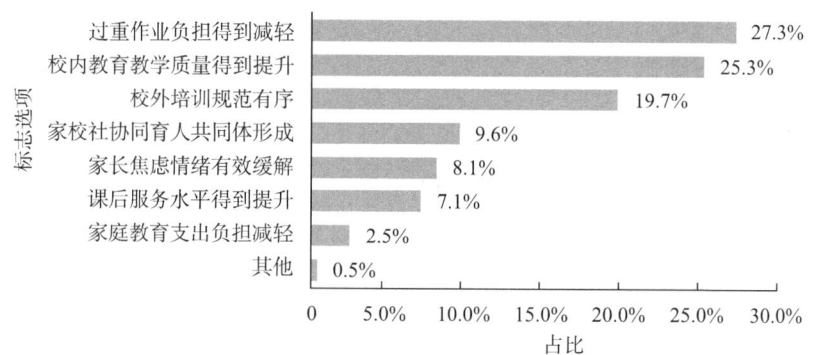

图 5 "双减"政策收到明显成效的标志选项第一顺位占比情况

为了进一步分析这些结论在不同区域和不同学校间是否有差异，对"双减"政策落实的关键、难度和成效标志平均综合得分第一的内容进行单因素方差分析，得出统计结果如表6所示。由表6可知，不同区域、是否为示范高中、任职年限不同的校长在这3个方面的认识均不存在显著性差异。由此推论全市高中校长对"双减"政策落实关键、难度最重要的是中高考和招生制度改革，收到成效标志最重要的是校内教育教学质量得到提升的认识是基本一致的。

表6　不同主体对"双减"政策认知的差异性分析（$P<0.05$ 为显著）

对"双减"的认识	显著性		
	所在区域	是否为示范高中	任职年限
"双减"政策落实的关键第一位是中、高考和招生制度改革	0.928	0.385	0.557
"双减"政策落实的难度第一位是中、高考和招生制度改革	0.608	0.844	0.584
"双减"政策收到成效的标志第一位是校内教育教学质量得到提升	0.697	0.064	0.711

（三）"双减"与高中多样化特色发展之间的关系

虽然"双减"政策是义务教育阶段政策，但由于很多学校是完全中学或十二年一贯制学校，所以从学校管理角度看，高中多样化特色发展将会受到影响。政策实施对义务教育阶段学生的影响，由学生将这种影响带到高中阶段，也就对高中发展带来影响。因此，"双减"不仅对义务教育阶段产生直接影响，而且对高中多样化特色发展带来间接影响，这一点从校长问卷中也能得到验证。在对"您认为义务教育阶段的'双减'将对高中发展产生哪些影响"的问题回答中，非常同意或同意"双减"对高中多样化特色发展提出更高要求的占参与调研校长总人数的94.95%，如表7所示。具体而言，"双减"对高中多样化特色发展的影响具体表现在高中对学生分类培养提出更高要求，对高中作业设计与管理也提出更高要求，初高中贯通培养也成为必然。此外，由于学生在"双减"之下，自主时间增多，需要学生养成自主学习习惯，有利于培养学生自主性，为他们将来进入高中，进行自主学习打下了基础。

表 7　"双减"对高中多样化特色发展产生哪些影响统计情况

题目/选项	非常不同意	不同意	不确定	同意	非常同意
"双减"与高中关系不大	65（32.83%）	85（42.93%）	30（15.15%）	13（6.57%）	5（2.53%）
学生学习基础差异增大，加大了高中教学难度	10（5.05%）	31（15.66%）	41（20.71%）	81（40.91%）	35（17.68%）
学生自主时间增多，有助于个性发展	3（1.52%）	5（2.53%）	35（17.68%）	110（55.56%）	45（22.73%）
对学生分类培养提出更高要求	2（1.01%）	1（0.51%）	6（3.03%）	110（55.56%）	79（39.9%）
对高中作业设计与管理提出更高要求	0（0.00%）	1（0.51%）	12（6.06%）	109（55.05%）	76（38.38%）
初高中贯通培养成为必然	1（0.51%）	7（3.54%）	30（15.15%）	90（45.45%）	70（35.35%）
对高中多样化特色发展提出更高要求	1（0.51%）	4（2.02%）	5（2.53%）	101（51.01%）	87（43.94%）

注：本文中各项百分比是按各项统计量四舍五入后统计，故其和可能不等于100%，余同。

通过对不同区域、是否为示范高中、不同任职年限的校长对上述问题的回答的差异性分析发现，均没有显著性差异。但是由表 8 可知，完全中学与十二年一贯制学校对上述选项中的"初高中贯通培养成为必然"存在显著性差异，而高级中学与十二年一贯制学校，高级中学与完全中学对此问题均没有差异。由表 9 可知，完全中学校长持非常不同意或不同意的达到 6 人，占完全中学校长总人数的 4.72%，表明完全中学的校长对于这一选项的态度与十二年一贯制学校校长的态度不完全一致。

表 8　不同类型高中对"初高中贯通成为必然"态度的差异性分析（$P<0.05$ 为显著）

（I）学校类型	（J）学校类型	平均值差值（I-J）	标准误差	显著性
高级中学	完全中学	0.32	0.188	0.093
	十二年一贯制学校	−0.01	0.209	0.968
完全中学	高级中学	−0.32	0.188	0.093
	十二年一贯制学校	−0.33*	0.137	0.018
十二年一贯制学校	高级中学	0.01	0.209	0.968
	完全中学	0.33*	0.137	0.018

表 9　不同类型高中对"初高中贯通成为必然"态度统计

态度分类	高级中学	完全中学	十二年一贯制学校	总计
非常不同意	0	1	0	1
不同意	1	5	1	7
不确定	1	25	4	30
同意	10	58	22	90
非常同意	10	38	22	70
总计	22	127	49	198

"双减"政策实施后，义务教育学校在作业设计与管理、课后服务等方面都有明显的变化，高中教育教学情况是否也有变化？由表10可知，大多数学校在近半年内完善了高中课堂教学要求和高中学生作业要求，增加了学校特色课程，加强了对初高中衔接的研究和学生的分类指导。这表明"双减"政策虽然不是针对高中学校，但高中学校为主动适应新的变化，在教育教学工作上进行了加强和完善。

表 10　"双减"政策实施后高中教育教学变化情况

题目/选项	很不符合	不符合	不清楚	比较符合	很符合
完善了高中课堂教学要求	2（1.01%）	3（1.52%）	0（0%）	101（51.01%）	92（46.46%）
完善了高中学生作业要求	2（1.01%）	2（1.01%）	0（0%）	114（57.58%）	80（40.4%）
增加了学校特色课程	2（1.01%）	9（4.55%）	2（1.01%）	105（53.03%）	80（40.4%）
加强了对初高中衔接研究	2（1.01%）	5（2.53%）	2（1.01%）	112（56.57%）	77（38.89%）
加强了对学生的分类指导	1（0.51%）	2（1.01%）	3（1.52%）	94（47.47%）	98（49.49%）

通过差异性分析发现，完全中学与十二年一贯制学校在上述5个选项上均存在显著性差异，十二年一贯制学校在各选项的符合程度上要明显高于完全中学。由此表明，十二年一贯制学校面对"双减"政策，主动性更强。"双减"

对十二年一贯制学校的高中教育教学工作的影响更大。

（四）高中多样化特色发展影响因素

问卷设计了有关高中多样化特色发展的关键、难点选项，校长按顺序从中选出最重要的4项，统计发现高中多样化特色发展的关键平均综合得分排在前4位的分别是：特色课程建设、教师队伍建设、校长办学思想和办学自主权的落实。高中多样化特色发展的难点平均综合得分排在前4位的分别为：高考高招改革、办学自主权的落实、学校特色定位和学校分层分类课程体系建设，具体情况如表11所示。由此，课程建设与办学自主权的落实成为高中多样化特色发展的关键和难点。

表11 高中校长对高中多样化特色发展的关键和难点的得分情况

高中多样化特色发展的关键	平均综合得分	高中多样化特色发展的难点	平均综合得分
特色课程建设	6.63	高考高招改革	6.29
教师队伍建设	5.75	办学自主权的落实	5.08
校长办学思想	4.78	学校特色的定位	4.74
办学自主权的落实	4.34	学校分层分类课程体系建设	4.54
高考高招改革	4.14	干部教师对多样化特色发展的认知	3.77
政府对高中的规划布局	2.73	打破学校分层发展现状	3.45
学生分类培养	2.38	中考中招改革	3.10
中考中招改革	2.28	生源质量的改善	2.73
课堂教学质量	2.06	学校管理体制机制改革	2.57
学校文化建设	1.05	对学生进行分类指导与培养	1.72
其他	0.05	课堂教学方式方法改进	1.08

高中多样化特色发展关键选项排在第一顺位的比例情况如图6所示。其中，校长办学思想排在第一顺位占30.3%，教师队伍建设排在第一顺位的占17.7%，特色课程建设排在第一顺位的占14.1%。由此可见，校长办学思想、教师队伍建设和特色课程建设是大部分校长认可的最重要的高中多样化特色发展的关键因素。

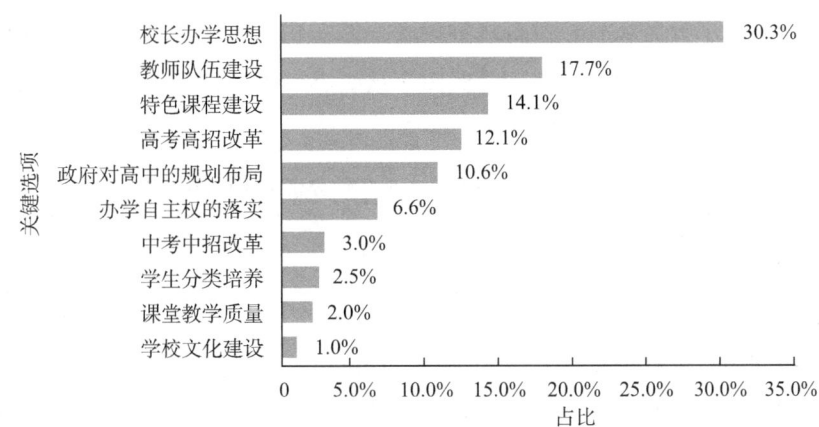

图6　高中多样化特色发展关键选项排在第一顺位的比例情况

高中多样化特色发展的难点选项排在第一顺位的比例情况如图7所示。其中，有23.7%的校长把"高考高招改革"排在第一顺位，有20.2%的校长把"干部教师对多样化特色发展的认知"排在第一顺位，有16.2%的校长把"打破学校分层发展现状"排在第一顺位。

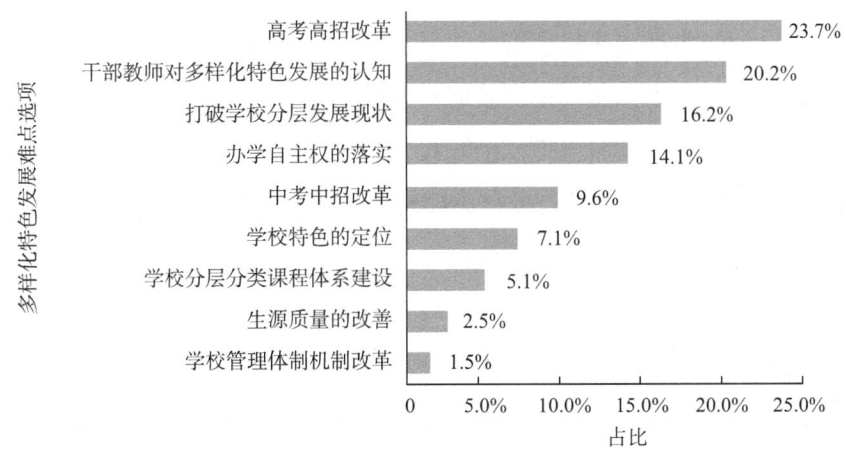

图7　高中多样化特色发展难点选项第一顺位的比例情况

通过单因素方差分析发现，不同区域、学校建制、是否为示范高中及校长任职年限对高中多样化特色发展的关键是特色课程建设、教师队伍建设、校长办学思想和办学自主权的落实等都没有显著性差异。

在对发展难点的认识的差异性上，由表12可知，不同区域对学校分层分类课程体系建设，是否为示范高中对办学自主权的落实都有显著性差异。进一步分析发现，部分区域校长没有将学校课程体系建设作为高中多样化特色发展的难点。示范高中比非示范高中更倾向于认为办学自主权的落实是高中多样化特色发展的难点。

表12 高中多样化特色发展难点差异性分析（$P<0.05$为显著）

发展难点	不同区域		学校建制		是否为示范高中		任职年限	
	F	显著性	F	显著性	F	显著性	F	显著性
高考高招改革	0.542	0.928	0.392	0.676	0.136	0.713	0.662	0.619
办学自主权的落实	1.175	0.289	0.235	0.791	4.203*	0.042	1.122	0.347
学校特色的定位	1.254	0.228	1.070	0.345	1.229	0.269	1.243	0.294
学校分层分类课程体系建设	1.899*	0.021	0.943	0.391	0.888	0.347	0.385	0.819

此外，通过分析发现，不同区域校长对"高考高招改革"作为高中多样化特色发展的关键存在差异，把"学校管理体制机制改革""对学生进行分类培养与指导"作为高中多样化特色发展的难点也存在差异。非示范高中的校长比示范高中校长更倾向于把"政府对高中的规划布局"作为高中多样化特色发展的关键，也更倾向于把"生源质量的改善"作为多样化特色发展的难点。公办学校校长比民办学校校长更倾向于把"特色课程建设""办学自主权的落实"作为发展的关键，也更倾向于把"办学自主权的落实"作为发展的难点。大学附中校长比其他高中学校校长更倾向于把"中考中招改革"作为发展的关键和难点。市管市建高中校长比其他高中校长更倾向于把"学校管理体制机制改革"作为发展的难点。外区名校办分校校长比其他高中校长更倾向于把"办学自主权的落实"作为高中多样化特色发展的关键和难点，但外省市名校办分校校长与其他学校校长在发展的关键和难点选项上没有显著性差异。任职12年以上的校长比任职0~3年的校长和7~9年的校长更倾向于把"学校文化建设"作为高中多样化特色发展的关键。由此可见，由于不同高中和校长的现状不尽相同，所以他们对高中多样化特色发展的关键和难点的某些选项有不同的认识。但从总体上看，高中多样化特色发展的关键和难

点主要集中在课程建设、教师队伍建设、校长办学思想、高考高招改革、办学自主权的落实等方面。

通过对开放题"您对高中多样化特色发展是如何理解的?"的结果的词云图(图8)分析发现,绝大多数校长认为高中多样化特色发展对学生、学校和人才培养非常重要而且必要,是高中发展的方向,需要从多样化有特色的课程抓起。但校长们也认为"实施过程中受外部条件制约最主要是现有高校招考制度限制,普通高中升学预备的功能没有变化的情况下,老百姓会认为质量就是特色!没有质量,没有升学,谈什么特色?不会支持,教师也会很为难。另外,学校人力、资源和自主权限制,课程建设面临很大困难"。

图8 校长对高中多样化特色发展的理解词云图

（五）高中多样化特色发展现状与推进策略

1. 区域高中多样化发展格局

通过校长问卷调查发现,46.97%的校长认为本区已经形成高中多样化特色发展格局,34.34%的校长对此不确定,还有18.69%的校长表示不同意或非常不同意（图9）。进一步分析发现,各区域高中多样化特色发展格局不存在显著性差异。由此,区域高中多样化特色发展格局还没有完全形成,还需要进一步推进高中多样化特色发展。

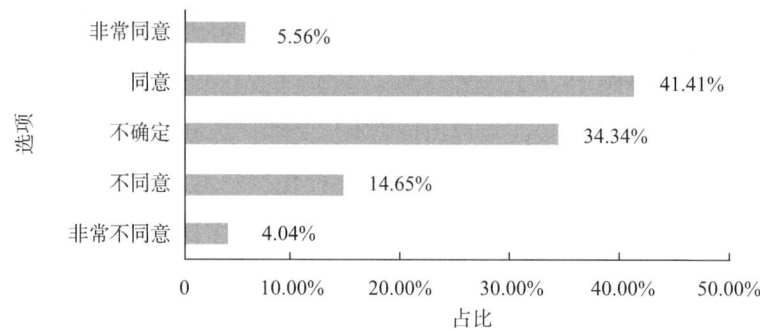

图9 校长对本区已经形成高中多样化特色发展格局的态度

"目前高中学校发展的亮点是什么?"问卷中给出了"有面向全体学生的特色课程"等7项内容,校长从中选出符合学校实际的选项并排序。从结果看,平均综合得分排在前3位的分别是:有面向全体学生的特色课程、有独特的办学理念和学校文化、教师教育教学水平高有优势学科。具体情况如表13所示。由此可知,上述3个方面是北京市普通高中学校发展的亮点,也可以说是学校发展的特色。

表13 高中学校发展亮点平均综合得分排序情况

高中发展有何亮点	平均综合得分
有面向全体学生的特色课程	4.33
有独特的办学理念和学校文化	4.23
教师教育教学水平高有优势学科	3.25
小初高一体化培养	1.86
与高校科研院所协同培养	1.73
普通教育与职业教育融通	0.10
其他	0.08

从高中学校发展亮点选项第一顺位的比例情况看(图10),有独特的办学理念和学校文化、有面向全体学生的特色课程、小初高一体化培养等3项分别占到总数的20%以上,并且这些亮点之间所占比例的差距不大。通过差异性分析发现,与高校科研院所协同培养、普通教育与职业教育融通这两个方面存在区域差异。十二年一贯制学校比完全中学和纯高中在小初高一体化培养上的办学特色要更突出,但是在教师教育水平高有优势学科方面明显低于完全中学和纯高中学校。总体来看,高中学校发展的亮点已经呈现多样化趋势。

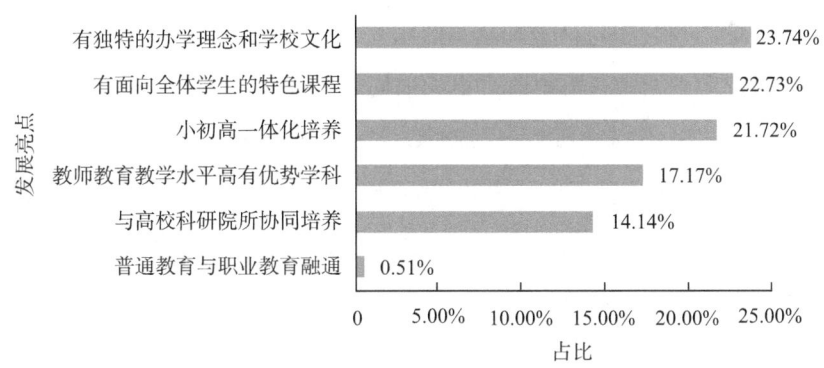

图10 高中学校发展亮点选项第一顺位的比例情况

2. 考试和招生制度改革

调查发现,当前北京市高中入学方式中,主要有中考统一招生、校额到校和特长生等,其中校额到校招生达到50.00%,特长生方式有48.99%,直升高中有22.22%(图11),表明高中招生方式多样化,满足不同学生需求,从一个侧面体现高中学校发展的多样化。

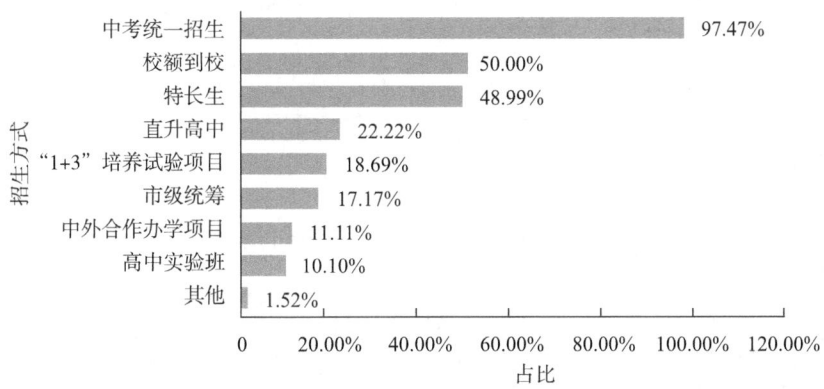

图11 高中招生方式统计情况

在对当前中高考和招生政策对学校发展是否有利的调查中,如表14所示,有19.19%的校长认为当前中考中招政策对学校发展非常不利,32.32%的校长认为不太有利。2.53%的校长认为当前高考高招政策对学校发展非常不利,23.74%的校长认为不太有利。通过差异性分析发现,不同区域、不同学校建制、是否为示范高中、校长任职年限等因素在中考中招和高考高招2个问题的认识上都不存在显著性差异,表明全市校长对这2个问题的认识总体上保持一致。由此推论，当前中、高考和招生政策对学校发展还有进一步改进提高的空间，并且对中考中招政策需要改进更为迫切。

表 14 当前中高考和招生政策对学校发展是否有利统计情况

选项	当前中考中招政策对于学校发展	当前高考高招政策对于学校发展
非常不利	19.19%	2.53%
不太有利	32.32%	23.74%
一般	37.88%	53.03%
比较有利	8.59%	18.69%
非常有利	2.02%	2.02%

对于中考和招生制度改革，有 58.08% 的校长同意减少中考考试科目，56.57% 的校长同意增加高中登记入学学校，74.25% 的校长同意提高职业教育招生比例，37.38% 的校长同意提高校额到校招生比例，67.67% 的校长同意增加"1+3"培养试验项目招生学校，57.07% 的校长同意提高综合素质评价在招生中的权重，具体情况如表 15 所示。表明校长们对中考中招改革的内容的一些态度，这些态度对于推动中考中招改革具有参考价值。

表 15 高中校长对中考中招改革项目的态度情况

题目/选项	非常不同意	不同意	不确定	同意	非常同意
减少中考考试科目	13（6.57%）	46（23.23%）	24（12.12%）	74（37.37%）	41（20.71%）
增加高中登记入学学校	10（5.05%）	21（10.61%）	55（27.78%）	75（37.88%）	37（18.69%）
提高职业教育招生比例	1（0.51%）	13（6.57%）	37（18.69%）	104（52.53%）	43（21.72%）
提高校额到校招生比例	23（11.62%）	54（27.27%）	47（23.74%）	55（27.78%）	19（9.60%）
增加"1+3"试验招生学校	7（3.54%）	20（10.10%）	37（18.69%）	92（46.46%）	42（21.21%）
提高综合素质评价在招生中的权重	9（4.55%）	22（11.11%）	54（27.27%）	85（42.93%）	28（14.14%）

对五点量表赋值，从"非常不同意"到"非常同意"分别赋值 1—5，统计问卷数据得到表 16，可见，提高职业教育招生比例的平均值最高并且离散度

最小，其次是增加"1+3"试验招生学校和高中登记入学学校，平均值最低的是提高校额到校招生比例，离散度最大的是减少中考考试科目。

表16　高中校长对中考中招改革项目态度的描述统计

关于中考中招改革，您持何态度？	平均值	标准偏差
减少中考考试科目	3.42	1.235
增加高中登记入学学校	3.55	1.069
提高职业教育招生比例	3.88	0.838
提高校额到校招生比例	2.96	1.185
增加"1+3"培养试验招生学校	3.72	1.023
提高综合素质评价在招生中的权重	3.51	1.016

通过对中考中招改革项目的相关性分析发现，增加高中登记入学学校与提高校额到校招生比例、增加"1+3"培养试验学校、提高综合素质评价权重之间存在正相关。而提高校额到校招生比例与增加高中登记入学学校和提高综合素质评价权重之间存在正相关，与增加"1+3"培养试验学校不存在相关性。这表明增加高中登记入学学校相比较于校额到校政策，更受到高中校长支持。

对于高考高招改革，有69.70%的校长同意提高强基计划招生比例，有67.18%的校长同意推行高中校长推荐制度，有80.30%的校长同意提高职业本科招生比例，53.53%的校长同意提高综合素质评价在招生中的权重。具体情况如表17所示，表明大部分校长支持这些改革项目。

表17　高中校长对高考高招改革项目的态度情况

题目/选项	非常不同意	不同意	不确定	同意	非常同意
提高强基计划招生比例	4（2.02%）	15（7.58%）	41（20.71%）	112（56.57%）	26（13.13%）
推行高中校长推荐制度	7（3.54%）	13（6.57%）	45（22.73%）	108（54.55%）	25（12.63%）
提高职业本科招生比例	0（0.00%）	5（2.53%）	34（17.17%）	121（61.11%）	38（19.19%）
提高综合素质评价在招生中的权重	5（2.53%）	25（12.63%）	62（31.31%）	84（42.42%）	22（11.11%）

如表18所示，对上述高考高招改革项目的描述统计发现，提高职业本科招生比例的平均值最高，并且离散度最小，其次是提高强基计划招生比例，平均值最低的是提高综合素质评价在招生中的权重，并且其离散度最大。通过差异性分析发现，学校所在区域、学校建制、学校性质、校长任职年限等因素对校长的高考高招改革项目的态度均没有显著性差异，表明高考高招改革在全市层面具有一致性。

表18　高中校长对高考高招改革项目态度的描述统计

关于高考高招改革，您持何态度？	平均值	标准偏差
提高强基计划招生比例	3.71	0.86
推行高中校长推荐制度	3.66	0.91
提高职业本科招生比例	3.97	0.68
提高综合素质评价在招生中的权重	3.47	0.94

3. 学校课程建设

学校课程建设，特别是特色课程建设是高中多样化特色发展的关键。目前，高中学校分层分类课程体系统计情况如表19所示，有89.90%的高中学校对国家选修课程进行了分层分类设计，87.37%的高中学校对校本课程都是分层分类设计，75.76%的学校的国家必修课程都是分层分类设计。可见，大部分学校都注重分层分类课程体系建设，国家选修课程比必修课程的分层分类设计更突出，这与高考改革和课程制度有关。

表19　高中学校分层分类课程体系统计情况

题目/选项	很不符合	不太符合	不清楚	比较符合	很符合
国家必修课程都是分层分类设计	4（2.02%）	43（21.72%）	1（0.51%）	114（57.58%）	36（18.18%）
国家选修课程都是分层分类设计	2（1.01%）	16（8.08%）	2（1.01%）	135（68.18%）	43（21.72%）
校本课程都是分层分类设计	2（1.01%）	14（7.07%）	9（4.55%）	117（59.09%）	56（28.28%）

进一步分析发现，纯高中学校比完全中学在国家必修课程分层分类设计上

做得更好。三类课程的分层分类设计具有正相关性,表明高中学校对课程设计具有整体性。

在初高中衔接课程建设上,大部分高中学校在部分学科、心理课程、学法指导、生涯教育、特色课程等方面都有衔接课程(表20),但是不同区域在学法指导衔接课程上有差异,示范高中比非示范高中有更多的学科衔接课程,公办学校比民办学校有更多的特色课程衔接。总体上看,高中学校都注重学段衔接,为学生从初中到高中的顺利过渡提供了条件。这一点对于"双减"背景下的高中学校非常重要。

表20 高中学校衔接课程体系建设情况统计

题目/选项	很不符合	不太符合	不清楚	比较符合	很符合
有部分学科衔接课程	5（2.53%）	23（11.62%）	3（1.52%）	125（63.13%）	42（21.21%）
有全学科衔接课程	12（6.06%）	95（47.98%）	9（4.55%）	63（31.82%）	19（9.60%）
有学生心理衔接课程	4（2.02%）	13（6.57%）	6（3.03%）	132（66.67%）	43（21.72%）
有学法指导衔接课程	2（1.01%）	9（4.55%）	2（1.01%）	129（65.15%）	56（28.28%）
有生涯教育衔接课程	1（0.51%）	9（4.55%）	2（1.01%）	123（62.12%）	63（31.82%）
有特色课程衔接	2（1.01%）	32（16.16%）	6（3.03%）	111（56.06%）	47（23.74%）

在特色课程建设上,有71.72%的高中学校有艺体类特色课程,其次是68.18%的学校有科技类特色课程,其他情况如图12所示,参与调研学校中只有2所学校有普职融通类特色课程。进一步分析发现,示范高中比非示范高中在数理类、科技类、艺体类特色课程特色更加突出(表21),由此可见,总体上高中学校都注重学校特色课程建设,主要集中在艺体类、科技类、人文类,跨学科综合类、数理类、外语类。

在学生发展指导课程建设上,有81.82%的学校从初中开始开设相关课程,22.23%的学校只在高一年级开设相关课程,77.27%的学校在高中三年都开设相关课程，45.96%的学校是作为选修课开设，69.69%的学校是作为必修课开设的。77.27%的学校有学生发展指导课程的专职教师。区域之间、学校建制、是否示范高中等在学生发展指导课程建设上都不存在差异，这表明全市高中学生发展指导课程总体上处于良好水平，但专职教师数量还需要增加。

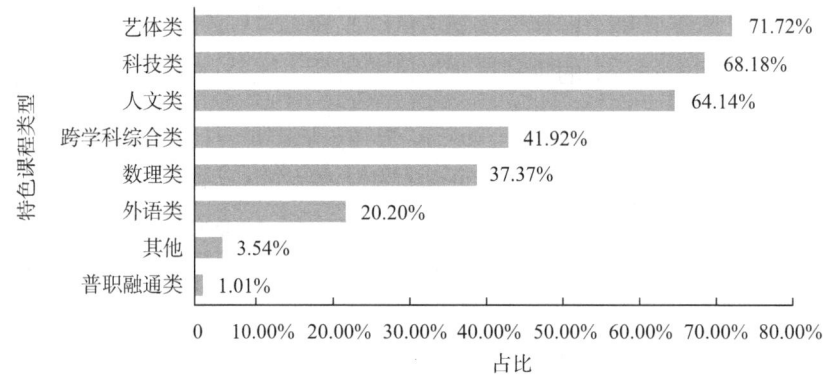

图12 高中学校特色课程类型统计情况

表21 示范高中与非示范高中在部分特色课程上的差异性分析（$P<0.05$为显著）

特色课程类型	分类	平方和	自由度	均方	F	显著性
数理类	组间	1.651	1	1.651	7.241	0.008
	组内	44.692	196	0.228		
	总计	46.343	197			
科技类	组间	2.080	1	2.080	9.973	0.002
	组内	40.875	196	0.209		
	总计	42.955	197			
艺体类	组间	1.172	1	1.172	5.889	0.016
	组内	38.990	196	0.199		
	总计	40.162	197			

4.教师队伍建设

调查发现，有81.81%的高中学校教师存在结构性缺编，这表明新高考和新课改以来，高中地理、政治、历史等学科教师数量不足问题没有完全得到解决。从校长角度看教师队伍建设中，如教师定期参加校本研修，参加教育科研、教师团结协作情况都比较良好，有96.47%的校长认为教师有教育教学自主权，98.49%的校长认为教师绩效考核公平合理，98.48%的校长认为教师管理民主平等，98.49%的校长认为教师有发展机会和平台，97.98%的校长认为教师有学校归属感（表22）。进一步分析发现，在教师有发展机会和平台方面，十二年一贯制学校校长比完全中学的校长认为更加符合。在教师有学校归属感方面，十二年一贯制学校校长比完全中学校长和初高中校长认为更加符合。

表22 高中学校教师队伍建设情况统计

题目/选项	很不符合	不太符合	不清楚	比较符合	很符合
教师存在结构性缺编	6（3.03%）	27（13.64%）	3（1.52%）	86（43.43%）	76（38.38%）
教师定期参加校本研修	2（1.01%）	0（0.00%）	0（0.00%）	74（37.37%）	122（61.62%）
教师定期参加教育科研	2（1.01%）	2（1.01%）	0（0.00%）	76（38.38%）	118（59.60%）
教师团结协作有凝聚力	1（0.51%）	1（0.51%）	1（0.51%）	81（40.91%）	114（57.58%）
教师有教育教学自主权	1（0.51%）	6（3.03%）	0（0.00%）	124（62.63%）	67（33.84%）
教师绩效考核公平合理	1（0.51%）	0（0.00%）	2（1.01%）	100（50.51%）	95（47.98%）
教师管理民主平等	1（0.51%）	0（0.00%）	2（1.01%）	97（48.99%）	98（49.49%）
教师有发展机会和平台	1（0.51%）	1（0.51%）	1（0.51%）	89（44.95%）	106（53.54%）
教师有学校归属感	1（0.51%）	0（0.00%）	3（1.52%）	94（47.47%）	100（50.51%）

在课程实施上，要根据学生的实际需求采取分类培养方式。调查发现，86.36%的学校根据学生学习基础分层培养，75.25%的学校根据学生学习兴趣分类培养，其他情况如图13所示。由此可见，大多数学校采取分层分类培养方式，促进学生全面有个性地发展，这也正是高中多样化发展的内涵所在。

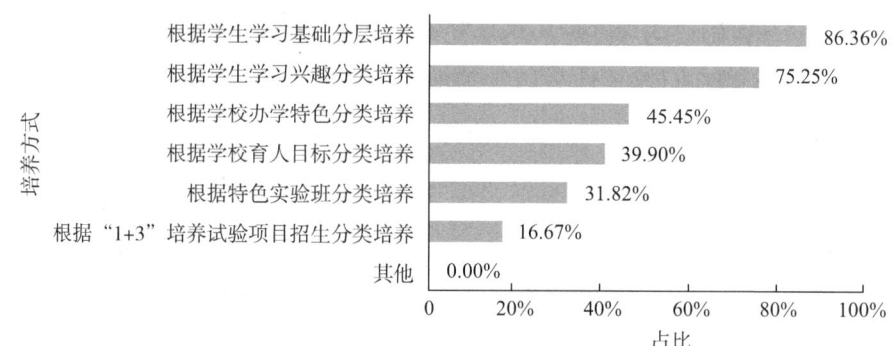

图 13　高中学生培养方式统计情况

5. 学生综合素质评价和学校评价

在学生综合素质评价上，39.40% 的学校只在期中、期末开展学生综合素质评价，94.45% 的学校把综合素质评价与日常教育教学活动相结合，79.80% 的学校有学校特色的评价体系和机制，42.93% 的学校有独立的评价网络平台，82.83% 的校长认为综合素质评价对全体学生发展有促进作用（表23）。另外，不同区域、不同建制的学校在"有学校特色的评价体系和机制"和"认为综合素质评价的对全体学生发展有促进作用"2 个选项上都有显著性差异。这些表明，综合素质评价作为高中育人方式改革的重要内容，还需要进一步在全市层面和学校层面加以落实，特别是要加强学校特色的评价体系和机制建设。

表 23　高中学生综合素质评价统计情况

题目/选项	很不符合	不太符合	不清楚	比较符合	很符合
只在期中、期末开展	25（12.63%）	94（47.47%）	1（0.51%）	73（36.87%）	5（2.53%）
与日常教育教学活动相结合	0（0.00%）	10（5.05%）	1（0.51%）	124（62.63%）	63（31.82%）
有学校特色的评价体系和机制	2（1.01%）	30（15.15%）	8（4.04%）	109（55.05%）	49（24.75%）
有学校独立的评价网络平台	20（10.1%）	87（43.94%）	6（3.03%）	53（26.77%）	32（16.16%）
对全体学生发展有促进作用	1（0.51%）	11（5.56%）	22（11.11%）	119（60.10%）	45（22.73%）

在学校评价上，校长认为应加强对学校增值评价，其次是建立高中质量监测制度，再次是建立学校自我监控与评价制度，具体情况如表24所示，总体上看，高中学校评价改革重点应在对学校的增值评价和质量监测制度建设上。纯高中学校校长比完全中学校长更强调要突出学校特色评价和建立高中质量监测制度。

表24　校长对如何改进高中学校评价态度的统计情况

题目/选项	非常不同意	不同意	不确定	同意	非常同意
突出对学校特色的评价	0（0.00%）	5（2.53%）	17（8.59%）	115（58.08%）	61（30.81%）
加强对学校增值评价	0（0.00%）	2（1.01%）	4（2.02%）	78（39.39%）	114（57.58%）
建立高中质量监测制度	1（0.51%）	2（1.01%）	6（3.03%）	112（56.57%）	77（38.89%）
加强社会满意度调查	4（2.02%）	8（4.04%）	31（15.66%）	110（55.56%）	45（22.73%）
引入第三方机构评价	4（2.02%）	15（7.58%）	51（25.76%）	89（44.95%）	39（19.70%）
建立学校自我监控与评价机制	1（0.51%）	2（1.01%）	16（8.08%）	120（60.61%）	59（29.80%）

6. 普职融通

初中毕业后有没有必要进行普职分流？有6.57%的校长非常同意没必要分流，26.26%的校长同意没必要分流，而不同意和非常不同意的分别有40.91%和10.61%，总体上看，校长认为初中毕业后有必要进行普职分流的。有53.54%的校长认为普通高中有必要开设职业教育课程，有67.17%的校长同意普通高中自愿开设职业教育课程。36.87%的校长认为只需综合高中和职业高中开设职业课程，38.89%的校长对此持否定意见，还有24.24%的校长对此不确定（表25）。

表 25 校长对普职融通态度的统计情况

题目/选项	非常不同意	不同意	不确定	同意	非常同意
初中毕业没必要普职分流	21（10.61%）	81（40.91%）	31（15.66%）	52（26.26%）	13（6.57%）
普通高中没有必要开设职业教育课程	19（9.60%）	87（43.94%）	46（23.23%）	36（18.18%）	10（5.05%）
所有普通高中都要开设职业教育课程	16（8.08%）	45（22.73%）	60（30.30%）	57（28.79%）	20（10.10%）
普通高中自愿开设职业教育课程	6（3.03%）	26（13.13%）	33（16.67%）	113（57.07%）	20（10.10%）
只需综合高中和职业高中开设职业课程	15（7.58%）	62（31.31%）	48（24.24%）	66（33.33%）	7（3.54%）

可见，普职分流和在普通高中开设职业课程这一问题在高中校长群体内还没有形成相对统一的认识。另外，不同区域对"初中毕业没必要普职分流"和"所有普通高中都要开设职业教育课程"的态度上存在差异。

7.高中多样化特色发展的需求与期望

由图 14 可知，调查发现 73.23% 的校长认为学校需要在特色课程建设上得到指导或支持，其次是教师队伍建设和学校特色发展定位，这与校长对高中多样特色发展的关键和难点的认识也是一致的。这也表明高中多样化特色发展需要在特色课程建设、教师队伍建设、校长领导力等方面下功夫。

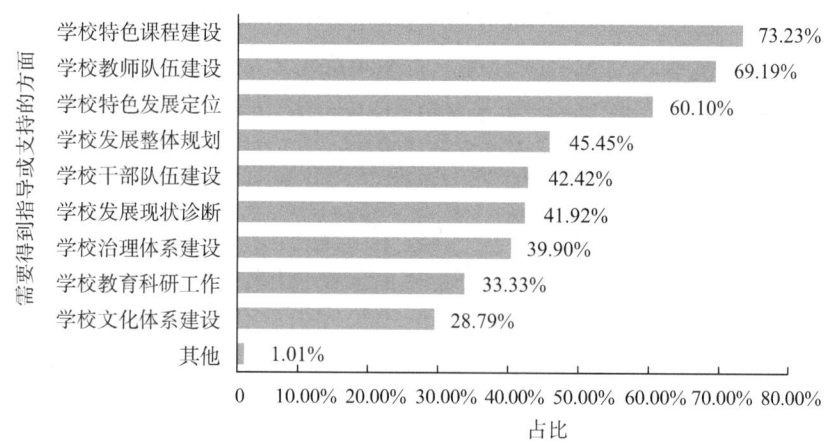

图 14 学校发展需要得到哪方面指导或支持的统计情况

此外，如表26所示，对于区域高中多样化特色发展格局，61.11%的校长认为需保留示范高中，发挥引领作用，69.7%的校长同意扩大优质高中资源，如集团化办学、名校办分校等，84.85%的校长支持建设特色高中，如人文高中、数理高中、科技高中、艺体高中、外语高中等，76.27%的校长同意建设综合高中，打通普通高中与职业高中壁垒，将职业教育与普通教育融合。由此可见，建设特色高中和综合高中成为当前多数高中校长的共识。这对于构建高中多样特色发展格局具有重要的启示。

表26 构建区域高中多样化特色发展格局举措统计

题目/选项	非常不同意	不同意	不确定	同意	非常同意
保留示范高中	14（7.07%）	28（14.14%）	35（17.68%）	90（45.45%）	31（15.66%）
扩大优质高中资源	8（4.04%）	17（8.59%）	35（17.68%）	102（51.52%）	36（18.18%）
建设特色高中	2（1.01%）	8（4.04%）	20（10.10%）	104（52.53%）	64（32.32%）
建设综合高中	4（2.02%）	11（5.56%）	32（16.16%）	120（60.61%）	31（15.66%）

对开放题"您对'双减'背景下的高中多样化特色发展有何意见建议？"的词云图（图15）分析发现，加大对学校的政策支持、提升高中学校办学自主权、更好地推进贯通培养等是校长意见建议的高频词。可见，高中学校多样化特色发展还需要在这些方面为学校提供更多支持与指导。

图15 校长对"双减"背景下的高中多样化特色发展的意见建议词云图

四、结论与建议

（一）主要结论

1.考试招生制度改革是"双减"政策落实的重点和难点

调查结论表明，近三成的校长把考试招生制度改革排在"双减"落实关键因素的第一位，近四成的校长把其排在"双减"落实难点的第一位。并且不同区域、不同建制、不同性质、不同任职年限的校长对此认识一致。这些都表明考试招生制度改革与"双减"落实在校长认知中紧密相关，不仅是"双减"工作的重点，而且是"双减"工作的难点。事实上，考试招生制度的每一次改革，甚至是每一年相关政策的变化都会在学校、家庭和社会引起很大的反响。"双减"政策从表面上是减轻过重作业负担和校外培训负担，但实质上是要提高校内教育教学质量，改进考试招生制度，减轻家长和社会的升学焦虑，从而达到"双减"目的。这一点在"双减"政策收到成效的标志是什么的调查中得到证明。

2."双减"对高中多样化特色发展提出更高要求

"双减"不仅直接影响义务教育，而且对高中学校多样化特色发展带来间接影响。调查结论显示，由于"双减"政策的落实，校外培训更加规范，校内教育教学质量得到提高，学生在校学习质量随之提高，学习自主性得到增强，这就为学生进入高中自主学习打下了基础，同时学生学习能力的"两极分化"加大，学生个性爱好特长的发展得到保证并能延续到高中阶段，这些都对高中教育教学带来新的挑战。具体而言，高中教育教学不仅要为学生毕业升学做准备，而且要注重对学生的分类培养，学校和教师从学生的学习基础、兴趣爱好、生涯规划等方面做好课程设计和个性化指导。在人才贯通培养方面，由于学校管理体制多样化，十二年一贯制学校比例逐渐加大，高中学校和教师必须从学生成长的整体性上来设计课程，改进高中教育教学。总之，"双减"重塑后的义务教育生态必将影响到高中学校发展，需要高中学校和教师做好心理准备和技术准备。

3.特色课程建设是高中多样化特色发展的最重要的因素

调查结论表明，校长对学校课程建设，特别是特色课程建设的重视程度非常高，普遍都认为高中多样化特色发展的关键是学校特色课程建设。实际上，大多数学校特色发展的亮点也在于有面向全体的特色课程。艺体类、科技类、人文类特色课程是目前全市高中特色课程的主要类型。同时，校长们也认为学校特色发展最需要得到外部支持和指导的是学校课程建设。因此，对于学校而言，在现有体制机制下，从学校课程建设入手，开发与实施特色课程是学校特色发展的必由之路。

4. 区域高中多样化特色发展格局尚未完全形成

调查结论显示，34.34%的校长对区域已经形成高中多样化特色发展格局表示不确定，还有14.65%的校长表示不同意，4.04%的校长表示非常不同意。由此，区域高中多样化特色发展格局还没有完全形成，高中多样化特色发展的推进还需要更加深入。分析其原因，主要在于校长对高中多样化特色发展内涵的理解、对区域学校的了解，区域在高中多样化特色发展上的举措等方面都还存在不足。虽然高中学校的学校建制、管理机制、招生方式、培养模式、特色课程等都在走向多样化有特色，有这些变化的学校往往是集中在一部分学校，没有覆盖到区域内的所有高中学校，因此从区域角度看还没有形成系统性和整体性的格局。

5. 不同区域、不同类型高中在内涵发展上存在差异

总体上看，不同区域和不同类型高中对"双减"政策的认知，对高中多样化特色发展的关键、难点、发展现状，推进策略等方面不存在显著性差异。但是在涉及高中学校内涵发展的一些具体方面还是存在差异，如十二年一贯制学校面对"双减"政策，主动性更强，"双减"对十二年一贯制学校的高中教育教学工作的影响更大；示范高中比非示范高中更倾向于认为办学自主权的落实是高中多样化特色发展的难点；大学附中校长比其他高中学校校长更倾向于把"中考中招改革"作为发展的关键和难点；不同区域在学法指导衔接课程上有差异，示范高中比非示范高中有更多的学科衔接课程，公办学校比民办学校有更多的特色课程衔接；示范高中比非示范高中在数理类、科技类、艺体类特色课程特色更加突出；不同区域、不同建制的学校在"有学校特色的评价体系和

机制"和"认为综合素质评价的对全体学生发展有促进作用"2个选项上都有显著性差异等。由此，关注不同区域、不同类型高中学校在学校内涵发展上的不同特点和需求，有针对性地推进高中多样化特色发展尤为必要。

（二）政策建议

1. 稳妥推进考试招生制度改革，破解教育评价改革瓶颈

无论是"双减"，还是高中多样化特色发展，中高考和招生改革都是重点和难点。一方面，对现有考试和招生政策进行科学评估，了解各方对政策的意见建议，分析其对学校发展的利弊；另一方面，在教育评价改革总体方案的指导下，稳妥推进考试招生改革，如在中考招生改革中提高职业教育招生比例、增加普通高中登记入学学校等，在高考招生改革中提高职业本科招生比例、提高强基计划招生比例等。同时，在学生综合素质评价、高中学校评价、教师评价等方面注重评价方式多样化，发挥评价促进学生全面发展的作用，突出增值评价，加强对教育评价理论、工具和方法的研究，提升教师教育评价的能力和水平，加强中高考政策的宣传和解读的力度，引导家长和社会对教育评价的认识，形成考试招生改革的良好舆论氛围和家校社协同推进的合力。

2. 持续推进区域高中多样化特色发展，加强特色课程和特色高中建设

在总结推广多年高中多样化特色发展推进经验的基础上，发挥高中项目学校的引领示范作用，带动区域所有高中学校参与高中多样化特色发展实践研究。换言之，高中多样化特色发展是每一所高中学校的发展任务，特别是在特色课程建设上，依靠全校集体力量和市区教育科研部门，努力探索出一条从学校课程特色到特色课程再到学校特色，最终成为特色高中的发展路径，使得每所高中校长对多样化特色发展有清晰的认识，明确的方向，可行的举措，持久的动力，最终形成区域高中多样化特色发展格局。

3. 加强普职融通，构建高质量人才分流和分类培养体系

调查表明，大多数校长支持普通教育和职业教育相互融通，在普通高中开设职业教育课程，在中招和高招中支持增加职业教育招生比例。但事实上，普职融通类特色课程比例很小,作为高中学校办学特色的综合高中就更少了。为改变这一现状,可以在普通高中学校加强职业教育选修课程的开设,指导普通高中将职业教育课程建设成学校特色课程,进而成为学校特色,同时,强化初、高中学校学生发展指导课程的开发与实施,发现和鼓励有技术特长的学生,通过中考招生改革,引导有职业特色课程条件和基础的普通高中建设成为综合高中,成为开展普职融通教育的特色高中。此外,搭建普通教育与职业教育在转学、考试、升学、文凭等转换机制,宣传技能人才成长故事和典型学校,构建高质量的人才分流和分类培养体系,为首都城市发展提供人才支撑。

基于教师视角的"双减"背景下普通高中多样化特色发展现状

北京教育科学研究院 李瑞雪 占德杰 李海燕 殷桂金

一、调查背景与目的

为贯彻落实《国务院办公厅关于新时代推进普通高中育人方式改革的指导意见》（国办发〔2019〕29号）和《中共北京市委教育工作领导小组关于印发〈北京市关于深化育人方式改革推进普通高中多样化特色发展的意见〉的通知》（京教组发〔2020〕2号）及2021年12月教育部等九部门发布《"十四五"县域普通高中发展提升行动计划》《北京市"十四五"时期教育改革和发展规划（2021—2025）》等文件精神，深化北京市普通高中多样化特色发展，建设高水平现代化高中教育，"'双减'背景下普通高中多样化特色发展研究"项目组于2022年5月面向全市开展线上调研。

通过调研了解"双减"背景下北京市普通高中学校的发展现状、困惑、需求等，分析北京市普通高中多样化特色发展现状，研究"双减"与普通高中多样化特色发展之间的关系，以及"双减"背景下普通高中多样化特色发展的影响因素，提出"双减"背景下普通高中多样化特色发展建议，推动北京市普通高中教育高质量发展。

二、问卷设计与实施

本次调研采取项目组集体研制的调查问卷进行调查。在问卷设计上，对问卷框架和内容进行了专家咨询。在三轮不同专家咨询修改的基础上，对问卷进行试测，并征求试测教师的意见建议最终定稿并通过线上方式进行问卷调查。

教师问卷分为两部分，一部分是教师所属学校及个人的基本信息，另一部分包含4个方面：一是对"双减"政策的认识，二是对高中多样化特色发展的认识，三是"双减"对高中多样化特色发展的影响，四是高中多样化特色发展推进策略。每个方面设置若干问题，了解教师对相关问题的态度、意见和建议等（表1）。这部分由结构性问题和开放性问题组成。问卷大部分题目（如教师对考试招生制度改革、高中学校评价、高中多样化特色发展现状及推进策略等）都是李克特5等级量表计分。

表1 教师问卷结构框架设计

调查维度	调查内容
"双减"政策落实影响因素	"双减"政策落实的关键、难点、成效标志等
高中多样化特色发展影响因素	高中多样化特色发展的关键、难点、现状如何等
"双减"与高中多样化特色发展关系	对学生、教师的影响，学校教育教学的变化等
高中多样化特色发展推进策略	考试招生制度改革、普职融通、学生培养方式、特色课程建设、综合素质评价、学生发展指导、教师队伍建设等

本次问卷采取问卷星的方式进行调查，回收到全市多个行政区，包括首都功能核心区（即东城区和西城区），城市功能拓展区（即朝阳区、海淀区、丰台区和石景山区），城市发展新区（包括通州区、顺义区、大兴区、昌平区、房山区和经济技术开发区），生态涵养发展区（即门头沟区、房山区、平谷区、怀柔区、密云区和延庆区），以及燕山，共60所高中学校的高中任课教师5141份问卷。由表2可知，此次问卷调查的高中教师人数占普通中学专任教师人数的9.93%，各区比例基本在7.47%～17.82%，符合分层抽样要求。

表2 各区参与调查的教师数量及比例情况

区域	普通中学专任教师人数	填答问卷人数	占比
东城区	4871	565	11.60%
西城区	6030	698	11.58%
朝阳区	4340	324	7.47%
丰台区	2711	216	7.97%
石景山区	1233	112	9.08%
海淀区	13 016	1115	8.57%

续表

区域	普通中学专任教师人数	填答问卷人数	占比
门头沟区	867	97	11.19%
房山区	2712	284	10.47%
通州区	2734	22	0.80%
顺义区	3197	460	14.39%
昌平区	2030	164	8.08%
大兴区	2216	265	11.96%
怀柔区	1275	136	10.67%
平谷区	1415	136	9.61%
密云区	1986	264	13.29%
延庆区	1145	204	17.82%
燕山	—	70	—
经济技术开发区	—	9	—
合计	51778	5141	9.93%

注：表中"—"表示没有获得相关数据，本文中各项百分比数据是按照四舍五入后统计，故有可能数据之和不等于100%。余同。

本次问卷数据主要是由问卷星系统和SPSS 21.0进行分析。对教师问卷可靠性统计，克隆巴赫Alpha系数为0.916，对问卷进行KMO和巴特利特检验，KMO取样适切性量数0.931，表明问卷的信度和效度良好。

三、调查结果与分析

（一）参与调研的教师所属学校及个人的基本情况

对参与本次调研的普通高中学校教师所属学校的基本情况进行调查分析发现，从学校的建制来看，属于高级中学的教师占比34.80%，属于完全中学的教师占比48.26%，属于十二年一贯制学校的教师占比16.94%。参与调研的教师所属的学校中属于北京市示范高中的学校的教师占比60.12%。从学校性质来看，属于公办性质的学校的教师占比98.33%。从办学历史来看，参与调查的教师所属学校历史在百年以上的占比15.56%，办学历史在40年以上的学校的教师占比 77.53%。从学校的管理机制来看，属于区属学校的教师占比 62.58%，属于集团化（联盟）学校的教师占比 29.14%，属于大学附中的教师占比 20.89%，属于其他情况的教师比例较少，如图 1 所示。由此可以看出，北京市普通高中学校的建制多元，办学历史各有长短，管理机制多样，是高中多样化发展的基础和出发点。

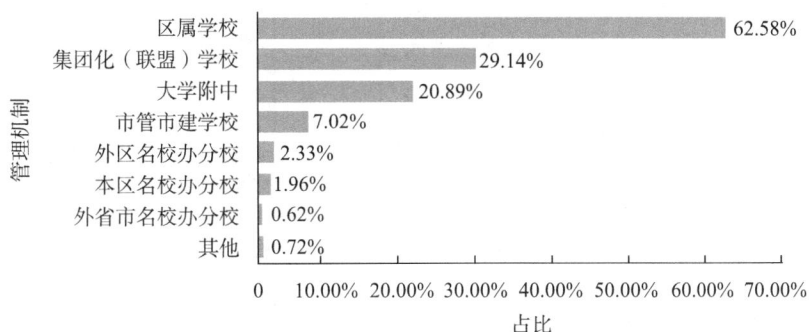

图 1　参与调研教师所属学校的管理机制分布情况

从参与本次问卷调研的教师的个人基本情况来看，女性教师占比 73.51%，男性教师占比 26.49%。从学历来看，大学本科学历的教师占比 58.06%，硕士研究生学历的教师占比 38.09%，博士研究生学历的教师占比 3.85%，总体来看，参与调研的教师总体具有较好的学历水平。从职称来看，正高级教师占比 1.60%，中学高级教师占比 42.77%，中学一级教师占比 29.96%，具体如图 2 所示，可以看出参与调研的教师的职称普遍处于较高的水平。

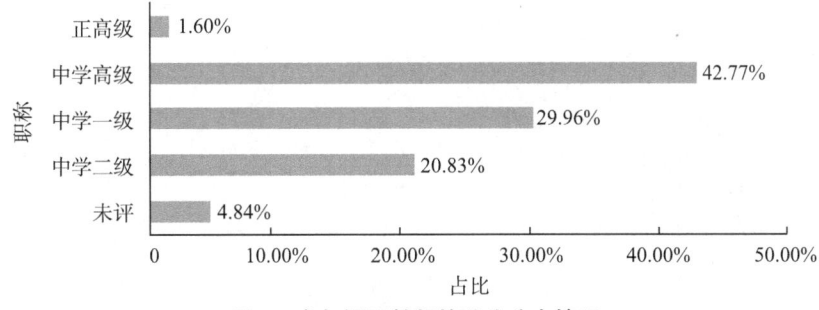

图 2　参与调研教师的职称分布情况

从教龄来看，从教 31 年及以上的教师占比 10.76%，从教 20 年以上的教师占比 38.19%，从教 10 年以上的教师占比 70.31%，具体如图 3 所示。由此可知，参与调研的大多数教师都属于成熟型教师,甚至有不低比例的教师可以称得上为专家型教师。

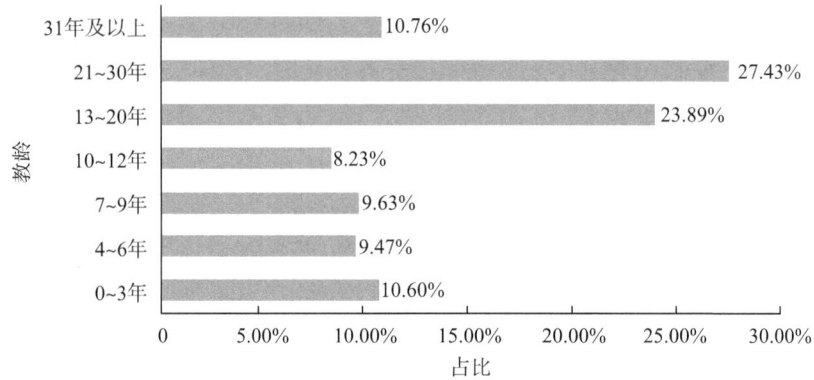

图3 参与调研教师的教龄分布情况

从任教的学科来看,语文、数学、英语学科教师较多,占比均达到13%以上,心理、综合实践及其他学科教师较少,低于1%,具体如图4所示,这一统计结果与现有的学校教师队伍的结构组成的是一致的,也反映出本次调研样本选择的代表性和恰当性。

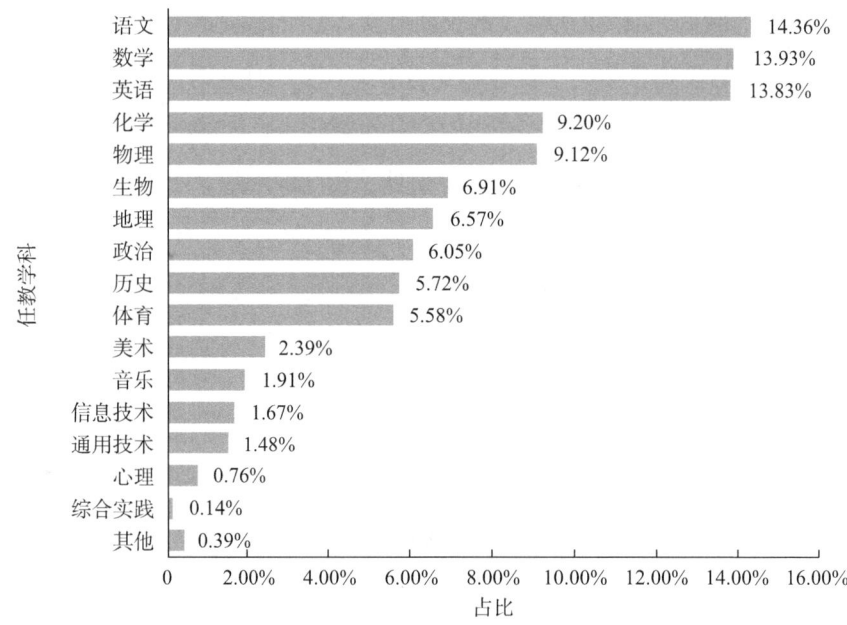

图4 参与调研的教师的任教学科分布情况

从任教的年级来看，任教高一、高二、高三年级的教师分别占比41.28%、37.29%和27.58%，具体如图5所示，每个年级均占到了相应的比例，分布较为合理。

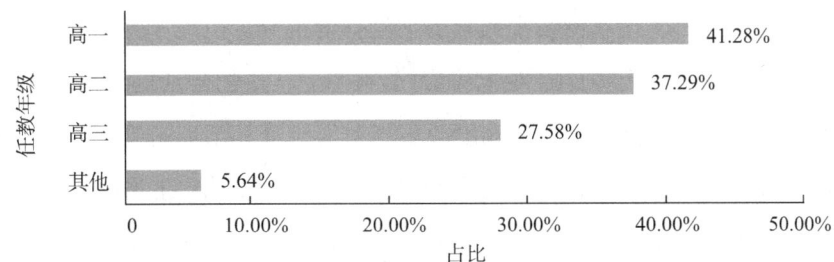

图5　参与调研的教师的任教年级分布情况

基于以上对参与"双减"背景下高中学校多样化特色发展调研的教师的个人及所属学校的基本情况进行统计分析，分析结果可以从侧面反映出调研对象的代表性，以及本次调研结果的可靠性和高质量性。

（二）"双减"政策落实的影响因素

关于影响"双减"政策落实的因素，主要涉及教师对"双减"政策的了解程度、对"双减"政策落实的关键、难点、收到明显成效的标志的认识。结合教师对"双减"政策的了解程度来看，具体如图6所示。

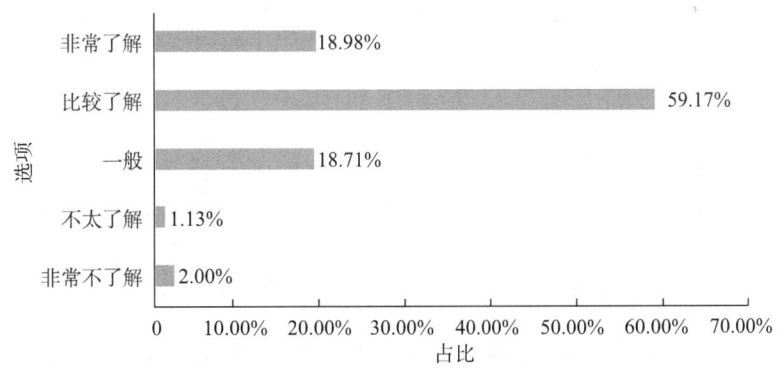

图6　参与调研的教师对"双减"政策的了解程度

由图6可知，超过78%的教师非常了解或者比较了解"双减"政策，仅有3.13%的教师不太了解或者非常不了解"双减"政策，说明参与调研的高中学校教师普遍对"双减"政策具备一定程度的了解，这为开展"双减"背景下高中多样化特色发展研究中教师的调研奠定了较为坚实的认识基础。

针对教师可能认为的'双减'政策落实的关键，共列举了"家长、学校、社会教育协同"等10个关键因素，教师选出其中最重要的3个并进行排序。通过教师问卷分析，计算出每个因素的平均综合得分，由表3可知，高中学校教师认为"双减"政策落实的关键因素中，排在前3位的分别是：家长、学校、社会教育协同，中、高考和招生制度改革，政府对校外培训的监管。其他关键因素依次分别为：义务教育优质均衡发展、教委对"双减"工作的指导、课堂教学质量的提高、学生个性化发展需要得到满足、过重作业负担的减轻、课后服务水平的提升、师资队伍质量的提升及其他。

表3 "双减"政策落实的关键因素平均综合得分情况

选项	平均综合得分
家长、学校、社会教育协同	5.91
中、高考和招生制度改革	5.51
政府对校外培训的监管	3.67
义务教育优质均衡发展	2.65
教委对"双减"工作的指导	2.48
课堂教学质量的提高	2.48
学生个性化发展需要得到满足	1.96
过重作业负担的减轻	1.54
课后服务水平的提升	0.71
师资队伍质量的提升	0.67
其他	0.10

对教师们认为"双减"政策落实的关键因素排在首位的具体情况进行统计分析，结果如图7所示。

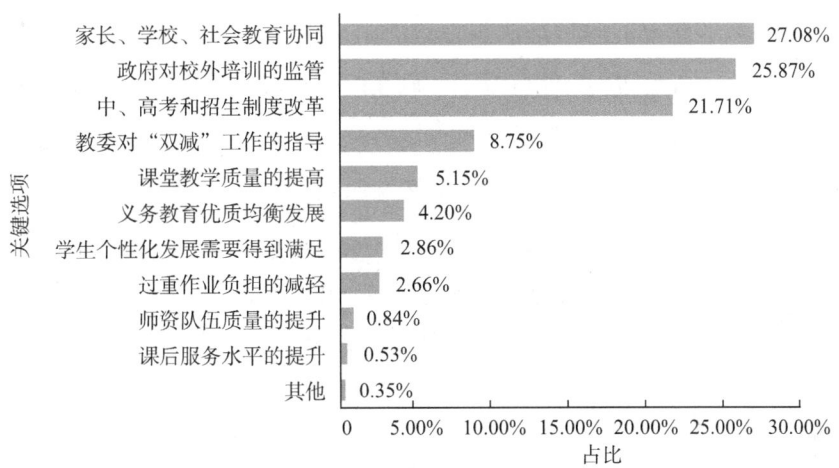

图7 "双减"政策落实的关键选项第一顺位占比情况

结果发现,有27.08%的教师将"家长、学校、社会教育协同"排在第一位,有25.87%的教师把"政府对校外培训的监管"排在第一位,有21.71%的教师把"中、高考和招生制度改革"排在第一位,反映出教师对落实"双减"政策的关键的重要认识。

对于"双减"政策落实的难点有哪些,从平均综合得分看,教师们认为排在前3位的分别是中、高考招生制度改革,义务教育优质均衡发展,作业设计、指导与管理,具体情况如表4所示。

表4 "双减"政策落实的难点平均综合得分情况

选项	平均综合得分
中、高考和招生制度改革	4.86
义务教育优质均衡发展	3.22
作业设计、指导与管理	2.82
促进家校社协同	2.21
校外培训机构的治理	2.14
增强课后服务吸引力	1.96
提高课堂教学质量	1.87
规范教育教学秩序	1.38
其他	0.12

另外，从"双减"政策落实难点选项第一顺位占比情况来看，有30.27%的教师把"中、高考和招生制度改革"放在落实难点的第一位，22.66%的教师把"作业设计、指导与管理"放在难点第一位，14.49%的教师把"义务教育优质均衡发展"放在第一位，其他情况如图8所示。

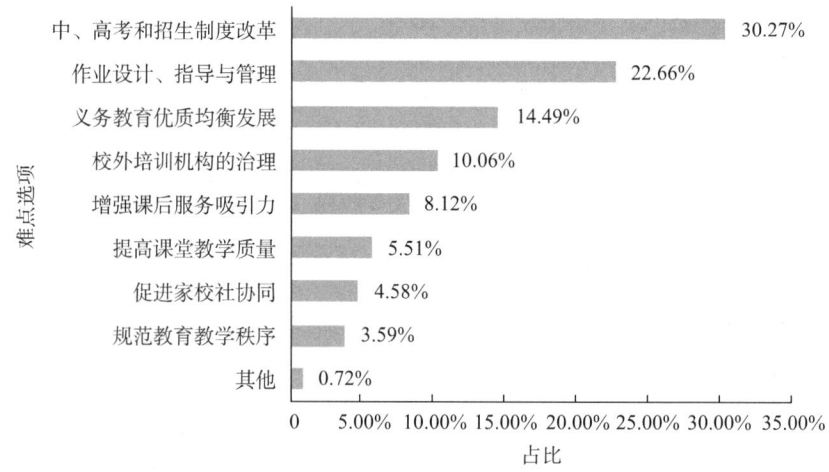

图8 "双减"政策落实难点选项第一顺位占比情况

结合教师对于"双减"政策落实的关键和难点的认识，可以发现，教师们对于"双减"政策落实的关键和难点的认识基本一致，反映出"双减"政策落实的关键和难点主要集中在中、高考和招生制度改革。此外，在"双减"政策落实的关键中，关注到了促进家校社协同，校外培训机构的治理，在"双减"政策落实的难点中关注到了作业设计、指导与管理、义务教育优质均衡发展等方面。从教师们对于"双减"政策落实的关键和难点的第一顺位占比情况来看，也与其排序相对一致。

调查发现，教师认为"双减"政策收到明显成效的标志排在前3位的分别是：过重作业负担得到减轻、校外培训规范有序、家校社协同育人共同体形成，具体情况如表5所示。这表明综合8种因素总体看，"双减"政策是否收到成效最重要的是过重作业负担是否得到减轻。

表5 "双减"政策收到明显成效的标志平均综合得分情况

选项	平均综合得分
过重作业负担得到减轻	3.50
校外培训规范有序	2.80
家校社协同育人共同体形成	2.44
校内教育教学质量得到提升	2.38
家长焦虑情绪有效缓解	2.12
课后服务水平得到提升	1.91
家庭教育支出负担减轻	1.85
其他	0.20

但是从第一位的占比情况看,有31.86%的教师认为"双减"成效的标志第一位的是"过重作业负担得到减轻",16.34%的教师把"校外培训规范有序"放在第一位,12.70%的教师把"家校社协同育人共同体形成"放在第一位,其他具体情况如图9所示。

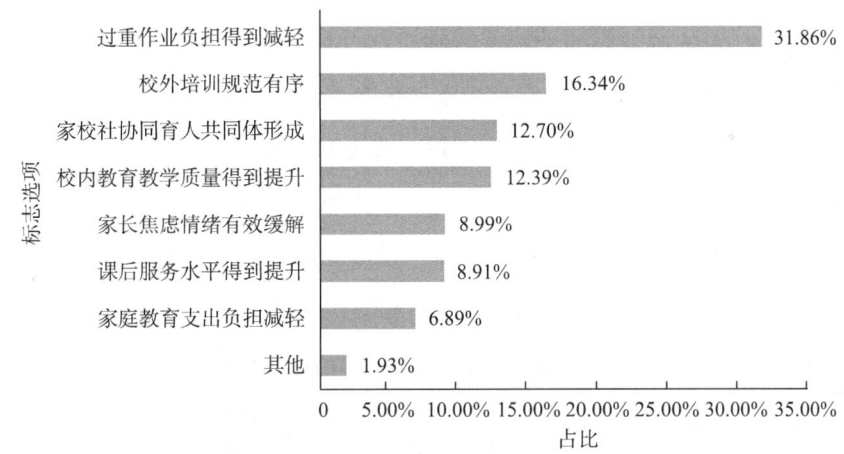

图9 "双减"政策收到明显成效的标志选项第一顺位占比情况

从教师个人基本情况的角度,进一步分析这些结论在不同区域、不同学历、不同职称、不同教龄、不同学科的教师群体中是否有差异,对"双减"政策落实的关键、难度和成效标志平均综合得分第一的内容进行单因素方差分析,得出统计结果如表6所示。

表6 不同主体对"双减"政策认知的差异性分析（$P<0.05$ 为显著）

对"双减"的认识	显著性				
	区域	学历	职称	教龄	学科
"双减"政策落实的关键第一位是家长、学校、社会教育协同	0.302	0.000	0.000	0.000	0.470
"双减"政策落实的难度第一位是中、高考和招生制度改革	0.007	0.000	0.000	0.000	0.000
"双减"政策收到成效的标志第一位是过重作业负担得到减轻	0.000	0.023	0.340	0.091	0.190

由表6可知，针对"双减"政策落实关键中的"家长、学校、社会教育协同"这一重要内容，不同区域、不同学科的教师的观点不存在显著性的差异，不同学历、不同职称、不同教龄的教师的观点存在显著性的差异。针对"双减"政策落实难度中的"中、高考和招生制度改革"这一重要内容，不同区域、不同学历、不同职称、不同教龄、不同学科的教师的观点均存在显著性的差异。针对"双减"政策收到成效的标志中的"过重作业负担得到减轻"这一重要内容，不同区域、不同学历的教师的观点存在显著性的差异，不同职称、不同教龄、不同学科的教师的观点均不存在显著性的差异。

从教师所属的学校层面的角度，进一步分析这些结论在不同建制的学校、是否为北京市示范高中、不同学校性质、不同办学历史的学校的教师群体中是否有差异，对"双减"政策落实的关键、难度和成效标志平均综合得分第一的内容进行单因素方差分析，得出统计结果如表7所示。

表7 不同学校属性下的主体对"双减"政策认知的差异性分析（$P<0.05$ 为显著）

对"双减"的认识	显著性			
	学校建制	是否为北京市示范高中	学校性质	办学历史
"双减"政策落实的关键第一位是家长、学校、社会教育协同	0.155	0.107	0.326	0.198
"双减"政策落实的难度第一位是中、高考和招生制度改革	0.000	0.536	0.822	0.017
"双减"政策收到成效的标志第一位是过重作业负担得到减轻	0.039	0.431	0.800	0.090

由表7可知，从"双减"政策落实的关键第一位的"家长、学校、社会教育协同"的来看，不同学校建制、是否为北京市示范高中、不同学校性质、不同办学历史的学校的教师群体之间均不存在显著性差异；从"双减"政策落实的难度第一位的"中、高考和招生制度改革"这一内容来看，不同学校建制、不同办学历史的学校的教师之间存在显著性差异；从"双减"政策收到成效的标志第一位的"过重作业负担得到减轻"来看，仅有不同学校建制的高中教师之间存在差异，是否为北京市示范高中、不同办学历史、不同学校性质的学校的教师群体之间均不存在显著性差异。

具体来看，针对"双减"政策落实难点中的"中、高考和招生制度改革"这一重要内容，从学校建制来看，完全中学的教师比十二年一贯制学校和高级中学的教师更倾向于认为这是"双减"落实的难点。从办学历史来看，办学历史除去在6~10年的学校的教师，其他的教师在该内容的均值均高于1.3，其中71~99年办学历史的学校的教师均值最高，为1.40。针对"双减"政策收到成效的标志中的"过重作业负担得到减轻"这一重要内容，从学校建制来看，高级中学的教师比完全中学、高于十二年一贯制学校的教师更倾向于认为这是"双减"收到成效的标志。

（三）"双减"与高中多样化特色发展之间的关系

虽然"双减"政策是义务教育阶段政策，但由于很多学校是完全中学或十二年一贯制学校，所以从学校管理角度看，高中多样化特色发展将会受到影响。政策实施对义务教育阶段学生的影响，由学生将这种影响带到高中阶段，也就对高中发展带来影响。因此，"双减"不仅对义务教育阶段产生直接影响，而且对高中多样化特色发展带来间接影响。

从多个指标探查教师对于"双减"对高中多样化特色发展产生的影响的认识，具体如表8所示。可以看出大多数教师都能够认识到"双减"与自身工作之间存在一定的关系，有74.11%的教师同意及非常同意"学生学习基础差异增大，教学难度加大"，有81.03%的教师同意及非常同意"学生需要个性发展，指导难度加大"，有74.81%的教师同意及非常同意"学生自学能力提升，教学方式方法改变"。由此可见，教师能够认识到在"双减"政策下，要关注到学生学习基础的差异性，适当调整教学难度，关注到学生的个性化发展，进行针对性指导，考虑到学生自学能力的提升，同步进行教学方式的转变，从而实现高中多样化特色发展。

表8 "双减"对高中多样化特色发展产生哪些影响统计情况

题目/选项	非常不同意	不同意	不确定	同意	非常同意
"双减"与我的工作关系不大	1477（28.73%）	2342（45.56%）	378（7.35%）	735（14.3%）	209（4.07%）
学生学习基础差异增大，教学难度加大	212（4.12%）	693（13.48%）	426（8.29%）	2774（53.96%）	1036（20.15%）
学生需要个性发展，指导难度加大	168（3.27%）	511（9.94%）	296（5.76%）	3092（60.14%）	1074（20.89%）
学生自学能力提升，教学方式方法改变	186（3.62%）	564（10.97%）	545（10.6%）	2885（56.12%）	961（18.69%）

从教师个体的角度分析，通过对不同区域、不同学历、不同职称、不同教龄、不同学科的教师对于"双减"对高中多样化特色发展产生的影响的认识进行单因素方差分析，结果如表9所示。可以发现，关于"双减"与工作的关系，不同区域、不同学历、不同职称、不同教龄、不同学科的教师之间存在显著性差异；关于认为"学生学习基础差异增大，教学难度加大""学生需要个性发展，指导难度加大""学生自学能力提升，教学方式方法改变"，不同区域、不同学科的教师之间存在显著性的差异，不同学历、不同职称、不同教龄之间的教师之间不存在显著性的差异。

表9 不同主体的"双减"对高中多样化特色发展影响认知的差异性分析情况（$P<0.05$ 为显著）

"双减"对高中多样化特色发展产生的影响	显著性				
	区域	学历	职称	教龄	学科
"双减"与我的工作关系不大	0.000	0.000	0.000	0.000	0.000
学生学习基础差异增大，教学难度加大	0.000	0.788	0.154	0.087	0.000
学生需要个性发展，指导难度加大	0.000	0.914	0.772	0.077	0.000
学生自学能力提升，教学方式方法改变	0.000	0.466	0.084	0.479	0.005

从教师所属的学校层面的角度，进一步分析这些结论在不同建制的学校、是否为北京市示范高中、不同学校性质、不同办学历史的学校的教师群体中是否有差异，对"双减"对高中多样化特色发展产生的影响的内容进行单因素方差分析，得出统计结果如表10所示。

表10 不同学校属性下的主体的"双减"对高中多样化特色发展影响认知的差异性分析情况（$P<0.05$ 为显著）

"双减"对高中多样化特色发展产生的影响	显著性			
	学校建制	是否为北京市示范高中	学校性质	办学历史
"双减"与我的工作关系不大	0.654	0.000	0.794	0.080
学生学习基础差异增大，教学难度加大	0.920	0.705	0.275	0.000
学生需要个性发展，指导难度加大	0.053	0.763	0.196	0.002
学生自学能力提升，教学方式方法改变	0.008	0.580	0.077	0.013

由表10可知，针对"'双减'与我的工作关系不大"这一认识，仅有是否为北京市示范高中这一情况下的教师之间存在显著性差异；针对"学生学习基础差异增大，教学难度加大"和"学生需要个性发展，指导难度加大"这2方面的认识，仅有不同办学历史的学校的教师之间存在显著性差异；针对"学生自学能力提升，教学方式方法改变"这一认识，仅有不同建制的学校和不同办学历史的学校的教师之间存在显著性差异。

具体来看，针对"'双减'与我的工作关系不大"这一认识，从是否为北京市示范高中来看，示范校教师比非示范校教师更倾向于认为"双减"与自己工作关系紧密。

针对"学生学习基础差异增大，教学难度加大"这一认识，从办学历史的角度来看，办学100年（含）以上的学校教师在该内容的均值最高，其次是41~70年、11~40年、71~99年的学校历史的教师。

针对"学生需要个性发展，指导难度加大"这一认识，从办学历史的角度来看，办学100年（含）以上的学校教师在该内容的均值最高，其次是41~70年、71~99年、11~40年的学校历史的教师。

针对"学生自学能力提升,教学方式方法改变",从学校建制的角度来看,十二年一贯制学校的教师比高级中学和完全高中的教师更倾向于同意这一点。从办学历史的角度来看,6~10年的学校教师在该内容的均值最高,其次是71~99年、41~70年、11~40年的学校历史的教师。

"双减"政策实施后,教师对于高中教育教学变化情况的认识如表11所示,分别从高中课堂教学要求、学生作业要求、特色课程数量、对初高中衔接研究、对学生的分类指导等方面进行深入了解。调查发现,有91.20%的教师完善了高中课堂教学要求,有90.91%的教师完善了高中学生作业要求,有87.86%的教师增加了学校特色课程,有85.24%的教师加强了初高中衔接研究,有89.30%的教师加强了对学生的分类指导。基于以上结果,表明高中学校的教师们为了有效落实"双减"政策,实现学校多样化特色发展,在教育教学中已然做出相应的变化,进行了对应的加强和完善。

表11 "双减"政策实施后高中教育教学变化情况

题目/选项	很不符合	不符合	不清楚	比较符合	很符合
完善了高中课堂教学要求	93（1.81%）	100（1.95%）	259（5.04%）	2874（55.90%）	1815（35.30%）
完善了高中学生作业要求	90（1.75%）	125（2.43%）	252（4.90%）	2908（56.56%）	1766（34.35%）
增加了学校特色课程	103（2.00%）	148（2.88%）	373（7.26%）	2675（52.03%）	1842（35.83%）
加强了对初高中衔接研究	108（2.10%）	164（3.19%）	487（9.47%）	2699（52.50%）	1683（32.74%）
加强了对学生的分类指导	87（1.69%）	142（2.76%）	321（6.24%）	2806（54.58%）	1785（34.72%）

从教师个体的角度分析,通过对不同区域、不同学历、不同职称、不同教龄、不同学科的教师对于"双减"政策实施后高中教育教学变化情况的认识进行单因素方差分析,结果如表12所示。基于此可以发现,不同区域、不同学历、不同职称、不同教龄的教师在"完善了高中课堂教学要求""完善了高中学生作业要求""增加了学校特色课程""加强了对初高中衔接研究""加强了

对学生的分类指导"方面均存在显著性的差异；而不同学科的教师之间针对以上 5 方面的现实变化情况不存在显著性差异。

表 12　不同主体对"双减"政策实施后高中教育教学变化情况的差异性分析（$P<0.05$ 为显著）

"双减"政策实施后高中教育教学变化	显著性				
	区域	学历	职称	教龄	学科
完善了高中课堂教学要求	0.000	0.000	0.000	0.000	0.007
完善了高中学生作业要求	0.000	0.000	0.000	0.000	0.006
增加了学校特色课程	0.000	0.000	0.000	0.000	0.057
加强了对初高中衔接研究	0.000	0.000	0.000	0.000	0.125
加强了对学生的分类指导	0.000	0.000	0.000	0.000	0.357

从教师所属的学校层面的角度看，进一步分析这些结论在不同建制的学校、是否为北京市示范高中、不同学校性质、不同办学历史的学校的教师群体中是否有差异，对"双减"政策实施后高中教育教学变化情况的内容进行单因素方差分析，得出统计结果如表 13 所示。

表 13　不同学校属性下的主体对"双减"政策实施后高中教育教学变化情况认知的差异性分析（$P<0.05$ 为显著）

"双减"政策实施后高中教育教学变化	显著性			
	学校建制	是否为北京市示范高中	学校性质	办学历史
完善了高中课堂教学要求	0.004	0.756	0.161	0.050
完善了高中学生作业要求	0.004	0.902	0.305	0.017
增加了学校特色课程	0.000	0.720	0.133	0.015
加强了对初高中衔接研究	0.007	0.257	0.909	0.164
加强了对学生的分类指导	0.012	0.558	0.445	0.107

由表 13 可知，针对"完善了高中课堂教学要求""完善了高中学生作业要求""增加了学校特色课程"这 3 个方面内容，不同建制学校、不同办学历史的学校的教师之间存在显著性差异；针对"加强了对初高中衔接研究""加强了对学生的分类指导"这 2 个方面内容，仅有不同建制的学校教师之间存在显

著性差异。

具体来看,在"双减"实施后高中教育教学在完善高中课堂教学要求、完善高中学生作业要求、增加学校特色课程、加强对初高中衔接研究、加强对学生的分类指导等方面,十二年一贯制学校的教师比高级中学、完全中学的教师认为更加符合学校实际。

(四)高中多样化特色发展影响因素

关于教师对高中多样化特色发展的了解,是有效促进高中学校多样化特色发展的坚实力量和基础。首先对教师的了解进行调查,结果如图10所示。由图10可知,有89.28%的教师对高中多样化特色发展有一定的了解,其中有8.38%的教师非常了解高中多样化特色发展,仅有极少数教师对高中多样化特色发展非常不了解。这一现实情况表明现行高中进行多样化有特色的发展方向的有效性。

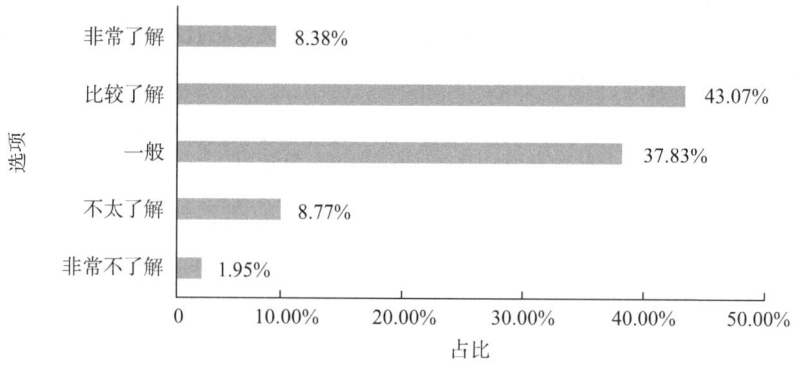

图10 参与调查的教师对高中多样化特色发展的了解程度情况

在本次调研中的问卷中设计了有关高中多样化特色发展的关键、难点选项,教师按顺序从中选出最重要的4项,统计发现,高中多样化特色发展的关键,平均综合得分排在前4位的分别是特色课程建设、教师队伍建设、校长办学思想和学生分类培养。高中多样化特色发展的难点,平均综合得分排在前4位的分别为高考高招改革、干部教师对多样化特色发展的认知、生源质量的改善、中考中招改革,具体情况如表14所示。由此可见,特色课程建设与高考高招改革是高中多样化特色发展的关键和难点。

表 14　高中教师对高中多样化特色发展的关键和难点的平均综合得分情况

高中多样化 特色发展的关键	平均综合 得分	高中多样化 特色发展的难点	平均综合 得分
特色课程建设	5.83	高考高招改革	6.41
教师队伍建设	5.05	干部教师对多样化特色发展的认知	3.77
校长办学思想	5.05	生源质量的改善	3.52
学生分类培养	4.26	中考中招改革	3.38
高考高招改革	3.72	打破学校分层发展现状	3.31
课堂教学质量	2.41	学校分层分类课程体系建设	3.15
中考中招改革	1.72	学校特色的定位	2.94
学校文化建设	1.68	对学生进行分类指导与培养	1.98
政府对高中的规划布局	1.30	学校管理体制机制改革	1.93
办学自主权的落实	1.26	办学自主权的落实	1.72
其他	0.05	课堂教学方式方法改进	1.65
		其他	0.06

高中多样化特色发展关键选项排在第一顺位的比例情况如图 11 所示，其中，校长办学思想排在第一顺位占 37.07%，教师队伍建设排在第一顺位的占 17.64%，特色课程建设排在第一顺位的占 13.77%。由此可见，校长办学思想、教师队伍建设和特色课程建设是大部分教师认可的最重要的高中多样化特色发展的关键因素。

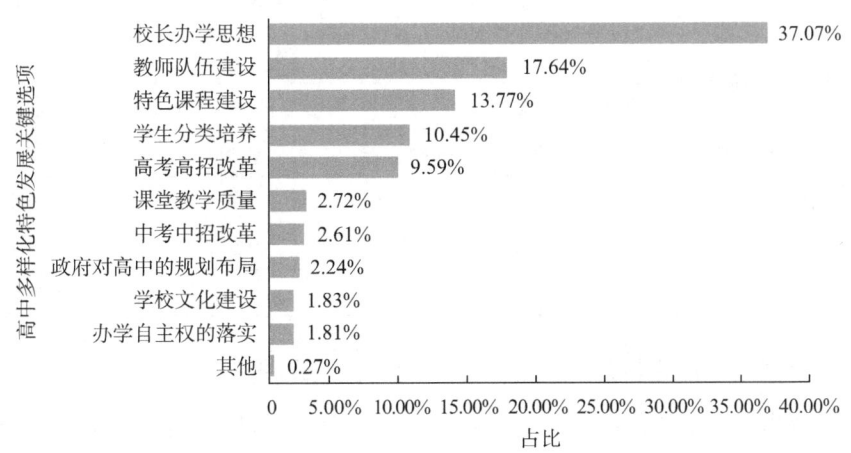

图 11　高中多样化特色发展关键选项第一顺位占比情况

高中多样化特色发展的难点选项排在第一顺位的比例情况如图12所示，其中有26.14%的教师把"高考高招政策"排在第一顺位，25.17%的教师把"干部教师对多样化特色发展的认知"排在第一顺位，12.59%的教师把"打破学校分层发展现状"排在第一顺位。

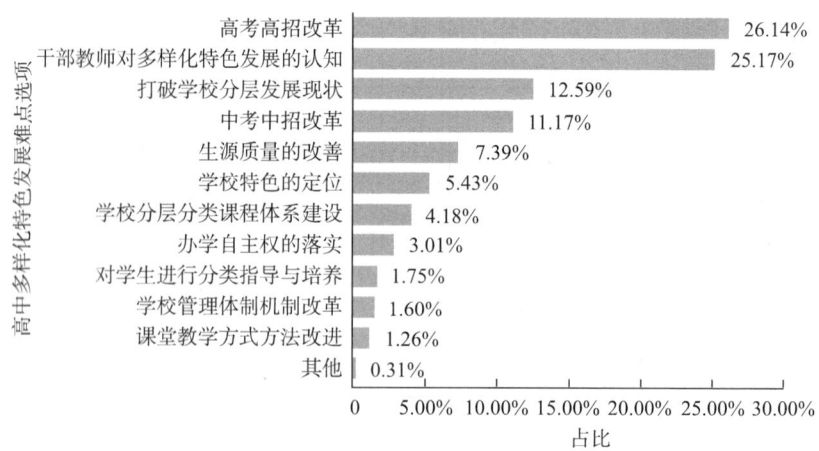

图12　高中多样化特色发展难点选项第一顺位占比情况

为了进一步分析高中多样化特色发展的关键和难点的具体维度在不同区域、不同学校等方面是否存在差异，分别选取了平均综合得分排在前4位的维度，进行区域、学校建制、是否为示范高中、学校性质等因素的差异性分析，结果分别如表15和表16所示。

表15　不同主体对高中多样化特色发展关键认知的差异性分析（$P<0.05$ 为显著）

高中多样化特色发展的关键	显著性			
	区域	学校建制	是否为北京市示范高中	学校性质
特色课程建设	0.000	0.000	0.000	0.006
教师队伍建设	0.262	0.174	0.000	0.891
校长办学思想	0.120	0.207	0.282	0.501
学生分类培养	0.000	0.002	0.018	0.387

针对高中多样化特色发展的关键中的"特色课程建设"，从区域、学校建制、是否为北京市示范高中、学校性质方面来看，不同类别的教师群体之间均存在显著性差异；针对"教师队伍建设"，仅在是否为北京市示范高中的教师

群体之间存在显著性差异；针对"校长办学思想"，在不同区域、学校建制、是否为北京市示范高中、不同学校性质的教师群体之间均不存在显著性差异；针对"学生分类培养"，不同区域、学校建制、是否为北京市示范高中的教师群体之间存在显著性差异。

具体来看，关于"特色课程建设"，从区域来看，通州、昌平的教师在该内容均值较高，倾向于认为这是高中多样化特色发展的关键，其次是密云、丰台、朝阳、海淀、东城的教师，平谷的教师在该内容的均值最低，表明其对于这是高中多样化特色发展的关键的认可程度较低；从学校建制的角度来看，从学校建制的角度来看，十二年一贯制学校比高级中学和完全中学教师更倾向于认为这是高中多样化特色发展的关键。从是否为北京市示范高中来看，非示范高中教师比示范高中教师更倾向于认为这是高中多样化特色发展的关键。从学校性质来看，民办性质的学校的教师比公办学校的教师更倾向于认为这是关键。

关于"教师队伍建设"，从是否为北京市示范高中来看，非示范高中教师比示范高中教师更倾向于认为这是高中多样化特色发展的关键。

关于"学生分类培养"，经济技术开发区、延庆的教师更倾向于认为这是高中多样化特色发展的关键，其次是昌平、密云、顺义，相比之下，海淀、丰台、评估、门头沟、朝阳的教师对这一关键的认可度较低。从学校建制的角度，高级中学的教师比十二年一贯制、完全中学的教师更倾向于认为这是高中多样化特色发展关键。从是否为北京市示范高中来看，非示范高中教师比示范高中教师更倾向于认为这是高中多样化特色发展的关键。

表16 不同主体对高中多样化特色发展的难点认知的差异性分析情况（$P<0.05$ 为显著）

高中多样化特色发展的难点	显著性			
	区域	学校建制	是否为北京市示范高中	学校性质
高考高招改革	0.235	0.071	0.618	0.229
干部教师对多样化特色发展的认知	0.005	0.004	0.819	0.878
生源质量的改善	0.000	0.455	0.000	0.698
中考中招改革	0.000	0.000	0.516	0.550

针对高中多样化特色发展的难点中的"高考高招改革"，在不同区域、学校建制、是否为北京市示范高中、不同学校性质的教师群体之间均不存在显著性差异；针对"干部教师对多样化特色发展的认知"，不同区域、不同学校建制的学校教师群体之间存在显著性差异；针对"生源质量的改善"，不同区域、是否为北京市示范高中的学校教师群体之间存在显著性差异；针对"中考中招改革"，不同区域、学校建制的学校教师群体之间存在显著性差异。

具体来看，关于"干部教师对多样化特色发展的认知"，从区域来看，顺义、怀柔、石景山、丰台区的教师更倾向于认为这是高中多样化特色发展的难点，相比之下，通州、平谷、密云的教师对于这是高中多样化特色发展的难点的认可程度较低；从学校建制的角度来看，从学校建制的角度来看，高级中学的教师比十二年一贯制学和完全中学教师更倾向于认为这是高中多样化特色发展的难点。

关于"生源质量的改善"，从区域来看，通州、大兴的教师更倾向于认为这是高中多样化特色发展难点，相比之下，延庆、东城、经济技术开发区的教师对于这是高中多样化特色发展的难点的认可程度较低；从是否为北京市示范高中来看，非示范高中教师比示范高中教师更倾向于认为这是高中多样化特色发展难点。

关于"中考中招改革"，从区域来看，经济技术开发区、大兴、门头沟的教师更倾向于认为这是高中多样化特色发展难点，相比之下，密云、燕山、延庆、昌平的教师对这一难点的认可度较低。从学校建制的角度，完全中学的教师比十二年一贯制、完全中学的教师更倾向于认为这是高中多样化特色发展难点。通过对开放题"您对高中多样化特色发展是如何理解的？"的结果的词云图（图13）分析发现，教师们能够关注到高中多样化特色发展，重点关注到的是要满足学生的多样化、个性化发展需求，因材施教，从课程等方面进行特色化的发展和培养，但是也有一部分教师对于高中多样化特色发展缺乏一定的理解，还需要从多方面进行加强，从而有效服务于教师在日常教育教学活动中关注到学生、学校的多样化特色发展，也促进高中多样化特色发展的真正落地。

图 13　教师对高中多样化特色发展的理解词云图

（五）高中多样化特色发展现状与推进策略

1. 区域高中多样化发展格局

通过教师问卷调查发现，如图 14 所示有 49.18% 的教师认为本区已经形成高中多样化特色发展格局，39.64% 的教师对此不清楚，还有 11.19% 的教师表示不同意或非常不同意。进一步分析发现各区域高中多样化特色发展格局存在显著性差异。因此，还需要均衡并进一步推进高中多样化特色发展。

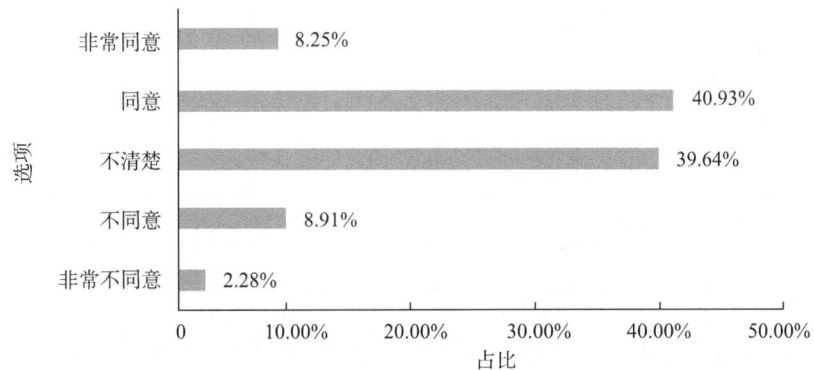

图 14　教师对本区已经形成高中多样化特色发展格局的态度

如图 15 所示，从不同功能区看生态涵养区教师比首都功能核心区、城市功能拓展区和城市发展新区教师更倾向于认为本区已经形成高中多样化特色发展格局。

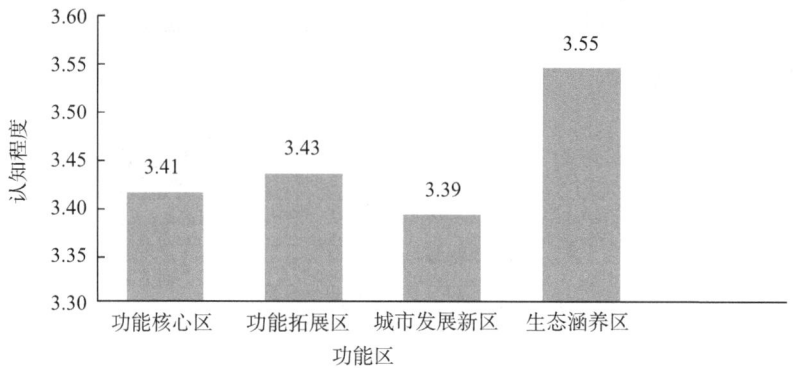

图 15 不同功能区教师对本区高中多样化特色发展格局的认知

目前，高中学校发展的亮点是什么？问卷中给出了"教师教育教学水平高有优势学科"等 7 项内容，教师从中选出符合学校实际的选项并排序。从结果看，平均综合得分排在前 3 位的分别是：教师教育教学水平高有优势学科、有面向全体学生的特色课程、有独特的办学理念和学校文化。具体情况如表 17 所示。可知，上述 3 个方面是北京市普通高中学校发展的亮点，也可以说是学校发展的特色。

表 17 高中学校发展亮点平均综合得分情况

高中发展有何亮点	平均综合得分
教师教育教学水平高有优势学科	3.55
有面向全体学生的特色课程	3.53
有独特的办学理念和学校文化	3.18
小初高一体化培养	1.70
与高校科研院所协同培养	1.59
普通教育与职业教育融通	0.31
其他	0.19

从高中发展亮点选项在第一顺位的比例情况看（图 16），教师教育教学水平高有优势学科排第一顺位的占比 26.90%，小初高一体化培养排第一顺位的占比 21.88%，有面向全体学生的特色课程排第一顺位的占比 18.46%，总体来看，高中学校发展的亮点已经呈现多样化趋势，体现为丰富的形态，且各自占据一定的比例。

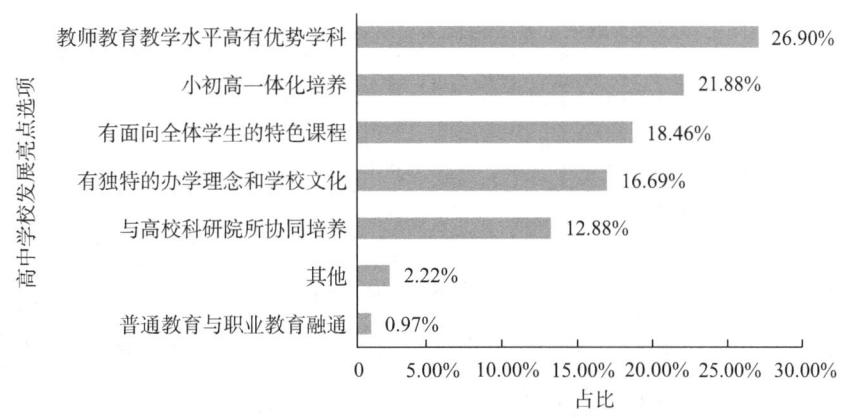

图 16　高中学校发展亮点选项第一顺位的比例情况

2. 考试和招生制度改革

如表 18 所示，在对当前中高考和招生政策对学生发展是否有利的调查中有 6.56% 的教师认为当前中考中招政策对于学生发展非常不利，18.21% 的教师认为不太有利。2.82% 的教师认为当前高考高招政策对于学生发展非常不利，10.66% 的教师认为不太有利。

表 18　当前中高考和招生政策对学生发展是否有利占比情况

选项	当前中考中招政策对于学生发展	当前高考高招政策对于学生发展
非常不利	6.56%	2.82%
不太有利	18.21%	10.66%
一般	46.43%	39.49%
比较有利	25.87%	42.72%
非常有利	2.94%	4.32%

从教师个人基本情况的角度，对相关内容进行差异性分析，结果如表 19 所示，可以发现，不同区域、不同学历、不同职称、不同学科的教师群体之间对于中考中招这个问题的认识上存在显著性的差异，不同区域、不同学历、不同职称的教师群体之间对于高考高招这个问题的认识上存在显著性的差异，不同学科的教师对于这个问题不存在显著性的差异。基于此，可以深入了解不同属性群体教师对于中考中招和高考高招的认识，全面完善并提高当前的中、高考和招生政策，从而更好地促进学校的发展。

表 19　不同主体对当前的中、高考和招生政策认知的差异性分析（$P<0.05$ 为显著）

对当前的中、高考和招生政策的认知	显著性				
	区域	学历	职称	教龄	学科
当前中考中招政策对于学生发展	0.001	0.000	0.000	0.000	0.000
当前高考高招政策对于学生发展	0.000	0.000	0.000	0.000	0.076

从教师所属的学校层面的角度，进一步分析这些方面在不同建制的学校、是否为北京市示范高中、不同学校性质、不同办学历史的学校的教师群体中是否有差异，对高中多样化特色发展的难点认知的内容进行单因素方差分析，得出统计结果如表 20 所示。

表 20　不同学校属性下的主体对当前的中、高考和招生政策认知的差异性分析（$P<0.05$ 为显著）

对当前的中、高考和招生政策的认知	显著性			
	学校建制	是否为北京市示范高中	学校性质	办学历史
当前中考中招政策对于学生发展	0.183	0.000	0.085	0.004
当前高考高招政策对于学生发展	0.852	0.085	0.527	0.289

由表 20 可知，针对"当前中考中招政策对于学生发展"方面，是否为北京市示范高中和不同办学历史的学校的教师之间存在显著性的差异，具体来看，非示范高中的学校教师比示范高中的学校教师认为中考中招政策更有利学生发展，从办学历史方面来看，6~10 年办学历史的学校教师在该内容方面的均值较高，其次是 71~99 年、11~40 年、41~70 年的办学历史的学校的教师在该内容方面的均值。针对"当前高考高招政策对于学生发展"方面，不同建制的学校、是否为北京市示范高中、不同性质的学校、不同办学历史的学校的教师之间均不存在显著性差异。具体来看，民办学校的教师在该方面内容的均值高于公办学校的教师。

对于中考和招生制度改革，有 52.01% 的教师同意减少中考考试科目，55.48% 的教师同意增加高中登记入学学校，65.10% 的教师同意提高职业教育招生比例，42.99% 的教师同意提高校额到校招生比例，56.58% 的教师同意增加"1+3"培养试验项目招生学校，61.74%的教师同意提高综合素质评价在招生中的权重，54.17%的教师同意提高中考中音、体、美的比重。具体情况如表21所示，表明教师们对中考中招改革的内容的一些态度，这些态度对于推动中考中招改革具有参考价值。

表21　高中教师对中考中招改革项目的态度情况

题目/选项	非常不同意	不同意	不确定	同意	非常同意
减少中考考试科目	350（6.81%）	1123（21.84%）	994（19.33%）	1924（37.42%）	750（14.59%）
增加高中登记入学学校	278（5.41%）	761（14.80%）	1250（24.31%）	2233（43.44%）	619（12.04%）
提高职业教育招生比例	180（3.50%）	469（9.12%）	1145（22.27%）	2494（48.51%）	853（16.59%）
提高校额到校招生比例	556（10.82%）	1176（22.87%）	1199（23.32%）	1750（34.04%）	460（8.95%）
增加"1+3"培养试验项目招生学校	160（3.11%）	371（7.22%）	1701（33.09%）	2327（45.26%）	582（11.32%）
提高综合素质评价在招生中的权重	272（5.29%）	748（14.55%）	947（18.42%）	2469（48.03%）	705（13.71%）
提高中考中音、体、美的比重	336（6.54%）	877（17.06%）	1143（22.23%）	2101（40.87%）	684（13.30%）

对五点量表赋值，从"非常不同意"到"非常同意"分别赋值1—5，统计问卷数据得到表22，可见提高职业教育招生比例的平均值最高，其次是增加"1+3"培养试验项目招生学校和提高综合素质评价在招生中的权重，平均值最低的是提高校额到校招生比例，增加"1+3"试验招生学校的离散度最小，离散度最大的是提高校额到校招生比例。

表22　高中教师对中考中招改革项目态度的描述统计

关于中考中招改革，您持何态度？	平均值	标准偏差
减少中考考试科目	3.31	1.163
增加高中登记入学学校	3.42	1.051
提高职业教育招生比例	3.66	0.975
提高校额到校招生比例	3.07	1.164

续表

关于中考中招改革，您持何态度？	平均值	标准偏差
增加"1+3"培养试验项目招生学校	3.54	0.898
提高综合素质评价在招生中的权重	3.50	1.064
提高中考中音、体、美的比重	3.37	1.111

通过对中考中招改革项目的相关性分析，结果如表23所示，可以发现，高中教师对于中考中招改革的态度彼此之间均存在正相关，其中提高综合素质评价在招生中的权重与提高中考中音、体、美的比重之间的相关性最高，处于中度相关水平。减少中考考试科目与增加高中登记入学学校之间存在低度相关性。增加高中登记入学学校与提高校额到校招生比例、增加"1+3"培养试验项目招生学校、提高综合素质评价在招生中的权重、提高中考中音、体、美的比重存在低度相关性。提高校额到校招生比例与增加"1+3"培养试验项目招生学校、提高综合素质评价在招生中的权重、提高中考中音、体、美的比重之间存在低度相关性。增加"1+3"培养试验项目招生学校与提高综合素质评价在招生中的权重、提高中考中音、体、美的比重之间存在低度相关性。除此之外，其他态度之间不存在相关性。

表23 关于中考中招政策态度的相关性分析

关于中考中招政策态度	增加高中登记入学学校	提高职业教育招生比例	提高校额到校招生比例	增加"1+3"培养试验项目招生学校	提高综合素质评价在招生中的权重	提高中考中音、体、美的比重
减少中考考试科目	0.339**	0.107**	0.260**	0.231**	0.108**	0.127**
增加高中登记入学学校		0.122**	0.472**	0.332**	0.337**	0.300**
提高职业教育招生比例			0.170**	0.212**	0.238**	0.245**
提高校额到校招生比例				0.353**	0.370**	0.376**
增加"1+3"试验招生学校					0.432**	0.323**
提高综合素质评价在招生中的权重						0.567**

对于高考高招改革，高中教师对其态度如表 24 所示。有 69.54% 的教师同意提高强基计划招生比例，有 44.55% 的教师同意推行高中校长推荐制度，有 74.54% 的教师同意提高职业本科招生比例，60.40% 的教师同意提高综合素质评价在招生中的权重，这一结果反映出大部分教师支持这些改革项目。

表 24　高中教师对高考高招改革项目的态度情况

题目/选项	非常不同意	不同意	不确定	同意	非常同意
提高强基计划招生比例	122（2.37%）	461（8.97%）	983（19.12%）	2897（56.35%）	678（13.19%）
推行高中校长推荐制度	436（8.48%）	1153（22.43%）	1262（24.55%）	1848（35.95%）	442（8.60%）
提高职业本科招生比例	86（1.67%）	265（5.15%）	958（18.63%）	2969（57.75%）	863（16.79%）
提高综合素质评价在招生中的权重	340（6.61%）	808（15.72%）	888（17.27%）	2405（46.78%）	700（13.62%）

如表 25 所示，对上述高考高招改革项目的描述统计发现提高职业本科招生比例的平均值最高，并且离散度最小，其次是提高强基计划招生比例，平均值最低的是推行高中校长推荐制度，并且其离散度最大。

表 25　高中教师对高考高招改革项目态度的描述统计情况

关于高考高招改革，您持何态度？	平均值	标准偏差
提高强基计划招生比例	3.69	0.894
推行高中校长推荐制度	3.14	1.117
提高职业本科招生比例	3.83	0.826
提高综合素质评价在招生中的权重	3.45	1.110

3. 学科课程建设和课堂教学

学校学科的课程建设和课堂教学，特别是特色课程建设和多样的课堂教学形式是高中多样化特色发展的关键。目前，高中学校学科的课程建设和课堂教学情况如表 26 所示，有 70.97% 的教师所任教的学科，学校开设有初高中衔接课程，有 69.69% 的教师所任教的学科，学校实施分层走班教学，有 88.47% 的教师会在课堂上进行大单元教学，有 75.45% 的教师会在课堂上进行项目式教学，有71.27%的教师会在课堂上进行与本学科相关的职业指导，有89.81%的教师在课下也会对学生进行发展指导，有79.28%的教师正在（曾经）开设校本课程或组织社团，有80.51%的教师愿意开设校本课程或社团。可见，大部分教师所在的学校都注重学科课程的建设，包括初高中衔接课程、实施分层走班教学、开展大单元教学、项目式教学、进行与本学科相关的职业发展指导、开设过或者愿意开设校本课程或课堂。

表26 学科的课程建设和课堂教学情况

题目/选项	很不符合	不太符合	不清楚	比较符合	很符合
我任教的学科，学校开设有初高中衔接课程	157（3.05%）	794（15.44%）	541（10.52%）	2653（51.60%）	996（19.37%）
我任教的学科，年级实施分层走班教学	357（6.94%）	956（18.60%）	245（4.77%）	2243（43.63%）	1340（26.06%）
我的课堂上会进行大单元教学	34（0.66%）	322（6.26%）	237（4.61%）	3193（62.11%）	1355（26.36%）
我的课堂上会进行项目式教学	41（0.80%）	664（12.92%）	557（10.83%）	2872（55.86%）	1007（19.59%）
我的课堂上会进行与本学科相关的职业指导	87（1.69%）	889（17.29%）	501（9.75%）	2839（55.22%）	825（16.05%）
课下我会对学生进行发展指导	33（0.64%）	242（4.71%）	249（4.84%）	3390（65.94%）	1227（23.87%）
我正在（曾经）开设校本课程或组织社团	122（2.37%）	660（12.84%）	283（5.50%）	2694（52.40%）	1382（26.88%）
我愿意开设校本课程或社团	105（2.04%）	443（8.62%）	454（8.83%）	2895（56.31%）	1244（24.20%）

4.教师队伍建设

从教师自身的角度看教师队伍建设，关于多个维度的具体表现如表27所示。有95.46%的教师定期参加校本教研和培训，有96.09%的教师定期参加教育科研活动，有92.99%的教师认为其团结协作有凝聚力，有84.86%的教师有教育教学自主权，有78.69%的教师认为绩效考核公平合理，有80.47%的教师认为管理民主平等，有85.36%的教师认为有发展平台和机会，有82.48%的教师有学校归属感。由此可以看出，教师队伍建设整体处于良好状态，有利于教师更进一步的成长和发展。

表27 高中学校教师队伍建设统计情况

题目/选项	很不符合	不太符合	不清楚	比较符合	很符合
教师定期参加校本教研和培训	21（0.41%）	54（1.05%）	158（3.07%）	2582（50.22%）	2326（45.24%）
教师定期参加教育科研活动	17（0.33%）	36（0.70%）	148（2.88%）	2558（49.76%）	2382（46.33%）
教师团结协作有凝聚力	37（0.72%）	77（1.50%）	246（4.79%）	2654（51.62%）	2127（41.37%）
教师有教育教学自主权	82（1.60%）	302（5.87%）	394（7.66%）	2766（53.80%）	1597（31.06%）
教师绩效考核公平合理	128（2.49%）	272（5.29%）	696（13.54%）	2780（54.08%）	1265（24.61%）
教师管理民主平等	113（2.20%）	286（5.56%）	605（11.77%）	2819（54.83%）	1318（25.64%）
教师有发展机会和平台	79（1.54%）	164（3.19%）	510（9.92%）	2978（57.93%）	1410（27.43%）
教师有学校归属感	107（2.08%）	234（4.55%）	560（10.89%）	2886（56.14%）	1354（26.34%）

5.学生综合素质评价和学校评价

在学生综合素质评价上，具体的统计分析结果如表28所示。其中，45.24%的教师所在的学校只在期中、期末开展学生综合素质评价，86.56%的教师所在的学校把综合素质评价与日常教育教学活动相结合，77.91%的教师所在的学校有学校特色的评价体系和机制，71.43%的教师所在的学校有独立的评价网络和平台，78.00%的教师认为综合素质评价对全体学生发展有促进作用。

表28 高中学生综合素质评价统计情况

题目/选项	很不符合	不太符合	不清楚	比较符合	很符合
只在期中、期末开展	513（9.98%）	1746（33.96%）	556（10.82%）	1874（36.45%）	452（8.79%）
与日常教育教学活动相结合	52（1.01%）	183（3.56%）	456（8.87%）	3233（62.89%）	1217（23.67%）
有学校特色的评价体系和机制	78（1.52%）	263（5.12%）	795（15.46%）	2922（56.84%）	1083（21.07%）

续表

题目/选项	很不符合	不太符合	不清楚	比较符合	很符合
有学校独立的评价网络平台	137（2.66%）	473（9.20%）	859（16.71%）	2593（50.44%）	1079（20.99%）
对全体学生发展有促进作用	85（1.65%）	290（5.64%）	756（14.71%）	2946（57.30%）	1064（20.70%）

对不同区域、不同建制、是否为示范学校、不同学校性质、办学历史等方面进行单因素方差分析，结果如表29所示。

表29　不同学校教师对高中学生综合素质评价情况的差异性分析情况（$P<0.05$ 为显著）

高中学生综合素质评价情况	显著性				
	区域	建制	是否示范	学校性质	办学历史
只在期中、期末开展	0.000	0.008	0.009	0.019	0.000
与日常教育教学活动相结合	0.000	0.000	0.374	0.109	0.001
有学校特色的评价体系和机制	0.000	0.003	0.035	0.805	0.000
有学校独立的评价网络平台	0.000	0.001	0.000	0.007	0.000
对全体学生发展有促进作用	0.000	0.000	0.170	0.718	0.000

由此可以看出，不同区域、不同建制、不同办学历史的学校中的高中学生综合素质评价情况均存在显著性的差异，从是否为示范学校来看，仅在"与日常教育教学活动相结合""对全体学生发展有促进作用"方面不存在显著差异，从学校性质来看，仅在"只在期中、期末开展""有学校独立的评价网络平台"方面存在显著性差异。这些表明，综合素质评价作为高中育人方式改革的重要内容，还需要进一步在全市层面和学校层面加以落实。

6. 普职融通

关于普职融通方面，教师态度的具体情况如表30所示。其中，关于初中毕业后有没有必要进行普职分流这一问题，有9.32%的教师非常同意不应分流，30.32%的教师同意不应分流，而不同意和非常不同意的分别有26.96%和7.08%，总体上，教师认为初中毕业后是否有必要进行普职分流的比例差别不大。有43.98%的教师认为所有普通高中都要开设职业教育课程，有63.89%的教师同意普通高中自愿开设职业教育课程，45.73%的教师认为只需综合高中和职业高中开设职业课程。

表30 教师对普职融通态度的统计情况

题目/选项	非常不同意	不同意	不确定	同意	非常同意
初中毕业不应普职分流	364（7.08%）	1386（26.96%）	1353（26.32%）	1559（30.32%）	479（9.32%）
普通高中没有必要开设职业教育课程	444（8.64%）	2043（39.74%）	1120（21.79%）	1230（23.93%）	304（5.91%）
所有普通高中都要开设职业教育课程	262（5.10%）	1204（23.42%）	1414（27.50%）	1790（34.82%）	471（9.16%）
普通高中自愿开设职业教育课程	136（2.65%）	599（11.65%）	1121（21.81%）	2817（54.79%）	468（9.10%）
只需综合高中（指普通高中与职业高中融通的高中）和职业高中开设职业课程	207（4.03%）	971（18.89%）	1612（31.36%）	1961（38.14%）	390（7.59%）

可见，普职分流和在普通高中开设职业课程这一问题在高中教师群体内还没有形成相对统一的认识。另外，不同区域对"普通高中没有必要开设职业教育课程""所有普通高中都要开设职业教育课程""只需综合高中（指普通高中与职业高中融通的高中）和职业高中开设职业课程"的态度上存在差异。

7.高中多样化特色发展的需求与期望

调查发现，在教师专业发展方面，57.63%的教师想要在单元教学设计与实施方面得到指导，有49.19%的教师想要在新教材分析方面得到指导，有48.80%的教师想要在考试命题能力方面得到指导，有48.57%的教师想要在特色课程开发方面得到指导，有41.88%的教师想要在新课程标准解读方面得到指导，还有40.83%的教师想要在学生发展指导方面得到指导，以及36.67%的教师想要在课题研究方面得到指导（图17）。由此可见，教师们对于进行高中多样化特色发展的追求非常积极和努力，希望能够从多个方面，促进教师专业发展，从而有效地助力高中多样化特色发展的实现。

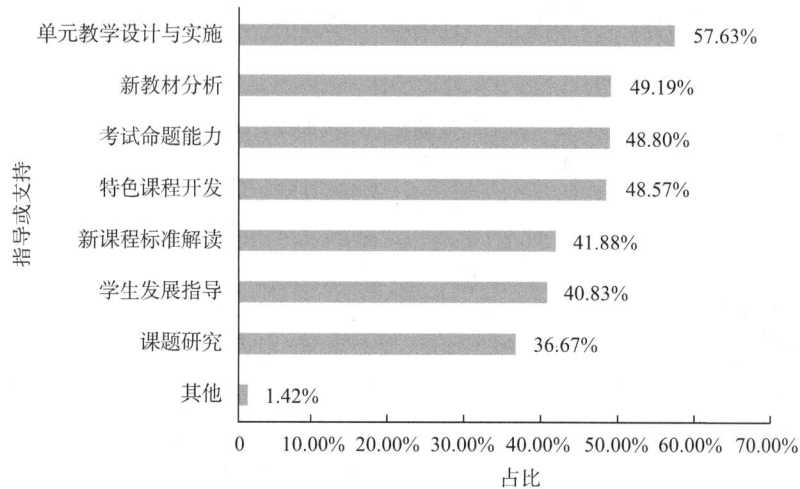

图 17 教师专业发展需要得到哪方面指导或支持的统计情况

此外，如表 31 所示，对于区域高中多样化特色发展格局，49.18% 的教师同意保留示范高中，发挥引领作用；有 80.80% 的教师同意扩大优质高中资源，如集团化办学、名校办分校等；有 75.88% 的教师支持建设特色高中，如人文高中、数理高中、科技高中、艺体高中、外语高中等；有 78.78% 的教师同意建设综合高中，打通普通高中与职业高中壁垒，将职业教育与普通教育融合。由此可见，扩大优质高中资源、建设特色高中和综合高中成为当前多数高中教师的共识，对于构建高中多样特色发展格局具有重要的启示。

表 31 构建区域高中多样化特色发展格局举措统计情况

题目/选项	非常不同意	不同意	不确定	同意	非常同意
保留示范高中	117（2.28%）	458（8.91%）	2038（39.64%）	2104（40.93%）	424（8.25%）
扩大优质高中资源	77（1.50%）	228（4.43%）	682（13.27%）	3196（62.17%）	958（18.63%）
建设特色高中	111（2.16%）	311（6.05%）	818（15.91%）	3061（59.54%）	840（16.34%）
建设综合高中	82（1.60%）	222（4.32%）	787（15.31%）	3106（60.42%）	944（18.36%）

对开放题"'双减'将给您的教育教学工作带来哪些挑战？"的词云图（图 18）分析发现，提高课堂效率、提高教学质量是教师们在关注"双减"政策下

高中学校多样化特色发展的首要问题，教师们对于提质增效、个性化教学、分层教学、作业设计等方面具有一定的认识，同时也认识到了可能面临的困难，如工作量增加、工作负担、难度加重，教学压力更大等。除此之外，还有部分教师对这一问题的认识不太清楚，这也都体现出了当前对于教师、学校进行高中学校多样化特色发展的指导的必要性。

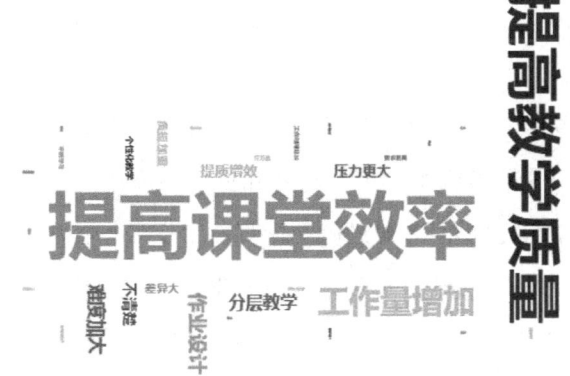

图18 教师对"双减"背景下对教育教学工作的挑战词云图

四、结论与建议

（一）主要结论

1.从高中教师角度看，"双减"落实的第一关键因素是家庭、学校和社会教育协同

调查发现，参与调查的高中学校教师普遍对"双减"政策具备一定程度的了解，并且有27.08%的教师将"家长、学校、社会教育协同"排在"双减"落实关键因素的第一位。同时这一因素在问卷所列的11个因素中平均综合得分第一。这表明"双减"政策落实不仅需要学校、家庭和社会三方各自落实相关要求，而且需要学校、家庭和社会三方互相配合，防止出现的学校减负校外加负，教师减负家长加负现象。由于教师直接面对学生和家长，对家庭和学校教育都有直接的感受体会，再加上"双减"前社会教育，特别是校外培训机构的疯狂增长，教师在这样氛围中对家校社教育协同的迫切性和必要性的认识也最深刻。由此，教师认为家校社教育协同是"双减"落实的关键因素，也暗含着教师认为"双减"政策能否落实不仅取决于学校教师的努力，而且

取决于家庭、学校、社会三方的协同。从本次"双减"政策文本看，要求统筹协调教育部门、宣传、网信、工信、机构编制、发展改革、财政、人力资源、民政、市场监管、政法、公安、银保监、证监等部门共同治理，其目的是促进家庭、学校和社会教育协同发展，为学生成长构建良好教育生态，促进学生全面发展、健康成长。

2.考试招生制度改革不仅是"双减"政策落实，而且是高中多样化特色发展的最大难点

问卷结果显示，考试招生制度改革是在列举的"双减"落实9个难点中排在首位。有30.27%的教师把"中、高考和招生制度改革"放在落实难点的第一位。从教师角度看，中高考对教师教学具有重要的指挥棒的作用，考试和招生制度改革必然牵涉到教师切身利益，更与学生、家庭息息相关。这就决定了考试招生制度改革具有高度敏感性，牵一发动全身，无论怎样的改革都会有赞成和反对的声音。另一方面，学生过重作业负担和校外培训负担的产生与考试招生制度密切相关。所以历次减负难以收到理想效果正是由于与此高度相关的考试招生制度改革难以满足学校、家庭、社会各方利益诉求。高中多样化特色发展倡导学校办出特色，但是在当前考试和招生制度下，无论是校长还是教师不可能无视考试招生制度办出学校特色，学校很难发挥出学校办学的自主性。而考试招生制度在突出公平性的同时，这种高度统一和无视学校特色发展的不足必然制约学校多样化特色发展。因此，考试招生制度改革的难度超出教育学范畴，它既是"双减"政策落实又是高中多样化特色发展的最大难点。

3.高中教育教学正在受到"双减"政策影响，十二年一贯制学校教师比完全中学和高级中学教师更加主动应对这种变化

虽然"双减"政策是针对义务教育阶段学生的作业负担和校外培训负担，但由于基础教育的连续性和部分学校是完全中学或是十二年一贯制学校，所以部分高中学校也在按照"双减"政策落实相关要求。调查显示，分别有28.73%和45.56%的高中教师非常不同意和不同意"双减"与自己的工作关系不大。

从高中学校的实际变化看,"双减"后,高中学校在课堂教学、中学生作业、特色课程、初高中衔接、学生分类指导等方面都有明显的变化。这既表明"双减"政策对高中发展,尤其是与高中多样化特色发展相关的方面带来影响,又表明高中学校积极行动起来,落实相关要求并思考"双减"政策后的应对之举。当然,不同区域的高中教师、不同学历和职称的教师对"双减"带来变化的认识存在差异,这与教师的工作经验、认识水平和区域整体教育水平有关。但值得注意的是,十二年一贯制学校的教师比高级中学、完全中学的教师在应对"双减"政策上更加积极主动,这是学校贯通培养的办学机制对教师育人观念和方式的影响结果。

4. 高中教师队伍整体上积极投身到育人方式改革,但是对高中多样化特色发展的认知还存在不足,并且在区域、学校类型等方面存在差异

调查表明,北京市高中教师队伍整体上质量较好,具体表现在教师年龄、学历、职称、教龄等结构合理,同时在落实高中新课程改革、新高考,推动育人方式改革上积极主动。有69.69%的教师所任教的学科实施分层走班教学,有88.47%的教师会在课堂上进行大单元教学,有75.45%的教师会在课堂上进行项目式教学,有71.27%的教师会在课堂上进行与本学科相关的职业指导,有89.81%的教师在课下也会对学生进行发展指导,有79.28%的教师正在(曾经)开设校本课程或组织社团,有80.51%的教师愿意开设校本课程或社团。有95.46%的教师定期参加校本教研和培训,有96.09%的教师定期参加教育科研活动,有92.99%的教师认为其团结协作有凝聚力,有84.86%的教师有教育教学自主权,有78.69%的教师认为绩效考核公平合理,有80.47%的教师认为管理民主平等,有85.36%的教师认为有发展平台和机会,有82.48%的教师认为有学校归属感。但应该看到,高中教师对高中多样化特色发展的了解还不够深入,还需要加以引导。例如,有39.64%的教师不清楚本区是否已经形成高中多样化特色发展格局。生态涵养发展区教师比首都功能核心区、城市功能拓展区和城市发展新区教师更倾向于认为本区已经形成高中多样化特色发展格局。不同区域、不同学校建制、不同学历、教龄、职称教师对综合素质评价、

学生发展指导、普职融通等方面的认识也存在差异等。因此，这些都还需进一步提升高中教师对高中多样化特色发展的认识，形成更广泛的共识。

（二）政策建议

1. 加强家、校、社合作，促进家、校、社教育协同

"双减"政策落实不仅需要学校提高教育教学质量更需要家庭、学校、社会教育相互协同，发挥各自在学生成长上的作用，落实好各自要求，同时相互支持，为学生成长营建良好生态。首先，学校不仅要改进作业管理，提高课堂教学质量和作业布置、批改和讲评质量，同时学校和教师要加强家校沟通工作，加强家长委员会建设和家庭教育的指导工作。教育科研部门培训指导家校合作工作，提升学校和教师指导家庭教育工作能力。其次，通过妇联、社区、和关工委等部门开展家长大讲堂，缓解家长焦虑情绪，转变家长教育观念，人才观念，提升家庭教育水平。再次，社会教育严格落实"双减"政策，规范发展，坚决制止以制造教育焦虑来招揽生源。发挥社会教育资源多样性和灵活性，支持学校教育，为学生兴趣爱好特长发展提供服务。总之，教育主管部门需要与相关部门统筹协调，运用系统思维，整体上分析和解决"双减"政策落实中的问题，不断明确家庭、学校和社会三方在学生成长上的教育定位，各安其位，不能越位，也不能缺位，相互配合，协同发展。

2. 稳妥推进考试招生制度改革，逐步开展高中自主招生试点工作

考试招生制度改革对于落实"双减"和推进高中多样化特色发展都具有重要的意义，需要从理论、政策到实践各层面加强研究，稳妥推进。首先，加强对教育评价和人才选拔、培养等基础理论研究，面对高中教育和高等教育普及化的新形势，必须从理论上论述中、高考的意义和价值，进一步明确考试招生在人才培养、教育公平、社会发展中的价值定位。同时，加强教育评价理论研究，提出具有中国特色的基础教育人才培养与评价理论。其次，政策研究方面，在前期调研和充分论证的基础上，稳妥出台考试招生相关政策。适当提高职业教育招生比例，增加"1+3"培养试验项目招生学校，增加高中登记入学学校，提高综合素质评价在招生中的权重，提高职业本科招生比例，提高强基

计划招生比例等。再次，实践研究上，加强对高中学校和教师培训和指导，提高学校和教师的教育评价能力。通过部分学校和区域考试招生评价改革试点，积累成功经验，再推广相关改革，如鼓励部分区域开展高中自主招生试点工作。积极开展学校教、考、评一致的实践研究，推动考试招生体系的教学、考试、招生分离，相互独立并相互制约。

3. 深化"双减"政策，推动小初高大一体化人才贯通培养

落实好"双减"有利于推动高中多样化特色发展，有利于高中学校根据学生多元发展需求实施分类培养。调研显示，"双减"对高中多样化特色发展在特色课程建设、课堂教学质量提升、教师教育教学行为方式、初高中衔接、学生分类培养指导等方面都有促进作用。事实上，高中教师也已经认识到"双减"将给高中教育教学带来的影响并开始积极应对。为更好落实"双减"和高中多样化特色发展，有必要发挥好初高中衔接的作用，推进小初高一体化人才贯通培养。首先，深入总结十二年一贯制学校办学成果与经验，特别是在教师队伍建设和人才培养模式上的特点和规律，提炼出人才贯通培养的北京经验和模式，为进一步深化十二年一贯制学校建设和人才培养提供理论依据。其次，加强初高中衔接工作的总结和研究，从课程建设、培养模式、教学方式、学生指导、教师队伍、考试评价等方面做好初高中的有效衔接，既突出各自学段的特点，又体现人才培养的连贯性。再次，在小初高一体化培养的基础上，研究和推进高中与高等教育的衔接，发挥出高中教育实现人才分流的功能，通过普职融通、学科课程基地、人才联合培养等多种方式深化高中多样化特色发展。

4. 分析高中校长和教师实际需求，精准施策提升校长办学水平和教师育人能力

高中多样化特色发展的主力军是高中校长和教师。高中校长的办学思想和教师队伍建设都是高中多样化特色发展的关键因素。在落实新课程方案、新课程标准的过程中，高中教师的教育观念和行为在发生着变化，但不可忽视的是不同区域、学校、教师学历、教龄、职称等因素都在影响着他们对高中多样

化特色发展的认识，影响高中教育高质量发展。为此，从高中校长和教师的实际需求和发展现状出发，不搞一刀切，而是精准施策，提升校长和教师的办学水平和育人能力，才是根本之策。首先，大力提升高中校长办学水平，有针对性地指导高中校长分析学校办学优势与不足，明确办学定位，确定学校特色发展方向和路径，制定特色发展策略，搭建区域间、学校间特色学校建设经验交流，形成特色高中建设研讨交流机制。其次，教育科研部门根据不同区域、教龄、职称教师需求，在大单元教学、新教材分析、考试命题能力、特色课程开发等方面进行针对性指导。再次，加强区域教育科研部门能力建设，提升北京市各区教研员和科研员指导能力，通过区域教研员和科研员下沉高中学校，跟踪指导教师教育教学，进而提升教师育人能力。

基于家长视角的"双减"背景下普通高中多样化特色发展现状

北京教育科学研究院 占德杰 李瑞雪 李海燕 殷桂金

一、调查背景与目的

为贯彻落实《国务院办公厅关于新时代推进普通高中育人方式改革的指导意见》(国办发〔2019〕29号)和《中共北京市委教育工作领导小组关于印发〈北京市关于深化育人方式改革推进普通高中多样化特色发展的意见〉的通知》(京教组发〔2020〕2号)及2021年12月教育部等九部门发布《"十四五"县域普通高中发展提升行动计划》《北京市"十四五"时期教育改革和发展规划(2021—2025)》等文件精神,深化北京市普通高中多样化特色发展,建设高水平现代化高中教育,"'双减'背景下普通高中多样化特色发展研究"项目组于2022年5月面向全市开展线上调研。

通过调研了解"双减"背景下北京市普通高中学校的发展现状、困惑、需求等,分析北京市普通高中多样化特色发展现状,研究"双减"与普通高中多样化特色发展之间的关系,以及"双减"背景下普通高中多样化特色发展的影响因素,提出"双减"背景下普通高中多样化特色发展建议,推动北京市普通高中教育高质量发展。

二、问卷设计与实施

本次调研采取项目组集体研制的调查问卷进行调查。在问卷设计上,对问卷框架和内容进行了专家咨询。在三轮不同专家咨询修改的基础上,对问卷进行试测,并征求试测家长的意见建议,最终定稿并通过线上方式进行问卷调查。

家长问卷分为两部分,一部分是家长基本信息,包括孩子就读学校隶属区域、与孩子的关系、文化程度;另一部分包括4个方面:一是对"双减"

政策的认识,二是对高中多样化特色发展的认识,三是"双减"对高中多样化特色发展的影响,四是高中多样化特色发展推进策略。每个方面设置若干问题,了解家长对相关问题的态度、意见和建议等(表1)。这部分由结构性问题和开放性问题组成。问卷大部分题目(如家长对考试招生制度改革、高中学校评价、高中多样化特色发展现状及推进策略等)都是李克特5等级量表题。

表1 家长问卷结构框架设计

调查维度	调查内容
"双减"政策落实影响因素	"双减"政策落实的关键、难点、成效标志等
高中多样化特色发展影响因素	孩子升入高中的方式、进入什么类型大学、学校提供个性成长情况、对孩子所在高中的满意情况、对高考和招生改革的了解情况等
"双减"与高中多样化特色发展关系	目前孩子晚上在家写作业的时长、参加校外培训班的情况、适应高中学习生活情况、对高考选考科目确定情况、兴趣爱好特长情况、与孩子的沟通交流情况、对孩子发展现状和学习状态的满意程度等
高中多样化特色发展推进策略	对中高考招生改革的期待、对职业教育发展、高中学校发展的认识等

本次问卷采取问卷星的方式进行调查,回收到全市多个行政区,包括首都功能核心区(即东城区和西城区),城市功能拓展区(即朝阳区、海淀区、丰台区和石景山区),城市发展新区(包括通州区、顺义区、大兴区、昌平区、房山区和经济技术开发区),生态涵养发展区(即门头沟区、平谷区、怀柔区、密云区和延庆区),以及燕山,共5768份家长问卷。

本次问卷数据主要是由问卷星系统和SPSS 21.0进行分析。对家长问卷可靠性统计,克隆巴赫Alpha系数为0.934,对问卷进行KMO和巴特利特检验,KMO取样适切性量数0.950,表明问卷的信度和效度良好。

三、调查结果与分析

(一)参与调研的家长的基本情况

对参与本次调研的普通高中学校的家长的孩子就读学校隶属区域的基本情况进行调查分析,结果如图1所示。

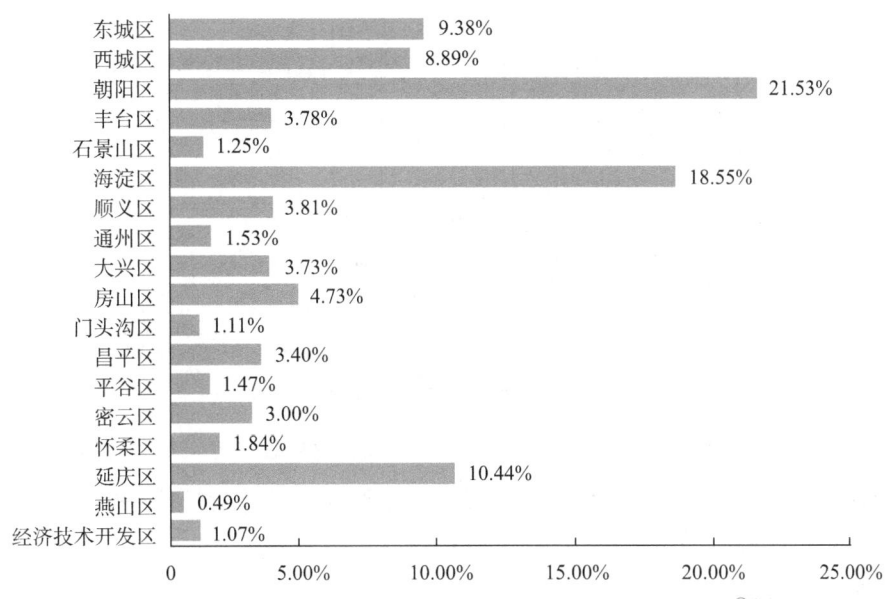

图 1　参与调查的家长的孩子就读学校隶属区域分布情况[①]

从孩子就读的年级来看，52.32%的家长的孩子就读于高一年级，47.68%的家长的孩子就读于高二年级。从跟孩子的关系来看，25.33%的家长是孩子的父亲，73.96%的家长是孩子的母亲，极少数家长是孩子的祖父、祖母、外祖母及其他亲属。从家长的文化程度来看，具体分布情况如图2所示。

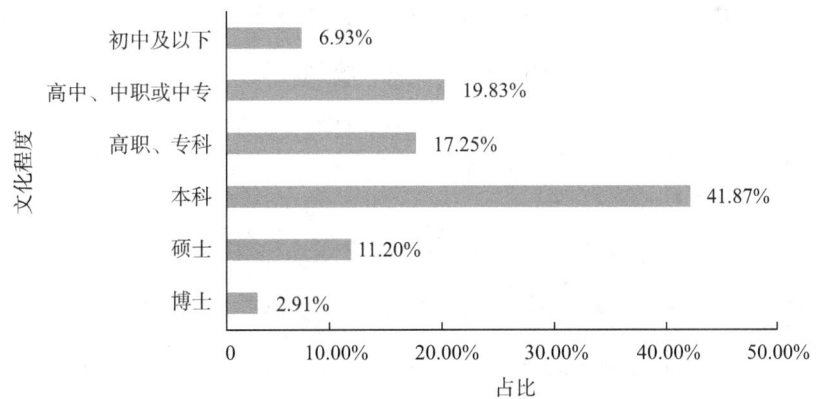

图 2　参与调研的家长的文化程度分布情况

从参与调研的家长的职业情况来看，分布情况如图3所示。

[①]　本文中各项百分比数据是按四舍五入统计，其和可能不等于100%。余同。

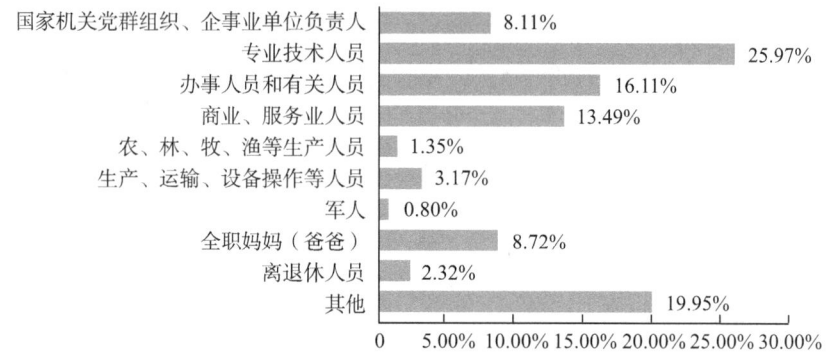

图3 参与调查的家长的职业分布情况

基于以上对参与"双减"背景下高中学校多样化特色发展调查的家长的基本情况进行统计分析,发现参与调查的家长的孩子就读学校隶属区域涵盖北京的各个行政区,孩子就读的年级分属高一年级和高二年级的比例相差不大,主要是孩子的父母,比较熟悉和了解孩子的相关情况,家长的文化程度均有覆盖,职业多样,能从多方面认识高中学校多样化特色发展,其结果可以从侧面反映出调查对象的代表性和普遍性,以及本次调查结果的可靠性和高质量性。

(二)"双减"政策落实的影响因素

关于影响"双减"政策落实的因素,主要涉及家长对"双减"政策的了解程度、对"双减"政策落实的关键、难点、收到明显成效的标志的认识。结合家长对"双减"政策的了解程度来看,具体如图4所示。

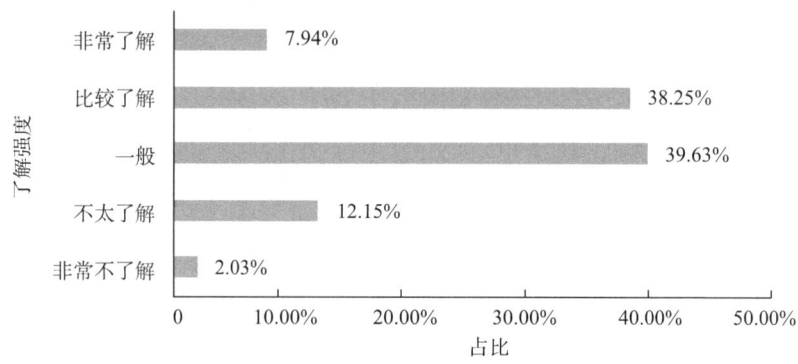

图4 参与调研的家长对"双减"政策的了解程度分布情况

由图 4 可知，46.19% 的家长非常了解或者比较了解"双减"政策，仅有 12.15% 和 2.03% 的家长不太了解或者非常不了解"双减"政策，说明参与调查的高中学校学生的家长中，不超过半数的家长普遍对"双减"政策具备一定程度的了解，这为开展"双减"背景下高中多样化特色发展研究中家长的调研奠定了一定的认识基础。

从首都功能核心区、城市功能拓展区、城市发展新区、生态涵养发展区的角度进一步分析，结果如图 5 所示，可以发现，不同区域的家长对"双减"政策的了解程度具有统计学意义上的显著性差异，了解程度较高的是功能核心区，其次是生态涵养发展区、城市功能拓展，相比之下，城市发展新区的家长对于"双减"政策的了解程度较低。这一现状表明，家长们对于"双减"政策的了解程度普遍存在与于一般和比较了解之间，因此有必要对各个区域的家长进行该方面政策的普及，有助于家长们更好地了解，同时也从家长的角度促进"双减"政策下高中学校的多样化发展。

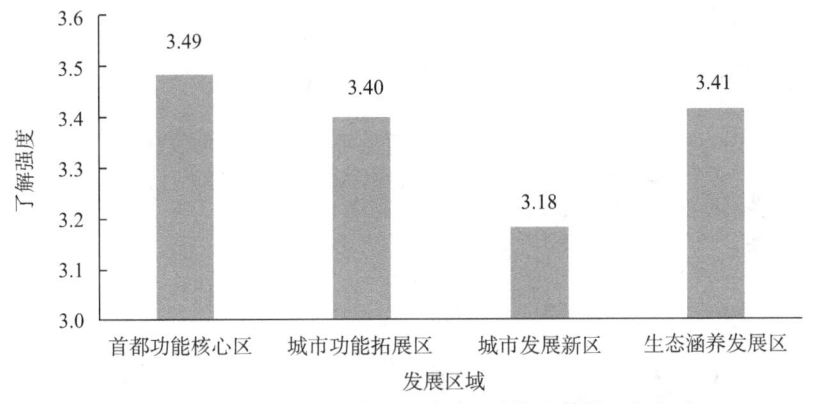

图 5　不同城市发展区域家长对"双减"政策的了解程度

针对家长可能认为的"双减"政策落实的关键，共列举了"课堂教学质量的提高"等 10 个关键因素，家长选出其中最重要的 3 个并进行排序。通过家长问卷分析，计算出每个因素的平均综合得分，由表 2 可知，高中学校学生的家长认为"双减"政策落实的关键因素中，排在前 3 位的分别是：课堂教学质量的提高，中、高考和招生制度改革，政府对校外培训的监管。其他关键因素依次分别为：家长教育观念更新、学校之间差距缩小、学生个性化发展需要得到满足、师资队伍质量的提升、过重作业负担的减轻、学校对"双减"工作的宣传指导、课后服务水平的提升等。

表2 "双减"政策落实的关键因素平均综合得分情况

选项	平均综合得分
课堂教学质量的提高	4.53
中、高考和招生制度改革	4.46
政府对校外培训的监管	4.40
家长教育观念更新	2.61
学校之间差距缩小	2.36
学生个性化发展需要得到满足	2.23
师资队伍质量的提升	2.15
过重作业负担的减轻	1.87
学校对"双减"工作的宣传指导	1.69
课后服务水平的提升	1.35
其他	0.25

对家长们认为"双减"政策落实的关键因素第一顺位占比的具体情况进行统计分析，结果如图6所示。

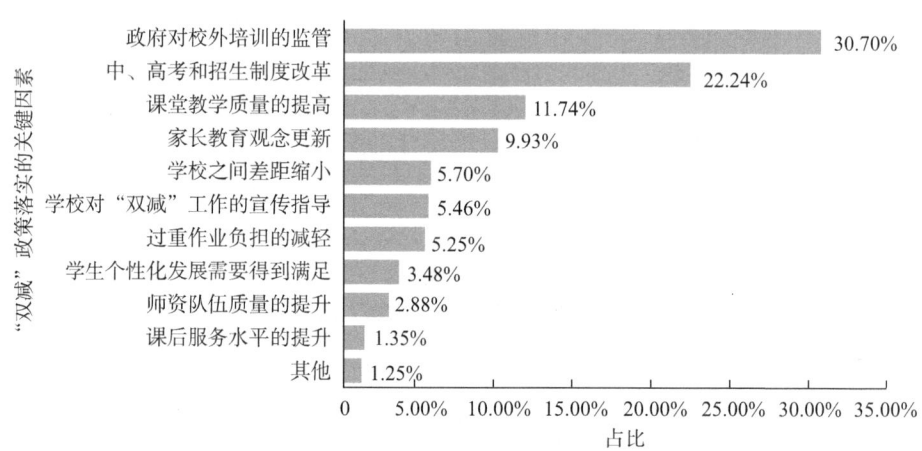

图6 "双减"政策落实的关键因素第一顺位占比情况

结果发现，有30.70%的家长将"政府对校外培训的监管"排在第一位，有22.24%的家长把"中、高考和招生制度改革"排在第一位，有11.74%的家长把"课堂教学质量的提高"排在第一位，反映出家长对落实"双减"政策的关键的重要认识。

对于"双减"政策落实的难点有哪些,从平均综合得分看,家长们认为排在前3位的分别是中、高考招生制度改革,提高课堂教学质量和学校之间差距缩小,具体情况如表3所示。

表3 "双减"政策落实的难点平均综合得分情况

选项	平均综合得分
中、高考和招生制度改革	3.88
提高课堂教学质量	3.57
学校之间差距缩小	2.88
校外培训机构的治理	2.57
作业设计、指导与管理	2.37
增强课后服务吸引力	2.11
规范教育教学秩序	1.75
家长教育观念更新	1.65
其他	0.21

另外,从"双减"政策落实难点的第一顺位占比情况来看,有21.29%的家长把"中、高考和招生制度改革"排在落实难点的第一位,15.57%的家长把"校外培训机构的治理"排在难点第一位,15.12%的家长把"作业设计、指导与管理"排在第一位,其他情况如图7所示。

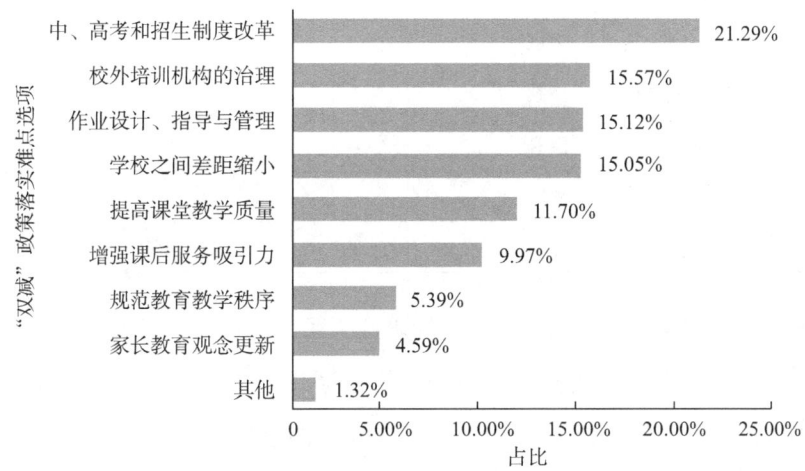

图7 "双减"政策落实难点选项第一顺位占比情况

结合家长对于"双减"政策落实的关键和难点的认识可以发现,家长们对于"双减"政策落实的关键和难点的认识基本一致,反映出"双减"政策落实的关键和难点主要集中在中、高考和招生制度改革、课堂教学质量的提高、政府对校外培训的监管、学校之间的差距缩小等方面。从家长们对于"双减"政策落实的关键和难点的第一顺位占比情况来看,也相对一致,如都非常重视中、高考和招生制度改革、政府对校外培训机构的治理,排在前3位的还有课堂教学质量的提高、作业设计、指导与管理。从家长们的认识和首选情况综合来看,"双减"政策落实的关键和难点较为一致地集中在中考、高考招生制度改革和对校外培训机构的管理方面。

调查发现,家长认为"双减"政策收到明显成效的标志排在前3位的分别是校内教育教学质量得到提升、过重作业负担得到减轻、校外培训规范有序,具体情况如表4所示。这表明综合8种因素总体看,家长们认为的"双减"政策是否收到成效最重要的是"校内教育教学质量得到提升"。

表4 "双减"政策收到明显成效的标志平均综合得分情况

选项	平均综合得分
校内教育教学质量得到提升	3.64
过重作业负担得到减轻	2.55
校外培训规范有序	2.24
家校社协同育人共同体形成	2.14
家长焦虑情绪有效缓解	2.11
课后服务水平得到提升	2.05
家庭教育支出负担减轻	1.90
其他	0.46

从"双减"政策收到明显成效的标志选项第一顺位占比情况看,有24.58%的家长认为"过重学业负担得到减轻"排在第一位,22.04%的家长把"校内教育教学质量得到提升"排在第一位,13.68%的家长把"校外培训规范有序"排在第一位,其他具体情况如图8所示。

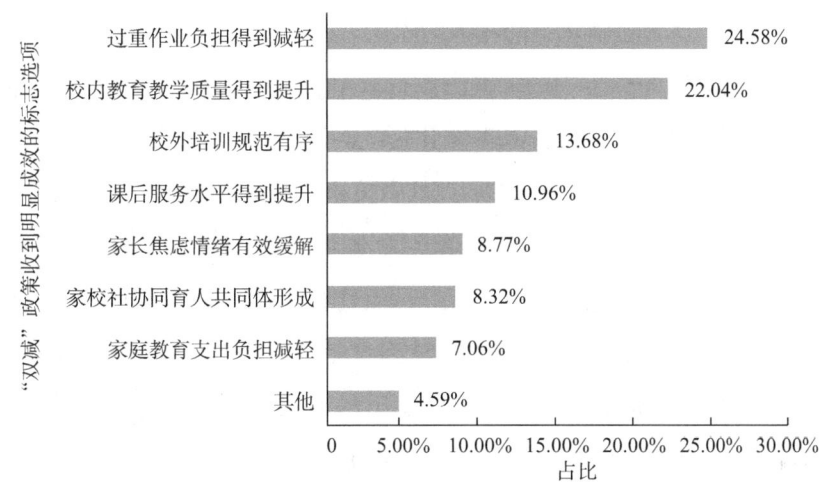

图 8 "双减"政策收到明显成效的标志选项第一顺位占比情况

从家长基本情况的角度,进一步分析这些结论在不同区域、孩子就读的不同年级、与孩子的亲属关系、不同文化程度、不同职业的家长群体中是否有差异,对"双减"政策落实的关键、难度和成效标志平均综合得分第一的内容进行单因素方差分析,得出统计结果如表5所示。

表 5 不同主体对"双减"政策认知的差异性分析($P<0.05$ 为显著)

对"双减"的认识	显著性				
	区域	年级	亲属关系	文化程度	职业
"双减"政策落实的关键第一位是课堂教学质量的提高	0.010	0.290	0.001	0.237	0.972
"双减"政策落实的难度第一位是中、高考和招生制度改革	0.000	0.830	0.001	0.000	0.000
"双减"政策收到成效的标志第一位是校内教育教学质量得到提升	0.058	0.992	0.042	0.148	0.001

由表5可知,针对"双减"政策落实关键中的"课堂教学质量的提高"这一重要内容,不同区域、不同亲属关系的家长的观点存在显著性的差异,孩子就读于不同年级、不同文化程度、不同职业的家长的观点不存在显著性的差异。针对"双减"政策落实难度中的"中、高考和招生制度改革"这一重要内容,不同区域、不同亲属关系、不同文化程度、不同职业的家长的观点均存在

显著性的差异，孩子就读于不同年级的家长之间不存在显著性差异。针对"双减"政策收到成效的标志中的"校内教育教学质量得到提升"这一重要内容，不同区域、不同亲属关系、孩子就读于不同年级、不同文化程度的家长的观点均不存在显著性的差异，仅有不同职业的家长的观点存在显著性的差异。

具体来看，针对"双减"政策落实关键中的"课堂教学质量的提高"这一重要内容，从区域差异的角度来看，石景山、怀柔、平谷和延庆的家长在该内容的均值较高，说明其更倾向于认为这是"双减"政策落实的关键，其次是昌平、经济技术开发区、海淀，房山的家长在该内容的均值最低，反映出其对认为这是"双减"政策落实关键的认可程度较低；从不同亲属关系的角度来看，参与调查的家长是孩子的母亲比孩子的父亲更倾向于认为这是"双减"政策落实的关键。针对"双减"政策落实难点中的"中、高考和招生制度改革"这一重要内容，从区域差异的角度来看，西城的家长在该内容的均值最高，说明其更倾向于认为这是"双减"政策落实的难点，其次是海淀、东城、经济技术开发区、朝阳，在该内容均值最低的是怀柔和门头沟的家长，反映出其对认为这是"双减"政策落实难点的认可程度较低；从亲属关系来看，参与调查的家长是孩子的父亲在该方面的均值高于孩子的母亲，说明其更倾向于认为这是"双减"政策落实的难点；从文化程度来看，是博士的家长在该内容的均值高于硕士、本科的家长，并符合随着学历越高，其更倾向于认为这是"双减"政策落实的难点；从职业来看，家长是军人、国家机关党群组织、企事业单位负责人、专业技术人员的在改内容的均值较高，属于农、林、牧、渔等生产人员的家长在该内容的均值较低。针对"双减"政策收到成效的标志中的"校内教育教学质量得到提升"这一重要内容，从家长的职业来看，属于专业技术人员的家长在该内容的均值较高，其次是办事人员和有关人员、生产、运输、设备操作等人员、离退休人员等，也可以反映出其对是"双减"政策落实的成效标志的认可程度。

（三）"双减"与高中多样化特色发展之间的关系

虽然"双减"政策是义务教育阶段政策，但由于很多学校是完全中学或十二年一贯制学校,所以从学校管理角度看,高中多样化特色发展将会受到影响。政策实施对义务教育阶段学生的影响,由学生将这种影响带到高中阶段,也就对高中发展带来影响。从学生发展连续性的角度来看,初中阶段的学习基础、习惯等都将对高中阶段学习产生直接影响。而家长对孩子兴趣爱好、学习状况的了解程度、对高中教育发展现状的认识、对孩子的升学期待等也会对高中教育产生一定的影响。因此,"双减"不仅对义务教育阶段产生直接影响,而且对高中多样化特色发展带来间接影响。

从多个指标探查家长对于"双减"对高中多样化特色发展产生的影响的认识,如孩子晚上睡觉的时间、每周参加学科类培训班的数量、参加校外学科类培训的时长、孩子的学业负担、孩子的学习、生活情况等方面。

从孩子晚上的睡觉时间来看,具体结果如图9所示。结果表明,仅有2.31%的孩子可以在22:00之前睡觉,有13.28%的孩子在22:00—22:30可以睡觉,有55.65%的孩子在23:00之后睡觉,其中23.47%的孩子在23:30之后睡觉。整体来看,孩子们的睡觉时间普遍较晚。

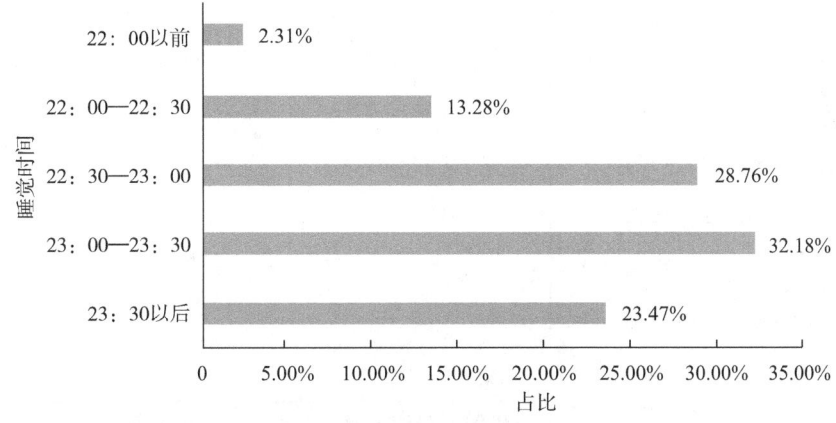

图9 孩子晚上睡觉时间统计情况

从孩子每周参加学科类培训班的情况来看,有59.59%的孩子没有参加学科类培训班,有18.26%的孩子每周参加1个学科类培训班,有14.29%的孩子每周参加2个学科类培训班,有5.86%的孩子每周参加3个学科类培训班,有2.01%的孩子每周参加3个以上的学科类培训班,具体结果如图10所示。

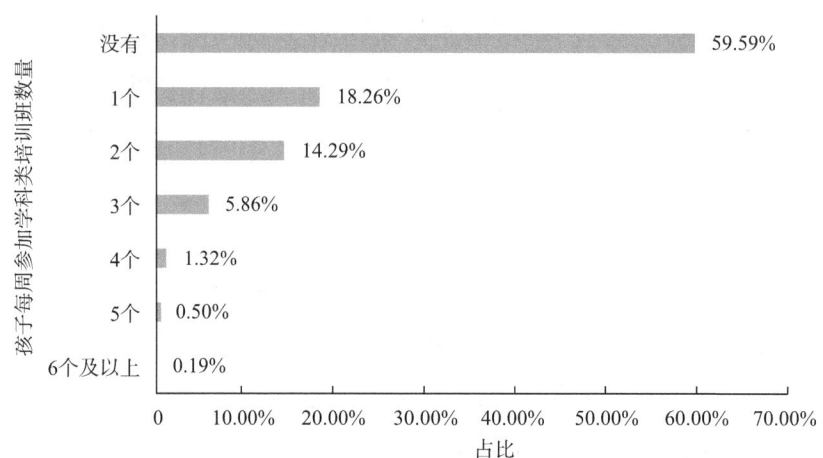

图 10　孩子每周参加学科类培训班数量情况

从孩子每周参加校外学科类培训的时长来看，具体如图 11 所示。57.61% 的孩子不存在参加校外学科类培训的时间，17.77% 的孩子参与校外学科类培训的时间在 2 小时及以内，6.21% 的孩子参加校外学科类培训的时长在 4~6 小时，3.84% 的孩子参加校外学科类培训的时长超过 6 小时，其中 0.50% 的孩子达到 10 小时以上。

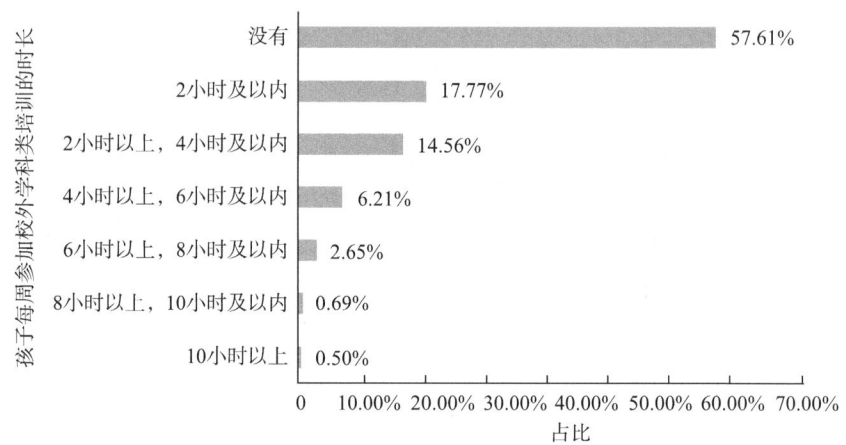

图 11　孩子每周参加校外学科类培训的时长情况

从家长的角度看孩子的学业负担情况，具体结果如图 12 所示。结果显示有 11.55% 的家长认为孩子的学业负担不重，有 41.16% 的家长认为孩子的学业负担不太重，有 5.51% 的家长不清楚孩子的学业负担，有 41.78% 的家长认为孩子的学业负担比较重或者很重,其中认为孩子学业负担很重的占比2.88%。

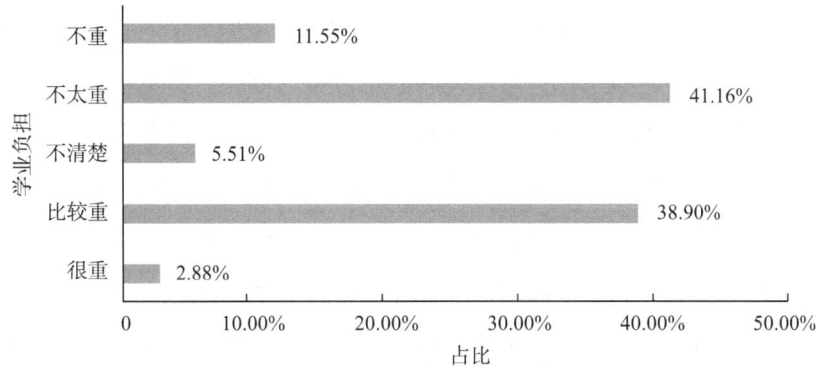

图 12 孩子的学业负担调查情况

对以上相关信息,结合家长及孩子的个人信息进行单因素方差分析,探查孩子就读于不同区域、不同年级、家长与孩子的关系、家长的职业和学历等与孩子睡觉时间、参与校外学科类培训个数及时间、孩子学业负担的差异性,具体结果如表6所示。

表6 不同主体对"双减"对高中多样化特色发展产生的影响的
差异性分析($P<0.05$ 为显著)

"双减"对高中多样化特色发展产生的影响	显著性				
	区域	年级	亲属关系	文化程度	职业
孩子晚上睡觉时间	0.000	0.000	0.044	0.000	0.000
孩子每周参加学科类培训班个数	0.000	0.000	0.011	0.000	0.000
孩子每周参加校外学科类培训大概时间	0.000	0.000	0.017	0.000	0.000
孩子的学业负担	0.000	0.023	0.000	0.000	0.000

由表6可知,从孩子就读学校隶属的区域、孩子就读的年级、与孩子的亲属关系、家长的文化程度和职业的角度来看,均在孩子晚上的睡觉时间、每周参加学科类培训班的数目和时长、学业负担等方面均存在显著性差异。

具体来看,就读学校隶属于东城区的孩子睡觉时间最晚,其次是西城区、石景山、燕山、经济技术开发区、海淀、朝阳的孩子,相比之下,怀柔区、房山区的孩子晚上睡觉时间相对较早。从年级来看，高二年级的孩子睡觉时间比高一年级的孩子较晚。从孩子参加学科类培训班的数目来看，东城区的孩子每周参加的学科类培训班的个数最多，均值为2.13，其次是西城、燕山、海淀、石景山、昌平，怀柔和延庆的孩子参加学科类培训班的个数相对较少，均值为1.3。从年级来看，高二年级的孩子每周参加学科类培训班的个数高于高一年级的孩子。从孩子每周参加校外学科类培训大概时间来看，东城、西城的孩子每周参加校外学科类培训的时间较长，相比之下，密云、怀柔的孩子参加的时间较短。从年级来看，高二年级的孩子参加学科类校外培训班的时间高于高一年级的孩子。从孩子的学业负担来看，石景山区的孩子的学业负担相比最重，其次是东城区、门头沟、平谷、丰台、西城、海淀的孩子，怀柔、大兴的孩子的学业负担相对较轻。从年级来看，高二年级孩子的家长认为自己孩子的学业负担高于高一年级孩子的家长对自己孩子学业负担。

从家长对孩子的学生、生活情况的了解程度进行调查，主要考虑孩子对高中学习生活的适应性、是否有喜欢的学科、是否有优势学科、是否有自己的兴趣爱好、是否愿意和家长沟通交流、是否已经确定高考科目、对未来发展是否有规划、当前孩子的现状家长是否满意等多个方面，具体结果如表7所示。

表7 家长对孩子的学习、生活等情况的了解程度调查情况

题目/选项	很不符合	不符合	不清楚	比较符合	很符合
孩子适应高中学习生活	31（0.54%）	259（4.49%）	137（2.38%）	3554（61.62%）	1787（30.98%）
孩子有喜欢的学科	17（0.29%）	104（1.80%）	223（3.87%）	3173（55.01%）	2251（39.03%）
孩子有优势学科	33（0.57%）	303（5.25%）	333（5.77%）	3100（53.74%）	1999（34.66%）
孩子有自己的兴趣爱好	28（0.49%）	214（3.71%）	308（5.34%）	3112（53.95%）	2106（36.51%）
孩子愿意和家长沟通交流	78（1.35%）	616（10.68%）	151（2.62%）	3091（53.59%）	1832（31.76%）

续表

题目/选项	很不符合	不符合	不清楚	比较符合	很符合
孩子已经确定了高考科目	35（0.61%）	181（3.14%）	353（6.12%）	2629（45.58%）	2570（44.56%）
孩子对未来发展有规划	70（1.21%）	499（8.65%）	847（14.68%）	2832（49.10%）	1520（26.35%）
孩子的现状令我满意	161（2.79%）	1119（19.40%）	261（4.52%）	3023（52.41%）	1204（20.87%）

由表7可知，92.60%的家长认为孩子能够较好地适应高中学习生活，有2.38%的家长不清楚孩子对高中学习生活的适应情况，有5.03%的家长认为孩子不能很好地适应高中学习生活。94.04%的家长的孩子有喜欢的学科，2.09%的孩子的家长认为没有喜欢的学科。有88.40%的家长的孩子有优势学科，有5.82%的家长的孩子没有优势学科。有90.46%的家长的孩子有自己的兴趣爱好，4.20%的家长的孩子还未发现自己的兴趣爱好。有85.35%家长的孩子愿意与家长沟通交流，有12.03%家长的孩子不愿意与家长沟通交流。有90.14%家长的孩子已经确定了高考科目，有3.75%家长的孩子还没有确定高考科目。有75.45%家长的孩子对未来发展有规划，有9.86%家长的孩子对未来发展没有规划。有73.28%家长的孩子的现状能够令家长满意，有22.19%家长的孩子的现状不能够令家长满意。除此之外，还有部分家长对孩子的学习、生活情况不甚了解。

由表8可知，针对家长对孩子学习、生活的了解情况来看，关于"孩子适应高中学习生活"，不同区域、不同亲属关系的家长群体之间存在显著性差异；关于"孩子有喜欢的学科"，不同区域、不同亲属关系、不同文化程度、不同职业的家长群体之间存在显著性差异；关于"孩子有优势学科"，不同区域、不同文化程度的家长群体之间存在显著性差异；关于"孩子有自己的兴趣爱好"，不同区域、不同亲属的家长群体之间存在显著性差异；关于"孩子愿意和家长沟通交流"，不同区域、不同亲属关系的家长群体之间存在显著性差异；关于"孩子已经确定了高考科目"，不同区域、不同年级、不同亲属关系、不同文化程度和职业的家长群体之间存在显著性；关于"孩子对未来发展有规划"，不同区域、不同亲属关系、不同文化程度和职业的家长群体之间存在显著性差异；关于"孩子的现状令我满意"，不同区域、不同文化程度的家长群体之间存在显著性差异。

表8 不同家长对孩子的学习、生活等情况的了解程度的差异性分析情况（$P<0.05$ 为显著）

题目/选项	显著性				
	区域	年级	亲属关系	文化程度	职业
孩子适应高中学习生活	0.000	0.372	0.000	0.410	0.156
孩子有喜欢的学科	0.000	0.648	0.001	0.000	0.000
孩子有优势学科	0.000	0.874	0.192	0.001	0.070
孩子有自己的兴趣爱好	0.000	0.650	0.005	0.015	0.000
孩子愿意和家长沟通交流	0.000	0.176	0.000	0.065	0.149
孩子已经确定了高考科目	0.000	0.000	0.000	0.000	0.000
孩子对未来发展有规划	0.000	0.256	0.001	0.237	0.805
孩子的现状令我满意	0.000	0.341	0.540	0.018	0.861

具体来看，针对"孩子是否适应高中学习生活"，密云、石景山、朝阳的家长认为自己的孩子能够很好地适应高中生活，相比之下，大兴、丰台的家长认为自己的孩子不是很能适应高中生活。针对"孩子是否有喜欢的学科"，经济技术开发区、门头沟、石景山的家长认为自己的孩子有喜欢的学科，大兴、怀柔、顺义的家长不是很认同孩子有喜欢的学科。针对"孩子是否有优势学科"，石景山、门头沟的家长认为自己的孩子有优势学科，怀柔、平谷的家长对此的认同程度较低。针对"孩子是否有自己的兴趣爱好"，石景山、经济技术开发区、燕山的家长认为自己的孩子有兴趣爱好，相比之下大兴、丰台、怀柔的家长对此认同度较低。针对"孩子是否愿意和家长沟通交流"，经济技术开发区、石景山、门头沟的家长认为孩子愿意与自己沟通交流，而平谷、怀柔的家长认为自己的孩子不太愿意与自己沟通交流。针对"孩子是否已经确定了

高考科目",经济技术开发区、石景山、门头沟的家长的孩子已经确定了高考科目,而怀柔、大兴的孩子还未能确定;从不同年级来看,高二年级的孩子确定高考科目的数量高于高一年级。针对"孩子是否对未来发展有规划",门头沟、密云、石景山的家长认为自己的孩子对未来发展有规划,而西城、平谷、丰台的家长认为自己的孩子缺乏对未来发展的规划。针对"孩子的现状是否令家长满意",门头沟、密云、石景山的家长满意孩子的现状,相比而言,大兴、西城、怀柔的家长对自己孩子的现状满意度较低。

(四)高中多样化特色发展影响因素

关于家长对高中多样化特色发展的了解,是有效促进高中学校多样化特色发展的重要部分,对于促进家—校—社协同助力高中多样化特色发展十分重要。首先对学生升入高中的方式进行调查,结果如图13所示。

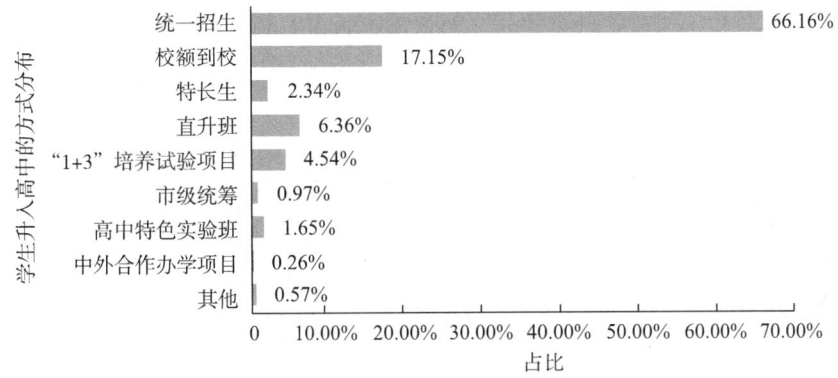

图13 学生升入高中的方式分布情况

由图13可知,有66.16%的学生是通过统一招生升入高中的,有17.15%的学生通过校额到校升入高中,有2.34%的学生通过特长生的身份升入高中,有6.36%的学生通过直升班的形式升入高中,有4.54%的学生通过"1+3"培养试验项目升入高中,另有0.97%的学生通过市级统筹升入高中,还有1.65%的学生以高中特色实验班的形式升入高中,0.26%的学生以中外合作办学项目的形式升入高中。学生们升入高中的形式丰富多样,这也表明了现行的高中多样化特色发展的多元和持续深入发展的潜力。

通过对家长希望孩子进入的大学的类型进行统计分析,结果如图14所示。

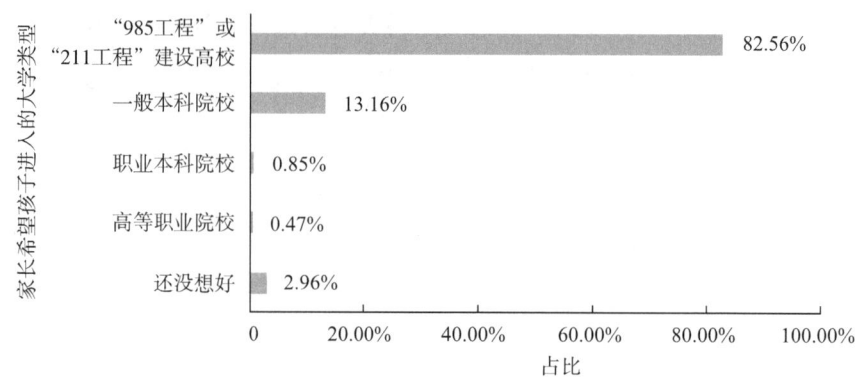

图 14　家长希望孩子进入的大学类型分布情况

由图 14 可知，82.56% 的家长期望自己的孩子可以进入"985 工程"或"211 工程"建设高校，有 13.16% 的家长希望孩子进入一般本科院校，另有 0.85% 的家长希望自己的孩子进入职业本科院校，也有 0.47% 的家长想要自己的孩子进入高等职业院校，除此之外，还有 2.96% 的家长没有想好希望孩子进入的高校。

从家长的角度，评估高中学校为学生提供个性成长的情况，调查结果如表 9 所示。

表 9　家长评估高中学校为孩子提供个性成长的符合情况

题目/选项	很不符合	不太符合	不清楚	比较符合	很符合
学校有分层分类课程	115（1.99%）	176（3.05%）	853（14.79%）	2503（43.39%）	2121（36.77%）
学校有生涯规划课程	84（1.46%）	174（3.02%）	1138（19.73%）	2332（40.43%）	2040（35.37%）
学校选修课程较多	123（2.13%）	406（7.04%）	1106（19.17%）	2443（42.35%）	1690（29.30%）
学校有孩子喜欢的社团	144（2.50%）	366（6.35%）	892（15.46%）	2384（41.33%）	1982（34.36%）
学校学生活动丰富	125（2.17%）	343（5.95%）	663（11.49%）	2546（44.14%）	2091（36.25%）

由表 9 可知，家长认为学校设置分层分类课程的占比 80.16%，没有设置分层分类课程的占比 5.04%；家长认为设置生涯规划课程的学校占比 75.80%，没有设置该类课程的占比 4.48%；家长认为选修课程较多的学校占比 71.65%，

选修课程较少的占比9.17%;家长认为学校有孩子喜欢的社团的占比75.69%,孩子喜欢的社团没有或者较少的占比8.85%;家长认为的学校学生活动丰富的占比80.39%,不太符合和很不符合该情况的占比8.12%。除此之外,我们还发现一些家长对于孩子所在学校的情况不太了解,这一现状对于促进高中多样化特色发展是一个可以持续关注的方面,从而有助于从家长的视角助力学校的发展,更好地满足家长和学生的需求。

关于家长对孩子所在高中的高考成绩、教学质量、师资水平、校风校纪、课程活动、食堂伙食、特色教育、办学理念、校园环境等进行具体评价,结果如表10所示。

表10 家长对孩子所在高中的满意程度的统计情况

题目/选项	很不满意	不满意	不清楚	比较满意	很满意
高考成绩	41(0.71%)	476(8.25%)	601(10.42%)	2752(47.71%)	1898(32.91%)
教学质量	34(0.59%)	193(3.35%)	357(6.19%)	2895(50.19%)	2289(39.68%)
师资水平	36(0.62%)	150(2.60%)	404(7.00%)	2747(47.62%)	2431(42.15%)
校风校纪	29(0.50%)	93(1.61%)	252(4.37%)	2631(45.61%)	2763(47.90%)
课程活动	19(0.33%)	98(1.70%)	612(10.61%)	2855(49.50%)	2184(37.86%)
食堂伙食	218(3.78%)	818(14.18%)	593(10.28%)	2597(45.02%)	1542(26.73%)
特色教育	38(0.66%)	150(2.60%)	958(16.61%)	2613(45.30%)	2009(34.83%)
办学理念	29(0.50%)	66(1.14%)	474(8.22%)	2757(47.80%)	2442(42.34%)
校园环境	30(0.52%)	154(2.67%)	274(4.75%)	2821(48.91%)	2489(43.15%)

由表10可知,有80.62%的家长对于学校的高考成绩有积极的评价,另有8.96%的家长对学校的高考成绩有消极的评价;有89.87%的家长满意学校的教学质量,另有3.94%的家长对学校的教学质量不甚满意;有89.77%的家长对于学校的师资水平满意,另有3.22%的家长对学校的师资水平评价一般;有

93.51%的家长认为学校的校风校纪不错,另有2.11%的家长对学校的校风校纪不太满意;有87.36%的家长对于学校的课程活动持满意的态度,另有2.03%的家长对学校的课程活动评价不是很好;有71.75%的家长对于学校的食堂伙食满意,另有17.96%的家长对学校的食堂伙食满意度较差;有80.13%的家长对于学校的特色教育有积极的评价,另有2.26%的家长对学校的特色教育有消极的评价;有90.14%的家长对于学校的办学理念持满意的态度,另有1.64%的家长对学校的办学理念有消极的评价;有92.06%的家长认为学校的校园环境不错,另有3.19%的家长不甚满意学校的校园环境。

分别针对家长认为的高中学校为孩子提供的个性成长情况和对孩子所在高中情况的认知表现进行不同地域、不同年级的差异性分析,结果如表11所示。

表11 不同家长对孩子的学习、生活等情况的认同程度的差异性分析($P<0.05$为显著)

题目/选项	显著性		题目/选项	显著性	
	区域	年级		区域	年级
学校有分层分类课程	0.000	0.468	高考成绩	0.000	0.000
学校有生涯规划课程	0.000	0.001	教学质量	0.000	0.000
学校选修课程较多	0.000	0.492	师资水平	0.000	0.022
学校有孩子喜欢的社团	0.000	0.012	校风校纪	0.000	0.009
学校学生活动丰富	0.000	0.002	课程活动	0.000	0.000
			食堂伙食	0.000	0.000
			特色教育	0.000	0.000
			办学理念	0.000	0.008
			校园环境	0.000	0.005

由表11可知,从区域的角度来看,家长认为的高中学校为孩子提供的个性成长情况和对孩子所在高中情况的认识均存在显著性差异;从孩子就读的年级来看,关于"学校有生涯规划课程""学校有孩子喜欢的社团""学校学生活动丰富"方面、孩子所在高中的高考成绩、教学质量、师资水平、校风校纪、课程活动、食堂伙食、特色教育、办学理念、校园环境等方面,均存在显著性差异。

具体来看，关于"学校有分层分类课程"，从区域来看，经济技术开发区、门头沟、燕山、密云的家长认为高中学校为孩子提供了该类课程，通州的家长则认可程度较低；关于"学校有生涯规划课程"，从区域来看，延庆、门头沟、石景山的家长认为学校为孩子提供了该方面的课程，大兴、丰台的家长对于该方面学校的表现不甚满意，从年级来看，高一年级的孩子在该方面的课程家长的满意度比高二年级的要高；关于"学校选修课程较多"，从区域来看，经济技术开发区、石景山、燕山、西城的家长认为学校为孩子设置了较多的选修课程，平谷、丰台的家长对此不是很满意；关于"学校有孩子喜欢的社团"，延庆、石景山、燕山、经济技术开发区的家长比较认同，相比之下，怀柔、平谷的家长对此持不同的观点，从年级来看，高一年级的孩子的家长认为孩子在该方面的现实情况比高二年级要好；关于"学校学生活动丰富"，延庆、经济技术开发区、密云、燕山的家长认同学校设置了丰富的学生活动，大兴、怀柔、东城的家长对学校在该方面的表现不太满意，从年级来看，高一年级的家长认为孩子所在学校学生活动丰富度高于高二年级家长对于学校该方面的认识情况。

关于高考成绩，经济技术开发区、延庆、门头沟、密云的家长比较满意，相比之下，丰台、大兴、平谷的家长不是很满意，从年级来看，高一年级的家长对于学校的高考成绩的满意度高于高二年级；关于教学质量，延庆、密云、石景山的家长对比较满意，大兴、丰台、通州的家长不是很满意，从年级来看，高一年级的家长对于学校的教学质量的满意度高于高二年级；关于师资水平，延庆、石景山、密云的家长比较满意，而大兴、丰台、燕山的家长持保留意见，从年级来看，高一年级的家长对于学校的师资水平的满意度高于高二年级；关于校风校纪，延庆、密云、石景山的家长比较满意，而大兴、丰台、燕山的家长不是很满意，从年级来看，高一年级的家长对于学校的校风校纪的满意度高于高二年级；关于课程活动，延庆、密云、门头沟的家长比较满意，大兴、平谷、丰台的家长不是很满意学校的安排，从年级来看，高一年级的家长对于学校的课程活动的满意度高于高二年级；关于食堂伙食，燕山、经济技术开发区、怀柔的家长比较满意，而平谷、通州、西城的家长不是很满意，从年级来看，高一年级的家长对于学校的食堂伙食的满意度高于高二年级；关于特色教育，延庆、门头沟、石景山的家长比较满意，大兴、通州、平谷的家长不是很满意，从年级来看，高一年级的家长对于学校的特色教育的满意度高于高二年级；关于办学理念，延庆、门头沟、密云的家长比较满意，而大兴、顺义、通州的家长不是很满意，从年级来看，高一年级的家长对于学校的办学理念的满意度高于高二年级；关于校园环境，经济技术开发区、延庆、石景山的家长比较满意，而大兴、丰台、东城的家长不是很满意，从年级来看，高一年级的家长对于学校的校园环境的满意度高于高二年级。

通过对开放题"您对高中学校发展有何意见建议？"的结果的词云图（图15）分析发现，家长们能够关注到高中学校发展的重点是提高教学质量，促进学生的全面发展，这一举措很好，学校能够因材施教，促进学生的全面发展，在这个过程中，要求提高师资力量，实现分层教学，满足学生个性化需求的同时，也能提高升学率，能够发挥学生的特长，实现教育中的减压和减负。家长们的关注点是切实与孩子们的现实状况紧密联系，让我们从更贴近学生生活的一面，全面地认识高中学校多样化特色发展的现状和进一步的需求和发展动向。

图15　家长对高中多样化特色发展的理解词云图

（五）高中多样化特色发展现状与推进策略

1.高中多样化特色发展了解程度

通过家长问卷调查发现，关于高中多样化特色发展的了解程度，有1.56%

的家长非常了解，有13.42%的家长比较了解，43.24%的家长一般了解，38.52%的家长不太了解，3.26%的家长非常不了解（图16）。对于其有一定了解程度的家长占比14.98%，还是比较少的，说明大力发展家长对高中多样化特色发展的认识还是很有必要的，还需要进一步均衡并多方面推进高中多样化特色发展。

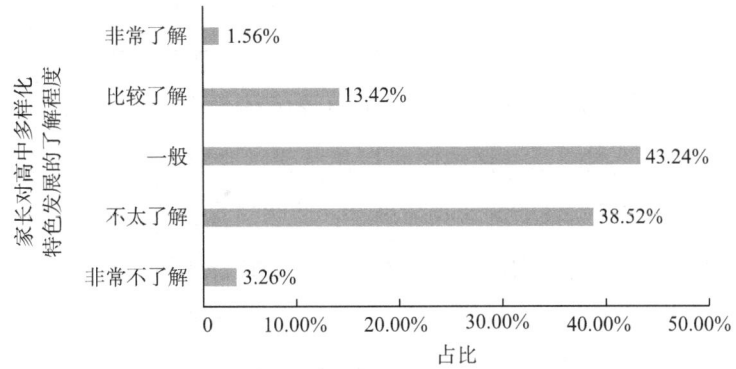

图16 家长对高中多样化特色发展的了解程度调查情况

2. 考试和招生制度改革

在对当前中高考和招生政策对孩子发展是否有利的调查中，如表12所示，分别有2.53%和2.51%的家长认为当前中考中招政策和高考高招政策对学生发展非常不利，有16.71%和22.40%的家长认为不太有利，认为比较有利或非常有利的分别占到39.18%和37.86%。

表12 当前中高考和招生政策对孩子发展是否有利调查情况

选项	当前中考中招政策对于孩子发展	当前高考高招政策对于孩子发展
非常不利	2.53%	2.51%
不太有利	16.71%	22.40%
一般	41.57%	37.22%
比较有利	35.33%	35.64%
非常有利	3.85%	2.22%

针对当前家长对于中、高考和招生政策的认知，对孩子就读学校隶属的不同区域、孩子就读的不同年级的家长群体的认识进行单因素方差分析，结果如表13所示。

表 13　不同主体对当前的中、高考和招生政策认知的
差异性分析情况（$P<0.05$ 为显著）

对当前的中、高考和招生政策的认知	显著性	
	区域	年级
当前中考中招政策对于孩子发展	0.000	0.170
当前高考高招政策对于孩子发展	0.000	0.275

由表13可知，对于当前中、高考中招政策对于孩子发展的影响，孩子就读学校隶属不同区域的家长群体之间存在显著性差异，孩子就读于不同年级的家长之间不存在显著性差异。具体来看，针对当前的中考中招政策对于孩子发展的影响，延庆、门头沟、经济技术开发区的家长认为对孩子比较有利，通州、丰台、大兴的家长认为对孩子影响一般；针对当前的高考高招政策对于孩子发展的影响，门头沟、延庆、朝阳的家长认为对孩子比较有利，怀柔、海淀、丰台的家长认为对孩子影响一般。

对于中考和招生制度改革，有61.84%的家长同意减少中考考试科目，69.78%的家长同意增加高中登记入学学校，59.76%的家长同意提高职业教育招生比例，61.43%的家长同意提高校额到校招生比例，61.69%的家长同意增加"1+3"试验招生学校，66.56%的家长同意提高综合素质评价在招生中的权重，60.47%的家长同意提高中考中音、体、美的比重。具体情况如表14所示，表明家长们对中考中招改革的内容的一些态度，这些态度对于推动中考中招改革具有参考价值。

表 14　家长对中考中招改革项目的态度调查情况

题目/选项	非常不同意	不同意	不确定	同意	非常同意
减少中考考试科目	156（2.70%）	666（11.55%）	1379（23.91%）	2593（44.95%）	974（16.89%）
增加高中登记入学学校	109（1.89%）	317（5.50%）	1317（22.83%）	2884（50.00%）	1141（19.78%）
提高职业教育招生比例	160（2.77%）	573（9.93%）	1588（27.53%）	2585（44.82%）	862（14.94%）
提高校额到校招生比例	194（3.36%）	564（9.78%）	1467（25.43%）	2565（44.47%）	978（16.96%）

续表

题目/选项	非常不同意	不同意	不确定	同意	非常同意
增加"1+3"试验招生学校	90（1.56%）	311（5.39%）	1809（31.36%）	2704（46.88%）	854（14.81%）
提高综合素质评价在招生中的权重	178（3.09%）	525（9.10%）	1226（21.26%）	2828（49.03%）	1011（17.53%）
提高中考中音、体、美的比重	232（4.02%）	704（12.21%）	1344（23.30%）	2548（44.17%）	940（16.30%）

对五点量表赋值，从"非常不同意"到"非常同意"分别赋值1—5，统计问卷数据得到表15。可见，增加高中登记入学学校的平均值最高，其次是提高综合素质评价在招生中的权重和增加"1+3"试验招生学校，平均值最低的是提高中考中音、体、美的比重，增加"1+3"试验招生学校的离散度最小，离散度最大的是提高中考中音、体、美的比重。

表15　家长对中考中招改革项目态度的描述统计情况

关于中考中招改革，您持何态度？	平均值	标准偏差
增加高中登记入学学校	3.80	0.882
提高综合素质评价在招生中的权重	3.69	0.966
增加"1+3"试验招生学校	3.68	0.846
提高校额到校招生比例	3.62	0.986
减少中考考试科目	3.62	0.983
提高职业教育招生比例	3.59	0.952
提高中考中音、体、美的比重	3.57	1.028

对于高考高招改革，家长对其态度如表16所示。有70.01%的家长同意提高强基计划招生比例，有56.69%的家长同意推行高中校长推荐制度，有67.56%的家长同意提高职业本科招生比例，66.97%的家长同意提高综合素质评价在招生中的权重，这一结果反映出大部分家长支持这些改革项目。

表16　家长对高考高招改革项目的态度调查情况

题目/选项	非常不同意	不同意	不确定	同意	非常同意
提高强基计划招生比例	82（1.42%）	400（6.93%）	1248（21.64%）	2945（51.06%）	1093（18.95%）

续表

题目/选项	非常不同意	不同意	不确定	同意	非常同意
推行高中校长推荐制度	272（4.72%）	877（15.20%）	1349（23.39%）	2379（41.24%）	891（15.45%）
提高职业本科招生比例	109（1.89%）	407（7.06%）	1355（23.49%）	2982（51.70%）	915（15.86%）
提高综合素质评价在招生中的权重	214（3.71%）	641（11.11%）	1050（18.20%）	2838（49.20%）	1025（17.77%）

如表17所示，对上述高考高招改革项目的描述统计发现，提高强基计划招生比例的平均值最高，并且离散度最小；其次是提高职业本科招生比例；平均值最低的是推行高中校长推荐制度，并且其离散度最大。

表17　家长对高考高招改革项目态度的描述统计情况

关于高考高招改革，您持何态度？	平均值	标准偏差
提高强基计划招生比例	3.79	0.876
提高职业本科招生比例	3.73	0.878
提高综合素质评价在招生中的权重	3.66	1.012
推行高中校长推荐制度	3.48	1.070

3. 普职融通

关于家长对职业教育与普通教育之间的关系的认识，家长态度的具体情况如表18所示。其中，关于初中毕业后有没有必要进行普职分流这一问题，有15.20%的家长非常同意不应分流，28.02%的家长非常不同意和不同意职业教育不必和普通教育融通，有53.79%的家长赞同所有普通高中都要开设职业教育课程，有67.94%的家长同意普通高中自愿开设职业教育课程，54.02%的家长认为只需综合高中和职业高中开设职业课程。

表18　家长对普职融通态度的统计

题目/选项	非常不同意	不同意	不确定	同意	非常同意
初中毕业不应普职分流	173（3.00%）	885（15.34%）	1313（22.76%）	2520（43.69%）	877（15.20%）
职业教育不必和普通教育融通	225（3.90%）	1391（24.12%）	1552（26.91%）	2053（35.59%）	547（9.48%）

续表

题目/选项	非常不同意	不同意	不确定	同意	非常同意
所有普通高中都要开设职业教育课程	172（2.98%）	1027（17.81%）	1466（25.42%）	2432（42.16%）	671（11.63%）
普通高中自愿开设职业教育课程	97（1.68%）	551（9.55%）	1201（20.82%）	3266（56.62%）	653（11.32%）
只需综合高中（指普通高中与职业高中融通的高中）和职业高中开设职业课程	121（2.10%）	716（12.41%）	1815（31.47%）	2562（44.42%）	554（9.60%）

可见，普职分流和在普通高中开设职业课程这一问题在家长群体内还没有形成相对统一的认识。

对以上内容进行不同区域、不同年级的单因素方差分析，结果如表19所示。

表19　不同家长对普职融通认识的差异性分析（$P<0.05$ 为显著）

题目/选项	显著性	
	区域	年级
初中毕业不应普职分流	0.228	0.233
职业教育不必和普通教育融通	0.000	0.793
所有普通高中都要开设职业教育课程	0.000	0.000
普通高中自愿开设职业教育课程	0.000	0.973
只需综合高中（指普通高中与职业高中融通的高中）和职业高中开设职业课程	0.000	0.267

从不同区域来看，关于职业教育不必和普通教育融通、所有普通高中都要开设职业教育课程、普通高中自愿开设职业教育课程、只需综合高中（指普通高中与职业高中融通的高中）和职业高中开设职业课程方面，均存在显著性差异。从年级来看，仅在关于所有普通高中都要开设职业教育课程方面，存在显著性差异，其中孩子就读于高二年级的家长在该内容的同意程度高于高一年级。

4. 高中多样化特色发展的需求与期望

关于如何构建高中学校发展格局，家长从保留示范高中、扩大优质高中资源、建设特色高中、建设综合高中方面表明了态度，具体结果如表20所示。

表 20　构建高中多样化特色发展格局举措统计

题目/选项	非常不同意	不同意	不确定	同意	非常同意
保留示范高中	89（1.54%）	291（5.05%）	462（8.01%）	3295（57.13%）	1631（28.28%）
扩大优质高中资源	57（0.99%）	159（2.76%）	548（9.50%）	3423（59.34%）	1581（27.41%）
建设特色高中	65（1.13%）	219（3.80%）	610（10.58%）	3359（58.24%）	1515（26.27%）
建设综合高中	52（0.90%）	247（4.28%）	1011（17.53%）	3235（56.09%）	1223（21.20%）

由表 20 可知，对于区域高中多样化特色发展格局，85.41% 的家长认同保留示范高中这一举措，发挥引领作用，有 86.75% 的家长认同扩大优质高中资源，如集团化办学、名校办分校等，有 84.51% 的家长支持建设特色高中，如人文高中、数理高中、科技高中、艺体高中、外语高中等，有 77.29% 的家长同意建设综合高中，打通普通高中与职业高中壁垒，将职业教育与普通教育融合。由此可见，扩大优质高中资源、保留示范高中、建设特色高中成为当前多数家长的共识，对于构建高中多样特色发展格局具有重要的启示。

对开放题"您认为应如何有效缓解家长教育焦虑？"的词云图（图 17）分析发现，家长们认为多沟通是有效缓解教育焦虑的重要举措，同时家长还希望能够从提高教学质量、高考制度改革、教育公平、教育资源均衡、提高师资力量等方面多多努力，自己也希望能够放平心态，多多了解情况，从自身的努力中逐步缓解焦虑。同时还有一部分家长认为自己不知如何缓解，在这方面可以通过家—校—社协同作用，有效实现家长教育焦虑的缓解和改善。

图 17　家长对如何有效缓解家长教育焦虑的措施词云图

四、结论与建议

（一）主要结论

1. 从家长角度看，"双减"落实的关键因素第一位是课堂教学质量的提高，其最大难点在于考试招生制度改革，收到成效的标志是校内教育教学质量得到提升

调查显示，在列出的有关"双减"落实的11个因素中，平均综合得分第一的是课堂教学质量的提高，表明家长对"双减"的认识不是停留在减轻作业负担和校外培训负担层面，而是对学校课堂教学质量提高的期待。这一点与在"双减"收到成效的标志的8个因素中"校内教育质量得到提升"平均综合得分第一是一致的。也就是说，家长关注的是学校课堂教学质量，负担与质量紧密相关，恰如一枚硬币的两面，若想减轻负担，就需提高质量，反过来，提高了质量，就是减轻了负担。这里的负担不仅仅是量上的概念，更重要的是质上的概念，也是生理和心理的概念；质量不仅仅是结果上的体现，也是过程的体现。因此，"双减"政策落实本质是高质量发展过程，最终是要满足家长对高质量教育的需求。在这一过程中，家长认为在列出的9个难点因素中，平均综合得分第一的是考试招生制度改革。这与校长问卷和教师问卷的结果都是一致的，表明家长对考试招生制度改革有一定的了解，认识到其相比于提高课堂教学质量、校外培训机构治理等难度更大。可以说，校长、教师和家长在这一点上的共识，客观上对推进考试招生制度改革是有利的，只要实事求是、稳妥推进，即使出现一些问题和阻碍，也是能够得到全社会的理解和支持的。

2. "双减"背景下，近六成的高一、高二学生没有参加学科类培训，近四成的学生学业负担比较重，学业负担随着年级升高而加大，城区学生的学习投入高于郊区学生

虽然"双减"是针对义务教育阶段的，但在校外培训机构的治理上，高中学段的校外培训机构也受到了影响。从调查数据上看，全市抽样的5768名高一、高二年级学生家长中，有59.59%的家长表示孩子没有参加学科类培训班，57.61%的家长表示孩子不存在参与校外学科类培训的时间。从这2个问题的回答中可以看出调查结果相接近，表明高中一二年级的学生中近六成的学生没有

参加学科类培训。巧合的是，有41.78%的家长认为孩子的学业负担比较重或者很重，其中认为孩子学业负担很重的占比为2.88%。通过对问卷中的"孩子晚上几点睡觉""学业负担如何""每周参加几个学科类培训班""每周参加校外学科培训时间"等因素的相关性分析发现（表21），它们两两之间存在正相关，即睡觉时间越晚、参加校外培训班数目越多，时间越长，则学业负担越重。这一点正好能说明调查数据上的巧合性。此外，通过调查发现，高二年级学生晚上睡觉时间比高一年级要晚，参加校外学科类培训的数目和时间要多，相应地高二年级家长认为学生学业负担也比高一年级学生要重。

表21 学业负担四因素相关性分析

学业负担	相关性分类	目前您的孩子晚上大概几点睡觉？	您孩子的学业负担如何？	您的孩子每周参加几个学科类培训班？	升入高中以来，您的孩子每周参加校外学科类培训大概多长时间？
目前您的孩子晚上大概几点睡觉？	皮尔逊相关性	1	0.306**	0.122**	0.129**
	Sig.（双尾）	—	0.000	0.000	0.000
	个案数	5768	5768	5768	5768
您孩子的学业负担如何？	皮尔逊相关性	0.306**	1	0.128**	0.143**
	Sig.（双尾）	0.000	—	0.000	0.000
	个案数	5768	5768	5768	5768
您的孩子每周参加几个学科类培训班？	皮尔逊相关性	0.122**	0.128**	1	0.803**
	Sig.（双尾）	0.000	0.000	—	0.000
	个案数	5768	5768	5768	5768
升入高中以来，您的孩子每周参加校外学科类培训大概多长间？	皮尔逊相关性	0.129**	0.143**	0.803**	1
	Sig.（双尾）	0.000	0.000	0.000	—
	个案数	5768	5768	5768	5768

**.在0.01级别（双尾），相关性显著。

此外，高中学生学业负担区域差异显著，城区学生的学习投入高于郊区学生。通过对学生就读学校隶属的区域、就读的年级、家长的文化程度和职业的角度来统计，在孩子晚上的睡觉时间、每周参加学科类培训班的数目和时长、学业负担等方面均存在显著性差异。高中学生睡觉时间较晚的区域依次是：东城、西城区、石景山、燕山、经济技术开发区、海淀、朝阳。通过对不同区域高中学生的睡眠时间、参加培训班数量、学业负担比较分析发现，城区高中学生的睡觉时间晚于郊区学生，城区学生参加培训班数量多于郊区学生，城区学生学业负担重于郊区学生；生态涵养发展区学生的睡觉时间较早，培训班数量较少，高二年级学生的学业负担高于高一年级学生。这与前期项目组入校访谈的结果基本一致，城区学生的学习投入高于郊区学生。

3. 家长对孩子在校学习、生活及未来发展规划了解程度不够，且区域间存在显著差异

高中阶段是学生"三观"形成的关键时期，养成良好的亲子沟通习惯非常重要。调查表明：在亲子沟通方面，一方面存在亲子沟通不畅，家长对孩子的兴趣爱好及喜欢的学科了解不够的情况；另一方面，对孩子的升学期待较高，调查显示82.56%的家长期望自己的孩子可以进入"985工程"或者"211工程"建设高校，有13.16%的家长希望孩子进入一般本科院校，升入职业本科院校和高等职业院校的比例只有1.32%。这样的升学期待显然是不理性的，不合理的升学期待是导致家长焦虑、学生压力大的主要原因之一。家长需要对孩子学习有较为深入的了解与分析，能够结合学生的学业水平和发展倾向，合理规划其未来发展方向。不同家长对于孩子的在校学习生活、喜欢学科、优势学科、兴趣爱好、亲子沟通、高考选科、未来规划及对孩子现状满意度等方面，区域间均存在显著差异，而且孩子父亲或母亲之间也存在显著差异，尤其是对于孩子喜欢的学科、孩子的兴趣爱好及孩子的高考选科这3个选项上，不同区域、不同亲属关系、文化程度、职业等均存在显著差异，这也意味着高中学生家长对孩子学习的现状及未来发展规划有待加强。

4. 近四成家长对高中多样化特色发展不太了解，并且不同区域存在显著性差异，其中生态涵养发展区家长对其了解程度好于功能核心区

调查发现，有38.52%参与调研的高一高二学生家长中对高中多样化特色发展不太了解，3.26%的家长对此非常不了解，可见家长对国家和市（区）多

年来提出的这项高中发展政策知晓率还有待进一步提高，同时也说明在推进此项工作中，还需加强对家长和社会更加广泛的宣传。进一步分析发现，不同区域的家长对这一政策的了解程度存在差异，了解程度较高的是燕山、昌平、密云、延庆，了解程度较低的是大兴、平谷、通州、怀柔。从图18可以看出，生态涵养发展区的家长对高中多样化特色发展的了解程度最高，首都功能核心区的家长对此了解程度最低，并且它们之间具有统计学意义上的显著性差异。家长对高中学校的教育教学等情况非常满意和比较满意的情况，如高考成绩（80.62%）、教学质量（89.87%）、师资水平（89.77%）、校风校纪（93.51%）、课程活动（87.36%）、食堂伙食（71.75%）、特色教育（80.13%）、办学理念（90.14%）、校园环境（92.06%），总体上较好，但是对特色教育、食堂伙食等评价偏低，特别是家长对学校特色教育不清楚的占16.61%，是家长对上述各方面不清楚比例最高的一个方面。这表明，家长对高中学校特色发展的了解不够充分，大多数家长关注的还是学校的教学质量、高考成绩、师资水平等。

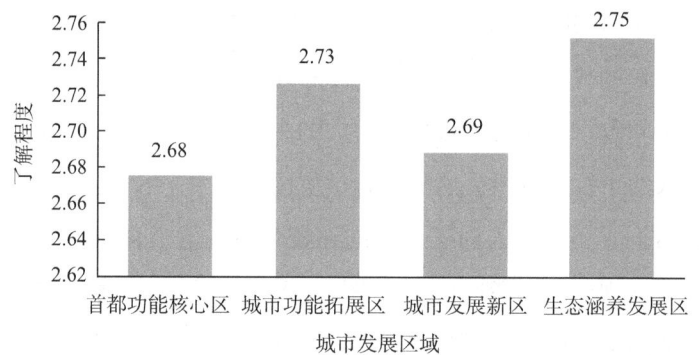

图18　不同城市发展区域家长对高中多样化特色发展的了解程度

（二）政策建议

1. 提高课堂教学质量，做好"双减"之后的初高中衔接

从家长对"双减"落实的关键和收到成效的标志的认识看，最重要的一条是提高校内教育教学质量，特别是课堂教学质量。从"双减"后高中学生近六成学生没有参加校外学科类培训看，高中学校要积极应对"双减"后的这种变化，着力提高课堂教学质量，尤其要关注义务教育"双减"下的学生学习基

础和学习能力，充分利用学生在校时间，回应家长对校内教育质量的期待。当前，北京市高中学生入学方式多样，生源结构呈现多元化特点，对高中教育教学提出了新的挑战。首先，学校需要注重学校分层分类课程设计，加强学生发展指导，学生社团建设，不断提高学生分类培养水平，特别是学生在义务教育阶段养成的兴趣特长爱好能够在高中阶段继续发展下去，成为学生个性发展的重要内容。其次，加强初高中课程衔接，关注每一位学生的学习基础和兴趣特长，做好学生从初中到高中学习生活的过渡，加强学法指导和个性化辅导，打好学科知识基础。再次，加强学生初高中心理衔接，系统规划设计初高中学生发展指导课程，关注学生进入高中学习生活的心理调适，指导学生做好学习规划和选考选课，帮助学生尽快适应高中学习生活。

2. 加强亲子沟通，帮助学生科学合理规划未来发展

良好的亲子沟通有助于孩子受到良好的家庭教育，得到父母的指导和帮助，也有助于家长了解孩子的兴趣爱好特长和真实想法，从而根据孩子实际为孩子成长指引方向。首先，通过家长委员会、家长学校和社区、妇联、中国关工委[①]等组织和部门开展家庭教育相关知识、方法、案例的培训、讲座、沙龙等，掌握亲子沟通的技巧和方法，让家长学会如何和高中学生进行交流沟通，提高家长的家庭教育水平和能力，建立良好的亲子关系和和谐的家庭氛围。其次，通过家长、学校、家访、家长会等不同渠道，向家长讲解高考高招政策和国家、社会人才需求形势，引导家长从孩子实际出发，制定切实可行的发展目标和学习规划。再次，推进普职融通，市区教育主管部门和相关部门可联合建立职业教育体验基地，在家长学校和家庭教育指导上增加职业体验内容，在初高中开设职业教育选修课程，为家长和学生提供职业教育和就业政策与形势等咨询服务。

3. 加强家校沟通合作，提高家长对高中多样化特色发展的认知

调查显示，高中家长对高中多样化特色发展的了解还不够充分，对学校的教育特色也不十分清楚，这些都会影响到家长与学校之间在教育观念、培养

---

① 中国关心下一代工作委员会，简称中国关工委。

模式、人才观、质量观上的差异，也不利于学校和区域推进高中多样化特色发展。因此，加强家长与学校间的沟通交流，不仅是家、校、社教育协同的需要，也是推进高中多样化特色发展的重要措施。首先，区域和学校，要加强学校特色建设，构建高中多样化特色发展格局，通过多种渠道向家长和社会宣传报道高中多样化特色发展的成果和经验，让家长了解并参与到高中多样化特色发展建设之中。其次，通过家长学校和定期家长会、家访等活动，指导家长提升家庭教育能力，转变家长育人理念和人才观念，缓解教育焦虑，指导家长为孩子做好学业和生涯规划。再次，完善学校家长委员会机制，发挥家长委员会在学校发展和日常管理中的作用，学校利用家长和社会资源，深化家校合作，形成家校合力。

4. 因地制宜，因校施策，促进高中多样化特色发展更加平衡

由于区域不同，高中家长对"双减"落实的关键因素和难点，对高中多样化特色发展的认知存在差异，高中学校在高考成绩、教学质量、师资水平、课程活动、特色教育等各方面也存在差异。这些说明区域之间高中学校多样化特色发展不平衡，因此需要区域和学校立足实际，因地制宜、因校施策，提升办学水平，形成多样化特色发展新格局。首先，区域和学校需分析家长对高中学校在各方面的满意程度的深层原因，分析区域和学校发展的优势和不足，以问题为导向，聚焦高中育人方式改革，补齐发展短板，促进高中内涵发展。其次，通过考试招生改革，引导家长和学校共同推进高中多样化特色发展。通过增加高中登记入学学校、提高综合素质评价在高中招生中的权重、提高强基计划招生比例等措施，引导家长合理选择适合学生个性发展的高中学校，促进高中学校根据学生需求和学校自身优势发展学校教育特色。再次，市（区）教育主管部门科学制定高中教育发展规划，在保留示范高中的基础上，通过集团化办学、名校办分校等途径，进一步扩大优质高中资源，出台包括综合高中建设在内的特色高中建设方案和认定标准，推动北京市普通高中教育高质量发展。

"双减"背景下普通高中特色课程建设的现状分析

北京教育科学研究院　黄晓玲

普通高中特色课程内涵和外延逐步明确、范围空间相对扩大，进一步彰显学校课程自主权，有利于发挥学校主体性和创造性，促进开放灵活、关联更为紧密且连续的特色课程建设，为学生发展提供更多可能。当前普通高中特色课程在内容领域、结构体系、呈现形态、育人功能、开发机制、实施方式、管理评价方面呈现相应的特点。

一、内容领域广泛，体现学生、学科、社会发展之需

《普通高中课程方案（实验）》提出学习领域、科目、模块3个层次，语言与文学、数学、人文与社会、科学、技术、艺术、体育与健康和综合实践活动8个学习领域构成的课程设置，成为学校特色课程内容领域划分的基本参照，同时延续普通高中选修课（包括学科类和活动类）的分类，当前普通高中学校特色课程内容除覆盖该方案中的课程领域外，还包括德育类、创新类、特色类等更多体现学生需求和社会发展要求、学校育人特色的课程，在具体内容上更突出时代性、综合性、实践性和选择性。

例如，北京交大附中在幸福教育（"让学生在成长中体验快乐、让教师在成功中体验幸福"）理念引领下，围绕"感恩重责、阳光包容、博学笃行、健康雅趣"育人目标构建"幸福教育"课程体系。幸福课程由德、心、智、美4个素养领域构成，分别可以增进学生社会阅历、丰富文化内涵、陶冶人文情怀、淬炼优秀品德；帮助学生强健体魄，培育阳光心态、增强运动技能，使学生善于自我调控；激发学生创新思维，提升科学素养，开发多元智能，感悟科学精神；学习美、体验美、欣赏美、发现美、创造美、传承美。设置公

民社会、审美艺术、健康生活、文学社科、科技创新五大学习领域，每个领域分为基础课程、拓展课程、研究课程3个具体层级。其中，拓展课程又包含4种类型：学科知识的拓展和延伸、新兴学科知识的拓展、交叉学科知识的拓展、学科知识的应用实践，涵盖学科、活动及项目、实践等不同学习内容。

北京密云二中以"止于至善"办学理念为引领，落实"品德高尚，学业精良，面向未来，有为担当"育人目标，将校训"厚德、博学、善思、笃行"作为一条主线贯穿所有课程建设的出发点和归宿点，纵向设置三级立体课程：面向全体、促进学生全面发展的基础课程；面向分层分类、满足学生志趣多元的拓展课程；面向个体、激发学有优长的研究课程。横向设置语言与人文、数学与逻辑、科学与技术、体育与健康、艺术与修养、体验与探究6个领域，从传承与发展、思维与方法、审美与鉴赏、整合与重构4个维度构建拓展课程，从潜能与发展、实践与创新两个系列构建研究课程，统筹国家课程选修内容和校本课程，建立必修课与选修课的课程连续体，同时满足学生分层分类、志趣多元的发展需求。

二、注重结构化、体系化建设，凸显课程整体育人

特色课程发挥在落实立德树人根本任务和完善五育并举全面培养体系中的突出作用，需搭建结构，形成体系，克服碎片化、随意性、交叉重复和割裂等问题。普通高中学校围绕育人目标核心素养框架，明确内在依据和内容选择原则，构建结构合理、层次清晰、内在贯通、逻辑自洽的特色课程体系。从学校实践看，结构化、体系化建设重在4个方面：一是体现课程的横向连接，即注重课程及内容的广泛来源，突破课程边界，建立学科知识、社会实践与学生生活的联系，丰富学生学习体验；二是体现课程的纵向衔接，确保不同学段、年级学生在某一学习领域、方向上的持续学习和发展；三是体现课程的目标关联，确保不同领域、形态、环境课程的相互呼应，以实现整体育人价值；四是体现课程的进程灵活，即课程内容与师生、时间、空间、资源、条件等教育要

素的优化配置、统整安排。

清华附中为实现特色育人目标,开发综合课程、领导力课程和学生自创课程3个系列特色课程。综合课程重在科技与社会、人文与艺术、运动与健康三大领域,突出以真实问题为出发点,以多学科交叉综合为基本特征的课程,它以真实的问题为研究对象,以多学科知识为理论基础,培养学生综合运用跨学科知识解决实际问题的能力,体会不同学科之间的联系。领导力课程包括个人与目的超越、沟通与人际关系锤炼、行为与变化超越三大部分,是按照学生年龄层次的不同,设置不同主题的阶梯式课程。有针对以合格中学生为标准而设置的素质养成课程、生涯规划课程等;有以学生兴趣和特长为导向,以培养学生的团队意识和领袖责任为目标而设置的领袖训练营课程、模拟联合国课程等;有以培养学生的探索精神和创新精神而设置的创造类领导力课程,包括大型项目研究中的社团建设和发展、重大比赛的策划和组织等。学生自创课程在于给拔尖学生提供研究个人所擅长的领域和展示个人专长的平台,锻炼学生组织素材、语言和课堂的能力;基于"学生教、学生学"这种新形式课程,让学生自主选择教/学的领域和内容,从而促进学习方式的多样化,发展学生自主获取知识的愿望和能力。

北京一零一中矿大分校在全面育人的基础上,构建了"课堂教学引导、道德情操塑造、校本课程启迪、竞赛课程激励、社团活动拓展、校园文化熏陶、社会实践培育"全员科技教育育人体系,建立起跨学科、多层次的涵盖"必修+选修+活动+竞赛"的科技课程体系和完善的课程评价方案,形成基础型课程、研究型课程、拓展型课程、竞赛型课程四大类进阶式学习策略模式,确立了立足于全体学生的"科技英才培养项目""全国STEM教育种子学校"等个性化培养,立足于"中国科学院国家天文台'大创计划'培养基地校"的一体化培养,立足于"北京市科技后备人才早期培养基地校"的精英化培养相结合的立体培养模式,通过"小高英才培养项目",将创新人才培养下延至小学高年级学段,实现"小初高一体化"创新人才培养,特色课程支撑学校特色发展的效果日益显现,学校成为新品牌学校。

三、呈现形态多样，彰显学校活力与特色

特色课程作为学校课程最有活力的组成部分，经过规范、丰富、结构化的发展，呈现出多种样态，在丰富学生学校生活、增强学校育人活力中发挥重要作用。当前普通高中学校特色课程呈现4种层次性的样态。一是满足学生多样性学习需求的门类特色课程，即以学科、活动、主题、项目、社团等为载体形式的独立门类课程，此类特色课程突出内容和形态的创新，如学科类突出学科前沿、学科实践，非学科类多以跨学科主题学习、综合实践活动、项目课程等形态出现；二是彰显学校育人特色或学科（领域）优势的特色课程群，该形态以课程群的方式呈现一类、一组或一个领域的特色课程，课程之间相互关联和支撑，为学生的选科学习、职业体验、创新研究等提供特定方向上的支持；三是基于特定核心素养的三级课程一体化的课程连续体，该形态一般以学科必修为基础，打通必修、选修、个性发展课程的边界，覆盖某一学科方向的课内外、校内外相关学科知识、活动和学生经验等不同课程内容，为不同水平的学生提供联系性的课程选择；四是支撑学校特色发展的结构化特色课程体系，将学校不同领域、形态，以及年级、学段的特色课程体系化呈现，并与国家课程关联、相互补充，共同支撑学校育人目标。

北京市第六十五中学在"和美教育"的文化理念引领性下，建设"三进阶、四中心、五领域"和美特色课程体系。"三进阶"是指根据课程的难易程度和关联程度，将全部课程划分为基础必修型、拓展选修型、探究精修型3个阶次，满足不同类型学生和学生不同发展阶段的需要；"四中心"是以首都"四个中心"城市功能定位为指导，参考加德纳多元智能理论和《中国学生发展核心素养》总体框架，突出科技、文化、政治、国际4个课程发展方向；"五领域"是指按照内容主题的不同，将学校全部课程划分为人文与社会、科学与技术、艺术与审美、生活与健康、国际理解与交往5个领域。整体课程结构合理、内容丰富、整体育人，具有全面性、整体性、人文性和可选择性。师生在"和美"特色课程中共同经历与成长，追求知行合一、学以致用，追求内涵修养丰富与外在气质优雅的和谐，追求在课程的学习过程中自然生成、

多元共存、师生共进的境界。

人大附中分校在特色课程建设中突出构建学科课程群和探索多样态的课程统整。基础教育的学科课程更具国家法定性和强制性，以学科课程形态存在的国家课程是学校课程系统的核心构成。当培育学生核心素养成为基础教育课程改革新的目标追求时，将单门课程发展为课程群就成为学科课程提质增效的重要途径。依据《普通高中课程方案（2017年版2020年修订）》的规定，学校已形成了语文、数学、英语、思想政治、历史、地理、物理、化学、生物学、信息技术、通用技术、艺术、体育与健康13个学科课程群，成为学校落实国家课程的重要载体。在做强、做优学科课程群，保障学科核心素养落地的同时，依托经年累积形成的丰富活动资源，学校积极探索不同样态、各有特色的课程统整。一类是基于不同关注点实现统整的特色课程开发，包括基于学科知识统整的跨学科主题课程、基于真实问题解决的跨领域探究课程、基于学习方式多样化的学科实践课程；一类是基于多样课程形态创新组合的融合课程群建设，包括社会生活需求导向的融合课程群、主体活动经验本位的融合课程群。

四、育人功能多元，丰富学生学习与成长体验

课程的本体功能在于选择、传承文化并培养人，特色课程作为以学校为主体统筹的课程，兼顾学生需要、地域需求、学科建议和学校特色，为学生提供多样化、可选择的学习支持，其功能相对于国家课程主要表现在拓展、补充、提升3个方面。对学生而言，引导和促进其自主、个性健康发展；对教师而言，突出教师课程意识、课程能力、课程经验等的整体提升；对于学校而言，彰显育人价值和办学特色。在此基础上，当前普通高中特色课程还特别突出以下功能：一是育德功能，即通过德育活动课程化和发挥课程促进学生知情意行统一发展的功能，发挥特色课程全员、全程、全方位育人作用；二是体验功能，即通过特色课程不同于学科课程的内容和多样化的学习形式，增强学生对知识、活动的体验，丰富生活经验和成长经历；三是探究功能，即通过特色课程为学生提供发现和发展个人兴趣的机会，使学生发现自己是否具备从事某些活动的

才能和热情，发现更多成长可能；四是交往功能，即通过特色课程的多样形态和灵活的实施形式，发挥交往学习、团队学习、小组合作学习等的功能，提升学生的交往与沟通能力；五是专业化功能，即学生通过特色课程熟练掌握某领域或专业方向所要求的内容，如研究类课程、大学先修课程等。

北京市玉渊潭中学基于国家人才培养要求及学校育人目标，以整合的思想，从整体性、均衡性、多样性、选择性、独特性等角度，突出学校课程特色，整体设计课程结构，形成了目标激励、人格养成、能力构建的"三位一体"课程理念，建立了以人生规划教育为主线，适合学生兴趣、特长和职业发展倾向的多样化、多层次的课程体系。重点建设以下4类课程：基础性课程（基础素养课程和学科基础课程）、职业素养课程（6个领域共13个学科的延伸课程）、创意设计课程（研究性学习、社团活动、项目策划、实践活动等）、人生规划课程（职业体验、职业能力拓展）。注重课程对学生潜能的激发和人生发展规划的引领，以规划教育为课程主线，在基础素养课程和学科基础课程的基础上，设计职业素养与人生规划两大课程群，为每一位学生提供能使其潜能充分发挥、个性全面发展的教育条件和教育机会，引导学生以自己为主体，将个性与潜能结合、个性化知识与未来发展意向结合，最大限度地挖掘自身潜能，培养核心素养、提升综合素质。

北京亦庄实验中学为了全面实现学科课程体系完善、教师更快更高成长、学生劳动素养和学科核心素养长足发展的三重目标，以劳动教育培养目标及树德、增智、强体、育美的综合育人价值为导向，以搭建课程结构，统整课程类型，开发课程资源，梳理课程内容，尝试多维度、综合性实施，建立发展性、质性评价方案等实践探索为载体，构建了"基础类＋拓展类＋研究类"三级并行联动的劳动课程结构。课程实施通过基础类课程，全面培养学生的劳动素养和学科核心素养，通过拓展类课程提升学生的创新劳动能力和学科关键能力，通过研究类课程拓展学生的劳动价值观念和专业研究能力。课程结构趋于完善和学科功效的充分发挥，使课程化的劳动教育愈来愈具有生命力，学生在融通开放的课程环境中探索、体验、实践、学习、创造、收获，走向未来。

五、教师团队协作为主，持续发展机制逐步优化

从普通高中特色课程的发展看，"新世纪基础教育课程改革"之前主要是根据学校条件选择开设国家、省市开发的选修课程；新课程改革中确立学校课程（校本课程）为独立课程类型后，学校为突出育人特色，选用课程相对较少，以校内新开发为主。从特色课程开发方式和迭代发展路径看，当前普通高中特色课程开发：在开发类型上，学科类特色课程参照课程标准要求和教师已有教学实践进行改编、丰富和完善，非学科类课程侧重新开发，改编、选编、选用或引进的较少；在开发起点上，基本突破"有什么开发什么"的资源瓶颈，从以教师、资源角度出发走向回应学生需求与彰显学校特色；在开发主体上，从体现教师个人优势为主走向教研组、学科组团队协作，部分学校引入校外专业人员，初步形成协同治理的开发模式，但校际之间、区域之间合作及共建共享较少；在开发规范上，学校和教师较为侧重开发技术和流程规范，课程定位、价值，以及内容选择、结构论证不够。同时，实践中部分特色课程存在被学生"淘汰出局"、多年重复无更新、师资难以接续等问题，特色课程的优化发展、持续迭代需引起学校重视，并进一步建立和完善持续发展机制，通过规范的审议、诊断、评估等制度，以及条件等的优化配置，保障特色课程的持续发展。

首师大附中运用系统思维进行发展指导课程的体系化开发与建设，以学生当前和未来人生面临的双发展任务为出发点，通过指向核心素养的"六力"课程（规划力、领导力、创新力、学习力、文化力和健康力）的实施，提升解决人生发展任务能力为落脚点设计课程内容。发展指导课程应有清晰的课程目标和系统化的课程架构。学生发展指导教育不同于学科教育，它的授课形式和学习形式需要更多真实情景，需要更多人与人之间的接触与信息互动、需要更多聚焦某一问题更深层次的思辨，使课程短期目标与长期目标相结合、课程显性课程与隐性课程相结合、面向全体与针对个体相结合。同时统整三大资源，在专业教师团队、社会支持和家校合作中拓展发展指导教育的宽度，使发展指导教育成为"三位一体"理念上的系统性工程。学校建立了"学校—家庭—社会"

合力共育的发展指导育人模式。校家社"三位一体"教育格局中，学校引领是指设计发展指导课程三方合作模式；家庭助力是指家校积极合作共建，让家长形成正确的学生长远发展教育观念；社会支持是指社会优质智力资源对家校教育形成重要互补与强化。三者之间信息、资源、能量相互流动和接力，形成了育人的源头活水和灵动有趣的载体，让学生愉悦地实现自我发展和成长。

清华附中大兴学校建立国家课程、校本课程、学生社团、学校活动、家校协同、MOOC"六位一体"课程，以及学校与教师、清华附中本部、家校委员会、高校、少年宫、科技企业"六方资源"的科技教育模式，深度贯彻课程标准，将国家课程进行项目式学习与STEAM实施。搭建整体化、系统化、多样化的科技课程资源，针对拥有不同科技素养基础和兴趣的学生，通过科技教师指导，合理选择校本选修课程。通过社团自主化的实施，进一步使慕课稳定化、家校协同创新化。借助家校沟通，一方面让家长了解学生在校的学习情况，指明学生的发展路径；另一方面可以了解家长可以提供的资源，利于学生整体发展。以学校特色为背景，教师专业方向为基础，融汇清华附中一体化学校资源，借力区级少年宫培训，调动家校委员会力量，积极创建科技企业联系网，拓展高校合作机制。

六、实施方式灵活多样，质量保障体系初步建立

由于特色课程主要由学科教师在校内完成，当前普通高中特色课程实施：一是以课堂教学为主，活动、项目、实践等形式逐步引入并灵活开展；二是以教师主导的教与学为主，学生学习的自主性逐步增强，学习方式的多样化和深度学习受到重视；三是以单门课程的独立实施为主，领域或多门课程的协同较少，课程之间的关联有待体现；四是以校内资源支持为主，"引进来""走出去"和利用的校外资源相对有限。从质量保障角度而言，较为注重教师教学课时的完成和学生学习过程性记录，对学生素养评价指标、教师教研跟进、学习效果追踪与数据分析等的关注和推进还不够。要实现特色课程预期目标，需要进一步建立质量保障体系，引导教师转化课程目标为学生学习目标，激发学生学习

自主性;加强实施过程中的教研跟进和学习诊断,丰富学与教的方式,拓展实施路径;加强对学生素养的评价和引导,加大对教师专业发展的支持;整合校内外多种资源,突破学习的时空限制。

北京市陈经纶中学分校"博物馆+"特色课程在实施中突出学与教方式的创新。一是发现式学习——挖掘学科认知的"深度"。强化学科内知识整合,加强博物馆资源与学科课程的联系。学生通过参观博物馆得到参考和学习,再结合学科知识,提出自己的学科研究性学习问题,通过自主发现、论证的学习过程,验证自己的科学猜想,在这一过程中获得对学科知识的深度认知。二是综合问题式学习——延展主动发展的"宽度"。强化多学科知识融合,倡导"做中学"。在这种学习过程中,教师要引导学生走向学科融合,从学科实践和综合社会实践等角度展开多形式的研究性学习,使学生实现"宽"向发展目标。三是体验感悟式学习——引领价值体认的"厚度"。在"博物馆+"的实施中,加强知行合一、学思结合。学生体验不同场域的典型博物馆,再结合京味儿文化背景,展开以中华优秀传统文化为特色的研究性学习,加深有积极意义的价值体验。四是主题学习——搭建学习过程的"梯度"。在"博物馆+"主题中,强化博物馆课程协同育人功能。学生们对同一主题下的多个具体内容按照不同分类进行自主研究,使之形成比较完整的研究方法和信息链条,从而在主题学习中梳理思维脉络,把握精髓,并发现主题文化所蕴含价值追求。五是"云"学习——体验网络学习的"多维度"。借助"云设备",倡导"用中学",强化学习的探究互动。在新冠感染疫情期间,引导学生利用"云游博物馆"展开自主研究性学习,在学习过程中不仅能够丰富学生学习资源,还能够实现更多的活动式体验,提升网络操作水平,在学习中有更多收获。

北京市第八中学在特色课程建设中联系社会专业机构,每学期开展学校自我诊断活动。诊断分为"基础诊断""专项诊断""定制诊断"3项内容,基础诊断包括教学、资源、安全、同伴、教师、文化、课程、组织与领导等8个方面;专项诊断包括教育教学、喜爱活动及场所、同伴关系、班主任、导师、教师专业成长、文化、学校领导力、年级、学科和处室等12项内容;定制诊断根据学校要求进行专项诊断。诊断数据采集精准、处理分析科学及时，干部师生各自参考本人数据，进行自我观照分析。通过学校各个层面侧面主体照镜子一样的"自我诊断"，促进了学生学习的自诊、自治、自成，促进了教师对教学的自觉、自醒、自校，促进了学校的自检、自纠、自善，极大激发了学校各发展主体的自主发展意识，提升了自我修正能力。

七、建立规范管理机制，常态化运行较为成熟

因为普通高中学校多年开设选修课程的良好基础，其已和区域建立较为规范的特色课程管理机制。教师层面，教师已基本掌握课程开发流程和技术，可以形成课程要素完备的课程纲要并提交学校审议；课程实施参照区域和学校课时安排及学分认定有序开展。学校层面，制定课程规划（开发）方案，对特色课程开发、实施、管理、评价、资源等进行整体规划；成立学校课程审议委员会，对教师提交的课程纲要进行审议，并提交区域教育主管部门备案和备查。区域层面，教育主管部门加强对学校特色课程开发与实施的管理和指导，一方面引导课程开发方向，督促实施规范；另一方面建立校际交流和共享平台，加强区域共享课程资源建设，凸显区域优势和特色。

首师大附属育新学校探索扎根校情、科学合理的管理形式，成立了学校课程建设发展委员会，下设六大中心。该委员会由校长牵头，承担着学校课程建设的决策权与监督权，课程指导中心为龙头，与教师研修、学生管理、科技、艺术、体育五大中心协同研发小初高一体化课程。学校采取保持行政班，选考学科走班模式，高中各年级基于"学生兴趣、能力、职业倾向、学业成绩自我评估""高校专业选考科目要求、向往职业的能力、专业要求、心仪大学与选考科目相关信息收集与分析""家长学生指导、学科学业指导、初步预选调研、学生座谈后初步预选""综合多方面因素，做出理性选择"4个步骤，结合年级具体情况组织走班选课。为满足学生选修课学习需要，学校制定选修课管理制度，成立选课管理组与教学管理组，保证课程有序有效落实。

北京九中分校是北京九中教育集团核心成员校之一，以"固本鼎新，和

合共生"的核心价值理念，积极探索幼小初高一体化发展模式。在德育方面，打造幼小初高一体化育人体系，力图在核心价值观、传统文化、行为习惯、生态文明素养等方面打造集团学子特质。在学科课程与教学方面，努力构建垂直整合的学科课程体系，尤其关注学段衔接，以期实现人才培养的无缝衔接，同时积极推进跨学科教学，力图打通学科和学段壁垒，全方位提升综合育人水平。坚持"五育融合"，与时俱进，不断丰富课程内容、优化课程结构、创新课程实施、深化课程评价，彰显德育实效、提升智育水平、重视体育锻炼、增强美育熏陶、强化劳动教育。充分发挥课程整体育人功能，重视社会主义核心价值观、社会主义先进文化、革命文化、中化优秀传统文化、国家安全、生命安全与健康等在课程中的有机融入；关注跨学科综合学习、主题化学习及项目式学习；关注小初高衔接，探索跨学段垂直整合；关注学生生活世界与学习世界的整合，创新实践活动课程等。

第三篇
对策与建议

分类培养:"双减"背景下普通高中育人方式的实施策略

北京教育科学研究院 殷桂金

2021年7月,中共中央办公厅、国务院办公厅印发《关于进一步减轻义务教育阶段学生作业负担和校外培训负担的意见》(以下简称《意见》),旨在从根本上解决教育发展不平衡问题,这是治理教育生态、促进教育公平、构建教育高质量发展新格局的有效举措。"双减"政策作为基础教育改革的一项系统工程,尽管对高中阶段教育没有提出明确要求,但高中教育在国民教育体系中具有承前启后的作用,承担着"分流"与"选拔"的职能,对义务教育具有重要的引导作用。推行"双减"新政,不能为减负而减负,一定要坚持目标导向,要与培养什么人、怎样培养人联系起来,与教育的高质量发展同向同行[1]。如果说义务教育作为强制性的基础教育更多地强调统一和基础,那么高中教育则是更高水平的因材施教的现代化教育,需要更多地尊重学生的个性发展,培养学生的综合素质与能力。高中阶段的教育不仅是对义务教育成果的巩固提升,更是满足高校和社会对专业人才需求的重要环节。高中教育必须肩负起促进学生终身发展的使命,改变单一的应试教育模式,通过培养模式多样化满足学生多元化发展的需要,为学生升入大学乃至走向社会奠定良好的基础。"双减"背景下,如何实现初中教育要求与高中育人方式的有效对接,推进基础教育改革的系统性、整体性和协同性发展,是高中阶段教育不容回避的问题。

一、"双减"政策要求与高中育人方式变革导向具有内在一致性

从"双减"政策实施的背景来看,义务教育阶段学生过重的作业负担和校外培训负担源于学校、家长及学生的"焦虑",这种"焦虑"包括对中高考的"升学焦虑"和对孩子未来发展的"职业焦虑"。调查显示:"双减"政策得到

了学校、教师、家长和学生的普遍赞同，但32.6%的家长依然为如何让孩子上好学校而感到焦虑，30.2%的家长不愿意让孩子上职业学校，50%的学生认为家长期望太高是学习压力的最大来源[2]。家长的升学焦虑依旧处于高位，学业成就焦虑成为家长教育焦虑的主要表现形式，学业评价焦虑进一步强化和扩大[3]。家长焦虑的底层逻辑是孩子小学成绩不好就进不了"好初中"，初中阶段学业成绩不理想就难以升入"好高中"，进不了好高中就进不了"好大学"，而进不了好大学就难以找到"好工作"，而没有好工作就意味着人生的失败。在这样一种线性思维方式下，将孩子学业成绩的提高寄希望于增加校内作业数量和校外培训数量，而完全忽略孩子自身的性格、兴趣、爱好、特长及智能结构、发展目标与方向选择等。家长的这一执念与学校对升学率的过度追求形成了某种默契，家长和教师均将学生作为"学习工具"，无视学生的身心健康，在作业内容和难度上不断加码，进而产生"剧场效应"。因此，《意见》中明确要求：学校要完善作业管理办法，加强学科组、年级组作业统筹，合理调控作业结构，确保难度不超国家课标。并对小学低段、中高学段及初中学生的作业时长分别做出了具体规定。同时还要求：学校要充分利用资源优势，有效实施各种课后育人活动，在校内满足学生多样化学习需求……开展丰富多彩的科普、文体、艺术、劳动、阅读、兴趣小组及社团活动。

从高中教育政策导向上看，2019年6月《国务院办公厅关于新时代推进普通高中育人方式改革的指导意见》（国办发〔2019〕29号）明确提出"深化育人关键环节和重点领域改革，坚决扭转片面应试教育倾向，切实提高育人水平，为学生适应社会生活、接受高等教育和未来职业发展打好基础，努力培养德智体美劳全面发展的社会主义建设者和接班人"的指导思想。同时提出"加强学校特色课程建设，积极开展校园体育、艺术、阅读、写作、演讲、科技创新等社团活动"的具体要求。这也就意味着，从国家政策导向来看，"双减"政策减掉的是不合理的作业负担，增加的是多样化的学习内容和学习需求，从单纯的学科知识的学习转向因需施教、五育并举的全面发展，显然，这一要求与高中多样化特色发展的育人方式变革是一脉相承的。办好普通高中教育，对于巩固义务教育发展成果、增强高等教育发展后劲、进一步提高国民整体素质具有重要意义。

二、学生分类培养顺应了高中育人方式变革的趋势

为所有高中学生提供差异化而又公平的教育资源，是高中育人方式变革的重要体现。从普通高中的发展进程来看，精英化阶段强调选拔和淘汰，注重学术质量；普及化阶段要求普通高中从单一的升学职能转变为兼顾升学、就业、育人等职能，提供一种兼顾学术和技术能力，以及人格和素质培养相融合的教育环境，多样化特色发展是高中教育普及化的必然趋势，而分类培养是普通高中多样化特色发展的具体表现，也是实现高中育人方式变革的一种现实选择。

从学生身心发展规律及特点来看，中小学生的学习和发展是连续的，初中阶段丰富多彩的学习内容一方面丰富了学生的课后生活；另一方面也有利于满足学生的探索欲，使学生能够通过文化基础知识学习、科技文体艺术活动、综合实践活动体验等多种方式学习，发现自己感兴趣的内容，体验学习的快乐，明确自己所擅长的领域，为高中阶段对学校的选择，进入高中后对课程的选择及学习内容与方式的选择等提供依据。

促进普通高中教育的内涵发展，提高教育质量，关键在于塑造高质量教育观念，改变过去片面追求升学率的错误做法，将普通高中教育的重点放在全面提高全体学生的综合素质和满足学生多样化的发展需求上，做到"适合的教育才是最好的教育"[4]。由于人的个性差异，个体之间兴趣、爱好、潜能的不同，在发展目标、路径及标准上的需求各不相同，这就需要每所普通高中学校能够从生源结构出发，坚持因材施教原则，结合学校的办学理念、育人目标和特色发展方向等提供丰富多样、可供选择的课程与活动，为学生提供多样化的选择空间和普适关怀。首先，高中学校应基于学生个性发展差异，优化高中课程结构，依托学校办学特色，形成分类课程体系；其次，打破固定的、僵化的、单一的培养模式，关照学生的个体差异性，尊重学生个体学习能力的层次差异，在每一类别中设置基础性、拓展性、创新性（或个性化）等不同层次课程，使

不同爱好和发展倾向的学生能够自主选择学习内容、学习方式乃至学习进程，使不同水平的学生能够学有所得，因类施教，建构适合不同群体学生发展的灵活多样的培养模式，满足不同学生的选择与发展需要。

三、高中学生分类培养与中高考改革的思路相一致

随着社会分工的不断细化，国家需要多规格、多层次的人才，迫切需要高中学校培养模式的多样化。从中高考改革的趋势来看，随着高中教育的普及，新一轮高考改革旨在系统改变"一考定终身"和"一分定乾坤"的传统弊端，中高考改革的总体趋势是强调多样性与选择性，主张适性扬长，各得其所，普通高中学生分类培养与中高考改革的思路相衔接、相一致，是顺应新一轮高考改革的重要举措。随着中高考招生录取方式的变革，普通高中的"入口"及"出口"均呈现多元化的趋势，在高中阶段实施分类培养，有助于实现高中阶段教育与义务阶段教育、高中教育与高等教育的有机衔接，真正发挥高中教育承上启下的作用。

依据新高考改革"分类考试，综合评价，多元录取"的要求，高中学生的分类培养主要体现在3个环节：首先，在高中教育的"入口导向"上，要求政府提供多种类型的高中学校，通过办学类型与办学层次的多样化，为不同发展倾向和发展水平的初中毕业生提供方向选择，使学生能够进入其"心仪"的学校。其次，在学校培养过程中，能够根据本校生源结构，提供多样化的课程与活动供其选择，并能够根据学生自身的优势与特长，结合北京"6选3"的课程组合方式及高校专业的设置要求，针对不同发展方向的学生群体，分类设计并实施与学生发展目标相匹配的课程体系、教学内容、教学方式和评价标准等，满足不同特长、禀赋学生群体的发展需要，并提供相应的培养模式，面向全体学生提供丰富多样的课程套餐、活动套餐和职业体验套餐，如针对参加学科竞赛、直升班学生提供拔尖创新人才培养模式，针对参加贯通培养的"1+3"培养试验、一体化试验、高中特色实验班的学生提供准专业特色培养模式等，以凸显学校优势学科乃至特色学科群，更好地满足学生选课选考的需求及不同

学生群体的教育培养任务，为学生未来的专业选择与职业发展奠定基础。最后，在高中教育的"出口导向"上，从简单的升学驱动或生存驱动转化为发展驱动，打破升学和就业的二元对立，可根据学生的专业倾向（参加统一高考类、高职类、留学类）为其提供相应的培养模式。例如，参加统一高考类的学生根据6选3组合情况及报考高校学科门类（语言类、经济类、医学类、管理类等），参加提前招生的高职类学生根据就业方向（如旅游类、护理类、幼教类等），参加国（境）外考试的留学类学生根据留学目的地国家或地区的考试内容与要求等提供相应的课程结构、教学内容、教学方式、职业体验、管理制度及评估方式等，形成不同的培养模式，从而满足不同发展方向学生的需要，构建起与"分类考试、综合评价、多元录取"的考试招生模式相匹配的分类发展培养模式。

四、普通高中学生分类培养的实施策略

学生分类培养是一项系统工程，如何更好地满足不同类型不同层次不同发展方向学生的需求，需要政府、学校、家庭及学生本人共同助力，为学生发展提供内在支持与外部保障。对于大部分学校而言，应以学校育人目标为主线，为不同发展方向的学生提供多样化可选择的分类课程；对于特色较为鲜明的高中学校，应以准专业人才培养为目标，提供专业选择课程；对于一体化学校，应以促进学生特长发展为目标，提供贯通培养课程；对于学院制改革的学校，应以促进学生学术发展为目标，提供自主选择课程。

（一）区域层面：优化高中教育布局，丰富高中学校类型

普通高中多样化发展的初衷是打破普通高中同质化的错误倾向，给学生提供不同的发展路径，当我们强调个人应为自己的选择承担责任时，维护这种教育公平的基础首先就在于社会是否提供了充足、多样的高中教育资源供个人选择。从数量上来说，"充足的高中教育资源"反映的是普及高中阶段教育的要求，提供足够的高中学额以满足人们接受高中阶段教育的需求；从类型上来说，"多样的高中教育资源"是对人们高中教育需求的进一步细化，不仅是对学

历层次和数量的需求，还是对教育类型的需求[5]。实现学校类型的多样化，需要在承认高中阶段学生存在多样性发展需求和个性特征的基础上，政府在区域内设置多种类型的高中学校，满足不同学生群体的选择，体现校际之间差异。其所追求的是为每一个学生提供适合的高中教育，通过多元的"入口导向"，引导不同发展倾向的学生找到适合自身发展需求的学校。

多样化的高中学校类型包括学术高中、特色高中、综合高中、职业高中、国际高中等。其中，学术高中是以增强学术素养和培养创新人才为目标的一种办学模式，类似于我国现在的示范性高中，保证一批批最优秀的人才进入名牌大学。特色高中致力于科技、艺术等领域创新人才的早期发现与培养，如科技高中、外国语高中、艺术高中、音乐高中、体育运动高中等。综合高中介于普通高中与职业高中之间，既开设普通高中课程，又开设职业技能课程，为没有明确发展方向的学生提供二次选择的机会。职业高中侧重职业技能培养，与企业建立密切关系，实施"双师"培养，学生毕业后既可以直接就业，也可以升入高职院校深造。国际高中为有出国意向的学生提供多语种课程及对外交往活动等，以更好地适应多元化的文化交流活动。高中学校类型多样化既是对初中学生已有兴趣、爱好、特长、能力等个性差异的尊重，为其接受高中阶段教育提供自由选择的空间，也是兼顾学生升学、就业、人格健全发展的"出口导向"，为其接受更高级别的教育，乃至终身发展奠定基础。

（二）学校层面：设置分类分层课程体系，构建与学生发展目标相匹配的培养模式

高中育人方式变革的核心是课程，根据培养目标的不同，设置分类分层课程体系是实施分类培养的关键。不同类型学校应立足自身特点，为学生提供与其发展目标相匹配的课程内容及相应的培养模式。分类培养模式选择的主体是学校，无论选择哪种培养模式都是基于学校办学实际，在保证学生"共同基础"的同时，通过丰富多样可选择的课程、教学与活动等，满足不同层次、不同潜质、不同倾向学生的发展需求，为未来发展奠基。

一是以办学理念为统领、育人目标为主线，构建分类课程体系。对于大部分学校而言，选择怎样的培养模式，取决于学校的办学理念和育人目标，也是学校办学行为的出发点和落脚点，贯穿于教育教学管理的全过程。例如，北京市延庆区第五中学秉承"全面发展、人文见长、特长突出"的办学理念，坚持五育并举、全面发展，构建全面发展、学有所长的隆庆书院课程体系，充分挖掘学生潜能，根据学生的发展倾向，将学生分为普通高考、体育、美术、传媒和航空五大类发展方向，组建起普通高考班、艺术特长班、航空特色班三类班级，通过引入社会服务，开设体育、美术、传媒等特色课程，组织学生开展各种课外兴趣小组活动和社团，构建起与学生发展目标相匹配的分类培养模式，赢得了当地学生和家长的认可和赞誉，为生态涵养发展区普通高中的发展寻找到一条可行之路。

二是以准专业人才培养为目标，提供专业选择课程。当前北京市部分高中学校特色鲜明，为学生提供了准专业的特色教育。例如，中央工艺美术学院附属中学（简称"工美附中"）是北京市唯一集初中、高中、职高为一体的具有美术特色的完全中学，学校依托美术特色和办学模式特点，构建分类培养模式，为学生提供多次选择机会：对于大部分普高生，学校设有美术造型、艺术鉴赏、视觉艺术等多个发展方向的课程，并根据学生的"目标院校"提供更为专业化的指导；对于普职融通班学生，在毕业时既可以选择参加高考，也可以选择高职院校；对于准备出国深造的学生，在高二结束时，持托福或雅思合格成绩可申请该校的签约大学或其他国际艺术院校，也可以在高三时参加国内高考，考取国内艺术类院校。

三是以促进学生特长发展为目标，提供贯通培养课程。贯通培养是指通过将初中、高中两个学段，乃至小学、初中、高中等不同学段整合，保证学生发展的连续性，包括北京市教委开展的"1+3"培养试验项目和部分高中学校自主开展的贯通培养试验。例如，北京市第十八中学从课程的多样化和选择性的角度，提供满足不同兴趣、专长和发展方向的课程及培养模式，形成了独具特色，具有基础性、多样性、层次性、综合性的十二年，乃至大中小一贯制"聚·宽教育"课程体系，包括人工智能贯通培养、科学教育小初高一体化培养、中华传统文化大中小一贯制培养、艺术类大中小一贯制培养、体育类大中小一贯制培养等，形成纵向衔接、横向贯通、纵横融通的多样化培养模式。

四是以促进学生学术发展为目标，提供自主选择课程。通过打破学校内部各行政部门之间的管理壁垒，构建学术化管理体系，实施选科走班教学，类似班级活动的团队建设、班级比赛及班级文化，为学生提供归属感。例如，北京一零一中学通过改变教学管理模式，在保留大班额的基础上，采取横向行政班的年级管理和纵向教学班的书院管理相结合的培养模式，学校成立了"圆明书院""学森书院""英才书院""国际书院"，实行"年级+书院"的经纬式教学管理模式，分别开发了以"人文实验班"为基础的文科拔尖创新人才培养课程群、以"钱学森理科实验班"为基础的理科拔尖创新人才培养课程群、以"国际合作班"为基础的国际名校留学预备人才培养课程群、以"高大衔接课程"为基础的专业预备人才培养课程群。

（三）家庭层面：更新家庭育人观念，助力孩子健康成长

依据著名心理学家加德纳的多元智能理论，人的智能是多元的、发展的、可塑的，每个学生的身上或多或少都具有 8 种智能，由于个体之间的智能结构各不相同，所以个体拥有独特的智能倾向和优势智能，但往往没有引起家长和老师重视。调查表明[①]：北京市高中学生的智能结构和个性特质倾向性差异较大，但父母对孩子发展最为关注的是学习成绩、健康状况、品德和性格，而对学生的智能结构和人格倾向性关注不够。随着《中华人民共和国家庭教育促进法》的颁布实施，家长的教育责任日益凸显，尤其是在"双减"背景下，家长应摒弃传统的功利观，由单一的"学科培训"转为孩子快乐成长的"兴趣培养"，树立"适合的就是最好的"教育观念，合理定位孩子的发展目标。在日常生活中，家长应多陪伴孩子，做孩子的学习榜样，帮助其养成良好的学习习惯，提供心理支持和人生方向指引。家长要善于发现孩子的"闪光点"，在多彩的活动中发展兴趣、挖掘潜能，培养爱好与特长。调查表明[②]：在亲子沟通

---

① 信息来源：2019 年 9—10 月，北京教科院"新高考改革背景下普通高中培养模式多样化研究"项目组对全市 9737 名高一高二学生多元发展情况的在线抽样测评结果。
② 信息来源：2022 年 5—6 月，北京教科院"'双减'背景下普通高中多样化特色发展研究"项目组对全市 5768 名高一高二学生家长问卷调研结果。

方面，一方面存在亲子沟通不畅，家长对孩子的兴趣爱好及喜欢的学科了解不够；另一方面，对孩子的升学期待较高，82.56%的家长期望自己的孩子可以进入"985工程"或"211工程"建设高校，有13.16%的家长希望孩子进入一般本科院校，升入职业本科院校和高等职业院校的比例只有1.32%。这样的升学期待显然是不理性的，不合理的升学期待是导致家长焦虑、学生压力的主要原因之一。这就需要家长对孩子学习有较为深入的了解与分析，能够结合学生的学业水平和发展倾向，合理规划其未来发展方向。新高考改革将学业规划"前置"，学校根据学生的发展倾向进行分类培养，也需要家长积极参与到学生的选择之中，结合孩子的优势特长，尊重孩子的意愿，帮助孩子规划未来的发展方向。当家长真正参与到孩子的健康成长及人生发展规划之中而不是单纯停留在考试分数时，其"升学焦虑"才能得以缓解。

（四）学生层面：完善自我认知，提高自主发展能力

自主发展是学生发展的核心素养之一。学生的发展是一个主动的过程，是内在自觉与外在条件协同作用的结果，发展不可能是别人给予的，必须通过完善自我认知和实践活动体验获得。一是提升自我认知，自主性意味着能够独立思考，通过多种实践活动明确自己的天资禀赋、爱好兴趣、发展目标与需求，有主见，会选择，不盲从，充分凸显自我的主体地位；二是善于利用环境，分类培养为学生发展提供了多种选择的机会和可能，应充分利用学校提供的有利环境，主动吸收有利于自身发展的营养元素，促进自主发展；三是主动寻求帮助，高中阶段学生虽然具有一定的自主性，但未成年学生的理性尚未完全觉醒，发展中面对各种迷茫、困惑与问题，单靠自身努力是难以完全解决的，需要主动寻求家长、老师和同学的有效帮助，通过一系列的方法指导和方向指导，进一步发现不同、发展不同，促进自身潜能得到最大程度的挖掘与发挥。"双减"为学生提供了更多自主学习探究的时间和机会，促使其不断进行自我反思与觉察、自我改进与完善，逐步提高自主发展能力。

值得注意的是，在帮助学生完善自我认知，提高自主发展能力的过程中，还需要为学生提供适当的帮助。新高考改革把高考科目的选择权赋予了学生，但高一学生并不完全具备选择高考科目的能力，更不一定明晰后续与高考科目相关的专业选择，迫切需要教师贴近学生的发展需求，密切关注学生的日常学习生活，通过对话式指导给予学生适切的关注与引导。例如，高一重点了解学生的性格特点、兴趣爱好、学习习惯、学科优势、选科选课等情况；高二重点分析学生的学科拓展、爱好特长、职业体验等情况；高三重点关注学生的学业成绩、专业选择、志愿填报等。尤其是对于专业选择的认识与思考，既要考虑学生的学业水平，也要综合考虑学生的兴趣、特长、优势、志向，乃至家庭背景、家长期望等，引导学生将个人兴趣、家长意愿、发展前景和国家战略综合起来全面分析：一是帮助学生进行客观的自我认识及准确的专业定位；二是指导学生熟知报考规律，积累报考资料，帮助学生对目标专业及相关职业进行现状及发展前景的评估；三是帮助学生构建人生及职业的发展目标及其实现路径。在专业选择、志愿填报过程中，往往会出现家长与孩子意见不统一的情况，教师要引导家长将关注点放在学生的性格、志趣与才华上，并引导家长运用对话式指导，与孩子坦诚交流，耐心倾听其想法，尊重其意愿，提供合理的意见与建议，最终达成共识。

参考文献

[1] 褚宏启. "双减"要与教育高质量发展同向而行[J]. 中小学管理，2022（1）：61-62.

[2] 北京师范大学中国教育与社会发展研究院. "双减"成效究竟如何？全国范围的调查数据来了[J]. 人民教育，2022（3）：2.

[3] 雅凤，姚真. "双减"背景下家长的教育焦虑及消解路径[J]. 新疆师范大学学报（哲学社会科学版），2020（7）：79-81.

[4] 曲正伟. 普通高中多样化发展的价值取向与制度设计[J]. 东北师范大学学报（哲学社会科学版），2011（2）：154.

[5] 莫丽娟. 学术性高中公平性的质疑与反思：基于差异公平理论的视角[J]. 当代教育科学，2015（16）：4.

北京市高中育人方式为"双减"提供的环境支持分析
——基于一线教师的调查

北京教育科学研究院 崔玉婷

"双减"是当前我国教育改革和发展的重大政治任务，是义务教育的主题。"双减"的深层意蕴在于通过中小学育人方式改革，让教育返璞归真，建设高质量的教育体系，构建良好的教育生态。目前，"双减"主要在义务教育阶段实行，暂时还未涉及高中阶段教育，但义务教育阶段的"双减"必将对高中学校教育产生影响，因为经过"双减"的初中毕业生将在1~3年后升入高中，他们会更好地自主学习，更喜欢选择自己感兴趣的方向。况且，高质量的教育体系肯定包括高中阶段教育在内。因此，高中学校也要相应变革育人方式或模式，为义务教育阶段的"双减"提供足够的环境支持。那么，目前来看，北京市高中学校的育人方式能否为"双减"提供环境支持？换言之，经过"双减"的初中毕业生将来升入高中，能否在高中阶段教育中保持并发展由"双减"熏陶而来的学习方式和思维品质？这主要取决于高中学校教育重在"育人"，还是"育分"。

为此，课题组于2021年7月面向全市16个区部分高中二年级各学科教师发放问卷，从育人方式的主要指标，包括课程与课时、教学与管理、学生活动、学生指导与发展等角度进行调查。通过问卷星采集数据，运用SPSS 16.0软件进行数据统计分析。

一、基本情况

本次调查面向全市16个区部分高中二年级一线教师，共回收655份问卷，问卷有效率100%。其中首都功能核心区112位教师，占比17.1%；城市功能拓展区183位教师，占比27.9%；城市发展新区135位教师，占比20.6%；生态涵养发展区225人，占比34.4%。

填写问卷的教师中，教龄在16年及以上的占49%，11~15年的占18.2%，6~10年的占14.8%，5年及以下的占18%；其中班主任占32.1%，非班主任占67.9%。可见，填写问卷的一线教师中，近一半教龄为16年及以上的教师，另外一半中有超过1/3的教师教龄在10~15年，也就是说，填写问卷的大多数教师的教龄在10年以上，为成熟型的教师；其中近1/3是班主任。

从教师所教学科来看，数学占比16.79%，语文占比15.11%，英语占比13.74%，物理占比10.23%，化学占比8.24%，生物占比8.4%，政治、地理占比皆为7.79%，历史占比5.95%，还有从事音乐、美术、心理健康、生涯教育、信息技术和通用技术等学科教学的教师。

二、调查结果

（一）课时与课程

1. 课时情况

对高中二年级课时的了解，主要从总课时数、语数外的周课时数与研究性学习课程的课时数来分析。

（1）总课时数

北京部分学校高中二年级的课时总数（不含自修课、体育活动课）达42~45节的占比为14.05%，40~41节的占比为26.11%，39节的占比为8.70%，38节的占比为9.16%，37节的占比为8.24%，36节的占比为11.91%，35节的占比为21.83%（图1）。教育部印发的《普通高中课程方案及20科课程标准（2017年版2020年修订）》规定，普通高中每周35课时。可见，仅1/5有余的高中教师认为本校严格遵守了新课程方案规定的周课时。

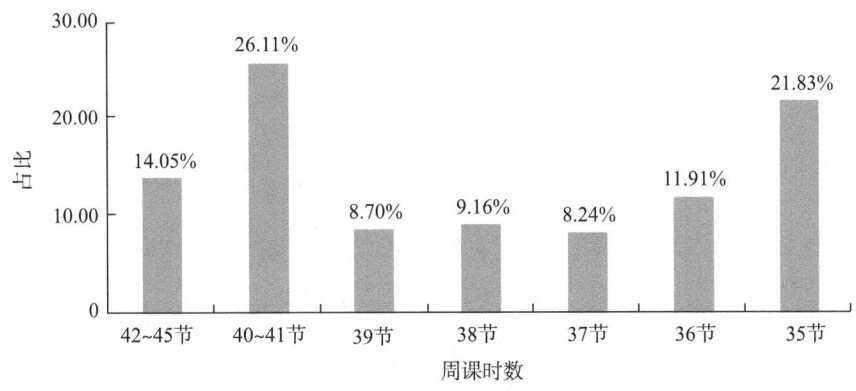

图1 北京部分高中二年级课时总数及占比情况

（2）语数外周课时数

从语数外的周课时数来看，每周各7节以上的占比为17.9%，各6节的占比为69.5%，各5节的占比为11.9%，各4节和3节的占比分别为0.5%和0.3%。而上述新课程标准规定的语数外每周教学时间分别为4课时。可见，绝大多数学校的语数外周课时数是超过新课程方案规定的。

（3）研究性学习课程的周课时数

关于研究性学习课程的周课时数，每周1节的占比约为33.28%，即大约1/3的学校每周开设一节研究性学习课程。另有每周2节的占比约为15.11%，二者相加为48.4%。换言之，接近一半的学校每周开设1~2节研究性学习课程（图2）。

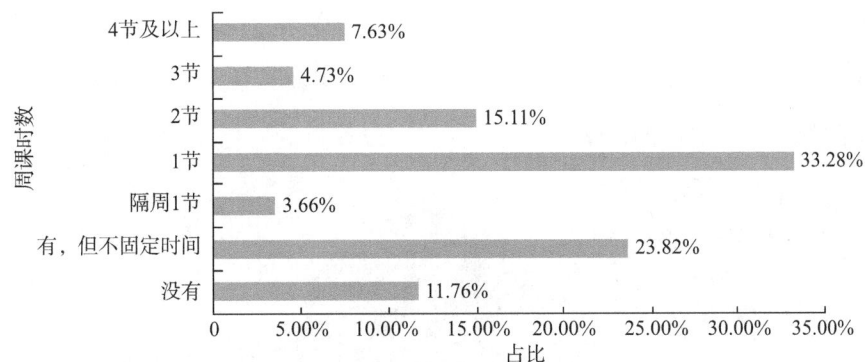

图2 北京部分高中二年级研究性学习课程的周课时数及占比情况

2. 课程结构与课程体系

本研究从课程结构、课程体系与实施效果角度来分析北京市普通高中的课程建设情况，主要包括以下 3 个维度。

（1）学校课程结构的实施效果

关于学校课程结构的实施效果，39.5%的教师认为其更倾向于育人，13.3%的教师认为其更倾向于育分；50.2%的教师认为其更倾向于在育人中兼顾育分，41.2%的教师认为其更倾向于在育分中兼顾育人。可见，相较而言，认为高中学校的课程结构重在育人的教师比例远超育分的教师比例。

（2）课程体系是否符合新高考、新课程改革的需要

针对此问题，46.4%的教师认为完全符合，28.6%的教师认为比较符合，二者相加为 75.0%，即多数教师认为本校的课程体系符合新高考、新课程改革的需要。

（3）课程体系是否分层分类

关于课程体系是否分层分类，惠及全体学生，满足不同层次、不同个性和特长的学生发展需要，近 44%的教师认为完全符合，29.3%的教师认为比较符合，二者相加为 73.3%。即多数教师认为学校的课程体系分层分类能惠及全体学生，满足不同学生的发展需要。

（二）教学与管理

1.教学理念与教学方式

新高考实施（2017 年）以来，高中教师的教学理念和教学方式发生了明显的变化。其中变化最明显的是教师教学理念，占比 70.23%，教师教学方式占比 14.96%，学生学习方式占比 13.28%，教学技术手段占比 1.53%（图 3）。超过 78%的教师认为自己的教学方式已从注重"以教为主"变为"以学为主"。

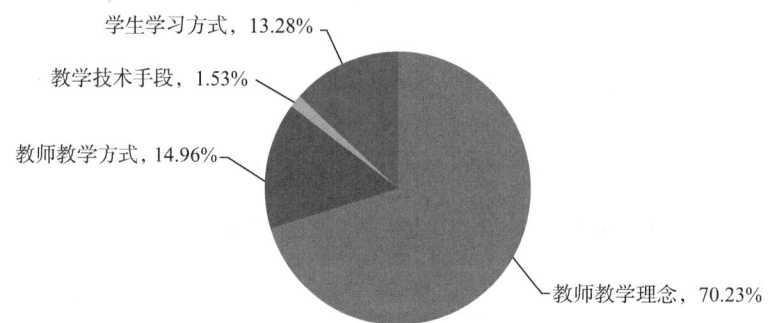

图 3　新高考实施以来北京部分高中二年级教学变化情况

具体而言,在"课堂上,我经常向学生提问不同层次的问题"一题中,48.40%的教师认为完全符合,33.44%的教师认为比较符合,二者相加为81.84%;在"课堂上,我经常让学生主动探索和建构知识"一题中,46.87%的教师认为完全符合,31.60%的教师认为比较符合,二者相加为78.47%;在"我经常教给学生一些学习方法,如课前预习、运用思维导图、工具书以及网上资源等"一题中,47.02%的教师认为完全符合,32.82%的教师认为比较符合,二者相加为79.84%;在"我把'立德树人'渗透于学科教学之中"一题中,55.73%的教师认为完全符合,28.70%的教师认为比较符合,二者相加为84.43%。

可见,绝大多数的一线教师转变了教育理念和教学方式,注重立德树人,注重面向不同学生进行分层教学,以及对学生自主性和主动性的培养,逐渐从"以教为主",转变为"以学为主"。

2. 学生选课管理

新高考和新课程改革皆强调学生的选择性,学校在教学管理上应实施选课走班,以满足不同学生的选择需要。因此,对学生的选课和走班进行统筹管理显得尤为重要。调查显示,98.5%的学校实行走班教学,其中在"学校制订了排课制度和学生选课手册,具有适切性、选择性、多样性、可行性"一题中,42.4%的教师认为完全符合,29.0%的教师认为比较符合,二者相加为71.4%;在"学校借助大数据和智能软件,满足学生选课走班的需要"一题中,46.4%的教师认为完全符合,28.7%的教师认为比较符合,二者相加为75.1%。也就是说,绝大多数学校实施选课走班,并在选课走班的常规管理和信息技术资源运用方面进行了各种探索。

3. 学校整体管理

学校对师生员工的整体管理,主要表现在奖惩制度、管理方式等方面。在"学校对教师取得课改、教研成果的态度"一题中,79.1%的教师认为本校会进行表彰并奖励;在"学校的薪酬体系、荣誉体系与晋升机制具有合理性和流动性,能激发干部教师积极上进"一题中,约38.5%的教师认为完全符合,27.2%的教师认为比较符合,二者相加为65.7%;在"学校实行民主管理,为师生的独立性、多样性发展提供了空间"一题中,约 39.9% 的教师认为完全符合,26.7% 的教师认为比较符合,二者相加为 66.6%。可见,多数教师认为学校的薪酬制度和管理制度有利于教师发展和学校进步。

(三)学生活动、学生指导与学生发展

普通高中育人方式变革的最终目的在于促进学生全面而有个性地发展。本研究从学生活动、学生指导与学生发展 3 个角度来分析学生得到发展的情况。

1. 学生活动

关于学生活动,可从学生参加社团活动的比例来分析。在"有多少比例的学生参加定期的学生社团活动"一题中,45.50% 的教师认为所有学生都参加社团活动,其他认为 4/5、3/5、2/5、1/5 的学生参加社团活动的比例分别为 6.41%、9.16%、10.84%、10.84%,共达 82.75%(表 1)。可见,北京市普通高中学生参加社团活动的比例是比较高的。

表 1 北京部分高中二年级学生参加社团活动情况

选项	小计/人	比例
所有学生都参加	298	45.50%
4/5 的学生参加	42	6.41%
3/5 的学生参加	60	9.16%
2/5 的学生参加	71	10.84%
1/5 的学生参加	71	10.84%
有几个学生参加	95	14.50%
没听说有人参加	18	2.75%

注:本题有效填写人次为 655 人次。

2. 学生指导

关于学生指导,可从学生指导课程、导师制及指导模式的角度来分析。在"构建了学生发展指导课程体系:生涯规划课程、学业指导课程、心理指导课程、综合实践课程等"一题中,40.0% 的教师认为完全符合,45.7% 的教师认为比较符合,二者相加为 85.7%;在"学校实行全员导师制,对学生进行个体辅导和团体辅导"一题中,约45.80%的教师认为完全符合,27.63%的教师认为比较符合,二者相加为73.43%,可见多数学校实行全员导师制。在"学校形成了本校特色的学生发展指导模式"一题中,31.4%的教师认为完全符合,41.4%的教师认为比较符合,二者相加为72.8%,可见多数学校形成了各有特色的指导模式。

3. 学生发展

学生发展表现在各个方面,如学生发展核心素养的提升、道德修养的提高,以及主动学习、选择能力的增强等。

在"学生的学科核心素养有了很大提升"一题中,约39.1%的教师认为完全符合,30.7%的教师认为比较符合,二者相加为69.8%;在"学生的道德修养有了较大提升"一题中,约40.3%的教师认为完全符合,31.9%的教师认为比较符合,二者相加为72.2%。可见,70%以上的教师认为学生的核心素养与道德修养有了较大提升。

在"学生能主动学习,对学习有浓厚的兴趣"一题中,约38.9%的教师认为完全符合,28.9%的教师认为比较符合,二者相加为67.8%;在"学生的选择能力大大增强"一题中,约38.9%的教师认为完全符合,29.8%的教师认为比较符合,二者相加为68.7%。可见,学生的选择能力、主动学习能力也有了较大提升。但相较于上述其他选项,学生的主动学习能力与选择能力的提升上得分相对较低。

三、调查结论

(一)多数高中学校的课程、教学与管理可为"双减"提供环境支持

综合以上调查分析,自新高考改革以来,73%以上的高中学校构建了适合学生的分层分类的课程体系,近一半的高中学校每周开设1~2节研究性学习课程,70%以上的一线教师转变了教育理念,注重立德树人,教学方式逐渐从以教师的"教"为主转变为以学生的"学"为主。90%以上的学校实行走班教学,制定了排课制度和学生选课手册。65%以上的教师认为学校的薪酬制度和管理制度有利于教师发展和学校进步。学生参加社团活动的比例达80%以上,85%以上的学校构建了学生发展指导课程体系,73%以上的学校实行全员导师

制，70%以上的教师认为学生的道德修养与核心素养有了较大提升，67%以上的教师认为学生的主动学习能力、选择能力得到提高。

也就是说，北京高中学校教育已从"育分"为主转向"育人"为主。正如本研究最后一题的调查结果所示，88.55%的教师认为本校的课程、教学与管理、文化从"育分"为主转向了"育人"为主。其实，"育分"与"育人"并不矛盾，二者应有机融合于学校教育教学过程中，但以哪个为主，则体现了学校在教育方面不同的价值取向。以"育人"为主，即体现了学校在教育方面以素质教育为核心，以学生的全面发展和个性发展为价值追求。这种价值追求也是义务教育实行"双减"的旨趣所在。换言之，从调查结果来看，北京高中教育与义务教育的价值追求是一致的，高中学校的育人方式可以为义务教育的"双减"提供较好的环境支持。

（二）对高考成绩的担心是制约部分高中学校教师实施素质教育的瓶颈

本研究最后一题的调查结果中，还有11.45%的一线教师认为学校仍以"育分"为主，关键词为"分数""成绩""高考""压力"等。其中，强调"分数"一词的有21位，强调"成绩"一词的有11位，二者的含义基本一致，因此二者可以相加，共32位，约占"育分"教师总数（68位）的47%，如分数依然很重要、强调考试成绩等。另外，提到"高考"一词的有11位，约占"育分"教师总数的16%，如高考分数导向、高考指挥棒等；提到"压力"一词的有6位，约占"育分"教师总数的9%，如考试压力、成绩压力、指标压力、社会家长压力等（表2）。可见，对分数、高考的担心成为制约高中学校教师实施素质教育的瓶颈。

表2 一线教师认为高中学校教育仍以"育分"为主的相关关键词占比

关键词	数量/位	占比
分数	21	47%
成绩	11	
高考	11	16%
压力	6	9%

（三）"戴着镣铐跳舞"成为高中教育的常态

由于上述担心和压力的存在，许多高中学校的总课时数、语数外的课时数超过了课程方案规定的课时数，仅 1/5 有余的高中教师认为本校严格遵守了新课程方案规定的周课时数（35 节）。语数外周课时数各 6 节的占比为 69.5%，而新课标规定语数外每周各 4 节。可见，在构建课程体系、变革教学方式、注重培养学生核心素养的同时，加班、加点上课，以提高学生的高考成绩，也是普通高中学校的普遍现象。"戴着镣铐跳舞"——既要注重学生综合素质的提升，又要抓学生成绩，成为高中教育的常态。

（四）学生学习主动性与选择能力的提升程度仍然有限

如前文所述，认为"学生能主动学习，对学习有浓厚的兴趣"的教师约占 67.8%；认为"学生的选择能力大大增强"的教师约占 68.7%，低于教师对学校课程、教学与管理的认可程度（比例均超过 70%）。学校课程、教学与管理变革的最终效果应体现在学生身上，即学生学习兴趣、学习主动性与选择能力的增强。从上述调查结果可见，高中学校育人模式变革的效果仍然有限。

四、思考和建议

（一）深化中高考招生改革，为"双减"提供方向引领

目前，我国高中教育发展的主要问题在于许多教师和家长对升学率的功利化追求。"戴着镣铐跳舞"之"镣铐"是约定俗成的对中考、高考升学率的过热追求，对名校、对"清北率"的追逐。目前，我国社会经济发展水平与就业岗位的有限性，特别是高收入就业岗位的稀缺，决定了这种功利化追求在短期内是很难纠正的，因为从某种意义上说，名校就意味着高收入和更体面的生活。因此，在教育改革前期，应暂时顺应这种功利化追求，加强考试招生制度改革，以指挥棒的改革来影响教师、家长的价值观。中考、高考招生改革的深入进行，必须同时体现"双减"建设高质量教育体系、回归教育初心的宗旨，以培育学生发展核心素养，培养兴趣丰富、人格完整、心灵自由、思维独特的创造型人才为目标，二者应是一脉相承的。

（二）改革学校评价指标，为"双减"提供制度支持

学校评价的价值取向也是决定学校落实"双减"、实施素质教育的重要因素。教育部颁发的《普通高中学校办学质量评价指南》，明确从办学方向、课程教学、教师发展、学校管理、学生发展等5个方面来评价高中学校，明确提出"坚决克服单纯以考试成绩或升学率评价学校办学质量的倾向"[3]，体现了"立德树人"的价值导向。这将在一定程度上扭转学校和教师将高考升学率作为高中学校教育目标的倾向，激励高中学校整体提升德育、课程、教学与管理水平，建设适宜、优秀的学校文化体系，从而为"双减"的延伸、为素质教育的深入实施提供制度支持。

（三）实施高中学校分类发展，为"双减"提供出口支持

在特色建设的基础上，实施高中学校分类发展，为具有不同兴趣和特长的学生提供成长空间，并可为义务教育阶段的"双减"提供出口支持。经过"双减"洗礼，进入高中学段的学生，会更明确自己的兴趣、爱好和特长，并专注于自己喜欢的方向，到高中后若能到适合自己兴趣特长的特色学校读书，将提升学生的幸福感，这些不同类型的高中特色学校使"双减"在学段上具备了可持续性与发展性。高中学校的分类发展，可从不同的课程特色、学科优势、师资特点、生源特点和文化特色等维度来进行，如将高中学校分为学术类、人文类、科技类、外语类、艺体类和普职融合类等[2]不同类型的特色学校，供具有不同兴趣和特长的学生进行自主选择。

（四）加强学生发展指导，为学生各得其所提供助力

如前文所述，高中学生的学习主动性与选择能力还有待加强，主要原因在于学生对自己未来的发展方向还不明确，学习的内在动力不足。为此，高中学校应加强学生发展指导，在"理想指导、学业指导、生活指导、心理指导"基础上，将涵盖新高考政策解读、升学路径规划、选科指导、目标专业与学校规划、执行规划、报考指导等内容的"学业规划"作为重点纳入生涯课程体系中，同时综合考量我国传统价值观、社会文化、教育体制和人才培养目标等，构建符合学生发展需求和学校实际的学生发展指导体系[1]。并且把学业规划、生涯规

划的目标、标准分阶段渗透于各年级教育计划之中，根据学校实际，开发针对性、灵活性、实用性较强的校本课程，编制相应的学生发展指导教材，以多种方式进行教学，通过学生的主动参与和体验，提升他们的分析选择能力，逐步明确自己未来的发展方向，从而激发内在学习动机，增强学习的主动性。

参考文献

[1] 刘成杰. 学生发展指导应该做什么 [N]. 中国教育报，2021-03-05（6）.
[2] 王小飞，等. 普通高中特色发展调研报告 [M]. 北京：教育科学出版社，2013：12.
[3] 中华人民共和国教育部. 教育部关于印发《普通高中学校办学质量评价指南》的通知 [EB/OL].（2022-01-05）[2023-03-01]. http://www.moe.gov.cn/srcsite/A06/s3732/202201/t20220107_593059.html.

"双减"背景下普通高中多样化特色发展对策研究

北京教育科学研究院　占德杰

当前，高中多样化特色发展进入新阶段。2020年，我国已完成普及高中阶段教育任务，2021年"双减"开启了良好教育生态重建之路。然而，面对新形势，如何深化高中多样化特色发展，构建新发展格局依然是高中提升办学质量的一大难题。本研究在分析高中多样化特色发展现状的基础上，提出应对措施，以期对高中多样化特色发展提供参考。

一、高中多样化特色发展已进入新的历史时期

随着经济社会的发展，我国普通高中教育也得到了长足的发展，高中多样化特色发展的格局正在形成，主要体现在以下几个方面。

一是高中办学规模不断扩大但结构还需优化。国际上通常使用高中阶段适龄人口学生数占高中阶段教育在校生总人数的比例，即用"毛入学率"衡量一个国家高中阶段教育发展水平。从教育部官方网站年度教育统计数据可知，2010—2020年，我国高中阶段教育毛入学率从82.5%上升到91.2%，高中阶段实现基本普及；初中毕业生升入高中阶段教育的升学率从87.5%上升到95.7%；普通高中在校生人数占高中阶段在校生总人数的比例从52.4%上升到59.9%，而中等职业学校在校生人数比例由47.8%下降到39.4%。这些数据反映了我国高中阶段教育人口的重大变化，它是我国高中阶段教育普及发展的重要成果体现，同时在普通高中与中等职业教育的结构比例上需要研究如何"保持高中阶段普职比大体相当"并调整优化，高中办学规模结构的变化在深刻改变我国高中阶段教育生态，对高中教育从"扩规模"到"调结构"的转变提出了更高的要求。

二是高中办学条件显著改善但区域发展不均衡。2010—2020年普通高中专任教师人数从152万人增加到193万人,生师比从16∶1下降到13∶1。专任教师研究生学历人数占比从2015年的7.2%上升到2020年的11.5%。各级政府的教育经费投入显著增加,2019年与2010年相比,在生均事业费和生均公用经费上,普通高中均达到3.6倍,经费的增加使得普通高中学校办学条件的主要指标都得到了有效改进[1]。这些都表明我国普通高中教育办学质量有了更好的保障,成为推动高中多样化特色发展的有利条件。但是,区域差异还是客观存在,如在学校办学规模上,超级中学、超大班额在部分地区短时间内还无法消除,教师的结构性缺编、相对贫困、边远地区的办学条件还无法保证高中教育高质量发展。

三是高中教育政策体系渐趋完备但落地见效还需时日。梳理近30年我国高中教育政策发现有两条主线,一条是普及高中阶段教育,另一条是推动高中多样化特色发展。这两条主线都起源于1993年国务院颁布的《中国教育改革和发展纲要》。其中提出了我国高中阶段教育的目标和任务有"积极普及高中阶段教育"和"普通高中的办学体制和办学模式要多样化,办出各自的特色"。2010年《国家中长期教育改革和发展规划纲要(2010—2020)》明确提出"推动普通高中多样化发展","鼓励普通高中办出特色"。2017年国务院印发《国家教育事业发展"十三五"规划》,提出"探索综合高中、特色高中等多种模式"。2018年全国教育大会以后,有关高中教育政策密集出台。《普通高中课程方案(2017年版2020年修订)》进一步明确了普通高中教育的定位。2019年《国务院办公厅关于新时代推进普通高中育人方式改革的指导意见》发布,提出"到2022年……普通高中多样化有特色发展的格局基本形成"的目标。2021年教育部等九部门印发《"十四五"县域普通高中发展提升行动计划》是继国家实施高中阶段教育普及攻坚计划之后,整体提升县中办学水平,更好适应高考综合改革和普通高中育人方式改革的重要举措。2022年,为加快建立健全教育评价制度,促进普通高中教育内涵发展和质量提升,教育部印发《普通高中学校办学质量评价指南》。这些政策的出台为普通高中教育发展提供了良好的社会环境，有利于普通高中由注重规模的外延式发展向注重质量的内涵式发展转型。同时需要关注的是，只有基层教育行政部门和广大一线校长教师领会政策精神实质，才能确保政策落实不会走过场、变形走样，否则就容易形成"上有政策、下有对策""以文件落实文件、以会议落实会议"的形式主义怪圈。

四是高中多样化特色发展研究成果丰富但动力不足。随着国家、地方各个层面有关学校特色发展政策的出台，很多学者围绕高中多样化特色发展，从其概念、价值、功能目标，到政策、体制机制，再到影响因素、发展路径、策略及国别经验等诸多方面开展了广泛而深入的理论研究。相关研究机构也应运而生，如北京大学教育学院高中教育大数据实验室、华东师范大学普通高中教育研究所为代表的高校科研院所设立高中教育研究机构，并每年发布高中教育蓝皮书或高中教育发展报告，总结我国高中教育发展成果，引领高中教育改革。从 2010 年起，北京、天津、上海等地进行"开展普通高中多样化、特色化发展试验，建立创新人才培养基地"改革试点。例如，北京市在 16 个区 70 所项目学校开展了育人模式、学校文化、素养教育、教学方式、学校管理、普职融通、国际化教育等 7 种特色类型的普通高中多样化实践研究[2]。截至 2021 年，上海市已经连续推进特色普通高中建设项目，培育了 59 所项目学校，将其中 15 所学校命名为上海市特色普通高中[3]。高中多样化特色发展的理论、政策和实践研究成果不断丰富。在新课程、新教材及高考招生改革的推动下，高中学校的课程专业分化和人才分类培养的趋势将越来越明显，对高中学校特色发展的认识还需深化，学校人才培养模式多样化、办学体制多样化还需要进一步推进。

总之，我国高中阶段教育已进入一个重要节点，即从数量普及转向质量提高、由规模发展转为内涵发展，特色学校建设是内涵发展的主要方式。经过 10 余年的探索，以重点高中或示范性高中为特征的高中分层发展格局正在被打破，以特色高中为特点的高中分类发展格局正在形成，高中多样化特色发展正面临新的机遇和挑战。

二、"双减"背景下高中多样化特色发展的对策

"双减"作为高中多样化特色发展的一个重要变量,既带来了机遇,也使其面临新的挑战。历史经验告诉我们,机遇与挑战并存。因此,深化高中多样化特色发展,完善多样化特色发展格局将是一个长期、复杂而艰巨的任务,下面仅从"双减"背景下高中多样化特色发展的机遇与挑战角度提出一些应对思路。

(一)以学科课程建设为焦点,优化具有学校特色的课程体系

新时期高中学校课程建设要从校本课程建设转向以学科课程建设为焦点的学校课程建设。从国家必修的每一门学科课程出发,将学科课程育人功能与学校育人理念、育人目标紧密关联,并转化为符合本校实际和学生多元需求的分层分类的学科课程体系,进而在实践中逐渐优化出具有本校特色的学科课程,实现从课程特色到特色课程的转变。

第一,聚焦学科课程建设,适应学生多元发展需要。高中学科课程具有专业趋于分化的特点,高中学生是人格完善、个性形成的关键时期,他们在学科课程的学习上开始表现出一定的个性倾向和特长禀赋。因此,高中分层分类的学科课程为学生多元发展提供了专业成长的基础条件。首先要对学科课程目标和标准进行校本化的细化分解,特别是做好学科核心素养、学业质量标准与学校师生实际的对接,形成学校学科课程多元分层目标体系。其次科学合理设计学科课程结构与内容,既要保证学科本质内容的内在逻辑结构和知识体系,又要关注与不同学科,相近学科的知识、方法、思想等方面的融通,逐步构建起具有学科特色的课程群。最后,创新学科课程实施与评价。在学科大单元、大概念教学理念下,加强学段衔接,根据学情校情,实施分层教学。开展基于学生发展的学业水平评价,促进学生多元发展。

第二,突出课程整体设计,形成特色课程群。从学校课程整体建设的角度来分析学校的全部课程,在五育融合的理念下,不断优化学校课程结构,并使得所有课程都具有内在逻辑关联和整体育人功能,既适应学生多元发展需要,

又为学校特色发展服务，进而从学校的课程特色走向具有学校整体意义的特色课程。首先，系统梳理现有课程建设现状，分析每门课程在学生成长和学校特色发展上的意义和价值。其次，调整与学校特色发展定位不符的课程，改进与学校整体课程不紧密的课程，增加体现学校和学生特色发展需要的课程。最后，持续跟进课程评估，加强学校课程治理，发挥家长、社区参与特色课程建设的作用，朝着具有学校整体育人风格的方向努力，形成具有人文、数理、科技、艺术、体育、外语等多种类型的特色课程群。

（二）以高中自主招生为要点，深化考试招生和教育评价改革

考试招生和教育评价改革是制约高中多样化特色发展的最大难题，也是"双减"落实见效的关键因素。在高中教育普及化和多样化的形势下，以高中自主招生改革为突破口，深化考试招生和教育评价改革正是抓住机遇、应对挑战的最佳选择。

第一，设计高中自主招生制度。当前中考改革淡化升学，强化学业水平考察的趋势明显，在坚持指标分配等政策的前提下，通过第三方教育评估机构，评定高中学校是否具备自主招生资格。招生部门给每所高中学校下达自主招生类型和计划数，高中学校确定以学业水平考试成绩和综合素质评价相结合的录取资格条件，实行报名登记入学。最终通过学校多样化特色发展，将高中自主招生权利赋予每一所高中学校。

第二，改进综合素质评价工作。扭转对综合素质评价育人的片面认识倾向，淡化对综合素质评价的分数和等级认定，强化综合素质评价在日常教育教学活动中育人功能，建设校本化综合素质评价网络平台，推动综合素质评价特色化建设，突出综合素质评价与学生核心素养培育的深度融合，以事实记录和个性化表达为主要方式来展示学生个性化发展现状和特点，按照"谁使用谁评价"的原则，确定评价标准和评价方法。

第三，落实高中办学质量评价改革。按照《普通高中学校办学质量评价指南》开展对普通高中办学质量评价，在评价导向上，引领学校从分层发展走向分类发展；在评价内容上，注重对全面育人体系和现代学校管理制度建设情况

的评价,特别是对学校特色发展情况的评价;在评价方式上,注重过程性评估和阶段性考核,逐步推广第三方评价模式,实现管办评分离。加大对多样化特色发展成绩突出学校的奖励力度,释放和激发学校改革创新活力。

(三)以特色高中建设为重点,强化多样化特色发展体制机制

关于如何建设特色高中,在理论研究上,学者们大都从特色高中或高中多样化特色发展面临的各种困境出发,有的对推动高中特色发展的制度保障体系进行研究[4],有的对学校特色建设路径与方法开展研究[5],有的对特色学校创建的模式进行重构等[6]。这些研究加深了对特色高中的认识,促进了对特色高中建设规律的了解和掌握。在政策研究上,据不完全统计,全国有10多个省、市已经出台特色高中建设方案,表明特色高中建设的政策研究进入一个新阶段,这为特色高中建设提供了制度保障。在实践研究上,上海市的建设思路具有代表性,采取"项目孵化、滚动推进;分类指导、分阶提升"的策略;明确"学校自主规划、区县推荐支持、项目滚动指导、探索分阶管理"的建设机制。同时,在课程、师资、经费和招生上设计了具体的支持保障政策[7]。简单说,就是从"特色项目"到"学校特色"再到"特色学校"的思路。这种思路体现了学校特色发展的过程,也发挥了学校的自主性。事实上,上海的这些实践经验已经被全国部分省、市借鉴。

生态学的方法论对教育研究有很强的适切性[8]。生态位是生态学中的一个核心概念,通常是指在生态系统及其群落中,一个物种与其他物种相关联的特定的时间位置、空间位置和功能地位。它既表示物种生存空间的特征,也包括置身其中的物种的概貌,如物种可利用的资源条件、活动的时间和空间,以及与其他物种的关系等。生态位理论揭示:在自然界中,一个生态位只能有一个物种,没有两个物种生活在同一生态位中;如果同一生态位中出现了两个物种,则必然会发生激烈的种间竞争。在这种情况下,即使是亲缘相近,具有相同生活习惯、生活方式的两个物种也不例外。如果物种形成并拥有适合自身生存、发展的生态位,就可以弱化与其他物种的恶性竞争,确保生物群落和生物圈的有序和稳定[9]。生态位理论对特色高中建设有重要的启发意义,可以帮助我们探寻特色高中建设的新思路。

第一，形成对学校发展的正确认知。特色高中建设面临的诸多困境往往源于没有对学校发展形成正确认知。就学校发展而言，高中学校生态位是由教育资源分布状况、学校间竞争状况、教育人口状况、学校自身实力状况对学校内部生态系统的作用共同决定的。由于高中教育的特殊定位，在激烈的竞争中，一些高中学校难以发挥自身优势，既缺乏对教育生态系统的宏观把握，又缺乏对自身特色的微观研究，进而出现角色混乱或错位现象。这说明，现有的竞争态势与多样化特色发展格局还有一定的差距，其中学校发展游离自身生态位是根本原因。学校发展的一切工作都应该围绕自己的生态位展开，否则在学校发展中，可能会不择手段，抢挖优秀生源、优秀教师，搞掐尖教育；可能会不断加重学生学业负担，只追求高考成绩；可能会为特色而特色，支撑门面而导致教育质量下滑等。从前文分析的特色高中内涵和类型可知，特色高中为学校根据自身生态位自主发展提供了可能。有了对学校发展的正确认知，就为特色高中建设扫除了思想认识上的障碍。

第二，测算特色高中建设的生态空间。特色高中建设将会改善当前高中教育生态。特色高中建设不是盲目的，而是要根据一定区域内高中教育发展的空间布局及规模形态做好规划。教育发展空间布局和规模形态不是一成不变的，而是随着社会发展不断变化，如学龄人口、城市建设的变化就会影响教育空间布局。特色高中建设的生态空间有自然空间、社会空间和经济空间，这些空间里的构成要素主要包括地理环境、学校面积、师资配置、硬件设备、特色类型、社会认可度及招生状况等。我们可以通过测算生态空间中每一个要素的生态位宽度来实现对整个生态空间的准确把握。生态学上，生态位宽度是指一个物种所利用的各种资源的总和的幅度[10]。那么，就可以将要素的生态位宽度理解为特色高中在所处环境中对某一要素的利用程度。一般地，要素生态位宽度的值越大，学校对其利用度也就越高，各个要素生态位宽度总和越大，学校在周围环境的适合度也就越高，发展的生态空间也就越大，其发展速度也就越快。测算特色高中建设的生态空间，不仅可以对区域内的高中教育资源配置情况进行量化分析，而且可以对特色高中建设的情况进行动态掌握，更重要的是可以明晰高中学校生态位分离的可能性与必要性。

第三，明确特色高中建设的发展定位。特色高中建设是高中多样化特色发展的具体体现，也是高中学校错位发展的表现。高中学校通过分析学校拥有的资源优势，正视自身的生态位，在形成发展共识和测算生态空间的基础上，确定特色定位，制定特色发展战略和路径，通过理念错位、途径错位、方法错位、生源错位等形式错开恶性竞争的生态位，减少与其他学校发生生态位重叠的概率，提高自身特色辨识度和认可度。特色高中建设是一个长期奋斗的过程，教育主管部门和学校干部教师都要有战略定力，摒弃功利主义和短视行为。同时，还要在特色发展过程中关注生态位的变化，在资源导向上为学校生态位分离提供正确方向和科学保证，根据学校发展情况，制定更高的发展目标和战略，科学合理地构建和提升学校生态位，推动学校更高质量发展。

第四，协同特色高中建设的各方力量。特色高中建设本质上是学校变革，既是学校内部生态系统的一个动态平衡过程，也是学校外部，即更大的教育生态系统的一个动态平衡过程。在教育生态链上，义务教育阶段应在为学生打下坚实基础的同时，减轻过重学业负担，注重培养兴趣爱好，开展认识自我和生涯规划教育，为升入高中做准备；高等教育在专业设置、人才培养等方面深化改革与特色高中建设相对接；深化中考、高考与招生改革，通过先试点再推广的策略为特色高中建设提供制度保障。在教育生态主体上，党委和政府发挥社会主义集中力量办大事的政治优势，加大对特色高中建设的支持与投入力度；教育工作者，特别是高中校长和教师全面提高办学能力和专业水平，建设一支与特色高中建设相适应的高素质的人才队伍；全社会关注、引导、支持与督促特色高中建设，构建良好的特色高中教育生态。在研究上，推动特色高中理论研究，加强对特色高中建设的现象阐释、发展预测和工作指导；加强政策研究，做好特色高中建设顶层设计，规划建设生态空间，清晰政策导向，推动制度创新，构建政策体系；开拓实践研究，激发学校办学活力，"自下而上"与"自上而下"相结合，落实"放管服"改革，完善现代化特色高中治理体系。

参考文献

[1] 朱益明，等.中国高中阶段教育发展报告2020[M].上海：华东师范大学出版社，2021：17.

[2] 方中雄，张熙.北京市普通高中教育发展报告（2014）[M].北京：北京出版社，2015：35.

[3] 上海市教委举行第五批市特色普通高中命名授牌仪式[J].上海教育科研，2021（4）：2.

[4] 杨润勇.推动普通高中特色发展的制度保障体系研究[J].教育研究，2016，37（11）：82-86.

[5] 张熙.枣形模型：学校特色建设的路径与方法[J].中小学管理，2011（3）：25-28.

[6] 楚江亭.特色学校创建：概念透视与模式重构[J].教育发展研究，2008（8）：33-37.

[7] 上海市教育委员会.上海：以协同治理激发主体活力 推动特色高中建设同频共振[J].人民教育，2021（18）：47-49.

[8] 刘贵华，朱小蔓.试论生态学对于教育研究的适切性[J].教育研究，2007（7）：3-7.

[9] 李景春.生态位理论视域中的教育生态系统及其发展[J].教育科学，2006（3）：26-29.

[10] 吴鼎福，诸文蔚.教育生态学[M].2版.南京：江苏教育出版社，2000：172.

"双减"背景下普通高中学生多元发展指导的探索

北京教育科学研究院 李海燕

"双减"是党中央、国务院作出的重大决策部署，是国家的重大民生工程。2021年7月，中共中央办公厅、国务院办公厅印发《关于进一步减轻义务教育阶段学生作业负担和校外培训负担的意见》（简称"双减"政策），强调坚持学生为本，着眼高质量教育体系，强化学校教育阵地，并提升学校课后服务水平，满足学生多样化需求[1]。北京作为"双减"的试点，中共北京市委办公厅、北京市人民政府于同年8月印发《北京市关于进一步减轻义务教育阶段学生作业负担和校外培训负担的措施》，对具体内容、规则和管理机制等做了明确说明。"双减"政策和新高考改革政策的落地实施[2]，着眼学生的健康成长，重塑教育良好生态，为学生健康成长保驾护航。

一、"双减"背景下普通高中学生多元发展的新契机

"双减"政策是中央部署全面深化改革的重大举措之一。"双减"不直接在高中实施，但对高中教育教学产生了深远影响。"双减"关注学生身心健康成长，是"育人为本"的教育回归。"减负"减轻校内学业负担过重，深化校外培训机构治理等，这对学校教育教学产生了深远影响，如学生的课堂教学提质增效，教师作业布置、学生发展指导等产生一系列变化。

首先，从"双减"的价值导向来看，"学生为本"是"双减"的核心理念。"双减"坚持学生为本，回应关切，尊重教育规律和学生身心发展规律，校内减轻学生学业负担，营造宽松适宜的学习环境，学生不再有"写不完的作业"，保障学生的睡眠时间，将休闲娱乐的时间还给学生，为他们的健康成长保驾护航。其次，从"双减"的实现目标来看，强调学校教育教学质量和服务水平的

提升，关注校外培训机构全面规范，避免"内卷"式的教育竞争，缓解学生、家长的教育经济负担，让教育重回学校主阵地，做人民满意的教育。最后，从"双减"的实施举措来看，按照学生自身发展需求，大力提升学生校内教学质量和校内课后服务水平，满足学生多样化发展需求，培养不同类型、层次的学生全面而个性化发展。"双减"改变"唯分数论"，关注学生综合素质评价，除学业水平外，还会关注学生的兴趣、爱好、健康睡眠等[3-4]，充分彰显"学生为本"的价值观，也为学生多元发展提供了新契机。

二、"双减"背景下普通高中学生多元发展的路径

人的发展包括自然属性和社会属性的发展。从心理学的界定来看，个体发展指的是人在生命形成、出生、成熟直至衰老的全过程中连续的和系统的变化，包括生理、认知、人格与社会情感等方面的变化。对于普通高中学生而言，伴随着青春期快速的生理成熟，他们的自我意识进一步增强，认知结构不断完善，个性特征和价值观也初步形成，表现出青春期的阶段性心理特征。在此阶段，由于受到遗传、生活经历、学校及家庭环境等因素的影响，他们在智能结构与水平、兴趣爱好、个性特征、价值选择、生涯成熟等各个方面都表现出巨大的差异，青少年发展的不成熟性和可塑性正是学校教育的价值所在。"双减"正是基于这样的差异考虑，引导学校和教育工作者针对学生的不同兴趣、能力和性格因材施教，支持他们自主选择，每个学生都可以在原有基础上获得发展。

（一）何谓"学生多元发展"？

多元（Diversity），是指有区别的、不同的、多样化的状态。"发展"在《辞海》中被解释为事物由小到大、由简到繁、由低级到高级、由旧质到新质的上升的变化过程，这种变化体现在学生身上，意味着成为更复杂的个体，并体现出阶段性、顺序性和不平衡性的特点。"学生发展"的概念受20世纪以来心理学和社会学两大学科发展的深刻影响，其重点在于关注学生在学校里学习知识、发展能力，成长为独立个性的人。学生发展是学校通过教育活

动和实践，直接或间接影响学生成长的诸多方面，是人的发展在教育领域的延伸和发展[3]。从发展心理学的角度来看，学生发展的基本领域相同，包含生理、认知、人格和社会性等，但由于个体、经验和环境交互作用，学生发展存在不均衡现象，出现多样化的状态。我们认为，学生多元发展是指学生基于自身的兴趣与特长，整合各种内外部信息，自主选择和决策，实现每个个体的自主发展。学生多元发展不是某个学生的多向性发展，而是学生群体按照自己的发展路径实现自主发展的过程。也就是说，每个学生的自主选择和发展是实现学生多元发展的基本路径，也是学生多元发展的必然要求。

（二）学生多元发展的内容体系及路径分析

新高考为学生发展提供多元化的选择，而学生本身智能、性格和所处环境的差异是其多元发展的现实依据。学生是完整、独立的个体，他们如何实现自主发展？我们可以从学生发展的理论来探索学生发展的要素及可能实现的路径。

1. 多元智能理论

智力是一种一般的心理能力，是认知的核心，包含了从感知到解决问题的各种认知能力，以及获取和信息加工的能力。从加德纳的多元智能理论来看，人的智能是多元的、发展的、可塑的，智力系统是独立存在的多种智力的组合体。每个学生的身上或多或少都具有8种智能，只有每个人的组合发挥程度不同[5]。8种智能包括：语言智能、数学逻辑智能、身体运动智能、人际智能、空间智能、音乐智能、自我认知、自然认知智能等。多元智能理论建立了一个开放的教育体系，有助于学校、家庭认识每一个学生不同的智能发展倾向，从而尽可能挖掘每个学生的潜能，为学生的教育提供重要的理论依据与可操作的具体办法。

2. 学生发展理论中解读学生多元发展

学生发展是学校教育的目标，即使学生在教育教学中不断成长和进步，各方面能力得到提升。学生发展理论最早是从高校学生事务参与管理的实践中发展起来的[4]，本文中普通高中学生发展是人的发展在高中阶段的延伸。目前，比较典型的理论有社会心理学理论、认知结构理论、类型学理论、人与环境互动论等，都从各自角度探索学生发展的可能方向，我们将从中提取学生发展的主要内容。

社会心理学理论以埃里克森的人格发展阶段论为基础，描述个体发展中面临阶段性的成长问题，每个阶段都会有特定的发展任务。如果个体在此阶段得到适当的教育干预，人格会健康发展。但并非所有的个体都会同步完成，而是会出现发展不均衡。高中阶段面临的主要问题是建立自我同一性，以及相应的影响因素探索。社会心理学理论关注自我同一性的7个变量，如能力发展、管理情绪、自我管理、人际关系、自我完善、目标和确立同一性等[5]。认知结构理论关注学生智力的发展及经验积累的过程，个体对环境的认知矛盾促进了发展和成长。类型学理论强调人与人之间的先天差异，每个人是独特的个体，不同类型的人对信息加工、选择与决策不同，如霍兰德的性格类型理论、米尔斯－布雷格斯的16种职业性格类型等，类型学理论强调学生个性特征、认知方式对个体发展的影响[7]。人与环境互动论关注环境与学生个体的相互作用促进学生成长，学校要创建多样化的条件帮助学生成长，学生的主动参与、探索实践会影响其自主发展。学生发展理论从不同视角关注学生发展的内容、影响因素和可能方向。

我们从多元智能理论和学生发展理论来看，各个理论模型各有侧重，但整体来说，学生发展强调基于先天差异，在个体与环境互动的过程中，实现生理、认知、人格和社会性发展。学生发展的内容体系主要包括两个层面：一是学生个体层面，如学生的多元智能、个性特征、学习投入和参与、自主发展等个人属性；二是发展环境层面，高质量的学生发展来自学生和环境的良好互动，如学校的目标、学校类型、学习环境、学校提供的资源（课程、活动）等基本内容。

3."双减"背景下学生多元发展路径分析

"路径"是指道路，是学生到达目的地的方式。实现学生多元发展的路径：一是学生自我探索的内在路径；二是基于学生发展通道的外在路径。新高考改革考试科目设置，扩大学生选择权，实现文理融通，增加考试机会实行平行志愿，给学生带来发展的多种可能性[6]。"双减"不仅影响着国家对人才的筛选和培养，而且对学生的多元发展路径有引导作用。

（1）基于个体自身差异的内部发展路径

基于个体自身差异的内部发展路径是学生基于自身差异实现自主发展的路径。高中阶段是学生个性形成、自主发展的关键阶段。学生发展的内在动力是内驱力，引导有机体发挥自身能动性，通过个体认知能力建构，以及与个性特征的交互影响，做出适合自身发展的生涯倾向性判断，实现自主发展的路径。

学生发展的内在动力是内驱力，内驱力是学生持续发展的内部引擎，是学生发展的基础。动力的英文词为"Dynamics"，含有力（Force）和活动（Activity）两个概念的意义，可包括所有决定有机体行为的潜在因素，如驱力、本能、希望等。对青少年而言，学生发展领域包括：认知发展，如个体感知觉、记忆、智力、思维等方面；人格发展，我们关注学生小五人格特质，包括开放性、尽责性、外倾性、宜人性和神经质等。生涯成熟是个体明确做出具有现实性的职业选择，并在一段时间内保持选择的一致性。学生基于自身的智能个性差异，整合各种内外部信息，自主选择和决策，从而实现个体的自主发展（图1）。

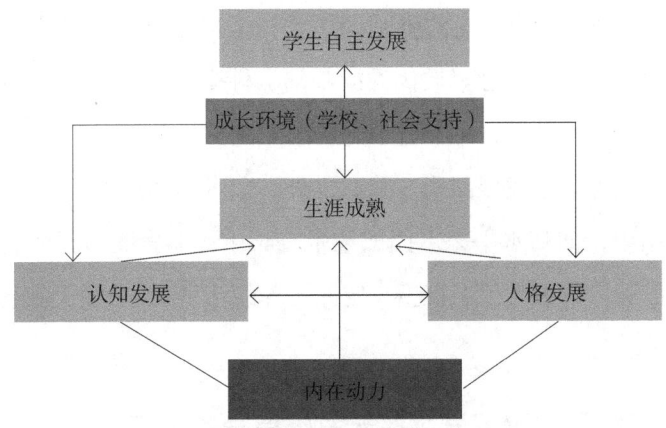

图1 基于自身差异的内在发展路径

（2）基于学生发展通道的外在路径

新高考改革将"分类考试、综合评价、多元录取"的制度作为高考改革的核心目标[7]。高中学生在基于自身差异性特征，按照新高考改革的招生录取方式，选择适合自己发展的路径。每个学生在完成高中的学业后，立足自身情况，可以有多元化的发展路径[8]。

首先是大部分高三毕业生参加全国统一高考，由教育部考试中心命题或相关地区自主命题，这是学生最主要的发展路径，包括报名、体检、参加高考、填报志愿等。其次是自主招生。每年有一部分毕业生通过高校的自主招生项目进入适合自己的学校，高校通过自身的测试和选拔，高效地找到适合本校需求、与学校价值观契合的学生。自主招生选拔具有学科特长和创新潜质的优秀学生，学生只要有自己的学科特长和创新潜质，如竞赛生，有科技发明、计算机专长等均可以参加自主招生。2020年起，自主招生被强基计划取代。最后是"三位一体"综合录取，在部分高校试行，综合考量学生高考成绩、学生高中阶段学业水平测试成绩、综合素质评价等。各部分占一定比重，高考成绩不低于50%，需先通过考试，再通过学校设定的个性化面试，是将综合成绩排名的一种学生发展路径。一些知名大学，如清华、北大、复旦等三位一体的选拔非常明确，面向综合优秀的学生。另外，2020年1月，《教育部关于在部分高校开展基础学科招生改革试点工作的意见》中提出"2020年起，在部分高校开展基础学科招生改革试点（也称强基计划）"，强基计划主要选拔培养有志于服务国家战略重大需求且综合素质优秀或基础学科拔尖的学生。还有保送生，无须参加高考，经学校推荐，可以升学；国家三大"专项计划"面向农村及贫困地区的定向招生等学生发展路径。除此之外，艺术类面向舞蹈、音乐、绘画等方向的专业招生，如高水平艺术团或艺术特长生；体育类包括体育专业招生、高水平运动员等；军事类（军校生，定向培养的士官）、公安类招生；航海类、飞行员招生等[8]。

三、"双减"背景下学生多元发展指导的探索

新时代背景下国家经济发展亟须各种不同类型的专业人才，对高中阶段的学校教育与学生多元发展的指导提出更高的要求。普通高中学生发展指导是一

个教育项目,具备几个共同特征,如内容能力要求、达成的路径与过程、人员参与、材料与资源等[9]。我们依据学生自身基础和兴趣、价值观倾向,在外部招生考试制度引导下,探索学生多元发展的内外部路径,进而构建普通高中学生多元发展指导模式(图2)。

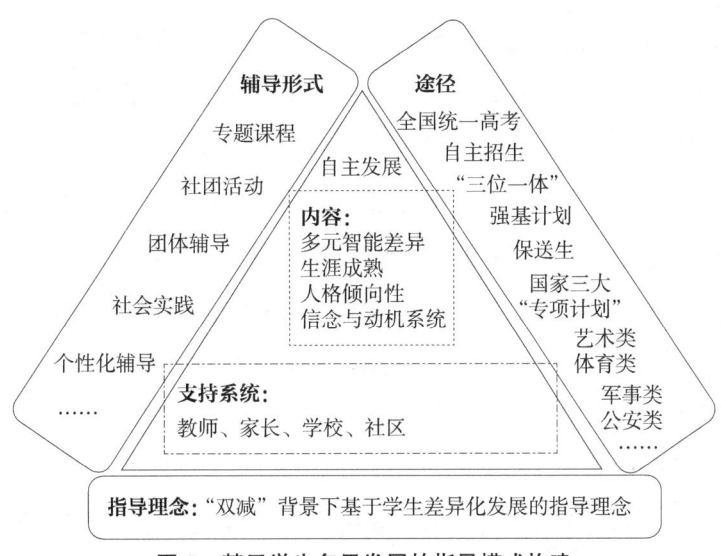

图2 基于学生多元发展的指导模式构建

在学校的教育教学实践中,学生的多元发展是系统性工程。"双减"为学生提供了自由成长的时间,学生可以根据自己的差异化特征,如多元智能差异、生涯成熟、人格倾向性及信念与动机系统是学生发展的内容;专题课程、社团活动、团体辅导、社会实践、个性化辅导等是辅导学生发展的基本形式[10],多样化的选择是学生发展的路径,教师、家长、学校和社区的支持是学生发展的支持系统,学生自主发展是最终目标。指导理念、内容、形式、途径、支持系统构成稳定的三角结构,互相支撑,引导每个学生自主发展,帮助其实现多元发展。

(一)关注学生发展差异,满足学生多样化成长需求

学生发展是学校教育工作的出发点和落脚点。"双减"政策下,学生自身基础知识、成长背景、个性特征、能力结构的多元化,使得其在探索学习领域、生涯、兴趣专长等方面有较大空间[11]。学校教育基于学生多元智能倾向,

关注学生发展差异，探索学生多元化的培养模式，满足学生多样化的成长需求。一是丰富学校课程供给，为学生多元发展提供优质的教育资源。分层分类的课程体系满足不同水平、不同兴趣倾向的学生发展需求，增加社会实践类课程，学生在体验学习中有更深切的感悟和发现；二是采用灵活的教学组织和课堂教学方式，因学生的思维方式和学习风格具有差异，应探索启发式、活动式、讲授、自习等多种教学组织形式，调动学生课堂积极性和思维能动性，挖掘多元发展的潜能；三是创新多元的学生评价方式，基于学生学习水平差异，关注自身成长的评价方式，如布置差异化的课后作业、多方位的考试评价、质性评价、学生成长故事等。应切实关注学生发展差异，看到学生的不同，不同区域、不同性别、不同年级、不同家庭背景等的差异化，满足学生多样化成长需求。

（二）激发学生成长的自驱力，引导学生自主发展

新智能时代，知识和技能不再成为主要竞争力，而对未知的挑战、持续探索和成长的内在动力才是关键。自驱力是学生发展的动力引擎，学校教育调动和激发学生更大的学习主动性与发展潜能，引导学生正确认识自我，明晰自身能力、兴趣、价值观倾向，发展自我，找到内在动力，实现自主发展。第一，引导学生正确认识自我，了解自身兴趣、爱好、个性特征、价值观，探索自身内在需求，找到生涯方向，这是学生自驱力的基础；第二，设定边界，把学生成长的空间留给他们，在学业任务和团体合作中引导他们承担责任，获得团队写作支持，对每一件事情认真负责，获得自我控制感；第三，培养学生自主性，帮助其专注于热爱、挑战性的事务，挖掘和发挥自身优势，获得自主、胜任和成就感。第四，引导学生适当进行情绪表达与管理，培养抗逆力，使其面对挫折能适度应对，拥有心理弹性和情绪管理的能力；第五，设定适合的目标与持续的行为训练，制定自驱力反馈机制，引导学生在目标设定上遵循SMART原则，分析自己行动背后的原因，探索激发行动的步骤，从而实现持续行为训练。

（三）拓宽学生发展通道，实现学生成长路径多样化

"双减"为高中阶段教育带来联动辐射作用，为学生提供多样化选择，为

高中阶段创新人才培养提供新的契机[12]。学生可以立足自身先天智能差异、个性特征、兴趣爱好、能力要求等选择适合自己的发展路径，如统一高考、自主招生、"三位一体"、强基计划、保送、艺术类、体育类、军队类、公安类、出国留学等多元发展路径。与此同时，学校也可以立足自身特色优势，拓宽学生发展通道，如依托区域地域优势，与社会机构合作交流，为学生提供生涯探索实验基地，提供更多选择的可能性；外国语特色学校可以发挥语言优势，与国外大学、中学建立兄弟校项目合作交流、定期互访机制，为学生未来出国留学、预科学习提供机会；部分高校附属中学可以依托高校丰富的专家资源，探索合作机制，开设 AP 课程，使学生拥有早期高校学习研究的经历，为未来的发展提供更多选择；也可以与企业开展课程合作开发项目，建立学生生涯实践探索基地等。综上，学校尽可能立足本校特色、学生条件，借助于地域、社会资源等，拓宽学生发展通道，为学生提供多样化的成长路径。

（四）构建全方位支持系统，助力学生多元发展

学生的成长成才离不开家庭、学校、社区的共同支持。家庭是学生发展的基础环境，父母的认知、教养方式、家庭经济水平等对学生发展影响深远；学校是学生学习生活的主要场所，教师、同伴、课本及学校丰富的社会实践活动为学生开阔了视野，增长了知识，学生在与同伴的互动中成长，朋辈辅导是最有效的学习方式。学校创设的丰富多彩的课程赋能学生多元发展；社区是学生初入社会的实践场所，在与社会互动中了解规则、习得价值观，学会适应社会，在社会实践中感悟生命的价值。家庭、学校、社区对学生影响各有特点，不可替代，互为补充。因此，应构建家庭、学校、社区全方位支持系统，支持学生多元发展。

参考文献

[1] 中共中央办公厅 国务院办公厅印发《关于进一步减轻义务教育阶段学生作业负担和校外培训负担的意见》[EB/OL].（2021-07-24）[2022-01-01]. http://www.gov.cn/zhengce/2021/07/24/content_5627132.htm.

[2] 李木洲. 新高考改革与基础教育的应对[J]. 现代教育管理，2016（6）：49-53.

[3] 罗树庚. 从学生的需求出发去思考"双减"[J]. 人民教育, 2022(6): 3.

[4] 桑安琪. "双减"背景下教育本质的回归[J]. 教学与管理, 2022(5): 1-4.

[5] 李海燕, 殷桂金. 聚焦学生多元发展, 推进高中育人方式变革[J]. 教育科学论坛, 2022(2): 44-47.

[6] 彭小孟. 学生发展理论: 我国高校学生管理改革理论的思考[J]. 教育理论与实践, 2010, 30(10): 3-5.

[7] 马冬卉, 陈敏. 美国高校学生发展理论及相关问题探讨[J]. 现代教育科学, 2007, 5(3): 132-136.

[8] 周彬. 指向学生个性成长的高中教育转型: 基于上海与浙江高考改革试点的实践研究[J]. 中国教育学刊, 2017(4): 28-32.

[9] 宋晓垒. 我国目前高中学生升学路径分析[J]. 课程教育研究, 2016(31): 24-26.

[10] 方晓义, 胡伟, 陈海德, 等. 构建高中学生三级发展指导模式[J]. 北京师范大学学报(社会科学版), 2014(1): 37-43.

[11] 成尚荣. 走向"双减"的深处[J]. 中小学管理, 2021(10): 60.

[12] 李晓雅. "双减": 基础教育阶段创新型人才培养的新契机[J]. 广西师范大学学报(哲学社会科学版), 2021, 57(6): 9.

"双减"背景下普通高中特色课程建设的对策思考

北京教育科学研究院 范佳午

"双减"要求进一步提升学校教育教学质量和服务水平。从普通高中特色课程建设角度出发,通过加强学校课程实施规划、加强课程群建设,可以提高学校的课程育人质量和课程实施效率;通过丰富校本课程开发,有利于满足学生的多元需求,为每位学生提供更好的课程服务。下面针对学校课程实施规划、课程群建设、校本课程开发提出具有操作性的实施策略。

一、通过学校课程实施规划提高课程育人效率

《普通高中课程方案(2017年版2020年修订)》要求"学校应依据国家课程设置要求,结合办学目标、学生特点和实际条件,制订满足学生发展需要的课程实施规划。开齐国家规定的各类课程,特别是综合实践活动、劳动、技术(含信息技术和通用技术)、艺术(或音乐、美术)、体育与健康等课程;开足规定的课时,如果确有需要,可适当调整课堂教学时长,但应保证科目教学时间总量不变。充分挖掘课程资源,开发、开设丰富多彩的选修课程。因地制宜,科学安排综合实践活动,发挥综合实践活动在促进学生发展中的独特作用"。合理制订课程实施规划,是学校结合自身实际情况落实国家课程方案要求、提高育人质量和课程育人效率的必然要求。

学校课程实施规划的内容主要包括学校课程建设的背景分析、育人目标、课程结构体系、课程实施、评价体系、保障措施等方面,具体操作建议如下。

(一)开展背景分析

学校在进行课程实施规划时,首先应做好全面的调研工作,明确学校课程

建设依据、基础和发展方向。一是明确学校课程建设的政策依据。《基础教育课程改革纲要（试行）》明确了国家、地方、学校三级课程管理制度，以增强课程对地方、学校及学生的适应性。学校要在切实落实好国家政策要求的前提下，利用好国家赋予的课程权利。在进行课程实施规划时，首先要认真学习、领会国家对教育改革、课程改革的相关文件要求。例如，《国务院办公厅关于新时代推进普通高中育人方式改革的指导意见》《普通高中课程方案（2017年版2020年修订）》及普通高中各学科课程标准等重要文件。二是要深入调研本校学生的特点和发展需求。学校要通过调查访谈等，切实了解学生的学习兴趣、态度、志向，详细了解学生的学习内容、方法、策略，了解学生及家长对学校课程建设的期待。三是了解校内外的现有资源条件，即学校课程开发的现实基础和条件限制，如学校现有的师资、设施、经费、场地，以及学校所处的地理环境、周边的经济特色、民俗风情、人文景观等，通过科学的研究分析，设计并实施适合本校的特色学校课程。

（二）细化育人目标

学校的育人目标是指一所学校的全部课程在促进全体学生的核心素养发展方面的基本要求。它不仅是学校课程的结构设计依据和实施依据，也是学校评价体系的重要参考。育人目标的确定要以国家的教育目的、课程方案的培养目标、学校的办学宗旨、学生的特点和实际情况等为依据。一是要以国家的教育目的、课程方案的培养目标为基准。教育目的是一定社会培养人的总要求，课程方案的培养目标则是教育目的的具体化。学校课程总体目标的设计要依据国家的教育目的，保证课程方案的培养目标在学校的落实。二是要依据学校的办学宗旨。一所学校的办学宗旨是体现学校办学特色的"核心"，它既有与国家规定的教育目的、培养目标的内在一致性，又有适合于本校实际且不同于其他学校的差异性。构建有特色的学校课程，必须以学校的办学宗旨为"圭臬"，努力使所开发的学校课程能够体现并实现学校的办学宗旨。三是要依据学生的特点和实际情况。国家课程的培养目标关注的是学生整体的基本素质，学校课程规划的根本内涵在于体现本校学生特点，尊重学生的个性，为资质不一、能力水平相异的学生提供满足他们不同需求的课程，在充分发挥学生主体性和创造性的基础上，培养学生多方面的兴趣、特长和能力。

（三）搭建课程结构

课程结构是指课程的各个组成部分或组成要素及其相对稳定的相互联系和相互作用方式的总和。可以从不同维度对学校课程结构进行分析、规划。例如，从课程管理维度，可以将学校课程分为国家课程、地方课程、校本课程等；从课程领域维度，可以将学校课程分为人文、语言、科技、数理、艺体等；从课程层级维度，可以将学校课程分为基础、拓展、发展课程等。一般讲，合理的课程结构是指学校所设不同类型的课程在数量与课时比例合理组合的基础上形成的有机整体。

从形式上，各个学校在课程开发实践中形成了各具特色的课程结构体系。例如，有的学校将课程分为限选课和任选课两类，再将任选课划分为科学素养、人文素养、身心健康、生活职业技能4类，并列出了建议菜单，要求学生从每类课程中选修若干学分的课程。有的学校将学校课程的结构分为3个层次：基础课程主要培养学生的基本知识和基本技能，通常是国家课程和地方课程的必修模块；拓展课程则是国家课程、地方课程各学科课程的延伸；发展课程则着眼于学生的个性化发展，培养学生的创造力。有的学校将学校课程的领域分为艺术、人文与社会、数学、科学、语言与文学、健康与公共事业、商务与经济等，每个领域又包括若干个课程模块。有的学校创造性地在每一个课程领域和模块后增加了与此对应的大学专业和职业指导，不仅提高了学生选课的积极性，而且为学生长远发展提供了服务。

（四）明确实施路径

为保证学校课程实施规划能够扎实推进落地，学校需要制定课程实施方案，明确课程实施的理念、原则、制度等，为顶层设计转化为实践提供有力保证。学校课程实施的内容有课程组织申报与审议制度、学生选课管理和指导、规范课程纲要等。

课程组织申报与审议制度，是指申请开设学校课程的教师应填写《课程申报表》和《课程纲要》并提交至学校审议委员会初审。初审的主要内容：是否符合学校确定的课程结构；课程目标内容是否体现学校课程总体目标的要求；课程实施建议的可行性；课程评价建议的合理性。初审通过后，将课程名称列入《学校课程目录》供学生选择。审核不合格的学校课程，教师修改完善后可继续申报。

学生选课管理和指导，是指为使学生直观地了解学校课程、便捷地自主选课而采取多种形式介绍学校课程：召开学校课程发布会，由申报老师为全校学生做课程介绍；采取选修课超市的形式，通过展板介绍课程内容；在网上选课系统公布教师的《课程申报表》。学生在了解课程的基础上，选择自己喜爱的课程。当某门课程的选课人数达到学校预定的人数后，就可以开设了。

规范课程纲要，要求教师在接到学校课程开设任务通知单后，应认真设计详细的《课程纲要》并用其指导课程实施。这是学校课程实施的核心环节。在这一环节，教师根据《课程纲要》组织学生开展一系列学习活动，以实现预定的目标。学校课程的实施应突出自主性、探究性、合作性等特点，关注学生的个性差异，关注学生的创新精神和实践能力，最终促使学生和谐、均衡发展。

（五）做出评价建议

学校课程实施规划时要重视评价体系设计。评价体系对于学校课程既是导向机制，又是监控系统。设计评价体系时，需要考虑实施前、实施中、实施后的评价方案。各评价方案的构建可以从评价目的、评价主体、评价方法和评价指标体系4个方面进行。

课程实施前的评价的主要目的是明确学校课程开发的必要性和可行性，为学校课程的顺利实施做铺垫。评价主体可以是课程专家、校长、教师、学生、家长代表和社区人士代表等。评价方法可以采取问卷调查、访谈法等。

课程实施中的评价的主要目的是考察学校课程的实施程度及进展情况，

借助于评价发现学校课程实施中的问题,以便及时对学校课程开发方案、学校课程纲要中的不当之处进行修改与调整,保障学校课程开发的顺利进行。评价主体包括课程专家、校长、教师、学生、家长代表等。评价方法可以采取问卷调查、访谈法、观察法等。评价指标体系中的一级指标可以设计为教学准备情况的评价、教学设计情况的评价、教学活动内容的组织情况的评价、教学方法的选择情况的评价、教学组织情况的评价、课堂气氛的评价、教学效果的评价等。

课程实施后的评价的主要目的是确定学校课程目标的达成度,了解学校课程对学校、教师及学生产生的效果,为新一轮学校课程开发提供经验和依据。评价主体包括课程专家、校长、教师、学生、家长代表等。评价方法可以采取问卷调查、访谈法、观察法、档案袋记录法等。评价指标体系中的一级指标可以设计为学生的学习效果的评价、教师的评价、学校课程的再评价等。

(六)完善保障措施

为确保学校课程实施规划、课程建设及实施过程的质量,必须有相应的保障措施,包括组织保障、专业保障、制度保障和资源保障等。

组织保障。基础教育课程改革落实到学校层面,校长是第一责任人。应成立以校长为首的学校课程开发委员会或相应的课程改革领导小组,负责把握学校课程开发工作的方向,加强对学校课程开发工作的宏观调控与指导,保证学校课程开发的质量。

专业保障。成立学校课程开发专家指导组,积极争取课程专家的指导,充分发挥课程专家的作用,组织教师培训,增强教师的课程意识和学校课程开发能力,遵循学校课程发展的规律,保证学校课程发展的领先性。

制度保障。制定必要的各项规章制度,包括学校课程开发审议制度、学校课程评价制度、学校课程管理岗位责任制、学校课程激励制度等,使学校课程的实施和管理走向规范化。

资源保障。学校课程的开发需要一定的经费、人力和物力作为保障。学校应加强图书馆、实验室、专用教室等设施的建设，合理配置各种教学设备，为学校课程实施提供必要的物质保障。学校应该设立专项基金为学校课程开发、教师培训、对外交流等方面提供保障。

二、通过课程群建设提高课程育人效率

学校在制定课程实施规划时，要将有紧密关联的课程放在一起整体考虑，这就涉及课程群建设的问题。通过课程群建设，可以减少课程之间的重复、衔接不畅等问题，加强课程育人合力，提高课程育人效率。

（一）课程群的概念和学校课程群建设

课程群的概念早先在高等教育中提出并加以研究和实践。在基础教育阶段，随着三级课程管理制度的实施和课程自主权的下放，学校开始探索校本课程开发和学校课程整体规划，课程群的建设逐渐受到重视。王凯等学者在高等学校对课程群研究界定的基础上，尝试提出学校课程群的界定：课程群是在学校课程框架下，以促进学生核心素养的达成为目标，应用学校的课程自主权，通过将具有关联性的学科或课程模块进行重新组织，形成结构合理、衔接有序的课程组织，实现课程整体育人价值[1]。课程群的关键特征：一是由多门相互关联的课程组成；二是课程群中的课程不是盲目、随意地拼凑而成，而是有整体规划设计，从而形成结构清晰、彼此衔接的关系。

课程群建设与单门课程建设、学校课程整体规划有紧密的联系，但工作的对象、侧重点有所差异。

单门课程建设时，面向选择该课程的学生，侧重对该门课程的目标设计、内容体系构建、课程实施和教学、评价方法等进行研究，需要撰写具体的课程纲要、完成每课时的教学设计。其具有微观、具体等特点，主要是从单门课程这个"点"的角度考虑[2]，一般由一位教师或多名教师合作完成。但学校育人仅通过单门课程是无法实现的，需要各门课程从不同方面形成合力，实现全人教育，这就要求学校进行课程体系的整体规划。

学校课程整体规划时，面向学校全体学生，依据国家课程方案要求、结合

办学目标、学生特点和实际条件，制订满足学生发展需要的课程实施规划。侧重明确学校的育人目标，顶层规划学校课程的门类、结构、比例等，明确学校课程的实施原则、评价方案、管理制度和保障措施等。一般由校长牵头，学校课程委员会组织全校层面的研讨，由相关课程干部执笔完成。虽然从落实育人目标出发对学校全部课程进行了整体规划，但在宏观层面开展顶层设计，一般难以深入研究相互关联的课程间具体如何衔接配合、相辅相成。

课程群建设时，从中观层面着手，落实学校课程整体规划，在全局观下具体设计相关课程间的衔接配合，进而指导单门课程建设。课程群建设面向所有修习课程群内课程的学生，将相关的课程组合在一起，侧重研讨课程群内课程间的关系，梳理课程群内部结构，整合相关各门课程的内容，解决课程间内容重复、前后顺序不合理、难以衔接、课程的层类难以满足学生需求等问题，提高课程质量及实施效率，实现相关课程协同育人。课程群建设一般由学校课程委员会、教研组共同研讨完成。

（二）**课程群建设的原则**

为提升学校课程群建设的质量和实施效果，在课程群建设过程中应遵循以下原则。

1. 加强课程群中各门课程的内在联系

若干门课程之所以能组成课程群，是因为彼此存在关联。通过持之以恒的课程群建设，可以由浅入深、不断加强课程群内各门课程的内在联系。

可以从以下3个方面构建课程群中各门课程间的联系：一是内容的联系，如某学校的书法课程群，包括中国书法概述、软笔书法、硬笔书法、楷书、行楷、隶书、篆书、对联创作、匾额创作、古诗词书法创作、书法与设计、书法与海报等课程模块，这些课程模块都以书法为核心内容，均包含汉字笔法、间架结构、书写指导等内容，在课程内容上密切联系。二是育人功能的联系，如某高中的劳动课程群，包括国家通用技术课程、劳动社会实践类课程（学农、职业见习、志愿活动等）、劳动特色校本课程（竹编、景泰蓝制作、中医等）等，这些课程在内容上不一定有直接联系，但都指向劳动教育，都涉及劳动观念、劳动能力、劳动习惯和品质、劳动精神的培育，从不同方面落实劳动教育要求、满足不同学生的劳动学习需求，在育人功能上互补、配合、衔接，形成紧密联系。三是主题的联系，如某学校的地理位置毗邻故宫，因此打造故宫课程群，开设了故宫百科、故宫历史、故宫美术、故宫陶瓷等课程，这些课程因为故宫这一主题或特色课程资源形成联系。以主题构建课程群有利于形成学校特色，但建议在课程群建设过程中继续进一步加强课程群内各门课程在内容或育人功能方面的内在联系，而不仅仅停留在主题的联系上。

2. 组织课程群内各门课程形成合理结构

梳理课程群内各门课程间的关系，并组织形成合理结构，是学校课程群建设的核心工作。使课程群内各门课程间形成互补、衔接的关系，是从单门课程建设升华为课程群建设，实现课程协同育人、整体育人的关键。

可以从连续性、顺序性、整合性、互补性4个方面组织课程群内各门课程并形成合理结构。教育学家泰勒针对课程开发，提出将连续性、顺序性、整合性作为课程内容组织的原则。连续性是指主要课程要素的重复出现，即课程中的基础或核心概念、技能反复出现，使学生能连续学习。以书法课程群为例，连续性体现在课程群中的每门课程都涉及基本笔法、间架结构、偏旁部首等书法中基本、核心的内容且反复出现。顺序性是指在课程中将后续经验建立在先前经验的基础之上，且后续经验须更广泛、更深入。例如，在书法课程群中，对联创作、匾额创作等课程模块是建立在软笔书法模块的基础之上的，学生必须修习软笔书法后，才能选学对联创作、匾额创作等模块。整合性是指课程经验的横向联系，学习经验的组织能帮助学生逐渐获得对不同内容的联系及一致的认识。在课程群建设的过程中，既要考虑课程群内各门课程间的整合性，如楷书、行楷、隶书、篆书等课程模块中，相关内容可以比对呈现，或者可以建议学生同时选修相关模块；又要考虑群内和群外课程间的整合性，如在书法课程群中开设古诗词书法创作、书法与设计、书法与海报等课程模块，体现书法与语文、设计等相关学科，以及书法与生活的联系。在课程群建设中，从尊重学生需求和兴趣出发，在设计课程群使群内课程形成合理结构时，还可增加"互补性"作为分析的维度。互补性是指针对不同学生的不同需求，使课程群中课程的内容在对深广度分层上、类别上或实施方式上各有侧重，满足不同学生群体需求，形成互补关系。互补性即可体现在分层互补，如将高中物理课程分为3个不同层次的课程供学生选择；也可体现在分类互补，如在书法课程群中开设软笔书法、硬笔书法等课程模块；还可体现在实施方式互补，如在劳动课程群中，既有通用技术课程这类侧重知识、技能教学的课程，又有劳动社会实践类课程。

综上所述，分析、构建课程群内课程的联系与结构时，可以从主题、内容、育人功能3个维度，以及连续性、顺序性、整合性、互补性等特征进行分析。加强课程群内各门课程的内在联系、组织，形成合理结构，是课程群建设中的核心工作。

3. 把学生放在课程群建设的正中央

课程群建设过程中存在3种典型逻辑：一是学科逻辑，即从学科知识体系结构的角度出发设计课程群；二是学生逻辑，即从学生发展需求和身心发展规律的角度出发设计课程群；三是学校发展逻辑，即从学校优势和特色发展的角度出发设计课程群。设计课程群时，需要全面考虑并尽可能兼顾3种典型逻辑。但当不同逻辑发生冲突时，应坚定遵循学生逻辑，把学生放在课程群建设工作的正中央。

以高中物理课程为例，如果极端地从学科逻辑出发，就会仅以让全体学生掌握完整的高中物理知识体系为追求，而忽略不同学生未来发展需求和兴趣、能力特点的差异，让所有学生学习同样的课程；如果极端地从学校发展逻辑出发，就会功利地追求成绩，面向参加合格考、等级考、物理竞赛等不同高利害考试的学生群体，将高中物理课程建设成分层的物理课程群；如果从学生逻辑出发，则会将学生发展需求和身心发展规律作为基本出发点，如某高中的物理分层课程群（表1），在分层建设物理课程时，物理Ⅰ、物理Ⅱ、物理Ⅲ内容的深度、广度依据学生不同发展需求和兴趣、能力特点确定，而不是仅由不同的考试要求决定，同时兼顾学科逻辑和学校发展逻辑。学科逻辑体现在物理Ⅰ、物理Ⅱ、物理Ⅲ每门课程内部需按照学科逻辑编排。学校发展逻辑体现在3个不同层次课程组成的课程群符合本校学生特点，实现了学校育人特色。这里的学校发展逻辑建立在学生逻辑的基础之上,而不是功利地追求学校升学率等指标却忽视学生发展需求。

表1 某高中学校面向不同学生的物理分层课程群

类别	要求
物理Ⅰ	人文与社会方向发展的学生;达到高中物理合格考要求
物理Ⅱ	数理与工程方向发展、有一定物理学习能力的学生;达到高中物理等级考难度
物理Ⅲ	数理方向发展、自主学习能力和习惯较强的学生;达到高中物理等级考难度,并在物理观念、科学思维、科学探究、科学态度与责任方面进行拓展提升

把学生放在课程群建设的正中央,就能发现课程群建设的真正需求,使课程群建设与学校育人紧密结合起来。上述物理分层课程群的例子,通过课程群建设,克服了仅通过教学改进难以解决的常见问题:班级里总有少数学生学习物理态度认真,希望提高成绩,但跟不上教师面向多数同学的教学进度。正是这些教育实践中的实际问题对分层的学科课程群建设提出要求,即通过让不同水平学生走班选修不同层次的课程解决问题。在其他部分课程中,还可以开发分类课程群,如根据学生兴趣爱好不同,学校将统一的体育课程改为分类的体育课程群建设,平行开设丰富多样的体育课程供学生选择,包括田径、篮球、足球、排球、羽毛球、乒乓球、健美操、游泳、武术、特种体育(面向身体残疾或有其他疾病,无法参加正常体育课程的学生)等。

(三)课程群建设的实施策略

1.搭建课程群建设机制

课程群建设涉及多门课程和多位教师合作,建立团队合作建设课程群的机制十分重要。一是加强教师课程意识。通过培训使教师掌握基本的课程知识和课程开发方法。二是搭建课程群建设的交流研讨平台。组织教师研讨,不仅可以不断提升、完善课程群,而且可以提升自身的课程开发能力。三是建立定期研讨、长期修订的课程群修改完善制度,以钉钉子精神不断提高课程群质量。先对课程群进行周密的整体设计,然后再严格按照整体设计开发每门课程。但这只是一种理想状况,实际的状况是学校已有若干门彼此联系的课程,把它们放在一起整体建设、修改完善，使这些课程的衔接越来越有序、结构越来越合理，逐渐形成比较理想的课程群。因此，实际的课程群建设需要定期研讨、长期修订的制度支持，组建稳定的课程群建设团队，设置课程群建设负责人，制定课程群开发、修改、评估管理办法，支撑课程群实现持续的提升完善。

2. 加强课程群整体规划和实施

与单门课程建设相比，课程群建设更侧重梳理群内课程间关系并形成合理结构，使课程内容横向整合、纵向衔接。与学校课程整体规划相比，在课程群建设上要更具体、明确、深入、专业地给出课程群整体规划，以及在整体规划框架下每门课程的课程纲要。因此，课程群建设要重点做好整体规划并指导群内每门课程实施落地，具体应做好以下工作。

一是明确课程群的育人功能和目标。课程群建设首要目的是更好地实现课程整体育人，明确其育人功能和目标是课程群建设的起始点。应在把握学生现状、摸清学生需求的基础上，分析原有课程育人功能的不足、与学校课程整体规划的差距，在此基础上提出课程群建设的需求和方向。通过课程群建设实现课程协同育人、整体育人，落实学校课程整体规划。

二是设计课程结构，规划群内课程，实现精准衔接。在课程群建设中，既要从连续性、顺序性、整合性、互补性等方面设计好整体结构，也要根据整体设计，"精修"每门课程内容，使每门课程的实际实施与整体规划保持一致。例如，对各门课程内容进行整合，删除重复的内容、补充各门课程衔接时缺失的内容、打通各门课程形成合力培育共同的"素养"等，具体指导每门课程的修改，与其他群内课程实现配合。

三是设计学生修习课程群中课程的路径。有的课程群中的课程是线性递进的，学生只需按照顺序一门门修习即可。还有很多较复杂的课程群，各门课程间可能存在平行、分叉递进的关系，建设这样的课程群时，还应考虑、设计学生的修习路径，基于此完善课程结构并对学生进行选课指导。

3. 在符合学生逻辑基础上，构建学校特色课程群

破解"千校一面"，激发学校办学活力，实现学校自主发展，是深化基础

教育课程改革所倡导的方向。每所学校的学生情况、办学定位和条件、地域教育资源、历史传承、教育理念和目标不同，学校的课程也应有所差异。在符合国家课程方案和各学科课程标准的基本要求下，构建特色课程群是实现学校特色发展的有效抓手。

特色课程群建设首先要以学生逻辑为基础。应在对本校学生有深入了解、对课程育人有独到深刻的认识、对学校特色育人资源深度挖掘的基础上，打造特色课程群。应避免"为特色而特色"、只追求表面特色，避免将内在联系不紧密、没有形成整体结构、无法形成育人合力的课程拼凑在一起称为课程群等误区。

特色课程群建设要依据学校实际情况和办学理念。例如，某高中招收初中毕业生时，生源学业水平较低，很多学生3年后只能通过艺术等特长考试进入高校。学校基于此现实情况，打造美术特色课程群供全校学生选修。根据学生实际，培养在学术学科知识达到合格考以上水平，在美术方面具有一技之长的学生，为学生未来发展奠基的同时，实现了高中特色发展。

特色课程群建设要挖掘利用学校特色资源。例如，某学校毗邻外国语大学，聘请外国语大学教师帮助学校建设日语、西班牙语小语种课程群；某农村学校建设"学农"劳动教育特色课程群。

三、丰富校本课程开发满足学生的多元个性需求

国家课程和地方课程往往无法照顾到各级各类学校的具体情况，无法照顾到不同学生的差异。而校本课程是在学校办学教育理念、办学宗旨的指导下，根据学校的实际情况，立足于学校的特色、教师和学生的特点，主要由学校教师开发、学校管理、教师实施的课程。无论在内容上，还是在时间安排上都有很强的灵活性，能很好地满足不同学生的不同要求，弥补了国家、地方课程的不足。

校本课程开发是指在国家课程框架规定的指导下，依据学生的性质、特点及可利用的资源，以学校为基地，以教师和学校为参与主体，课程专家、校外团体或个人共同参与的一切形式的课程开发活动。校本课程开发的最终目的是充分挖掘学生的潜能优势，促进学生全面而有个性的发展。在校本课程开发的

过程中，要做到立足于学校特色，立足于教师和学生的个性。具体的开发过程可参考以下内容。

（一）校本课程的开发流程

1. 需求和现状分析

——需求分析（社会、学科、学生的需求）；

——学校现状分析（课程资源、学生特点、教师特点）；

——学科分析（本身的价值）。

2. 拟定目标

——拟定课程的总目标。

3. 编制方案

撰写校本课程纲要：

——选择课程资源；

——确定课程整体架构（大致确定每一节课的主题）；

——组织课程资源；

——制定评价方案。

4. 具体化与实施

基于校本课程纲要设计教学：

——设计具体的教学目标；

——设计教学中具体的教学内容和活动；

——设计课堂教学评价方法；

——选用合适的教学方法并实施。

5. 评价

——对学生是否达到课程目标进行评价；

——对课程及其实施过程进行评价、反思。

6. 修订完善

对校本课程进行改进，提升其下一轮实施的质量。

（二）校本课程开发的操作建议

校本课程开发的主要环节及内容如表2所示。

表 2　校本课程开发的主要环节及内容

操作环节	操作内容	具体操作指南
需求和现状分析	①学生发展的需求分析； ②现状分析	1.进行学生发展的需求分析时，可发散思维，从以下几个方面考虑 ①社会对未来人才的需求； ②学生未来深入学科学习的需求； ③学生对未来发展的自我需求； ④学校的育人目标和理念； …… 2.现状分析 （1）课程资源分析 可以从教师、学校、学生、家长、周围社区、地区［县（市、区）］、向他人或机构购买等角度进行发散思维，分析已经拥有的课程资源有哪些？可能获得的课程资源有哪些？难以获得、不可能获得的课程资源有哪些？从而大致得出开发本门课程的可行性。 （2）学生特点分析 包括：学生的心理特点；学生的已有知识、能力基础。 （3）教师能力分析 包括：教师对所开发的课程是否有能力胜任；教师的兴趣和特长是什么
拟定课程目标	拟定课程的总目标	①从育人的角度出发，结合学科特点，思考本门课程对学生的成长价值，初步提出课程的总目标（关于"学校教育应当培养什么样的人？"，需要教师不断思考、学习。可以参考社会主义核心价值观、国家和北京市的相关教育政策和文件、教育理论书籍和专业报纸杂志等）； ②结合本学校的办学理念、育人目标，反思本门校本课程与学校的育人目标的关系； ③根据学生情况、现实课程资源、育人价值，筛选和初步确定课程总目标； ④清晰地将课程目标表述出来（不仅有知识目标，还应重视方法、能力和情感目标）。 课程目标的拟定是一个需要反复思考、不断提升的过程。在拟定课程目标的过程中应积极与他人交流、讨论，并反思，努力提升课程目标体现出的育人层次
编制方案	①选择课程资源； ②确定课程内容框架（确定大致主题与课程安排），组织课程资源； ③确定实施策略；	①基于课程目标，搜集、整理、组织课程资源，初步形成课程的整体架构；课程的整体架构应围绕着课程目标，课程架构中的主题和内容应为课程目标的达成服务。 ②结合对已有和可获得的课程资源的分析，初步考虑每一节课的主题的可行性，大致思考每一个主题下的内容。 ③制定评价方案：注重评价方式的多样化，注重对学生综合素质的评价。评价方案与课程目标应具有一致性，评价最好既能促进目标的达成，又能检测目标的达成。

续表

操作环节	操作内容	具体操作指南
编制方案	④制定评价方案； ⑤形成课程纲要	④撰写规范的校本课程纲要（见案例）。 编制课程方案也是一个需要不断反思、研讨、提升的过程。建议教师积极与他人讨论、虚心听取建议并深入思考，反复修改，提升课程纲要的品质
具体化与实施	基于校本课程纲要设计教学： ①设计具体的教学目标； ②设计教学具体的教学内容和活动； ③设计课堂教学评价方法； ④选用合适的教学方法并实施	①教学设计要紧紧围绕课程目标的达成。 ②基于课程纲要，设计每节课的教学（教学目标、教学内容、学生活动和任务、具体如何利用教学资源、评价……）。 ③在进行教学设计时可以反思： a. 选用某个教学资源对实现课程目标有什么作用？ b. 以怎样的形式使用这个资源更利于目标的实现？ c. 能否将语言讲授转化为学生活动，加深学生体验？ d. 怎样组织各种教学资源，使之符合学生认知规律且逻辑流畅？ e. 怎样使学生的收获超越认知层面，达到行为和情感层面？ ……
评价	①对学生是否达到课程目标进行评价； ②对课程及其实施过程进行评价、反思	①在校本课程实施过程中和课程结束时，对学生在课程中的学习进行评价。 ②教师（或学校）对课程的实施过程和效果进行评价。 ③基于评价结果，教师进行自我反思。 a. 学生对课程目标的达成程度如何？ b. 学生是否获得进步？ c. 课程内容是否符合学生兴趣？ d. 课程目标是否合适，如何改进或提升？ e. 有没有更好的课程资源？ f. 课程纲要可以有哪些改进？ g. 课程实施可以有哪些改进？ ……
修订完善	对校本课程进行改进，以提升其下一轮实施的质量	积累课程和教学资源、经验，改进和提升课程，使下一轮校本课程的质量和实施效果更好

参考文献

[1] 王凯，郭蒙蒙.学科课程群：概念辨析、类别梳理与系统设计[J].课程·教材·教法，2020，40（11）：4-12.

[2] 郭必裕.课程群建设与课程体系建设的对比分析[J].现代教育科学，2005（7）：114-116.

第四篇
探索与实践

"双减"背景下普通高中多样化特色发展的实践探索

基础教育科学研究所 殷桂金 占德杰 崔玉婷

"双减"作为基础教育改革的一项系统工程,其深层意蕴在于通过中小学育人方式的改革,进一步引导义务教育返璞归真,建设高质量的教育体系,构建良好的教育生态。"双减"尽管对高中阶段教育没有提出明确要求,但我国基础教育中的义务教育和普通高中是两个紧密联系、相互衔接的发展阶段,早于"双减"的高中多样化特色发展为义务教育阶段提供了重要的方向引领,"双减"和高中多样化发展相向而行、相互关照、共同奔赴基础教育的高质量发展。

北京市基础教育阶段的学校建制中,部分学校是完全中学或是十二年一贯制学校,所以部分高中学校也在按照"双减"落实相关要求。项目组前期调研显示:十二年一贯制学校教师比完全中学和高级中学教师更加主动应对这种变化;多数高中校长(75.76%)和教师(74.29%)认为"双减"与自身工作关系密切。通过对部分高中校长访谈、学校典型案例剖析不难发现:在"双减"落实过程中,高中学校在课堂教学、学生作业、特色课程、初高中衔接、学生分类指导等方面都有明显的变化,表明大部分高中学校已经积极行动起来,主动落实相关要求并思考"双减"后的应对之举,尤其是如何与高中多样化特色发展有机衔接。本研究通过选取部分学校的典型案例,了解完全中学及十二年一贯制学校对于"双减"及推进高中多样化特色发展的认识理解与解决策略,为其他学校提供借鉴。

一、学校落实"双减"过程中遇到的困难与对策

(一)学校落实"双减"过程中遇到的困难

从整体上看,落实"双减"的最大困难是部分学校领导、教师、家长对

"双减"存在心理焦虑。在中高考仍然存在的情况下,推行"双减"会不会影响学生的考试分数,从而影响学生升学,这是学校、教师担心的问题,也是家长和学生顾虑的问题,成为推行"双减"的最大问题。其中,更重要的是教师的观念转变、师资力量紧张、教师身心的劳累和压力等方面。一是教师课内课外的时间统筹和工作内容的变化,打破了教师群体惯有的节奏,教师在校工作和管理的时间明显增长,体力和心理压力明显增大。二是课后在校的学生达到90%,甚至近100%,面对大量群体学生,学校如何做好课后学业辅导的统筹管理、切实提升课后辅导课的效率和质量成为迫切需要解决的问题。因此,"双减"落实中学校遇到的最大困难其实是课堂教学改进与质量保障,以及课后服务的统筹安排两大方面。

还有的学校认为,落实"双减"有以下困难:一是缺乏师资,尤其是音体美学科教师,现有师资数量和质量无法满足学生和家长的需要,影响课后服务的开展;二是"双减"背景下的课程落实有难度,课时设置欠缺指导性,教师感觉课时不够,课堂教学改革难推动。

(二)学校的对策

1. 加强调查研究

为了解教师和家长、学生对"双减"存在的疑虑、困难和问题,许多学校管理者深入教学一线,认真听取教师的意见,平稳教学节奏;召开家长会,调查了解家长的焦虑,并向家长解释"双减"的根本在于通过减负来提质增效,构建高质量教育体系。例如,首都师范大学附属云岗中学就作业和学生多元化需求、提升课堂质量的方式和"双减"背景下学校特色建设方向等问题,面向37名干部教师、136名学生家长和346名学生代表发放调查问卷,并对调查结果进行了具体分析,家校就"学生有好的学习方法和学习能力才能更好地提升学习成效"达成共识。

2. 强化校本教研

面对"双减"新课题,许多学校强化学校教育科研,凝聚集体智慧来解决教育教学问题。例如,北京市育英中学的校本教研重点关注两件事:一是借助于信息化手段，通过命题、数据分析、教学反馈这一链条研究，加强教师对学科本质和课程标准的理解，做到课上课外工作瞄得准、针对性强；同时借助于信息化手段，加快学校学科资源库建设，加强资源的实用性，提升资源的使用效率。二是成立"基于单元的作业设计优化研究"校内项目小组，聘请专家全程跟踪，学校骨干教师专家组全程参与，以科研促教研，切实助力教师减负增效。

3. 统筹资源，丰富课程供给

"双减"的有效落实需要学校提供丰富的课程资源，以满足不同学生的课后服务需要。例如，北京市第十八中学借助集群优势，要素性地解决集群内的资源均衡问题，以网上预约形式，实行操场的开放使用；集群内各校图书进行差异化匹配；师资在集群内流动。立足学校集团集群化、数字化、国际化，以及科技育人、体育育人、艺术育人的"三化三育"办学特色，努力将课程活动化、生活化开发和实施。北京外国语大学附属外国语学校为适应"双减"的需要，构建了以复语为特色，包括国家课程、特色课程与校本课程的"课程地图"，在校园内开设了"田园牧场"，有小动物研究课程，为学生的课外活动提供了劳动基地。

4. 探索教学模式，提升课堂效率

"双减"有效落实的根本在于如何改进课堂教学，提升单位时间内课堂教学的质量和效率。许多学校致力于探索课堂教学模式，以提升课堂效率。例如，北京市第十八中学探索出"三融合课堂"，即将学习共同体、信息技术2.0、单元主题及项目学习3个方面进行有机融合，从结构性、功能性对传统课堂进行升级和转型，努力打造高效课堂。首都师范大学附属回龙观育新学校提出了"551"思维教学模式。

5. 把学校文化、管理与"双减"相结合

学校文化与管理是教育的生命力和核心竞争力，是教育的根，学校进行任何教育教学改革都不能脱离学校文化。所以，要将"双减"工作与学校文化建设紧密结合，从文化视角积极推进学校"双减"工作，使教育逐步回归本质和初心,彻底解决学生负担过重的问题。例如,北京市第十八中学以"聚·宽教育"为办学理念,尊重学生知识、经验、行为、心理,乃至思想上的差异,以包容推进学生个性化成长,以实现"共美"。这与"双减"的理念不谋而合。在学校管理上,首都师范大学附属回龙观育新学校提出"五个统筹",即时间、方式、人员、课程和地点的统筹,由学校统筹设计课后服务内容。每周一、周三、周五课后为"温故知新"时间,每次分为两个时段,第一时段内容以答疑和培优补差为主,第二时段为阅读时间,可指定书目并由教师引领进行整本书阅读。周二、周四课后为"素养提升"时间,以社团的形式进行管理。

二、学校在减轻学生过重作业负担方面的亮点与经验

为减轻学生过重作业负担,部分学校充分发挥教师的主观能动性,鼓励各年级、各备课组积极探索,研究出符合学科本质、学生年龄特点、认知特点的作业布置和批改方法。最突出的是北京市第十八中学的"双层双化作业法"、首都师范大学附属中学的"四三二一"作业原则。

(一)"双层双化作业法"

北京市第十八中学中初三年级教师探索出了"双层双化作业法",即包括必做和选修双层作业,其中必做作业为基础性作业,要求每个学生都要完成,都要扎实掌握。选修作业为个性化作业,学生可根据自身情况不同程度地完成。既解决了部分基础薄弱学生对难度较大作业"吃不了"的问题,又解决了部分学习力强的学生"吃不饱"的问题。同时,备课组一方面努力将作业转化为丰富多彩的活动,实现作业活动化;另一方面尽量将作业与学生的生活联系起来,实现作业生活化。作业活动化和生活化提高了学生的学习兴趣和自主学习能力,提升了作业的有效性。

(二)"四三二一"作业原则

首都师范大学附属中学系统设计符合学生年龄特点和学习规律、体现素质教育导向的基础性作业,探索分层、弹性和个性化作业,坚决克服机械、无效作业,杜绝重复性、惩罚性作业。学校对学生的作业总体要求遵循

"四三二一"作业原则。"四"是指"四性",指开放性作业、选择性作业、实践性作业、综合性作业;"三"是指"三严",即严控数量、严把质量、严格流程;"二"是指"两个提倡",即提倡作业创新和学科特色;"一"是指"一个注重",即注重实效。学校及时发现、总结、推广典型经验与做法,为学校、教师提供有效指导与服务。其他如首都师范大学回龙观育新学校持续深入推进"551"思维课堂教学实践研究,有效改进课堂教学,提升学生思维品质。北京市第十九中学增强学生体验感,引导学生积极"自我评价",有计划、有组织地开展"经典教材与科学图书"阅读活动,让学生认识丰富多彩的世界,提高学生的语言表达能力,等等。

三、"双减"对高中学校发展带来的影响

"双减"并不是简单地将学生的负担减下来,而是对现行教育现状进行调整和优化,恢复教育原有的生态,让教育返璞归真,全面构建良好的教育生态环境。"双减"工作的重点虽然在义务教育阶段,但会给高中的发展带来重大的影响。

(一)"双减"对高中学校发展的积极影响

从长远来看,"双减"对高中发展具有积极的意义。"双减"的推进,会促进高中教育改革更加深入,将来经过"双减"升入高中的学生,有坚定的理想信念,有较强的自主学习能力、选择能力、思维能力及创造能力,这种全面而有个性发展的学生更适合读普通高中,这是高中教育快速发展的好机遇。

1.教师层面

对教师来说,"双减"工作的开展,促使高中教师的课堂教学更加注重教学效果,教师在教学设计上更加精心、有效。作业方面,作业设计更加精致,注重作业完成的时长及质量;推动高中教师关注课程建设,对教师如何从教学走向课程提出了挑战,也就是他们需要从目标、内容到作业布置和质量评价等方面提升,系统思考教学问题。

2. 学生层面

对学生来说，义务教育阶段"双减"工作的有效落实，使教育更加符合学生成长规律，学生能够自然成长。对大多数学生来讲，学习节奏慢一些，能够帮助他们更好地适应学习，学会自主学习，提升元认知的能力；还给学生带来了自主多元发展的空间和时间。学生进入高中后就不会出现"内卷化"现象，会更加关注课堂学习，促进校内学习效果的提升，减轻课业负担，有更多的时间培养自己的兴趣爱好及特长，在自己的特长和潜质方向上投入更多的精力，有时间了解社会、参与社会生活，为未来更好的发展做好准备。

3. 学校层面

"双减"后，校外培训机构乱象得到有效遏制，学生回流校园使学校有更多时间对学生开展有效的教育引导，有利于学校的课程建设和实施，有利于学生系统培养和发展，有利于学校的教学改进和质量提升，有利于学校的特色发展和品牌建设，给高中学校多样化特色发展提供了机遇。借"双减"资源整合之机，针对学校既有的办学文化和优长，进一步提升其拳头项目、品牌项目，并开发新的发展项目。有利于推进学校管理改革（教师队伍建设、绩效工资改革、绩效工资方案、家校共育等），推进学校适应新时代的治理体系和治理能力现代化建设。

因此，如果义务教育阶段由于"双减"而恢复了教育生态，那么就会为高中阶段的发展奠定良好的发展基础，有利于初高中阶段的衔接。高中学校的多样化有特色发展又可以为初中毕业生提供更好更多的选择。所以，义务教育的"双减"工作，为高中阶段教育的发展提供了非常有利的条件，是高中教育发展难得的机遇。同时，"双减"给高中发展带来挑战。

（二）"双减"为高中学校发展带来的挑战

1. 可能会扩大高中教育的区域差距

有的学校认为，面对"双减"，各区域执行的力度可能不一致，抢跑、超纲、超常等现象屡见不鲜，这样不同区域的学生进入高中阶段后会很不一样，而高中面临的高考是选拔性考试和竞争，又是全市层面统一标准、统一进行。

从高校对人才的选拔而言,对学科标准和学生能力的要求比较高,这样在各区和各校之间可能会拉开一定差距,甚至巨大差距。"双减"可能会影响高中质量的建设和提升,进而影响区域层面的竞争发展态势。

2. 可能会加大高中教育的校际差距

有的学校担心,"双减"对学生基础不好的学校影响比较大。这些学校的学生由于基础知识和技能比较弱,学习内驱力不足,自主学习能力不强,如果没有老师足够的辅导和一定量的练习,各学科知识的落实得不到保障,将来的学习成绩会受到影响,从而削弱学校的整体实力和影响力。因此,可能会出现高中学校"强者恒强,弱者恒弱"的局面,并进一步拉大优质校和薄弱校之间的差距。

3. 可能会冲淡高中教育教学工作

对于完全中学和十二年一贯制学校来说,现在学校的主要精力都聚焦"双减",也可能会冲淡高中教育教学工作。再者,"双减"背景下对学科类课外课程的限制,使拔尖创新人才培养工作受到一定的影响。还有的学校从中高考的角度提出,初高三不允许提前结课,给传统的一轮复习、二轮复习等中高考备考节奏也会带来冲击。

四、"双减"背景下初高中衔接的创新思路与举措

在"双减"的大背景下,部分完全中学和十二年一贯制学校基于校情和学情,进行了初高中衔接探索,涌现出一些新思路和新举措。

(一)初高中教育教学衔接的整体探索

首先,部分完全中学和十二年一贯制学校对本校的教育目标进行整体规划,将初中教育与高中教育统筹管理,使初中教育与高中教育具有连贯性、发展性。例如,北京市育英中学通过多元校本课程的建设,实现校内初高中师资打通,并开展纵向的学生活动,让广大学生群体了解学校的高中教育及其优势,增加对自己学校的信任。其次,培育适合贯通培养的学生群体。通过打造特色贯通的校本课程群,灵活教学管理机制,为在"人工智能"科技领域有兴

趣的学生开阔眼界、提供机会，获得更好的发展。首都师范大学附属密云中学在高中一年级的第一学期开设了一个月的初高中衔接课程，即让高中教师进入初中教学，让初中的学生了解高中。首都师范大学附属回龙观育新学校积极推进"八大中心一个委员会"学校管理机制体制变革、推进小初高课程一体化建设和育人体系建设，为新时代新机遇的到来做准备。

首都师范大学附属云岗中学关注初高中学生在思维水平、知识储备、性格特征等方面的差异，确定侧重点不同的衔接方案。从学校层面明确衔接的具体课程设计，从学科层面明确衔接要点，从个人层面明确任务要求。对高一新生教育进行系统规划，重在学习意识、学习目标、学习方法的过渡衔接；做好学生调研，充分了解学情，积极完善教与学的策略，促进课堂高质量发展；增进初高中教师在教学和德育方面的全面交流，促使初高中教师对全学段学生特点和教学特点进行了解；教师打通初高中学段，加强对初高中教材的研究，加强初高中的教研协同。组织初高中教师专题研讨交流会，了解学生的实际情况和各种需要，系统规划初高中衔接整体课程设计，研讨衔接课程的有效方式。明确教师在衔接课程中个人具体承担的任务，有针对性地进行思考设计。

（二）借助"1+3"培养试验项目，探索基于特色的初高中衔接

自 2016 年起，北京市教委开展了初高中贯通培养的"1+3"培养试验项目。"双减"背景下，部分学校借助此项目进行了基于特色的初高中衔接探索。例如，北京市第三十五中学基于学校的科技特色，在初中开展了科学嘉年华的"五个一"活动，即让学生学习一个科学榜样，读一篇科普文章，讲一个科学故事，做一个科学作品，写一篇科学随笔。这"五个一"里有精神引领，也有读书，有讲、有说、有做、有写，让初中学生对科学研究产生好奇心，并逐渐学会科学的意识和思维。这是很好的课后服务项目，也是实现初高中学习衔接的好项目。

中央工艺美术学院附属中学以美术教育为特色，该校给喜欢美术的学生3次选择机会：第一次是在初中二年级时给学生"1+3"的选择机会，被选上的学生不需要参加中考，可实现初三1年加高中3年的初高中人才贯通培养，进入高中后，参加学校考试并重新按照清央造型、清央设计、校考及统考等发展方向分类编班；第二次选择机会就是中考，通过中考进入该中学接受美术专业教育；第三次选择机会就是高三时，成绩差的同学还可以进入本校的美术职业高中。这些探索，为有美术兴趣的学生提供了发展的空间，也进一步强化了该校的美术特色。

五、思考与建议

（一）变革育人方式，系统设计课堂教学与课后服务，因地制宜推进"双减"工作

"双减"的深层意蕴在于通过中小学育人方式改革，构建高质量的学校教育体系。各区、校应实事求是，根据实际情况，对学校育人方式进行系统思考和改革，统筹安排课堂教学与课后服务，统筹解决学校师资队伍不足、教师备课、思考的时间不足等实际问题，鼓励骨干教师、特级教师参加课后服务和学生作业指导。还要考虑教师的压力问题，不仅要考虑教师生活问题，还要给予老师精神上的关怀，为他们提供更多的专业发展途径。要系统思考教学中的作业设计与管理，提升作业质量；建立以学生素养发展为导向的教学评价体系，真正做到减负提质。

（二）加强贯通培养，为创新人才培养创造一体化环境

"双减"过程中，小初高各学段的有效衔接成为绕不过的重要话题。因此，"双减"背景下应整体统筹小初高育人方式变革的政策研究，进一步推进小初高一体化的办学机制体制研究，改革和转变传统的名校政策支持多，高中优质教育普及率偏低的现状，深入推进高中多样化特色化办学，让更多的高中学校，特别是小初高一体化的十二年一贯制学校有机会实现小初高一体化贯通培养，让学生的创新潜质、特长发展有更系统、更深入和更充分的培养机会，进而实现北京市高中教育的百家争鸣、百花齐放、多元特色、多样化高质量发展。

（三）加强职普融通，为"双减"提供良好的生态环境

目前家长的焦虑主要在于担心自己的孩子考不上重点高中，因为家长普遍认为考不上重点高中就没有好未来。这也正体现出当前北京的教育供需矛盾，即重点高中招收学生数量有限，普通高中因"无特色"而让家长看不到发展前景，职业学校更是被贴上"无前途"的标签，于是种种焦虑叠加在一起，造成很多学生出现抑郁情绪。为解决家长焦虑的问题，在特色高中创建过程中应鼓励"普职融通"类，鼓励部分高中同时开设职业教育和普通教育课程，开展职业体验活动，鼓励学生进行实践探索，在实践中学会选择，逐步通过事实、成绩、出口等转变职业教育在大家心中的印象。总之，对学生实施多元评价（非高考成绩一条路）是落实"双减"的必备路径，让学生拥有多元化的选择，实现个性发展、各美其美。

（四）深化中考招生改革，为"双减"提供评价支持

对于学生家长和许多区、校的管理者来说，推进"双减"工作的问题根源在于现有的中考招生制度，如果这一问题不解决，"双减"就难以持续。只有实行教、考、招一体化改革，才能使"双减"有效实施并持续发展。目前，我国的高考改革已持续进行了7年，强调学生发展核心素养的重要性，把普通高中高考和职业高中高考分开进行，给普通高中和职业高中学生提供了不同出口，并构建衔接各级各类教育的人才成长"立交桥"，为高中学校分类发展提供了空间。但目前中考改革的步伐还赶不上"双减"和高考改革的步伐，应进一步深化中考改革，为"双减"工作提供更加有力的评价支持。

破解"双减"难题，助力小初高一体化特色发展

首都师范大学附属回龙观育新学校　王　强

一、学校简介

1997年，首都师范大学附属育新学校从师生不到400人的29亩育新花园校区起步，经过25年励精图治发展，已经发展成为具有法人资格，覆盖学前、小学、初中、高中4个学段，11个校区，师生16 000余人办学规模的教育集团。育新教育集团实行一体化管理，影响力辐射北京海淀、昌平、房山三区，以及海南白沙、广东珠海等京内外基础教育。

2012年，首都师范大学附属回龙观育新学校作为昌平区引进的第一所名校，按照从小一到高三每个年级4个教学班共48个教学班规模设置，建成一所十二年制昌平区属公办学校，满足回龙观地区老百姓上好学的需求。截至2022年9月，首都师范大学附属回龙观育新学校经过10年发展，取得了显著的办学成绩：校风优良，教育教学质量优秀，特色发展成绩显著，已经成为回龙观地区居民普遍认可的家门口的热点学校，每年学校的入学需求居高不下，目前学校已经达到105个班级、师生近4600人的超大规模。

2019年9月首都师范大学附属回龙观育新学校响应昌平区学区制、集团化办学改革，牵头成立首都师范大学附属回龙观育新教育集团。截至2021年9月，回龙观育新教育集团规模达到183个班级、学生7085人、教职工874人。

二、学校在贯彻落实"双减"遇到的问题与应对举措

2021年7月24日，中共中央办公厅、国务院办公厅印发了《关于进一步减轻义务教育阶段学生作业负担和校外培训负担的意见》。至今，这个对中国教育产生深远、重大影响的重磅文件已经颁布一年多了，其中对于解决学生过

重作业负担的一系列"组合拳"依然需要每一位教育工作者认真、正确、全面、深入地学习与解读，领会其精神内涵、核心要义，方能不折不扣地贯彻落实。首都师范大学附属回龙观育新学校在贯彻落实"双减"工作中遇到的最大问题集中在课堂教学改进与质量保障，以及课后服务的统筹安排和质量保障两大方面，这也是家长最关注的两个关键问题。

（一）课堂教学改进方面的问题与有效举措

1. 问题主要表现

老师能否更新教育教学理念，紧跟新高考新中考课程改革的步伐，课堂教学中面向全体，关注个体差异，因材施教，上好每一节课，教好每一名学生，让每一名学生在学校课堂教学中都能吃饱吃好。严格控制作业量，精讲精练，夯实基础，培养思维，提升能力，既做到减负，也实现增效。这也是广大家长高度关注的重要方面。这方面做好了，就会在很大程度上打消家长对学校课堂教学质量保障的疑虑，减少对校外培训的依赖。

2. 首都师范大学附属回龙观育新学校的有效举措

学校长期以来就在规范课堂教学的基础上致力于深入开展课堂教学改进研究，先后从有效课堂、高效课堂、优质课堂、德育课堂等多个角度研究课堂教学改进。在研究中，我们越来越清晰地意识到学生在学习中存在着学习不读书、读书不思考、思考不深入的现象。于是，自2012年首都师范大学附属回龙观育新学校建校起就聚焦学生思维进行课堂教学改进研究。学校坚持"课堂第一"的思想，强调"功夫在课堂、检查在课堂、评价在课堂、奖励在课堂"。学校强调课堂教学要通过教学方式与学习方式的转变，落实学生的主体地位，激发和引导学生的自我发展之路。在思维课堂教学研究中，我们引导老师们厘清思维的概念，深刻理解思维品质的内涵。我们从备课、上课、听课、评课、反思、学习等多个角度引领老师更新教学理念。引领老师们深刻理解思维课堂的内涵：课标是培养学生思维结构的依据，教材是养成学生思维过程的载体，课堂是激发学生思维火花的殿堂，教师是促进学生思维能力的向导，学生是发展自身思维品质的主体，学校是学生享受思维成果的乐园。

在研究中，我们将认知冲突、自主建构、自我监控、应用迁移基本原理作为思维课堂教学进程设计的依据，基于实践研究，提出"551"思维课堂教与学方式，探索思维课堂实施路径。"551"是"五有五思一核心"的简称。"五有"是指教学设计理念，即有序—有趣—有效—有情—有用。"五思"是指教学设计环节，即创境启思—自探静思—合作辩思—训练反思—回归拓思。最终落实到"一核心"，即将提高学生思维品质作为核心，作为教学设计归宿（图1）。

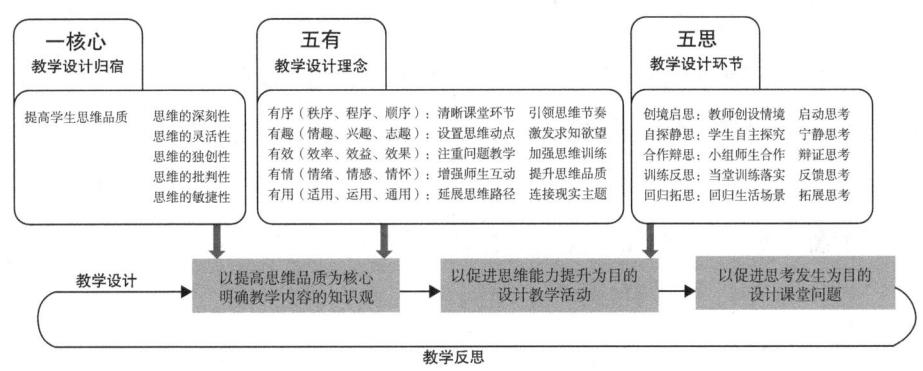

图1 "551"思维课堂的推进

学校强调"551"思维课堂是思路而不是套路，是巩固而不是禁锢，通过"同课重构"教学活动开展思维课堂实践，提升教学品质，提高教学能力，取得良好效果。自"551"思维课堂教学实践研究开展以来，学生成为真正的受益者。通过在课堂上对学生思维进行训练，使学生养成良好的思维习惯，提高了学生的思维品质，达到减负增效的目的。学生在课下可支配更多的时间来发展自己的特长，深受家长好评。真正做到了减量不减质，为学生一生的学习和发展奠定了良好的思维基础。

目前，首都师范大学附属回龙观育新学校小学抽测、七年级学业水平监测、中考、高考成绩均居昌平区前列。学校教学质量优秀了，家长的纠结和焦虑自然就减少了。"551"思维课堂教学研究促进了学生全面健康成长。

（二）课后服务方面的问题与有效举措

1. 课后服务方面的主要问题

①课后服务的内容丰富度和数量供给度是否足够？"双减"工作落实的

关键在校内教育供给和质量保障。"双减"后，原来15：30放学后去培训机构的绝大部分学生回流校内，学校课后服务供给能否满足学生的个性化需求、课后服务质量能否得到家长认可，是稳定家长、学生回流校内教育的关键。

②双减后，学生在校外培训机构参加学科培训的机会少了，学校能否给学生提供高质量的学业辅导，确保学生的学习成绩稳定提升，也是家长高度关注的热点。

③双减后，老师上班时间大幅延长，特别是初中增加晚自习[8：00—20：00，达到12小时，远超《中华人民共和国劳动法》（2018年修正）第四章第三十六条规定：国家实行劳动者每日工作时间不超过八小时、平均每周工作时间不超过四十四小时的工时制度的规定]，老师的负担进一步加重。

2.首都师范大学附属回龙观育新学校的有效举措

（1）顶层设计

学校在开学前先后召开校级班级会、全体干部会、教师会，认真学习贯彻各级各类"双减"政策要求，结合学校实际，制定"双减"实施方案，引领干部教师提高教育站位、开阔教育视野、增强教育情怀，积极落实"双减"工作。特别是针对课后服务工作，学校充分考虑"双减"后家长的关切、诉求，整体统筹，精心设计，及时沟通，家校共育，形成共识，为"双减"课后服务工作的有序推进做足功课。

（2）五个统筹

五个统筹是指时间统筹、方式统筹、人员统筹、课程统筹、地点统筹。由学校统筹设计课后服务内容，内容涵盖自主学习、培优补差、语言艺术、传统文化、数学科学、体育健康、环境保护、艺术教育、劳动教育等九大门类156门活动课。

（3）两个制度

中小学根据学生特点、学科特点、管理存在差异，制定两种管理办法，求同存异。

（4）两个时段

小学：每周一、周三、周五课后为"温故知新"时间，每次分为两个时段，第一时段内容以答疑和培优补差为主，充分发挥我校年级扁平化管理和教研组贯通优势，根据小学生不同年级身心及认知发展规律，每个年级都进行科学、详细、周密的课时安排，提倡每天下午第一时段两课时安排不同学科，也可根据教师申请同日安排两课时，以孩子们喜闻乐见的"自主学科超市"为切入点，以年级为单位、以学期为时间节点向学生发布课后服务科目内容，保证基本在学校完成作业的同时，使不同年级学生享受到自主学习的"饕餮盛宴"。第二时段为阅读时间，可指定书目并由教师引领进行整本书阅读。由中小学教学管理中心进行统筹、计划，学生发展中心配合，年级组主要执行。周二、周四课后为"素养提升"时间，以社团形式进行管理，教师根据自己的特长上报社团名称及计划，社团分自主招生社团和学生自选社团，老师或学生可以根据学生身体条件、兴趣爱好进行选择。社团内容可分为兴趣培养类、基础提高类、专业发展类。由学生发展中心主责，科研中心和艺术、体育、科技中心配合，合理安排课程时段和内容，解决师资、场地资源不足等问题，必要时可购买第三方课程，并对所有课程进行审核、考评，确保质量。

初一、初二：每周一、周三、周五课后为"温故知新"时间，即第一时段为16：25下课后开设1小时自主学习，教师答疑，争取校内完成作业。第二时段安排劳动教育。周二、周四的"素养提升"分为两个部分内容，除周四下午体育锻炼为必选科目外，其他社团内容由学生自主选择，也可以继续自主学习。

初三：每天下午放学后开设一节体育锻炼必修内容和一节课自主学习。晚自习温馨服务：初中开设晚自习，拓宽人员渠道，可招募家长志愿者，可购买第三方服务，也可以充分鼓励校内住宿教师参与；在内容上，增加校内任课教师培优补差，充分利用"互联网+"为学生提供个性化服务。提供晚餐，解决家长后顾之忧。制定学生晚自习管理条例，规范晚自习管理，提高晚自习质量。

（5）时段结构

2021—2022学年上半学期，我校课后服务覆盖所有学生、所有时间、全学科课程，形成"三横三纵式"结构体系。

1）横向课程方向

固本＋培优：开展作业指导、培优补差；

必修＋选修：按需提供菜单式课程列表；

兴趣＋特长：打通个性发展通道。

2）纵向时间管理：

"温故知新"：

小学的周一、周三、周五的第一时段为内容答疑和培优补差，时间是15：45—16：25、16：35—17：25；第二时段为阅读时间，时间是17：30—18：00。鼓励小学生在校完成作业，由多学科老师轮流答疑指导。

初一、初二的周一、周三、周五第一时段为自主学习，时间是16：35—17：35；第二时段为劳动教育，时间是17：35—18：00。鼓励初中学生在校基本完成作业，由多学科老师轮流答疑指导。

初三的周一、周三、周五第一时段为体育锻炼，时间是16：35—17：05；第二时段为自主学习时段，时间是17：20—18：00。鼓励初中学生在校基本完成作业，由多学科老师轮流答疑指导。

"素养提升"：

小学的周二、周四（15：45—17：25）根据兴趣爱好自主选择参与体育、科普、阅读、艺术等社团活动。

初一、初二的周二、周四（16：30—18：00）根据兴趣爱好自主选择参与体育、科普、阅读、艺术等主题式实践活动或进行自主学习。

初三的"晚自习温馨服务"：周一至周五初中学生晚自习（18：00—20：00）静心阅读、伙伴交往、师生谈心、自主学习、培优补差等宽松温馨的活动。

目前，首都师范大学附属回龙观育新学校参加课后服务的教师共305人。其中，校内教师共229人（小学162人、初中67人），外聘有资质的校外机构教师76人（小学65人，初中11人）。小学生2555人，有2407人参加课后服务；初中生950人，有949人参加课后服务。义务教育阶段学生3505人，有3356人参加课后服务，参与率达到95.75%。2021年秋季开学以来，我校课后服务精心组织，有序推进，目前课后服务秩序井然，成效显著。

三、直面"双减"对高中带来的挑战，抓住机遇，化危为机，助力高中多样化特色办学

（一）"双减"对高中学校的影响

"双减"后，校外培训机构培训乱象得到有效遏制，学生回流校园，学校有更多时间对学生开展有效的教育引导，有利于学校的课程建设和实施，有利于学生系统培养和发展，有利于学校的教学改进和质量提升，有利于学校的特色发展和品牌建设。

与此同时，"双减"也存在不利的影响，主要体现在初、高三不允许提前结课，给传统的一轮复习、二轮复习等中高考备考节奏带来巨大冲击。

（二）"双减"给高中发展带来的机遇和挑战

1. "双减"给高中发展带来的机遇

①抓住"双减"落地机遇，进一步深入推进我校"551"思维课堂教学改进应用研究，进一步促进教师专业发展和学生健康成长，提升课堂教学质量。

②抓住课后服务丰富多元课程供给契机，进一步研究学校小初高一体化多样化课程建设，构建高中多样化育人课程体系，满足"人各有才、才各有异同、扬长避短、人人成才"的多样化育人需求，为培养多样化的创新人才提供了机会，为学生一体化培养、稳步进阶成长提供了可能。

③适应"双减"新要求，推进学校管理改革（教师队伍建设、绩效工资改革、绩效工资方案、家校共育等），适应新时代的治理体系和治理能力现代化建设。

④适应"双减"新要求，推进学校初高三教育教学变革，探索适应新时代新要求的学校初高三育人方式和中高考备考策略研究，早转型、早受益、早发展。

2. "双减"给高中带来的挑战

主要集中在目前中招政策的影响。2021年9月，首都师范大学附属回龙观育新学校初三毕业年级学生近330人，回龙观中学初三毕业年级学生也300多人，回龙观育新教育集团初三毕业年级学生共计600多人。近两年首都师范大学附属回龙观育新学校高中招生计划为每年187人，其中2020年有125人为名额分配，2021年有115人为名额分配。囿于目前招生政策，每年通过中考能考入学校高中的育新教育集团学生不到50人，对我校发挥十二年制办学优势和集团化办学优势，实现一体化课程建设、一体化人才贯通培养的多样化特色育人目标冲击极大，不利于我校创新人才的培养。

（三）"双减"背景下对初高中衔接的新思路和新举措

学校积极开展"双减"背景下整体统筹小初高育人方式变革的有效途径研究，进一步推进小初高一体化办学机制体制研究，积极争取北京市高中多样化办学政策支持，抓住北京市高中多样化办学政策出台契机，发挥学校十二年制办学优势，深入推进小初高一体化贯通培养，促进学生的创新潜质、特长发展能有系统、深入、充分培养的机会，为实现北京高中教育百家争鸣、百花齐放、多元特色、多样化高质量发展，出特色、出经验、出成果。

目前，我校正积极争取昌平区教委和北京市教委政策支持，学校也在积极推进"八大中心一个委员会"学校管理机制体制和治理结构变革、推进小初高课程一体化建设和育人体系建设，积极为新时代高中教育新机遇的到来做准备。

四、学校贯彻落实"双减"工作的成效与分析

首都师范大学附属回龙观育新学校贯彻落实"双减"一年多来，在减轻学生过重课业负担、教育教学管理改进、特色课程建设、队伍建设、质量提升等方面成效十分显著，具体来讲主要有以下几方面的亮点与成效。

①持续深入推进"551"思维课堂教学实践研究，有效改进课堂教学，提升学生思维品质，促进教师专业发展，提升课堂教学质量，成效显著。

②持续深入推进校本特色课程建设，课后服务整体统筹，行动积极，课程

供给丰富多元，管理规范有序，师生参与率高，家校密切共育，效果明显。

③学校实行作业公示制度，每个班都有作业布置宣传板，年级组、备课组对各学科作业量统筹把关，教学管理中心对作业质量监督检查，管理系统规范。

④持续深入推进"育新卓越教师"培训工程，提升干部教师素质。对于学校减负工作，干部教师认识到位、家长理解支持，上下一盘棋，家校一条心，学生在校生活丰富多彩，全面发展，使学校真正成为"育人的天地、文化的摇篮、艺术的殿堂、圆梦的舞台"。

深入分析学校在贯彻落实"双减"中的成效，我们认为"双减"在学校落地生根生效的关键在于学校领导重视、政策宣讲学习有效、干部教师认识到位、相关机制体制建设科学规范、各项措施具体有效、家校共育紧密等，这些经验做法都值得我们进一步总结梳理，凝练提升，固化成果，形成特色。

五、反思与建议

在新时代中国教育改革深入推进，各种教育政策密集出台的背景下，作为学校教育工作者，我们要时刻保持清醒的头脑，及时学习相关政策文件，坚定信念跟党走，在思想上和行动上与党中央保持高度一致，认真贯彻落实党的教育方针，把"双减"工作作为学校工作的重要内容不折不扣落到实处，积极加强行动研究，不断完善和改进学校管理和教育教学工作，努力做到减负、提质、增效。同时，还要深入研究小初高一体化贯通育人机制，把五育并举、立德树人工作贯穿到学校教育的全过程、全方位、全时空，努力实现为党育人、为国育才的教育使命。

2022年10月，党的二十大明确提出："我们要坚持教育优先发展、科技自立自强、人才引领驱动，加快建设教育强国、科技强国、人才强国，坚持为党育人、为国育才，全面提高人才自主培养质量，着力造就拔尖创新人才，聚天下英才而用之""我们要办好人民满意的教育，全面贯彻党的教育方针，落实立德树人根本任务，培养德智体美劳全面发展的社会主义建设者和接班人，加快建设高质量教育体系，发展素质教育，促进教育公平"。面对新时代党中央对教育发展的高瞻远瞩，我们强烈建议北京市在"双减"背景下整体统筹小初高育人方式变革的政策研究，进一步推进小初高一体化办学机制体制研究，改革和改变传统大校名校政策支持多，高中优质教育普及率低的现状，进一步推进高中多样化办学政策出台，让更多的高中校，特别是小初高一体化办学的高中校有机会实现小初高一体化贯通培养，构建北京高中教育百家争鸣、百花齐放、多元特色的高质量发展新格局。

"双减"背景下工美附中的特色发展与实践

中央工艺美术学院附属中学　王泽旭

一、研究背景与问题的提出

今年,中共北京市委办公厅、市政府办公厅颁布了《北京市关于进一步减轻义务教育阶段学生作业负担和校外培训负担的措施》。"双减"政策的出台,正是推进普通高中多样化特色发展的重大推力与制度保障,为学校实现高质量特色育人营造了良好的社会氛围。"双减"要求充分发挥学校教育主阵地的作用,拓展了学校的育人空间,既注重提升课堂教学质量,又注重优化作业布置,还注重提高课后活动质量,通过"减负增效",为学生创设更加宽松的成长环境,促进学生的全面、可持续发展。

在"双减"背景下,中央工艺美术学院附属中学(简称"工美附中")作为一所美术特色完全中学,坚持育人为本,遵循教育教学与学生认知规律,进一步探索高中多样化特色发展的有效途径,让"双减"既要实现"增效",整体提升学校教育教学质量和服务水平,更要凸显校本特色,满足学生多样化、个性化发展的需求。工美附中进一步梳理高中多样化特色发展与"双减"之间的关系,认为"双减"是进一步推进高中多样化特色发展的基础,高中多样化特色发展是深化"双减"校本化实施的必然选择。因此,2021年以来,工美附中依托美术办学特色,将推进高中多样化、特色化发展与落实"双减"政策紧密结合,让"双减"既要落实落细,也要富有特色。

二、实践与成效

自2021年起,工美附中推进"双减"和高中多样化特色发展双管齐下、相互促进，为学生成长搭建广阔平台。高中多样化发展强调的是不能"千校一面"，需要学校办出个性。高中特色发展是在多样化发展的基础上形成特色。工美附中是在多样化发展的基础上形成了美术教育特色，并在"双减"背景下不断擦亮美术特色教育品牌。

（一）"双减"政策改变家长的家庭教育观

习近平总书记指出，"家庭是人生的第一个课堂，父母是孩子的第一任老师"。家庭教育对学生的成长发挥着至关重要的作用。家长焦虑导致施压，学生因达不到标准而厌学是目前亲子关系的主要矛盾。在这种压迫感下，有的学生会逐渐与同学、老师产生矛盾，最终出现抑郁倾向。通过多年的教育实践，我们发现大部分家长不懂如何进行家庭教育，是造成家长焦虑的主要原因。《中华人民共和国未成年人保护法》和《中华人民共和国预防未成年人犯罪法》对家庭保护和家庭教育的责任做了明确的界定，《中华人民共和国家庭教育促进法》也对家庭教育的内容和方法做了明确的规定，特别是第五条就明确规定家庭教育应当"尊重未成年人身心发展规律和个体差异"，所以家长在教育的过程中，必须拥有平和的心态，尊重孩子的差异和个人的兴趣，逐渐转变观念，认识到中考并不是决定人生方向的一次考试，条条大路通罗马，可以拥有多种选择来实现个性化发展。

工美附中坚持五育并举，持续健全和完善学校、社会、家庭三位一体的育人体系，依托未成年人关爱保护服务中心，搭建了家校合作共育新平台，举办家长大讲堂等家庭教育素养课程，指导家长进行家庭教育，以落实立德树人根本任务，促进学生健康、全面发展。学校在落实"双减"政策过程中，加强家长教育观念的引领，使家长深入理解"双减"的要义和自身的责任。学校通过一系列家长培训活动，引领家长更真切地理解：家长是学生的心理调节师，孩子的成长需要耐心的陪伴，要让孩子成长为身心健康的人；家长是学生的成长领航员，应以身作则，潜移默化，言传身教，促进孩子全面发展；家长是学生的生涯规划师，帮助孩子树立远大志向，给孩子人生方向指引；家长是学生的习惯监督师，在"双减"背景下，更要注重培养孩子的学习习惯；家长也是兴趣合伙人，要注重培养孩子自我发展能力，培养孩子的兴趣，当好孩子的梦想合伙人。随着"双减"政策的出台，学生们有了更多的自主时间，家长们转变观念，更多地陪伴自己的孩子，使学生与家长之间的关系更加和谐、融洽，增加了温馨的亲子时光。

（二）高中特色发展促进"双减"政策落地

高中有特色，学生有目标，家长有方向。经过多年的探索和实践，工美附中在美术教育特色方面已实现高位发展，在北京享有盛名，是清华大学美术学院、中央戏剧学院、北京电影学院等众多国内知名艺术高校认定的生源基地校，是教育部认定的国家级高中特色发展试验项目学校，是北京市教委批准的首批北京市"1+3"培养试验项目学校和北京市中小学手拉手对口支持项目优质资源输出学校，多次被北京市政府授予教育成果奖。"双减"政策出台以来，工美附中继续推进教育改革进程，以高中的多样化、特色化发展带动初中的"双减"政策落地，促进了美术特色人才的"长链条"培养。

在落实"双减"政策过程中，工美附中继续充分利用市区教委给予美术特长学生招生工作的相关政策，为特色办学加强机制保障。笔者认为，坚持学生"入口""出口"方面的政策联动，是学校蓬勃发展的生命底色。工美附中小升初的生源是全北京市的美术特长生，他们都具备美术特长，从出口方面看，100%的初中学生可以毕业，其中80%的学生能够考入本校高中和国际美校，继续学习美术，另外20%的学生考取其他示范高中、普通高中、职业高中。我校高中部同样面向全市招收有美术特长的学生，经过培养，100%的高中学生可以毕业升学，其中接近30%的学生可以考入国内重点美术院校，约有8%的学生能够升入清华大学、中央美术学院。得益于强有力的政策保障，为热爱美术的学生提供了多样化成长的道路，也为工美附中的特色办学提供了强大的支持。

学校依托特色课程体系的建设，扎实推进"双减"政策。工美附中在国家课程中融入素描、速写、色彩三大特色专业校本课程内容，这3门校本课程要贯穿学生的整个中学阶段，是国家课程的有效补充和拓展，与国家课程是衔接互补的关系。校本美术课程体系分为初中与高中两个阶段。特别是高中阶段的校本美术课程群，对于学校高中的特色发展起到巨大助推作用。为了学生能够更好地适应新课程、新艺考的变化，学校针对不同的艺术类院校、不同的专业考试科目要求，为学生量身定制了美术联动发展课程群，已初步形成14+3+（N1+N2+…+NX）的美术特色高中课程群。2021年，我校还紧跟统考、校考的要求，将美术教研组细分为清华、央美、造型、艺术鉴赏、视觉艺术5个方向，为学生提供更为专业化的指导。高中的多样化特色发展同时引领学校初中专业教学改革，学校正在探索基于情境和问题导向的互动式、启发式、探究式、体验式课堂教学，正在依托美术自习室，为学生提供完善的美术特色课后服务，正在加强与清华美院、中央美院等高校合作，引入更多优质的校外教育资源……一系列特色保障和举措，不仅降低学生在专业课学习方面的压力，也缓解了家长对学生学业和未来发展的焦虑、减轻了家庭教育的经济负担。这一切的教育成果，均根植于学校在落实"双减"政策时坚持美术特色办学，并将自身的办学特色惠及所有学生、家长，实现学生全面而个性的成长。

三、思考与反思

（一）处理好制约高中特色发展的主要瓶颈

1. 政策保障

特色高中的"特色"彰显于平时，检验于中考和高考，收获于人生。出色的成绩和理想的出口会为特色高中源源不断注入可持续发展动力。我校初中生源可以选择升入本校高中或国际部继续学习美术，得益于艺考政策，高中学生的选择更加多元化，北京有27所高校招收艺术类考生，国外也有很多知名大学的设计学院向我校学生抛来橄榄枝，我校多年来都保持着艺术类本科过线率100%，可以说，在工美附中就读的学生，通过自身努力，每一个人都能走上适合自己的、非常理想的发展道路，今年，有几千名学生报考我校"1+3"培养试验项目，考录比例高达10∶1，再次彰显我校不俗的办学实力和人民的高度认可。为了高中特色学校能够更好地发展，希望未来能够出台更多、更好的适配政策，从顶层进行设计，为特色高中的发展保驾护航。

2. 机制创新

在特色高中的发展中不应墨守成规,要跟随时代的发展,注重体制机制上的创新。我校是北京唯一一所初中、高中、职高三位一体的具有美术特色的完全中学,这是我校美术特色中的最"特色",也是学校教育生态中最重要的一部分。两校优势互补,彼此融通、缺一不可、相得益彰。

其实,"双减"政策的初衷之一即减轻家长的精神负担。现在的家长普遍因担心孩子考不上重点高中而焦虑,因为家长普遍认为考不上重点高中就没有好未来。这也正体现出当前的教育供需矛盾,即重点高中招收学生数量有限,普通高中因"无特色"而让家长看不到发展前景,职业学校则更是被贴上"无前途"的标签,于是种种焦虑叠加在一起,又最终影响作用到孩子身上,造成很多学生出现抑郁情绪。但实际上并非如此。我们应在特色高中的发展过程中鼓励职业教育的发展,鼓励一些高中职普合设,学生毕业时可拿到"双文凭"——高中文凭、职业学校文凭,逐步通过事实、成绩、出口等情况来转变职业教育在大家心中的印象。总之,对学生实施多元评价是落实"双减"政策的必由之路,让学生拥有多元化的选择,个性发展、各美其美。

我校在多年的办学经验中,不断探索"职普融通"办学模式,实现了职业高中和普通高中在课程、教材、师资和管理方面的四大融通,职普融通高考班的学生在课程设置上与高中部一致,毕业时同普通高中的学生一样,可以选择参加高考。国际课程班则在"守正"的基础上有所"创新",更加偏重于英语课程和设计课程。在高二结束时,持托福或雅思合格成绩可申请我校签约大学或其他国际艺术院校,也可以在高三时参加国内高考,考取国内艺术类院校。从最终教育结果来看,在"职普融通"教育体系下成长的学生,同在普通高中发展起来的学生一样优秀。

3. 管办分离

为更好地激发特色高中的办学活力,应适当扩大特色高中的办学自主权,支持特色高中依据自身办学特色,自主设定招生标准,目前北京市"1+3"贯通培养试验项目就非常值得推广;不断深化初中学业水平考试和普通高中招生制度改革，探索更加多元的招生机制；助力学生个性化发展，明确特色高中的特色学科在高中学业水平考试中的要求，目前北京市高考采取的计分方式是语、数、英成绩和"六选三"成绩的综合，而学业水平考试科目包括语、数、外、史、地、政、理、化、生、音、体、美、信息技术、通用技术共14科，涉猎面甚广，对于有特色发展要求的学生来说，在发展特色的同时，做到科科顾及、门门精彩是有很大难度的，"双减"背景下的高中特色发展，应更多地探索把"特色"建立在学科上的体制机制，使"特色学科"的成绩能够替代部分学业水平考试科目，为学生留出发展特色的时间、空间；完善社会保障机制，对在编不在岗的人员建立流动或与学校自动脱钩的机制；绩效工资中应提高生均占比，使师生比逐步趋于合理化，激发特色学校的办学动力。

4. 贯通培养

支持特色高中与高等学校开展联合育人。鼓励高校开办"附中"，对人才实行长链条贯通培养；高校要参与高中特色课程、项目式学习课程开发，带动高中学校的特色发展；积极联系高校导师在学校开设系列化特色课程，发挥其课程建设的引领作用；特色高中要加强与教科研机构的合作，开展联合育人、课题研究等，强化教科研支撑，发挥协同育人作用，探索拔尖创新人才的培养新模式。

5. 强师助优

教师是学校高质量特色发展的第一资源，是推动普通高中特色发展的根本保障。应围绕特色学科进行强师工程，加强优质师资队伍建设，加大相应学科教师培养和引进力度，深化教研体制改革；组建专家教学和研究团队，依托区级名师工作室发挥特级教师、市区学科带头人的示范带动作用；健全教师绩效激励机制，建立全覆盖的工资增量机制和学校自主分配机制，切实激发教师队伍生机活力；依托特色学校发展培养学科名师，依靠学科名师支撑、推动特色学校建设。

6. 公平竞争

推动普通高中特色发展、多样发展。逐步取消示范高中的称号，改为特色示范高中，明确育人特色方向，凝聚育人特色力量，彰显学校育人特色，打造

"校校有特色"的新发展格局。特色高中充分发挥特色学科的引领带动作用，注重研究特色学科教学方式、教研模式，并将实践成果加以推广应用，协同带动区域内其他学校开展特色学科示范教学、师资培养、联合教研、联合育人等，深化高中育人关键环节和重点领域改革，探索并形成可复制、可推广的发展模式，发挥辐射带动作用。更好地满足学生全面发展和个性化成长需求，全面提升学校办学水平和人才培养质量。

7. 探索多种形式入学方式

经过调查，家长、学生目前压力大的底层逻辑是中考压力过大。所以在发展特色高中的过程中，应基于办学特色，探索招生录取模式改革，扩大普通高中招生自主权，探索更加多元的招生机制。统筹推进中考招生制度改革，给予学生出口选择权，扩大校额到校名额，降低中考竞争压力；落实高中学校招生录取自主权，大力发展"1+3"培养试验项目，健全综合、特长和推荐等自主多元录取机制；丰富特色高中课程建设，增加职业学校的招生吸引力；鼓励兴办九年一贯制或十二年一贯制学校。

（二）高中多样化特色发展的意义

1. 形成普通高中发展优势

特色发展能力不均衡的根本原因在于教师专业化发展水平的不均衡。多样化特色发展意味着课程的重构、教学方法的改革、教师培训的创新等。对于学校而言，高中多样化特色发展是前途命运的选择，是学校突破瓶颈、深化变革的关键契机，也是锻炼干部教师队伍千载难逢的机会。因此，随着高中多样化特色发展的推进，学校将进一步提升教师队伍实力，逐渐形成特色发展优势。工美附中就是处于高中多样化特色发展的过程中，从一所普通中学成长为一所国内知名的美术特色中学，形成了突出的美术教育优势，并带动区域美术特色教育发展。

2. 促进学生全面而有个性成长

"双减"政策在为学生"减负"的同时，为学生提供了更多发展的可能。高中多样化特色发展正是为学生未来的发展奠基，满足不同学生的个性化成长需要。因此，高中多样化特色发展需要坚持把学生的身心健康放在第一位，根据学生全面而有个性成长的需求，结合办学实际，推进教育改革的步伐。正如工美附中，虽然是一所美术特色中学，却在开足开齐国家课程的基础上，不仅开设了美术专业校本课程，还开设了音乐、舞蹈、戏剧、传拓、微电影、朗诵等几十门校本课程，确保学生既可以学到喜爱的专业知识，也能够感受、体验多种学科，多种艺术的魅力。

3. 促进高质量教育体系的建设

高中多样化特色发展犹如一个风向标，起到示范引领的作用，带动初中学段教育向更加多元化、更具特色的方向发展。工美附中作为一所初中、高中、职高三位一体的学校，高中部的发展带动了初中部、职高部从课程建设到学校管理的全方位变革，促进了学校初中学段教育教学质量的提升。这仅仅是高中多样化特色发展在工美附中校内引起的"化学"反应。工美附中还作为北京市中小学手拉手对口支持项目优质资源输出学校，带动了房山区长沟中学、通州区张家湾中学的特色发展。当众多高中推进多样化特色发展必将带动校内、校外的一系列教育改革，对于"双减"政策的落实起到重要的引领和带动作用，促进高质量教育体系的建设。

四、结语

百年大计，教育为本。中国特色社会主义进入新时代，深化教育领域综合改革势在必行。高中多样化特色发展已成为中国建设高质量教育体系的重要途径之一，在国内掀起了改革的浪潮。面对挑战，唯有勇敢面对、抓住先机，才能有所收获。积极推进高中多样化特色发展，将帮助学校寻找到一条属于自己的个性化发展道路，进一步提升办学质量，助力学校成为新时代中国教育大潮中一朵特色鲜明、活力迸发的"浪花"。

"双减"背景下普通高中教学变革实践与思考

北京市第十九中学　高新桥　何耀华

北京市第十九中学的前身是于1916年创办的培元女子小学。1952年由北京市政府正式命名为北京市第十九中学，现已发展成为拥有幼儿园、小学、初中和高中一体化的教育集团。学校以"为孩子幸福人生奠基"为办学理念和"建设全面优质的理想学校"的办学目标。学校的育人目标是培养学生"六会"并掌握1~2门特长，成为身心健康、全面发展、潜力显现、优势发挥、学有所长、奋发向上并具有国际眼光的人才。2021年国家"双减"政策的推出，为新时代深化教育改革强化学校教育主阵地作用、治理校外培训机构、构建教育良好生态、促进学生全面发展、健康成长指明了方向，但如何深刻理解"双减"政策实质，如何在高中教学实践中加以具体落实，是摆在我们面前的一个重要课题。

一、"双减"背景下高中教学改革的思考

随着"双减"政策的出台，对于高中教师来说，最大的担心是学生基础不扎实，学生学习习惯、学习主动性有所降低，对学生是否能够很好地完成高中学业存在忧虑。要消除顾虑需要高中教师转变观念，对"教"与"学"有更深入理解，摒弃只重知识，不重知识形成过程及知识价值的认识，从注重知识传授转向以知识为载体提升学生解决问题的能力。如此，"双减"则为学生潜能发展提供了更多探索空间，为学生主动学习和自我发现提供了更多机会。

（一）"双减"背景下，应更加注重培养学生对学习意义的理解

学生之所以缺乏学习兴趣和动力，往往是学生没有深刻认知到学习价值，因此，帮助学生理解学习的意义对激发学生学习的主动性至关重要。高中学生

即将成人，且即将步入社会，因此要对其进行更高层次的教育，帮助他们更好地认识自我、更好地理解社会，正确处理个人与集体、个人与社会的关系十分必要。首先，让学生认识到学习是人与社会、人与自然保持平衡，维持生存和发展所必须的条件，也是适应环境的手段。人类正是依靠强大的学习能力，才得以迅速而广泛地适应环境、改造自然、创造世界。其次，高中的学习与初中相比，从学习内容看，涉及的知识面更广、认识更深入，有助于学生丰富文化底蕴和科学素养；从学习方法上看，既要具备解决实际问题的能力，又要具备融会贯通学科知识的创造力；从学习要求上看，高中学生要学会学习、学会思维、学会创造。为大学学习和走向社会奠定坚实的基础。

（二）注重学生学习过程，发展学生思维能力

教师在教学中，只重视知识的结论正确与否，既缺少对学生学习全过程的发掘，也让学生失去对错误的反思，极大制约了学生思维的发展。教学中，教师通过揭示各个知识形成的方法，展示学习新知识的思维过程，让学生通过感知与探究—交流与总结—反思与质疑—实践与提升的思维过程去发现规律，解决问题，进而提升学生的高阶思维。在此基础上，引导学生探索新问题，这样原来由教师直接给予结论性知识变成学生探究内容，为学生全面发展提供空间。

（三）营造和谐课堂氛围，增强学生学习信心

自信心是前进的内驱力，在课堂中营造和谐氛围有利于增强学生学习的安全感和自信心。在教学过程中，教师语言除了要具有激励性外，还要帮助学生认识知识形成过程往往不是一蹴而就，反思和纠错是必不可少的。学习也是如此，知识理解也是一个不断深入、循序渐进的过程。教师不能过于追求学生学得又快又好，相反，有时需要慢下来，让学生有时间思考、理解，有场地去实践、实验，有热情去想象、创新。让课堂成为学生成长的空间，激发学生学习主动性及自信心，全面发展学生的能力。

（四）尊重学生个性差异，注重建设性学习评价

建设性评价目的是通过评价指导学生学习，促进学生发展。建设性评价意义不仅限于得出某评语或等级，而是要及时反馈学生学习情况，并为其提供具体、可操作的指导。教学中大多数老师常用评价是结论性评价，如高三学生只注重刷题，忽略对概念的深度理解，注重题海战术的超载训练。老师简单得出"刷题效果有限"的评价，改变不了学生刷题学习方式，因为即便学生认同老师观点，也没有改进的具体方法。因此，可以与学生一起分析刷题的意义、价值和存在的不足之处，并在此基础上提示学生通过概括、总结、思维导图等方法加强对概念的深度理解，进而多角度理解、综合和解决问题。前后两次评价的观点是一样的，但是第一次是仅传达老师的观点，没有建设性，而第二次是对学生刷题的学习行为进行分析，有理有据进行论证，并提供优化的学习方法。改变评价方式后，多数学生会调整学习方法。因此，教师应将结论性评价改为建设性的评价，同时对学生想法给予理解、积极反馈，提供学生有效的帮助。

（五）注重学生成果评价，提升学生自我认同感

批判性思维和科学方法论，以及其他心理学认识论等，都是承认现有知识、个人知识是发展更多认知的基础。因此，教师对学生原有认识的发现，是有效教学的前提。如何更好地了解学生原有认知，让学生积极输出是非常重要的。对学生学习成果进行积极评价，帮助学生自我认同，增强自信心非常重要。基于此观点，教师在教学组织中应将学生成果评价作为教学重要组织部分，以评价促学习。

二、"双减"背景下高中学生教学的创新实践

"双减"的目标是提质增效，更好落实核心素养育人目标，实现立德树人。学生课业是帮助学生全面发展的重要手段，是教学环节的拓展与提升，利于学生的理解，增强学生学习的主动性。

（一）增强学习体验感，激发学生学习兴趣

帮助学生提高学习效率，激发学生学习兴趣，增强学生学习的体验感最为重要。学生只有切身体验，才会将所学知识内化，成为自己的认知框架组织部分。新课程标准颁布后，多个学科在课标里均强调让学生有体验感，如构建

"学习任务群"要求"以参与性、体验性、探究性的学习活动为主,增强课程内容与学生成长的联系"。

目前,教学中老师们习惯运用视频、网络等手段,较为形象,但仍未做到让学生真正体验,学生的感悟和思考不够深入。为激发学生学习兴趣、促进学生深入思考,教师应努力创设学生体验活动,让学生融入课程内容当中去。以高一生物必修一第三章第一节《细胞膜——系统的边界》为例,本节内容,在整个模块中起到承上启下的作用,在整个高中生物学习过程中都占有重要地位,尤其是细胞膜对于细胞这个生命系统的重要意义。以往常用视频让学生观察细胞膜的结构模型,通过科学史的文字材料,了解细胞膜组成成分的发现过程。尽管给学生创设了学习情景,但是视频和文字带给学生的体验感不强,参与程度和思考深度有限。我校生物教师为了增强学生体验感,设计了泡泡实验。

【实验】泡泡实验

以泡泡膜类比生物膜,逐一完成实验任务并画勾,并使用相机/手机拍照或录制短视频,步骤如下。

第一步:用胶头滴管将水滴在气泡的边缘或顶部,观察水分子进入气泡的情况。

第二步:使用现有器具制作一个帮助水分子快速进入细胞的通道。

第三步:将玻璃球放进气泡中央,并保持气泡完整。

学生在动手操作过程,感受了泡泡流动性、泡泡与不同物质之间关系,通过类比,深刻理解了细胞膜的功能及意义,同时培养了学生类比的思想方法。

(二)将"自我评价"作为学习任务,促进学生自我发展

学生发展的核心是自我发展,评价是促进学生发展最重要的手段。首先,学生进行自我评价,有助于学生自我发展、自我完善、自我实现;其次,学生进行"自我评价",有助于学生换位思考,提升共情能力,改善交往方式,构建良好人际关系。

首先,高中学生无论在心理特征还是个性形成上,都正在经历从幼稚向成熟的变化,这一阶段的学生渴望独立和自我价值的展现,这一客观现实需要教师改革以讲为主的方式，让学生由被禁锢的受教育者转为自由成长的受教育者，尽可能多方面、多色彩的展现学生，而非塑造学生。其次，学生思维发展途径主要有3种：表达、写作和行动。学生自我评价可将这3种有机融合，即通过自我反思，总结问题的原因（写作）；通过对他人问题的分析、评价或回应他人质疑（表达），促使其深入思考；通过问题纠正和方法应用（行动），改进思维水平。再次，多数人的思维方式都是潜意识的，学生也是如此，当思维在潜意识中运作时，学生不可能在对自己思维过程不清的情况下改变思维。但是当人们面对他人质疑或评价他人时，会对思维过程进行深入了解，从而让思维过程变得清晰。

在实际教学中，我们常常设计各种"自我评价表"，不仅能引导学生发现掌握知识过程中存在的缺陷，还能发现自身存在的不足，便于学生更好地剖析自己，学会对自己的思维方式进行反思，提升思维水平，进而积极组织语言准确表达，与教师、同学深入交流。学生正确地表达自己的思想，总结自身存在的不足，经过不断锻炼，学生的语言组织能力必然会得到提高，思维水平也随之提高。

通过"自我评价表"引导学生反思、修正、提炼并表达，让学生从被动的被评价者转变为主动自我评价者。学生在解决实际问题过程中的操作、演示、口头陈述等行为是构成学生自我能力评价的重要组成部分。让学生在评价过程中参与评价、成为评价的主体，让学生意识到评价是发现问题、自我提高的方式。真正的学习行为是学生自动自发地学习。因此，教师应为学生创造各种机会，运用各种学习方式并评判自己的成就，学生应发挥主观能动性，客观评价自己的长处与弱点，发现问题、解决问题。

（三）有计划、有组织开展"经典教材与科学图书"阅读

阅读对学生发展的价值是毋庸置疑的，有助于沟通学生与外部世界的联系，认识丰富多彩的世界，获取信息和知识，拓展视野，提高学生语言表达能力和收集、处理信息能力等。但是，在高中理科教学过程中，并不是十分重视阅读，甚至非常弱化，刷题已经成为学生学习理科的重要方式，这对学生全面

而有个性的发展是十分不利的，也难实现"立德树人"育人目标。在高中阶段，重视经典教材与科学图书的阅读是十分必要的。

首先需要阅读"经典教材"。高中阶段的教材是在"课标"指导下，由专家、学者和有经验的教师等精心编制，经专业人员审定通过后再使用的学术性著作，具有很强的科学性。它不仅提供了课堂教学内容，而且提供了教学活动的基本线索和方法，呈现学科发展基本轨迹，对学生的学科思维培养是非常有价值的。它的育人价值是习题所不可替代的，是学科育人很好的载体。

"科学图书"阅读是"经典教材"阅读的有益补充，一本科学图书往往就某一话题展开论述，内容更翔实，史实更具体，讨论更充分，可以更好地帮助学生对某一问题深入思考。例如，"十一"期间，我们给学生布置的作业是阅读薛定谔的"生命是什么？"原本我们认为第一、二章对高一学生来说是很有难度的，只是希望他们"接触"一下杰出科学家的思考，对他们今后生物学科学习起到引导作用。然而，有一些学生思考深度远远超出我们的预期。高一（1）班赵润泽同学写了近1600字的读后感，其思想深刻，令教师震惊，经询问方知其在阅读过程中联想到学习中存在的问题，有一种困惑得以解决的成就感，也极大激发了他进一步学习生物学科的兴趣。

三、"双减"背景下高中教学变革实践与成效

为了更好地理解和实施"双减"政策，我校教师积极主动进行理论学习和实践探索，对教育、教学有了进一步的认识和实践成效。

（一）对"双减"政策意义有了更加深入理解

认真学习"双减"相关政策文件，对教育教学改革要求有了进一步认识，落实立德树人根本任务，培养德智体美劳全面发展的社会主义建设者和接班人。

（二）教学策略发生显著变化

教学从知识传授为主转向从问题出发探究问题解决过程这一新的课堂教学组织形式：教师提出核心问题激发学生主动思考；组织学生开展讨论并引导学

生一起探究、分享观点和成果;师生共同总结评价问题及其解决方案。这一教学策略与波普尔提出"理性重建"的过程相符合,即"问题→尝试性解决→反思、质疑、排除错误→新的问题→……"。教师在教学过程中注重发挥学生主动性、批判性和创造性,在评价中关注学生差异,实施个别化评价,营造了良好的课堂学习环境,受到学生普遍欢迎。

(三)**教学设计能力显著提升**

突出体现在教学设计结构化,通过内容、问题、任务、板书、作业、评价设计,有序引导学生的学习活动,尤其在问题、任务、评价设计这3个方面的改进效果最为明显。例如,以往课堂提问指向知识,教师自问自答较多,现在更注重通过提问培养学生思维习惯,引导学生思考。活动设计更加注重学生体验,以及探究和发现,让学生在活动过程中产生认知、运用认识并不断完善和修正认知。教师以往注重学生认知是否正确,现在更加注重学生原认识及自我反思能力的培养。课堂评价功能多元化,除了对学生表现诊断激励外,还通过评价促进学生质疑论证,促进学生反思,以及学生自我认同等。

(四)**"开放、批判、探究"新型课堂教学模式趋于成熟**

落实"双减"政策的教学实践过程中,对课堂教学"探究"组织形式有进一步认识,提出并实施"开放、批判、探究"教学模式,如图1所示。

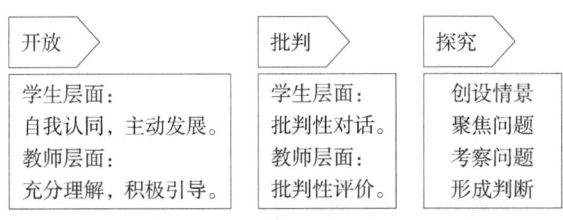

图1 "开放、批判、探究"教学模式

学生层面,"开放、批判、探究"教学模式强调学生自我认同,主动发展。换句话说,把学生的学习过程看成是每一个学生在自己原有知识体系上的一次自我重构或更新过程,而不是将零散的知识强行塞入一个不成体系的记忆篮子里。

教师层面,"开放、批判、探究"教学模式强调教师应对学生充分理解并积极引导。由于学生的知识体系存在差异,在面对同样的教学内容时,有些学生能理解，有些学生理解不了或有着错误的理解；遇到试题，有些同学能解决，有些同学不能解决或错误地解决。在传统教学模式下，学生出现与老师截然不同的结论或出现明显错误时，部分老师易给予学生完全否定的评价。这不仅严重摧毁学生自信心、削弱学生自我认同，而且直接影响学习过程"批判""探究"活动的开展。

"开放、批判、探究"教学模式强调老师要尽可能了解每一名学生所掌握的知识背景或知识体系，通过学生在学习或解答问题过程中的表现，积极引导学生把新的知识吸纳到自己原有或调整后的知识体系，不断自我更新和重构知识体系。鼓励学生尝试并敢于表达自己的想法，而非记忆信息；学生学会独立搜集信息，并将其用到讨论过程中；学生思维发展路径更加清晰，思维发展过程更符合科学探究历程；通过讨论式教学使学生与同学、老师的关系得到改善；学生体会到在学习环境中自身角色的变化，学习的自主性增强。

随着教师专业能力的提升、教学理念和教学策略的变化，给学生带来不一样的课堂教学，使他们感受到学习的快乐，并逐渐学会反思，提升了学生批评性思维能力和学习研究能力。与此同时，教师也开始在班级教育中运用批判性思维指导实践。例如，运用批判性思维召开班会，培养学生运用批判性思维解决矛盾、提升决策能力。营造出一个"开放、批判、合作"的班级文化。

四、反思与建议

"双减"促使学生在参与各种学习活动、解决各种问题中自我发展，从而具备解决问题的关键能力。创新则是引领社会发展的第一动力，谁在创新上先行一步，谁就拥有引领发展的主动权，基础教育必须把发展立足点放在学生创新能力培养上。而批判性思维既是创新的核心能力，也是解决问题的关键能力。因此，在"双减"背景下，聚焦学生未来人才核心能力培养，尤其是批判性思维培养，可作为减负增效的有效举措，而构建高中学生批判性思维培养体系可以作为减负增效的有力抓手。目前，大部分学校已经认识到中学生批判性思维的重要性，并进行了实践探索，但往往把批判性思维当作一种理念或技能来培养，没有系统思考和研究批判性思维在中学整体教育中的作用、意义及培养方式，学校尚未构建完善的批判性思维培养体系，在一定程度上影响批判性思维教育的成效。我校通过近6年的中学生批判性思维培养实践探索，对于如何将批判性思维的培养运用到高中教学实践中提出以下建议。

（一）构建高中学生批判性思维培养的内容体系

结合中国学生发展核心素养的三大领域、6个方面、18个要点，确定高中学生批判性思维培养的重点内容、内容和内容之间的关系；再结合学生批判性思维现状，确定中学阶段学生批判性思维培养的重点，探索不同年级批判性思维的重点。这些批判性思维培养重点体现的批判性思维品质和技能共同构成学生批判性思维培养的内容体系。构建内容体系的同时，研究中学生批判性思维水平与学业发展水平的相关性，构建高中学生批判性思维培养体系。

（二）构建师生批判性思维培养的实施体系

根据批判性思维培养现状的调查，依据学生发展核心素养和课程标准，立足于中学生重要的批判性思维品质和技能进行课程设置。在课堂教学与活动实施中，以学生为主体，以教师为引领，实施批判性思维重要品质和技能的培养，充分体现学校多维度、全方位的培养。通过师生批判性思维培养的实施与体系建构，完成"学生批判性思维水平、学业发展水平与教师批判性思维水平的相关性"及"学生批判性思维水平与学业发展水平的相关性"的分析研究。

（三）构建评价师生批判性思维水平的评价体系

对教师和学生批判性思维发展水平进行评价，包括制定评价量表，针对核心概念界定中的批判性思维品质和技能、思维元素和标准等维度进行评价。评价的主体是教师和学生，评价的方式具有多元性。在此基础上，分析教师批判性思维水平与教学质量的相关性，以及学生批判性思维水平与学业发展水平的相关性，为教学改革提供思路。整个评价体系包含评价的维度和内容、评价的主体和方式等。师生评价全方位、定性、定量、多元化。最终实现教师和学生批判性思维品质和技能的培养。评价体系与内容体系、实施体系形成一个有机整体，培养教师和学生的批判性思维，改变学校的批判性思维现状，使其可持续健康、绿色发展。

通过上述过程，有望构建一个高中学生批判性思维培养体系，聚焦学生未来人才核心能力培养，尤其是批判性思维能力培养，为继续探索和深化"双减"实施提供新思路，为减负增效和推进高中教育高质量发展做出贡献。

学术赋能，全面构建良好的教育生态环境

北京市第十八中学　管　杰

一、学校概况

北京市第十八中学于1933年建校，是拥有6个校区的教育集团，为小学、初中到高中的十二年一贯制学校。拥有近400名教职工，3300名学生。学校以"聚学问辩，居宽行仁"为校训，在发展过程中形成了"聚·宽教育"办学理念，以"健康的体、温暖的心、智慧的脑、勇敢的行"优秀青少年为培养目标，为每个孩子在18岁之前打下健康身体的底子、健全人格的底子、宽厚文化的底子、强大精神的底子。

开发出了基础性、多样性、层次性、综合性的十二年一贯制的"聚·宽教育"课程体系，形成了"三化三育"的办学特色，即集团集群化、数字化、国际化，科技育人、体育育人、艺术育人。

学校为十二年一贯制的教育集团，同时还是拥有46所教育单位（方庄教育集群）的龙头校，以"集团引领集群、集群涵养集团"为发展战略，历经10余年探索实践，实现了区域教育共通、共识、共享、共赢、共治，形成了区域教育优质均衡发展的方庄模式。

学校教育教学质量不断提高，办学品质持续提升，形成了"聚·宽教育"特色品牌。2015年以来，在全国奥林匹克竞赛中，累计获得4块金牌，近30人次获得银牌、铜牌及省一等奖。中高考成绩每年均被区委区政府评选为中考优质校和高考优质校，近几年有12人通过强基计划、学科竞赛考上清华、北大，更有数百名学生进入"985工程"或"211工程"建设高校，几乎100%学生进入大学深造。

学校获得了国家级教学成果奖、全国数字化校园示范校、国防教育特色学校、全国网安启明星示范校、全国基础教育化学新课程试验先进单位、智慧校园优秀示范校、全国青少年人工智能活动特色单位、全国中小学教师信息技术应用创新能力提升创新培训平台、陆地冰壶示范活动基地等国家级荣誉，北京市学生金鹏科技团、北京市基础教育科研先进学校、北京市依法治校先进校、北京市课程建设先进校、北京市基础教育教学成果奖、北京市班主任队伍建设优秀成果一等奖等奖项、首都劳动奖状等市级荣誉。

二、问题与举措

问题1：中高考背景下如何有效推进"双减"？"双减"的措施本身并不复杂，从理论上看"双减"的落实难度较低，但"双减"在实际推行中的难度却很大。因为中高考背景下，升学的主要依据仍然是分数和排名，在中高考仍然存在的情况下，推行"双减"会不会影响学生的考试分数，从而影响学生升学，这是学校、教师担心的问题，也是家长和学生顾虑的问题，成为"双减"工作推行的最大问题。

举措1：从学校的视角解决"双减"问题，应该抓住课堂教学这个主阵地，全面提升课堂效率。在实践过程中，我校探索出"融合课堂"，即将学习共同体、信息技术2.0、单元主题及项目学习等方面有机融合，从结构性、功能性上对传统课堂进行升级和转型，努力打造高效课堂。

我们运用学习共同体理念进行课堂改革，所有课堂改为4人一组的学习共同体形式，经过4年多的实践探索，课堂教学实现了结构性、功能性转型，课堂变为了师生平等、和谐共进、积极思维、相互倾听、协同学习、合作探究、共同创造的课堂，保证了所有学生的学习权利，学生真正成为课堂和学习的主人。在学习共同体课堂上，对于要求全体学生掌握的基础性问题：学习力弱的同学在小组内其他同学的帮助和老师的指导下能够学得会；学习力强的同学则通过对系列挑战性问题的探究，能够学得足。学习共同体课堂满足了不同学生的教育需求，学生也就没有必要再进行课后补课了。

我们积极探索单元主题教学、项目学习，努力打通课时内容，围绕教学重心整体取舍教学资源，理顺内容逻辑关系，精简重复和不必要的内容和环节，从课时上进行减负。

我们用信息技术 2.0 中的人工智能对学生的相关信息进行收集、运算、分析，然后再进行"画像"等，将"双减"措施全部纳入学校文化建设，推动各主体对这些措施产生充分的文化认同，进行良性互动和协作交流，形成协同育人的良好文化氛围，建设良好的教育生态，高效推进"双减"工作，使每一位学生都能享受到公平而有质量的教育。

我们立足学校集团集群化、数字化、国际化，以及科技育人、体育育人、艺术育人的"三化三育"办学特色，努力将课程活动化、生活化开发和实施。2021 年 9 月，我们开设了 85 门丰富多彩的生活化、活动化选修课程。同时，我们严格控制课堂的教学进度，严格按照课程标准要求，严格控制教学难度，努力减少考试次数，将考试转化为教学诊断。

北京市第十八中学的"聚·宽教育"办学理念，着重于基础教育阶段学生自主学习力与健全人格的养成，强调以学习者为中心，培养"健康的体、温暖的心、智慧的脑、勇敢的行"的优秀青少年。

"聚·宽教育"提倡欣赏和尊重学生知识上、经验上、行为上、心理上，乃至思想上的差异，以包容来促进学生个性化成长，深刻地理解差异之美、理解个体差异的充分发展对于学校发展的价值，超越"个体自我"与"关系中的我"的矛盾对立，进而达到"共美"，即尊异求同、和而不同、和合相生。

"聚·宽教育"主张通过唤醒学生学习的自发性来破除过度看重分数的客观理性。自发性学习是指不受外力影响而自然产生的学习，包含两个重要构成要素：能力和独立决策的愿望。自发性取决于主观意识，也决定学生能否对自身能力进行判断。而以"五唯"（唯分数、唯升学、唯文凭、唯论文、唯帽子）为代表的教育，过度强调客观理性，使学生自我感严重缺失，自发性被严重抑制。"聚·宽教育"旨在"唤醒"学生的自发性，构筑学生成长的"生命场"，将学生发展引导到生命发展的立场上去。例如，在进行课程开发和实施时，我们注重通过现实生活中的案例激发学生解决问题的动力，唤醒学生学习的自发性。

"聚·宽教育"理念源于中华优秀传统文化，在落实"双减"过程中，我们积极与中华优秀传统文化中的中医养生文化相结合，为学生制定了日常饮食、起居、运动、情志和学习的"复合处方"，使学生的生活符合自然规律，形成低碳、绿色、积极、健康、高效的生活及学习方式，使学生心情舒畅、心态平和，注意力集中，轻松快乐学习，提高了学习效率，切实减轻了学习负担。

例如，我们根据"夏舒展"处方，在夏季注意舒展学生的情怀，对学生常喜欢、不抱怨，鼓励学生每天都能做助人为乐的好事；鼓励学生不要怕炎热，多外出感受大自然的繁茂景象，多汲取天地给予的能量，振奋精神；鼓励学生树立远大志向，精神饱满、信心十足地向既定的学习目标努力。

问题2： 如何减轻学生过重的作业负担？

举措2： 在作业减负方面，我们没有搞"一刀切"，而是充分发挥老师们的主观能动性，鼓励各年级、各备课组积极探索，研究出符合学科本质、学生年龄特点、学生认知特点和本校学生实际的作业布置和批改方法，目前已经取得了初步的成果。例如，初三年级的"双层双化作业法"。由备课组全体教师根据学情进行认真的集体研讨，设计出必做和选修双层作业，双层作业都要力求经典，形成精品。其中，必做作业为基础性作业，要求每个学生都要完成，都要扎实掌握。选修作业为个性化作业，学生可根据自己的情况不同程度地完成。这样既保证了全体学生能够扎实地掌握基础问题，解决了基础薄弱学生对难度较大的作业"吃不了"的问题，使每一个学生都不掉队；又为学有余力的同学深入钻研提供了条件，解决了学习力强的学生"吃不饱"的问题。不管是必做还是选做作业，老师都要全批全改、全程追踪、及时沟通、精准指导。并随时展示学生优秀作业，激发引领学生。

备课组一方面努力将作业转化为丰富多彩、兴趣盎然的各种活动，实现作业活动化；另一方面尽量将作业与学生的生活联系起来，杜绝缺少生活情境的"死问题"，实现作业生活化。作业活动化和生活化提高了学生的学习兴趣和自主学习能力，提升了作业的有效性。

问题3："双减"背景下如何进行初高中衔接？

举措3：首先要正确理解"双减"的内涵，"双减"不是减难度，更不是减质量，而是减那些机械、简单、重复、低阶思维的教学和作业，全面提升课堂效率和作业的质量。将那些不必要的重复教学和作业负担减下来后，学生就会有更多的时间和精力去学习高阶思维的知识，就会真正提升学业成绩，特别是那些学有余力的优秀学生。义务教育阶段学生的学业成绩和思维能力提高了，到了高中阶段其很快就会适应，有利于初高中阶段的衔接。

三、成效与分析

我校的"双减"工作取得了初步的成效，但"双减"要解决的问题是一系列长期积累的顽瘤疾，不是通过完成几个任务或是一朝一夕就能从根本上解决的问题，目前的"双减"工作仅仅迈出了一小步，但"双减"工作将是一个具有长期性、复杂性的系统工程。

我们认为"双减"工作的根本在于人们对教育的文化认同和价值追求，只有改变了人们对教育的文化认同和价值追求，才能深化落实"双减"工作，全面优化教育生态，从根本上解决学生负担过重的问题。

文化是教育的生命力和核心竞争力，是教育的根，学校进行的任何教育教学改革，都不能脱离学校文化。所以，要将"双减"工作与学校文化建设紧密结合，积极建设有利于"双减"工作的学校文化，从文化的视角积极推进学校的"双减"工作，使教育逐步回归本质和初心，彻底解决学生负担过重的问题。

在此基础上，"双减"落地还需要一种新的赋能，就是学术赋能，需要我们通过学术深刻理解教育发展的前沿问题，深入探究"双减"的规律，以系统科学的方式、持续创造的氛围，让大家能够准确把握理念，拥有持续造血能力和常态作战的智力资源储备。

四、反思与建议

"双减"工作并不是简单地将学生的负担减下来，而是对现行教育现状进行调整和优化，恢复教育原本生态，让教育返璞归真，全面构建良好的教育生态环境。"双减"工作的重点虽然在义务教育阶段，但给高中的发展带来了重大影响。

如果义务教育阶段恢复了教育生态，那么就会为高中阶段的发展奠定良好基础，有利于初高中阶段的衔接。例如，在"减负"以前，初中学生在初一、初二年级就会将初中3年的课程全部学完，然后在初三年级进行三轮复习。在初三年级，通过大量、反复、机械地"刷题"，使学生的应试能力得到了极大的提高，而思维能力，特别是高阶思维能力并没有得到相应的提高。所以就出现了有学生中考某门学科考了满分，但进入高中后反而出现了不及格的现象。这种现象不仅给学生的选科造成了混乱，而且不利于学生学业成绩的进一步提升，很容易导致"内卷化"。

义务教育阶段"双减"工作的有效落实，能够使教育符合学生成长规律，学生能够自然成长。这样，学生进入高中后就不会出现"内卷化"现象，且能够迅速提升自己的学业能力和水平。所以，义务教育的"双减"工作为高中阶段教育的发展提供了非常有利的条件，是高中阶段教育发展的一个难得的机遇。

虽然"双减"工作的重点在义务教育阶段，但高中阶段教育的"双减"工作丝毫不能放松，要抓住这个有利的时机，将高中阶段的"双减"工作彻底做好，与义务教育阶段形成有效衔接，为学生的终生发展奠定良好基础。如果不能抓住这个机会，那不仅不利于初高中的有效衔接，也会使义务教育阶段的"双减"工作意义减弱。如果后续再进行高中阶段的"双减"工作，难度就会增加，付出的成本会更高。

贯通"双减"精神，建设高中特色品牌

首都师范大学附属云岗中学　张进兵

党的十九大报告中强调要优先发展教育。2021年，中共中央办公厅、国务院办公厅印发了《关于进一步减轻义务教育阶段学生作业负担和校外培训负担的意见》（以下简称《意见》），明确提出"双减"工作目标，即减轻学生过重作业负担和校外培训负担。随着"双减"工作及初高中新课标新课程新教材的不断推进，学校面临着全新教育生态格局。虽然"双减"在义务阶段实施，但是对高中阶段教育教学工作同样有非常大的影响。因而需要贯通思考"双减"工作，统筹初高中学段教育教学总体规划，在新时代背景下，培养适应未来社会发展的可用之材。

首都师范大学附属云岗中学是一所普通完全中学，学校位于北京市丰台区西部云岗地区，毗邻航天三院、航天十一院、陆军装甲兵学院等航天军事单位，有着建校63年的历史，近千名学生，140多位教师。作为北京市科技示范校和全国国防教育示范校，学校秉承"以人为本、快乐成长、和谐发展、幸福人生"的办学理念，推进适合教育，依据初高中学段特点，贯通"双减"工作，探索"双减"背景下的高中品牌建设。在工作推进的过程中，恰逢北京教育科学研究院"双减"背景下高中多样化特色发展研究项目组搭建了一个学校交流咨询的平台，为了更好地推进学校特色品牌建设工作，助推学校发展，学校借助科学的问卷和调研，从多个层面多种方式了解学校落实"双减"情况，让更多教师、学生和家长参与到学校高中品牌特色建设工作中来。

一、问题与举措

"双减"实施后学校高中办学到底面临着哪些挑战？高中多样化需要重

点关注的是什么？"双减"实施后高中阶段对作业的关注点有哪些？这些问题学校需要不断明晰，为了真实掌握以上情况，学校面向 37 位干部、年级主任教研组长、骨干教师、班主任代表和普通教师代表，346 名初三、高一、高二年级的学生，以及 137 名初三、高一、高二年级家长代表进行了问卷调研。

（一）"双减"工作的实施对高中教育的影响与挑战

在这一问题中，教师和学生均分为学校和个人两个维度考虑，家长则未分维度。通过抓取词云，可以看出教师在这一问题中思考得相对深入，更加聚焦学生需求，聚焦初高中衔接和生涯教育的必要性，能够反映出教师以学生为中心的教育理念，并能够和学校适合教育吻合，因而更具有借鉴意义，这与市区教育主管部门及学校进行的政策解读和实施有一定的关联。学生和家长则更加关注作用到学生身上的表象问题，如作业多少、课堂容量、学习时长和考试减少等。通过分析，我们认为"双减"给学校带来的影响与挑战如下。

1. 形成高质量教育生态的需求更高

高中学生回归学校课堂的现实需求增加，校内提质迫在眉睫。由于高中生源结构不断发生变化，学生个性化素养更加多元，传统意义上的时间战术和题海战术已无法适应学生的多元发展需求。面临高中不断下降的生源水平，"双减"之后高中学生学习动力不足是学校目前面临的最大挑战。动力不足会导致学校高考本科录取率下降，学校需要从学生终身发展角度来思考如何解决学生未来出路问题，如何为"双减"背景下的高中学生提供适合多元发展的教育。

2. 培养学生的学习习惯尤为重要

"双减"工作虽然是针对义务教育阶段，但是它直接影响学生的学习习惯养成。"双减"减少了大量校外培训时间，却增加了校内学习时间，尤其是高中阶段，学生的早晚自习成为常态，自主学习习惯的培养显得非常重要。学校需要针对学生的变化而调整工作策略。

3. 作业的设计要求更加系统

作业是学生促进学业水平的重要一环。"双减"背景下，对作业的设计要求更加系统，帮助教师提高作业设计的科学性和高效性是学校面临的又一挑战。作业总量的控制，促使作业设计需要向学生自主作业方向转变，这是教师的课题，也是学校的课题。

（二）对教师的影响与挑战

1. 充分领会"双减"精神是工作改进的前提

"双减"的核心不在"减"，而在"增"，减的是"量"，增的是"质"。教师能否充分领会"双减"精神，是工作能否改进的前提。实际工作中，这是对教师专业能力和适应能力的考验。

2. 强大的自我调控能力是工作推进的保障

在高考压力下，教师面对"双减"后的学生，教学压力和备课压力明显增加，"双减"需要提供的课后服务，使得教师在校工作时间延长，教师不仅要协调个人和家庭的时间冲突，还要提升个人业务能力。因此，教师具备强大的自我调控能力，才能面对接踵而来的挑战。

3. 高水平的业务能力是工作推进的决定因素

"双减"后的学生具有多元性，这就要求教师更加注重学情诊断，更需要信息技术的支持，在课堂教学设计、作业设计、课堂教学管理能力要求不断提高的前提下，需要教师重点思考如何在校内、在课堂上分层教学。由于学生对学科教学的需求更加多元，所以对教师个人的专业素质要求更高。

（三）"双减"推进中的高中多样化需求

"双减"在初中实施，却在高中显现效果。减负是为了提质，但是"质"的提升需要在高中印证，更需要在高中阶段延续与提升，为了了解高中阶段的多样化需求，我们做了系列调研。

调研一：高中阶段有关学生多元化需求重点关注的问题有哪些

此调查设计以学生多元化需求为切入点，以排序的方式确定不同群体在这一问题关注的重点，数据统计结果如下（表1）。

表1 高中阶段有关学生多元化需求重点关注的问题（摘选前5项得分）

教师		学生		家长	
选项	得分/分	选项	得分/分	选项	得分/分
学生学习方法和学习能力提升指导	7.16	指导学生认真完成作业	6.36	学生学习方法和学习能力提升指导	7.49
组织开展适宜的体育锻炼	5.54	对学生进行补习辅导与答疑	6.33	对学生进行补习辅导与答疑	6.3
指导学生认真完成作业	5.38	学生学习方法和学习能力提升指导	6.13	分层进行培优补差	5.74
开设适合学生生涯发展的课程	5.32	分层进行培优补差	5.27	指导学生认真完成作业	5.37
分层进行培优补差	5.27	开设适合学生生涯发展的课程	5.2	组织开展适宜的体育锻炼	4.49

该调研中，3个群体的关注度有了明显的差异，但是可以确定的是我校教师、学生和家长均将学业指导作为满足学生多元需求的重点，这或许与高中阶段高考指挥棒的作用密不可分。在数据中，教师和家长均将"学生学习方法和学习能力提升指导"排在首位，这可以看出家校达成共识，即学生要有好的学习方法和学习能力才能够更好地提升学习成效。

调研二：提升课堂质量的方式有哪些

从数据分析可以看出，学校教师和家长选择"开展学生学习能力和内驱力教育"的人数最多，这证明学习需要学生由内而外地热爱学习是家校的共识。干部教师和家长群体对课堂规范、教学设计和课堂管理选择都达到一定的比例，这可能与我校高中生源质量与课堂教学质量的紧密关系认知有关；而以信息化手段提高课堂参与和新课标理念落地两项家长认同度较高，但教师对信息化手段提高课堂参与的关注相对较低，这也正是学校在过去一年重点进行培训的项目，暂且认定效果比较突出。值得一提的是"小组建设和师友互助课堂的落地"认知度、相对比例都不高，而这是我校之前重点关注的项目之一，这就需要进一步挖掘其在课堂中的实效性，进一步提升小组合作效果（表2）。

表2 提升课堂质量的方式

教师		家长	
选项	小计/个	选项	小计/个
开展学生学习能力和内驱力教育	31	开展学生学习能力和内驱力教育	118
课堂常规要求和规范的实施	27	信息技术应用能力提高学生课堂参与	88
增强教师教学设计能力	25	新课标理念和核心素养导向的落实	83
提升教师课堂管理的能力和意识	24	增强教师教学设计能力	78
新课标理念和核心素养导向的落实	23	提升教师课堂管理的能力和意识	74
小组建设和师友互助课堂的落地	22	小组建设和师友互助课堂的落地	73
信息技术应用能力提高学生课堂参与	18	课堂常规要求和规范的实施	68
加强数据驱动的学情诊断	17	加强数据驱动的学情诊断	65
其他	0	其他	2

调研三:"双减"实施后高中阶段对作业的关注点有哪些

此调查设计以作业方面问题为切入点,以排序的方式确定不同群体在这一问题关注的重点,数据统计结果如下(表3)。

表3 高中阶段有关作业方面需要重点关注的问题排序(选取得分最高的3项)

教师		学生		家长	
选项	得分/分	选项	得分/分	选项	得分/分
系统设计基础性作业	5.68	完善作业管理办法	4.55	布置分层、弹性和个性化作业	4.38
布置分层、弹性和个性化作业	5.32	布置分层、弹性和个性化作业	4.09	教师认真分析作业完成情况,做好答疑辅导	3.96
完善作业管理办法	3.84	系统设计基础性作业	3.84	完善作业管理办法	3.82

根据调研得分,可以看出各群体对各选项的关注度比较一致,其中"布置分层、弹性和个性化作业"是3个群体都非常关注的内容,这证明大家认同学生在中学阶段存在差异,需要想办法给予学生适合的指导,对学校提出的"适

合教育"形成了一定的共识。学校教师根据学生学情,认为"系统设计基础性作业"是最需要关注的内容;而学生则因各科作业布置的不均衡或作业的总量控制等原因,更希望学校"完善作业管理办法";家长将"教师认真分析作业完成情况,做好答疑辅导"作为重要关注点,这可能与家长对学校教育中作业延续性价值的理解有关联。

综合以上调研及分析,我们认为"双减"背景下高中多样化需求侧重于以下几点。

1. 需要着重于学习方法和学习能力提升指导

学习方法和学习能力提升指导是满足学生多元需求的重点,教师和家长均认为此项工作至关重要,因此学校在高中教育中,需要系统思考如何为学生提供适合的学习方法和能力提升指导,特别是针对每个个体的指导。

2. 需要大力开展学生学习能力和内驱力教育

内驱力是学习成效的决定性因素,而内驱力的提升是难度最大的任务。从学生经历上来说,到了高中阶段,学生已经经历了九年义务教育,如果没有由内而外的热爱学习,学习效果势必会打折扣。因此,除了理想信念教育之外,学校需要更多元的手段,设计更丰富的活动,激发学生的内驱力,进而提高学习成效。

3. 需要重点研究教师对作业的设计与管理

作为学习效果的巩固与延续手段,作业的作用毋庸置疑,但是随着"双减"中对作业量的要求,高中阶段学生已经不愿意或不适应大量的作业,尤其是高中学业难度的提升,作业难度势必提升,所以作业的统筹设计与管理成为学校高中教育的重点课题。学科单打独斗的作业设计已经不能完全适应高中需要,从学校教研层面,需要思考如何帮助教师转变观念,在助推学科融合和融合课堂的同时,要思考融合作业的推进。

"双减"的实施为学校及教师带来巨大挑战,学校需要贯通"双减"精神,改变教师观念,重新认识学生,面对差异,有效利用在地资源,建设高中特色品牌,从学生终生发展角度,为学生提供适合的教育。从学校层面进行设计,探索学校发展的新路径。

（四）学校多样化发展的举措

1. 针对需求，整体规划

根据调研，针对高中多元化需求，学校要从整体进行规划，首先需要找准定位，按照现有学生的水平，设计提供适合的方法和能力提升指导，系统思考作业的科学性与多元性，由单项的应试向学生多元化需求方向发展，制定多样化、多方向活动目标让学生选择，以满足不同学生的需求。学校要立足宏观指导，整体规划，多调研、多借鉴他人经验，制定适合本校学生实际水平的指导方案；整体协调各年级工作，从学生6年发展的角度，初高中两个学段贯通思考。

2. 确立重点，统筹推进

学校要确立工作重点，针对调研初高中多样化需要，从行政管理和教研的角度统筹推进课堂教学研究，在"双减"背景下，向课堂教学要质量，研究生命课堂和智慧课堂的构建，提高课堂教学的实效性。在教师作业设计上提高要求，强化高中课堂更要注重教学和作业效果。打通初高中界限，重新架构学校课程体系，关注教师的全面培养，推进校内外资源的有效整合。改革评价体系，用增值性评价激发教师积极性，促进教师业务能力提升。

3. 重视衔接，贯通体系

初高中学段目标不同，初中重基础和综合全面发展，高中重全面而个性的专业选择和学科重点培养。在"双减"背景下，初高中学段更需要衔接教育。初中教育与高中教育要统筹结合，使二者具有连贯性。学校要关注初高中差异，如思维水平、知识储备、性格特征等，制定侧重点不同的衔接方案。从学校层面明确衔接的具体课程设计，从学科层面明确衔接的要点，从个人层面明确任务要求。

对高一新生教育进行系统规划，重在学习意识、学习目标、学习方法的过渡衔接；衔接设计中要做好学生调研，充分了解学情，积极完善教与学的策略，促进课堂高质量发展；要增进初高中老师在教学和德育方面的全面交流，帮助初高中教师对全学段学生特点和教学特点进行充分了解。加强对学生的人生观、世界观和生涯规划教育，强化"增"，淡化"减"，做好学生心理调适，上好衔接课程。

4.找准途径，建设特色品牌

高中特色品牌建设是推进高中多样化发展的必经之路，我校依据在地资源和学校传统，以"国际视野下军事航天科技特色"为核心，建设高中品牌特色，重点关注学生国际视野、国家安全观、科学精神和创新能力4个方面的提升，这是国家政策背景、在地资源特色和学校文化传承的有机结合，同时也符合为党育人、为国育才的教育使命。教师、学生和家长就本问题均提出了许多建设性意见，包括环境创设、课程建设、活动开展、人才培养和资源建设等方面的建议。

根据调研，学校在高中特色品牌建设上着重于落实立德树人、整合课程体系建设、丰富校园生活、创新人才培养模式等举措，为学生的培养提供充分的支撑，为学生的需求提供多元平台，从而为学生的终生发展服务。

二、成效与分析

贯通"双减"精神，打通初高中育人界限，站在学生终身发展的角度开展教育教学工作，是完全中学的责任和使命。学校在实践中探索提升课堂质量的方式，大力开展初高中衔接教育，努力推进初高中特色品牌一体化建设，取得了一定的成效，具体如下。

（一）全面落实立德树人根本任务

学校坚持党对各项工作的领导，坚持社会主义办学方向，坚持育人为本、德育为先，切实把立德树人根本任务落实到军事航天科技特色发展的教育教学的各个过程和环节之中，做到全员育人、全过程育人、全方位育人。推行各学科教学中的军事航天国防科技教育渗透教育。融知识、思想、科学、技能、趣味于一体，有机渗透，多方迁移，在潜移默化中提升学生的军事航天国防科技观念。强化实践育人，开发实践课程，广泛组织社会实践活动。学生走进军博、科技馆、航天院所、陆军装甲兵学院等基地实践及研究性学习，体验我国军事航天科技的发展，树立奋斗目标。发挥学校党团组织、学生社团的育人功能。建立学校教育、家庭教育、社会教育的协同育人机制，利用多方位资源打造特色品牌，预期收到良好成效。尊崇"以人为本"的文化建设理念，提升校园品位，赋予校园建设"国际视野下的军事航天科技教育"的文化立意、教育创意和课程寓意，以有美感、能品味、可体验、会生成的室内外学习场所，建成"温馨怡人的绿色校园，修德启智的科技乐园，快乐幸福的人文家园"，发挥潜移默化的育人作用。

（二）优质课程体系建设不断推进

围绕学生核心素养和关键能力，开发建设并有效实施具有学校特点、促进学生发展的课程体系。不断完善具有高品质的首都师范大学附属云岗中学"云志·云和"品格提升和"云知·云创"能力发展等校本课程体系，最大限度地满足学生选择，促进学生个性特长发展。构建适合每个学生发展的课程。根据办学思想、学校特色和培养目标，精心组织实施高中新课程方案。开齐、开足和上好规定课程，加强和改进体育、美育、劳动教育、心理健康教育和国防教育。建立健全有利于学校发展的素质教育、促进学生全面而有个性发展的教育质量评价机制，全面实施高中学生综合素质评价。切实加强对学生理想、学业、择业等生涯指导。围绕学生核心素养和关键能力，优化学校课程结构，充分利于周边科技教育资源优势，整合国家、地方、校本课程，渗透和重构科技特色内容，加强校本化课程体系建设，构建"国际视野下的军事航天科技教育"特色发展课程，最大限度满足学生需求，促进学生个性特长发展。

（三）校园生活不断丰富

积极创造条件为师生提供丰富多彩的高品质校园生活。建立促进学生身心健康发展、全面发展的长效机制，围绕"乐学·和美"培养目标，坚持五育并举，促进学生的德智体美劳全面发展。坚持开展以"国际视野下的军事航天科技教育"为核心的主题教育、仪式教育、校园节会，积极发展学生社团，军事航天科技社团数量达到学校班级数的1.5倍以上。广泛开展社团活动，建有一批学生喜爱、高端智能的军事航天科技活动品牌项目，保障学生自由活动的时间、空间，使学生在丰富多样的教育活动中增强校园生活的幸福感，让更多学生立志为军事航天事业发展而努力学习，献身祖国的国防事业。

（四）人才培养模式持续创新

瞄准新时代人才培养目标，深化教育教学改革创新，探索形成彰显"国际视野下的军事航天科技教育"创新发展的育人模式。转变教学方式和育人模式，突破长期存在的同质化、标准化培养模式，倡导适合的教育理念，因材施教，更加注重个性化、多样化培养；克服重知识轻能力、重认知轻实践的倾向，倡导启发式，注重学思结合、知行统一；坚持以学生为主体，以学习者为中心，改变传统教学模式，从以教为主转向以学为主，实行自主、合作、探究式学习，切实在减负增效上取得明显实效。依托军事、航天科研院所的优质资源，挖掘学校创新人才培养的具体途径，确立创新人才培养目标，构建创新人才培养保障体系，完善创新人才的评价体系和教师支持制度。

三、反思与建议

随着"双减"工作的不断深入，学校质量提升的要求越来越高，作为一所普通完全中学，学校更要立足全局，贯通"双减"精神，站在高中发展的角度看"双减"，寻找学校可持续发展的新路径，这也是学生可持续发展的道路。因而，学校以建设高中特色品牌为抓手，从地区教育发展的角度，是结合在地资源的探索和尝试；从市区高中发展构想背景角度，是为推进高中多样化发展做出自己的努力。工作推进中，反思及建议如下。

（一）以人为本抓落实

学校的发展核心是人的发展，学生是全部工作的依托，因而以人为本的理念需要不断深入。真正以人为本，才能促使学校不满足现状、不抱怨现状，积极面对越来越多的挑战，时时处处事事站在学生发展的角度，探索适合学生的教育。学校如此，地区教育部门更是如此，因此地区的教育生态布局的持续优化是学校的期待，也是学生及家长的期待。

（二）快乐成长重设计

面对越来越大的学业压力，对于中学生，尤其是高中学生来说，"快乐成长"似乎是一种奢求，学生脸上是否有快乐的笑容，背后是学校的管理及教师的教学设计与教学实施是否科学有效，因而从教师角度，努力提升业务水平、创新教学方式、努力追求快乐学习的成效，是教师面临的巨大挑战。在"双减"背景下，教师的压力不断增加，因而帮助教师创新，不仅是学校的工作，也是社会的工作。教师也需要"增减结合"，即增加业务水平，减去不必要的压力，是学校内外均需要思考的课题。

（三）和谐发展需保障

教师、学生、家长虽然是3个群体，但是却有相同的目标与追求，学校大力开展团队建设，努力进行初中品质提升和高中特色品牌建设，其核心目标都是为学生的终身发展，这也是家长期待的成效。我们在工作中开展各种调研，也是为了达成教师、学生、家长的目标一致性，这是和谐发展的前提。在调研中，我们发现存在家长和学生对学校部分团队建设认可度不高的问题，这正是值得我们后期关注的工作。同样，学校是地区的一员，发展离不开地区的支持，有效利用在地资源是学校和谐发展的重要因素。

（四）幸福人生是目标

"双减"减的是负担，增的是质量，减掉不必要的负担，才能更好地追求幸福人生。不忘初心，以终为始。明确了方向，过程即使有波折，目标终可实现。在推进高中特色品牌建设的道路上，学校一直致力于为学生的幸福人生奠基。在这条道路上，我们不仅需要师生的认可与支持，而且需要社会的认可与支持。

党的二十大报告中再次明确了优先发展教育的理念，国家"十四五"规划重要战略举措中第一点就强调要加快建设科技强国，强调要深入实施科教兴国战略、人才强国战略和创新驱动发展战略，不断完善国家的创新体系。习近平总书记在中国科学院第二十次院士大会、中国工程院第十五次院士大会、中国科协第十次全国代表大会上的讲话（2021年5月28日）指出：培养创新型人才是国家、民族长远发展的大计。当今世界的竞争说到底是人才竞争、教育竞争。要更加重视人才自主培养，更加重视科学精神、创新能力、批判性思维的培养培育。要更加重视青年人才培养，努力造就一批具有世界影响力的顶尖科技人才，稳定支持一批创新团队，培养更多高素质技术技能人才、能工巧匠、大国工匠。我国教育是能够培养出大师来的，我们要有这个自信！作为一所普通的完全中学，我们也有信心做好学校的科技特色发展。不断加强学校特色品牌建设，促进"双减"背景下高中多样化发展。我们要在全社会营造尊重劳动、尊重知识、尊重人才、尊重创造的环境，形成崇尚科学的风尚，让更多的青少年心怀科学梦想，树立创新志向，把我们的学生培养成有理想、有本领、有担当的"乐学·和美"学子。

"双减"背景下学校特色课程群建设的实践探索

北京市育英中学 何巍 邱红梅 张林

一、基本情况

2021年7月,中共中央办公厅、国务院办公厅印发《关于进一步减轻义务教育阶段学生作业负担和校外培训负担的意见》。该意见指向建设高质量的教育系,提出要开展"源头治理",一方面明确了学校和课堂教学是青少年教育主阵地,引导教育回归学校、回归课堂;另一方面强化了学校教育回归学习、回归育人的功能使命。

《教育部关于全面深化课程改革落实立德树人根本任务的意见》中指出:"新时期课程改革在立德树人工作中发挥了重要作用……德育为先、能力为重、全面发展的教育理念得到普遍认同。"培养全面而个性优长的学生,是国家建设对教育的基本诉求。归根到底,"双减"指引我们系统思考"培养什么人""怎样培养人""为谁培养人"这一教育的根本问题,聚焦立德树人,坚持学生为本;聚焦减轻作业负担,立足学生身心健康;聚焦学校主阵地,提升学校教育质量。课程是学校育人最重要的"产品",是实现学校育人目标的重要载体。为实现当今育人要求,我校应系统规划和构建学校课程体系,将学生的发展作为课程建设的目标,激发学生主动性和积极性,提高学生的学习效率和人才培养质量,实现"双减"政策的真正落地。

北京市育英中学是一所来自西柏坡的革命传统老校,是海淀区高中示范校,新品牌学校,有着厚重的文化积淀,规范严谨的办学底蕴。学校的办学理念是"人本、科学、绿色";学校的教育理想是"让每个生命绽放光彩";学校的办学目标是"打造红色传承,人文深厚,智慧学习,数理优长的特色优质学校,为国家培养优秀的社会主义建设者和坚定的接班人"；学校的培养目标是"面向全体学生，全面发展，培养适应未来社会发展需要的积极而负责任的公民"。

北京市育英中学是一所完全中学，2020年经海淀区教委批准，与北京教育科学研究院共同合作，承办北京教育科学研究院实验小学，即北京市育英中学小学部与初中部形成九年一贯制培养模式，未来计划实现十二年一贯制，以满足海淀区万寿路地区老百姓孩子在家门口上好学校的需求。因此，学校的课程设计立足于小初高一体化设计，以立德树人为根本任务，以激发学生志趣、提升学生思维品质作为课程核心，以发展学生核心素养作为课程归宿，形成"绽放光彩、创新报国"的课程目标，整合国家、地方、校本课程，构建了"基础课程+拓展课程+研究课程"的3级课程体系，以"学科+"的模式，打通3个层级，打通学科壁垒，打破学程建制，建设课程群，实现必修、选择性必修与选修课程的统一，学科课程与活动课程的统一，基础课程与研究课程的统一，努力实现课程的科学性、均衡性、综合性和选择性。具体来说，从宏观层面解决课堂学习与课后服务的关系，实现超越课堂的教育服务系统的重构；从微观层面基于课程育人，应教尽教、优教善教，落实"双减"政策的核心指向——减负提质。

学校结合教育教学实际，发挥优势学科及校内外资源，遵循纵向贯通、横向融合的课程设计思路，在人文、数理科技领域在国家课程校本化实施的基础上，开发可供学生选择的特色课程群，即"大国外交"课程群和"科技素养"课程群，以满足学生个性化学习发展和个人成长的需要。

二、特色课程群

（一）"大国外交"课程群

1. 课程目标

在"培养担当民族复兴大任的时代新人""努力构建德智体美劳全面培养的教育体系""培养五育并举的时代新人"等的目标指引下，通过"大国外交"课程群扩展学生的知识阅历，增强学生的社会责任感，培养正确的价值观和人生观；引导学生关注国际社会，拓宽学生的国际视野，培养学生敏锐的洞察力；

通过相关内容的深入学习,提高学生的写作能力和表达能力,强化合作精神;通过激发学生学习外交史的兴趣,为将来有意从事外交工作的学生做好各方面铺垫,提供发展的平台和机会。

具体目标表现在以下4个方面,即爱国、自我发展能力、外交应变能力、广交朋友能力。其中,爱国是外交人才的首要素质,是基础,是外交立场,需要培养学生正确的价值观;自我发展能力,包括语言综合分析能力、调查研究能力,这是日常的外交能力;外交应变能力包括反应能力、承受危险能力,这是从环境、问题、应变方面进行的考虑,后两者都是外交综合能力的体现;广交朋友能力属于外交业务创新拓展能力范畴。

2. 设计思路

基于学校红色传统,在国家课程校本化实施的基础上,设计与大国外交相关的、不同层级且类型丰富的必修课程和选修课程。课程设计的原则为:关注社会发展,培育时代特色;赓续红色传统,筑牢国家立场;鼓励慎思明辨,拓宽国际视野。

3. 课程结构

基础课程包括1~12年级的语文、政治(道法)、德育、英语、地理、历史、音乐、美术等,最终指向高中的史地政等组合。课程建设重点在校本课程,注重校本课程同基础课程的关联,是基础课程的拓展。

4. 课程安排

"大国外交"课程群的主要内容及实施安排如表1所示。

表1 "大国外交"课程群的主要内容及实施安排

课程目标	模块名称	课程名称	开设学段	涉及学科
爱国	★外交风云	共和国史(1)	小学一年级至高一	政治、历史、德育
		共产党史(1)	小学一年级至高一	政治、历史、德育
		外交史(1)	初一至高三	政治、历史
		走近外交家(1)	初三至高二	语文、历史
		外交史历史剧(3)	初三至高二	语文、政治、历史

续表

课程目标	模块名称	课程名称	开设学段	涉及学科
爱国	★外交与人类命运共同体	外交热点评论（3）	初三至高三	语文、政治、历史
		国际理解教育（1）	初一至高三	政治、历史、地理
		从"一带一路"看中国外交（2）	高一至高三	政治、历史、地理、物理、化学、生物
		大国外交与区域可持续发展（3）	高一至高三	政治、历史、地理
自我发展能力	★外交与沟通	外交演讲赏析（1）	初一至高二	语文、英语
		文书写作（1）	初二至高三	语文、政治、历史
		英语口语交际（1）	初三至高二	英语
		英语应用文写作（2）	初三至高二	英语
		演讲与辩论（2）	初二至高三	语文、政治
		英语辩论（3）	初二至高三	语文、英语
		外交热点评论（3）	高一至高三	语文、政治、历史
	■外交与国际关系	了解国际组织（1）	初一至高二	政治、地理
		国际法简介（2）	初三至高二	政治
		外交战略与政治智慧（3）	初三至高三	政治、历史
		大国外交与区域可持续发展（3）	初三至高三	政治、历史
外交应变能力	■模拟外交谈判	外交谈判技巧（1）	学生社团	语文、英语、政治、历史、地理
		外交口才与表达（2）		
	■外交发布会	外交战略与政治智慧（3）	高一至高三	语文、政治、历史、英语
广交朋友能力	★人际交往	外交知识（1）	初一至高二	政治、地理
		外交礼仪（1）	小学一年级至高二	政治、历史、英语
		中国文化（2）	小学一年级至高三	政治、历史
		中国武术（3）	小学一年级至高二	体育
	★经济与社会	艺术审美（1）	小学一年级至高一	美术、音乐
		国际理解教育（2）	初一至高三	政治、历史、地理

注："★"为必修内容；"■"为选修内容；"（1）"为基础课程；"（2）"为拓展课程；"（3）"为研究课程；"▲"为选择性必修。

（二）"科技素养"课程群

1. 课程目标

从课程育人的整合性和系统性出发，围绕数学抽象、逻辑推理、信息素养、社会责任、创新实践、科学精神六大素养，设置多样化可选择的科技素养课程，为不同学生的兴趣、特长、专业发展提供自主学习和发展的空间，让学生学会科学、技术知识，掌握科学方法，树立科学思想，崇尚科学精神，并应用其解决实际问题、参与公共事务。面向未来，培养"科技报国"创新拔尖人才和每一个学生适应未来社会与终身发展的科技素养。

2. 设计思路

构建"1+3+2"科技素养课程群："1"是基础课程，必修，通过校内外科技实践活动培养学生对科学技术的兴趣，普及科学技术基本知识（如走进污水处理厂、硬核科技研学、植物栽培大赛等）；"3"是分类课程，学生根据自己的兴趣需求从科技与生活（如食品与健康、校园生态优化、校园中的人工智能技术、建筑中的几何学等）、科技与社会（如经典科学史分析、传染病与防控等）、科技与国防（如国防科技与未来战争等）3个方面加以选修；"2"是专长课程，其中国家课程为必修，其余为选择性必修，每个学生从选择性必修课程中任选1~2门学习，通过设置不同水平的科学思想与方法（包括国家课程、强基课程、大学先修实验课程等）和科技创新课程（如机器人与人工智能课程、创新大赛课程等）满足学生不同发展需求。同时做好学好学科间的融合，以跨学科为主题的课程群，实现学科协同育人目的。

基于科技素养目标，组建课程群（有7个课程板块共29个课程）。为全体学生共享，为具有个性化发展潜质的学生提供多样化、选择性课程供给。

3. 课程安排

"科技素养"课程群的主要内容及实施安排如表2所示。

表2 "科技素养"课程群的主要内容及实施安排

模块名称		课程名称	开设学段	涉及学科
★科技实践活动	校外	走进博物馆、科技馆（1）	初一至高一	综合
		走进垃圾处理厂（1）	高一	综合
		走进污水处理厂（1）	高一	综合
		硬核科技研学（1）	高一至高二	综合
	校内	科学实践活动课程（2）	初一	科学
		数学实践活动课程（2）	初一至高二	数学
		化学实践活动课程（2）	初三至高二	化学
		植物栽培大赛（2）	初一至初二	生物
■科技与生活		食品与健康（1）	初三至高一	化学、生物
		气象观测（1）	初一至高一	地理
		建筑中的几何学（1）	初一至高一	数学
		校园中的人工智能技术（1）	初三至高二	信息技术
		校园生态优化（1）	初一	生物、化学
■科技与社会		经典科学史分析（1）	高一	数学、生物、化学、物理
		青春期性教育（1）	初一	生物
		传染病与防控（2）	初二至高二	生物
■科技与国防		国防科技与未来战争（2）	初三至高二	综合
		海洋与科技（1）	初三至高二	综合
		国防教育（1）	初一至高二	综合
▲科技与创新		航天新能源（1）	高一	化学
		机器人与人工智能课程（2）	高一	通用技术
		创新大赛课程（2）	高二	通用技术
		天梯挑战课程（2）	高二	通用技术
科学思想与方法		★国家课程	初一至高三	数学、物理、化学、生物、信息技术
		▲数学模型与数学建模（1）	初一至高二	数学
		▲强基课程（2）	高一、高二	数学、物理、化学
		▲竞赛课程（3）	初一至高二	数学、物理、化学、生物、信息学
		▲实验探究课程（1）	初二至高二	物理、化学、生物
		▲大学先修实验课程（2）	高一、高二	物理、化学、生物

注：符号备注同上。

三、课程群实施

优化课程整体育人功能是学校课程群实施的着力点。

（一）进一步优化学校管理模式

结构决定功能，内部组织结构是学校变革的重要内容，学校创新内部管理模式，以学段管理为主、以学术架构为主、以学生发展为中心的扁平化结构为主。遵循"以生为本"的基本原则，坚持"条块结合"的管理模式。具体操作如下：一是每个学段进行学科体系梳理，查看学段衔接上有无重复、现有课程能否构成支持目标的内容体系；二是建构校本课程，将基础课程、校本课程、创新课程（或社团活动）形成关联，需要体现大单元、单元、课时的关联，主题、大概念、概念的进阶；三是基于校本课程设计课程实施计划，设计相应的实施策略和考评量表。

（二）多维互动，任务驱动、共办活动、协同研修

开展跨学科、跨学段的统整，打通学段壁垒，将学科知识、能力、素养及学生的个性化特色发展以十二年为单位整体设计，分段实施，阶段达标，配套实施选课走班、教师跨学段流动、学生积分制管理等措施，实现学校优势资源互补。

（三）推进课堂教学改革，打造优质高效课堂，优化特色培养

通过深度学习、项目式学习、跨学科学习等不同学习模式的探究，探索课堂教学方式的变革，让课堂充满生机，让学生爱上学习；通过基于智学网的评价研究和大数据精准教学，提高教学和辅导答疑的针对性，进而促进学校教学质量的提升。

（四）"众筹"社会资源，确保课程的高质实施

学校依托高品质校本培训平台，整体提升教师队伍的师德修养、教育教学基本功和教研创新能力；依托市区专家工作室、名师带教，打造骨干教师和名师队伍；依托北京教育科学研究院、北京市海淀区教师进修学校等专业机构的指导，支持教师队伍专业能力的整体提升，尤其是课程整合、开发、实施、评价能力；通过举办、承办市区级科研教研活动，以创新改革课堂教学模式为载体,提升教师专业水平;通过与高校的联合教研,获得更多学习提升的机会;通过特级教师队伍的专项培养计划,打造学科拔尖领军人才;学校与外交学院、北京交通大学计算机与信息技术学院合作,提供高校资源支持;与科大讯飞合作,致力于人工智能应用示范校建设。

四、课程群评价要素

一是基于课程标准、核心素养进行纵向和横向的单元设计。纵向即"单元整体—分课时"设计,横向为"基本问题—大概念—核心任务—评价量规"体系。二是丰富教学手段,给学生更多表达、表现的机会,增强学生学习兴趣和信心。三是设计关联真实情境的、有挑战性的学习任务,以驱动学生主动思考、积极作为,如"大国外交"课程群模块《外交风云》中历史学科开设了课程《走近外交家》,在这门课的起始,老师给学生提供了丰富的学习资料,逐级设计了问题,引发学生的思维碰撞。四是将生活逻辑和理论逻辑结合起来,教会学生依托学科理论回答现实生活中的综合性问题。

在"大国外交"特色课程群模块的《外交与人类命运共同体》模块,以及政史地学科课程《从"一带一路"看中国外交》中,有一部分内容讲的是寻找中国与乌兹别克斯坦的资源与需求对接,促进双方友好交流发展,课程对学生的评价内容就是学生解决问题的能力。

"双减"背景下,丰富的课程内容和资源满足了不同潜质学生的发展需求,拓宽了学生自主发展的空间和维度,使每个学生在课程浸润中收获了成长的快乐,逐步成长为"有理想、有本领、有担当"的时代新人。学生的成就源于教师在学校课程建设不断深化过程中,专业素养和课程开发建设能力的不断提升,形成学校、教师和学生共同发展的良性循环。

学校发展没有固定的成熟模式可寻,在发展中遇到的困难、问题、疑惑,必将激励我们不断思考、调整和改进。面对学校发展的新机遇与挑战,我们既要尊重现实,脚踏实地,稳步推进;又要面向未来,仰望星空,开拓创新。在创新创造教育的新天地里,育中人胸怀红色的信仰,努力谱写新教育篇章。

让每一个学生都获得最好的发展
——北京市延庆区第五中学"人文见长"特色课程建设实践

北京市延庆区第五中学　孟宜安　苗春艳　郭立霞

一、课程建设背景

2021年7月24日，中共中央办公厅、国务院办公厅印发《关于进一步减轻义务教育阶段学生作业负担和校外培训负担的意见》（简称"双减"政策），指出学校教育要坚持以习近平新时代中国特色社会主义思想为指导，全面贯彻党的教育方针，落实立德树人根本任务，减轻义务教育阶段学生过重作业负担和校外培训负担，强化学校教育主阵地作用，促进学生全面发展、健康成长。"双减"政策的出台与颁布，改变的绝不仅仅是义务教育阶段的办学样态，而是撬动整个基础教育的办学生态。高中学段虽不是"双减"实施的主要对象，但提质增效的核心议题是高中教育深化基础教育领域综合改革（简称"深综改"）要思考的重要命题。一直以来，高中教育在高考指挥棒的指引下，在"育分"上下功夫，在"育人"上欠火候。同时，受高考成绩评价的制约，大多数学校育人途径单一，育人方向集中。"双减"政策的颁布，改变了高中教育的观念，"学生全面而有个性的发展"必然成为时代新人的培养规格，各美其美、美美与共成为高中育人质量的最终指向。

基于此，学校认真研究育人模式和途径，积极回应"双减"改革的国家要求。据调查统计，北京市延庆区第五中学（简称"延庆五中"）近20年来毕业约万名学生，约60%的毕业生在大学、高职毕业后回到家乡延庆，从事新农村建设和服务业工作，成为延庆建设的主要力量。这类工作者除了需要业务水平精湛，更需要的是较强的人文底蕴和与人沟通协作的能力。为了满足区域的人才需求，为了满足学生的终身发展需要，延庆五中以《北京市关于深化育人方式改革推进普通高中多样化特色发展的意见》《中国学生发展核心素养》和"双减"政策为指导，结合教育者、受教育者多方面、多层次的需求，认真梳理过去的成就、分析办学的基础、积极转变育人方式，提出"让每一个学生都获得最好的发展"的办学理念。它作为学校课程建设的出发点和归宿点，指导学校形成了切合学生发展实际的"人文见长、分类培养、多元发展"特色课程建设思路。

二、课程建设目标

围绕立德树人的根本任务，通过科学系统设计与实施人文课程体系，引导学生树立正确的国家观、历史观、民族观、文化观，培养学生形成爱国报国的情怀、与人为善的品质、求真求实的精神、自信自强的能力，形成处理人与人、人与自然、人与社会关系的方法，培养学生与人合作、交流的能力，提升学生人文素养，深化学生文化底蕴，满足学生实际发展需求；提升教师课程建设和实施水平，促进教师专业发展；围绕课程建设落实办学目标，积淀学校文化，实现每个人都获得最好的发展。

三、课程构建与实施

（一）打造人文类精品校本课程

在学校"人文见长"特色课程建设思路的指引下，人文学科的教师经过多次研讨、实践、反思，认真挖掘校内外课程资源，精心设计课程内容，推出了多门精品课程供学生选择学习。人文类精品拓展课程，如表1所示。

表1　人文类精品拓展课程

领域	课程目标	核心词	学科	精品课程名称	课程资源	学习方法
人文类课程	开阔眼界，增长见闻，培养阅读能力、思考问题分析问题能力、语言表达能力。提升学生人文素养，深化学生文化底蕴	规范书写、阅读习惯、表达能力、时空观念、家国情怀、人文素养	语文	名人传记、《红楼梦》选读、《论语》选读	德育馆、图书馆、阅览室、报告厅、地理专室、历史专室、时空长廊、校园周边课程资源（延庆地质博物馆、湿地公园等）	社会时政视频观看、图文阅读、小组讨论、场景模拟等
			历史	课本中学不到的历史、延庆历史、中外历史人物		
			地理	揽延庆山水，传妫川文化、诗词中的地理、生活中的地理、航拍中国赏析		
			政治	当代国际政治与经济、法律与生活、逻辑与思维、习言习语、生活要懂点经济学		
			英语	原版英文故事、视听说、趣味阅读、英语配音		

以语文学科的《论语》选读校本选修课为例，本课程设计分为3个阶段，即导读通读阶段、专题阅读阶段、活动总结阶段。其中，第二个阶段设计孔门师生和儒家思想两个主题共14节专题阅读课；第三个阶段安排3节综合实践课，共同达成提高学生的文言、文学、文化水平，树立民族自信心的目的。以下是教师指导学生学习的思路。

第一，明确价值。通过讨论讲解、参观德育馆、观看电影《孔子》、孔府游学等方式，促进学生在"读—观—习"中感受读《论语》的重要性。

第二，自读成诵。通过"查画写记练思"六步结构化预习法，自读各章，班级诵读，熟悉成语、名句，增强文言语感。

第三，专题研读。通过整合专题章节、画思维导图、查阅书籍，对疑惑处还原语境、同文互证等方法，形成读文化论著的习惯。

第四，交流分享。交流分享中，促进学生对儒家传统文化"仁义礼智信"核心概念的理解。结合时事热点，深入理解《论语》的现实意义，形成正确的世界观，读写结合、熟读成诵、反复咀嚼，乐于与同学分享学习体会。

第五，探究应用。联系个人体验，切己体察，能够自觉将儒家思想中的社会责任心和使命感内化于心，外化于行，实现自我精神成长。

《论语》选读校本选修课程实施情况，如表 2 所示。

表 2 《论语》选读校本选修课程实施情况

核心素养	知识载体	实施途径
语言建构与运用	《论语》中的重要语句	阅读《论语》，理解篇章的意义，对于文中的重要词句，运用汉语语法等识记、理解，并收集、整理、归类语言现象，探究语言运用的规律
	《论语》中的重要概念	在深入理解语句的基础上，比较、辨析各篇章中的各类联系，对学过的篇章和典型的语言材料进行分类整理，加深自己的理解和领悟
	《论语》中的重要话题	通读《论语》各篇章，自觉梳理孔子及其弟子讨论的重要话题，运用思维导图或表格比较每个人对同一话题的理解，例如"孝""仁"等，在梳理的基础上，尝试进行专题探究，将语言规律运用于学习实践
思维发展与提升	《论语》的主要思想	通读《论语》，多角度、多方面获得信息，有效筛选信息，比较和分析各篇章中孔子思想的异同，归纳整合《论语》的主要思想
	《论语》思想的合理性	利用《论语》各篇章中的文字材料，清晰地解释孔子及其弟子的观点；阅读比较各篇章的不同说法，推断之间的关系，分析其思想的合理性，运用现代观念揭示其可能存在的矛盾、模糊或混淆之处，批判性地分析《论语》思想，梳理出适用于当代社会的思想精华
	《论语》思想的当代意义	熟练掌握《论语》各篇章的主要内容，依据文本对《论语》的观点做出自己的判断，并阐明自己的依据；推断、整合出适用于当代社会的思想和方法；结合学习和生活中遇到的相关问题，组织专题研讨，形成解决问题的策略、程序和方法，完成问题建议书或调查报告
审美鉴赏与创造	《论语》的主题和思想内涵	通过阅读《论语》二十章，从不同角度、不同层面理解阐释其主题和内涵
	人物的形象	通过梳理《论语》中的典型人物，如颜回、子路、子贡等，对人物形象有独到的感悟和理解，形成人物短评或专题研究报告
	作品的表现形式	运用飞花令等形式，接龙诵读《论语》相关篇章，清晰阐释《论语》的表现形式及"对话""语录"体的独特魅力，创作座右铭等短句表达自己的情感、高尚的审美情趣和审美品位
文化传承与理解	《论语》的思想倾向	以杨伯峻先生的《论语译注》为阅读蓝本，整合大家的研究成果，梳理出《论语》的内容和思想倾向，运用思维导图进行整理，主动吸收先进的文化，传承中华优秀传统文化
	对当代社会的文化现象进行文化批判和反思	通过语言学习深入理解传统文化内涵，探析交流语言、文学、文化现象及社会热点问题，用历史和现代观念，以小组合作的方式进行专题探究，比较、分析古今文化观念的异同，完成相关调查报告
	对当代文化建设建言	主动参与到相关的社会实践活动中，综合运用所学知识，结合社会主义核心价值观，辩证地审视和评论当代文化，对当代文化建设发表自己的见解

（二）构建人文学科课程群

在校长带领下，人文学科教师积极探索高中人文类课程群的内涵、厘清人文类学科之间的逻辑关系，以学生素养的不断进阶提升为目标，打破学科界限、融通各学科知识，贯通价值观、思维力和创造力，确立关联学科的课程开发方向和内容，构建契合学校实际的人文学科课程群。

1. 明晰学科之间的相互关系

人文学科课程群通过专家引领和5个学科组老师探讨，梳理学科间相互支撑的学习内容和学习能力，建立学科之间的联系。在各自的基础性课程、拓展性课程实施过程中关注学科的融通学习，相互支撑、相互影响、共同提升。人文学科相互支撑的内容示意如图1所示。

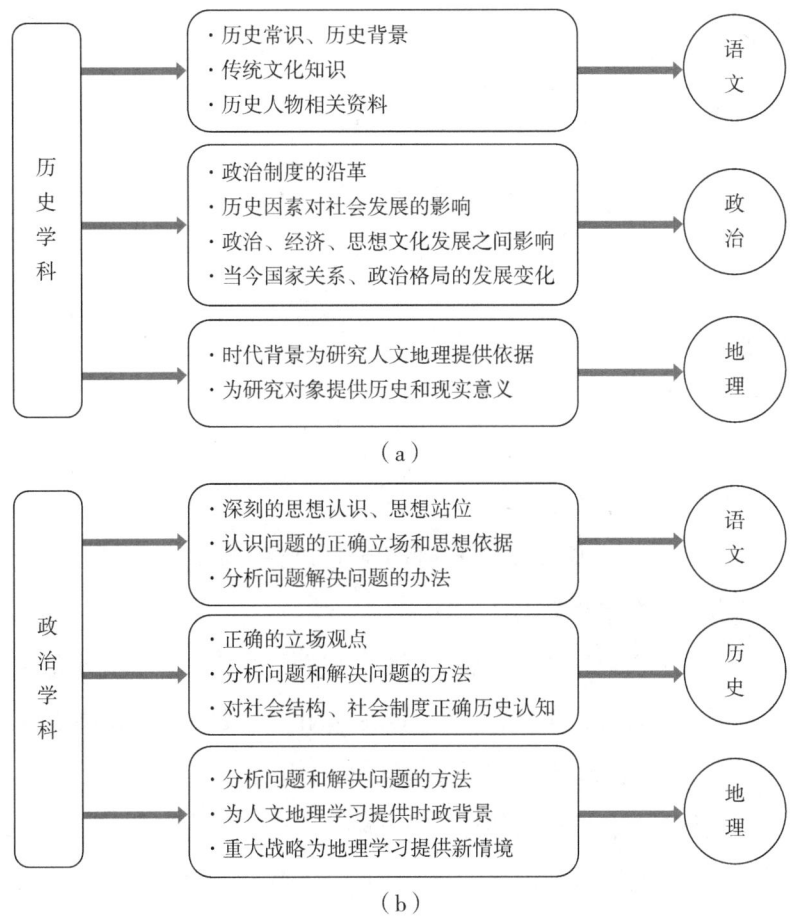

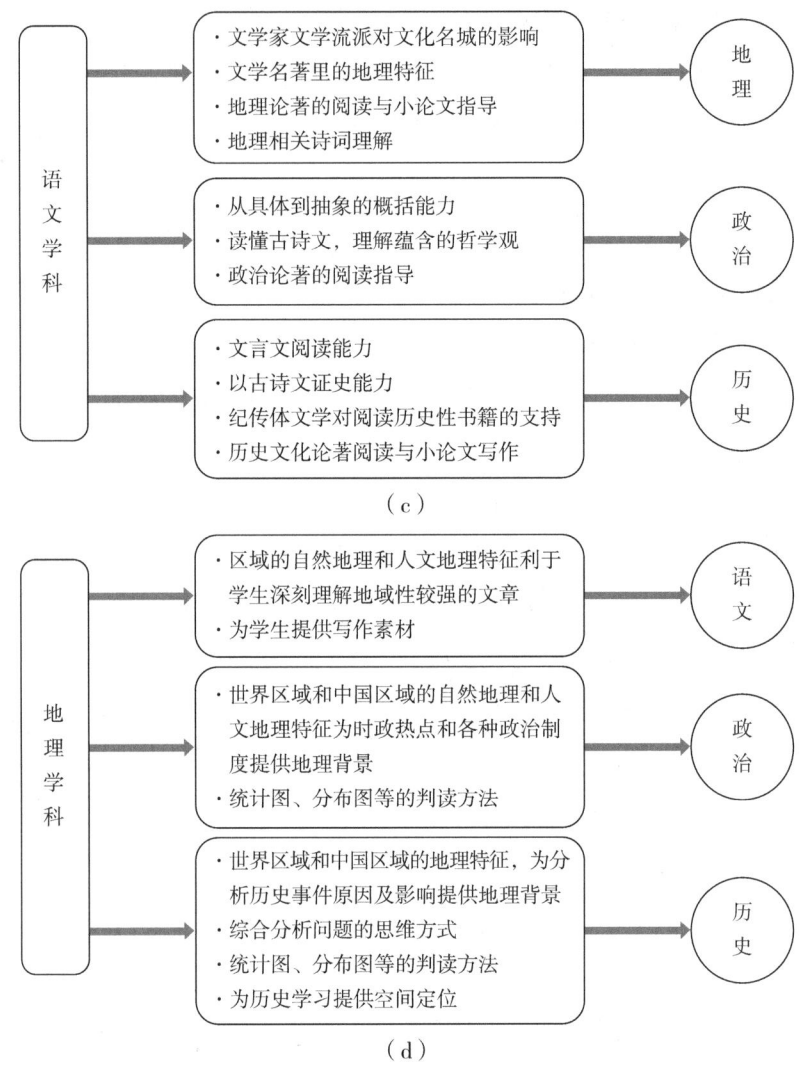

图 1 人文学科相互支撑的内容示意

2. 建立各个学科课程群

人文学科课程群以培育、发展学生核心素养为主旨，以弘扬社会主义核心价值观、传承中华优秀传统文化、传承红色文化为主要内容，依据学科素养及能力相关要求，围绕公共学习主题，通过不同相关学科（语文、历史、地理、政治、英语）彼此支持、彼此渗透、彼此融合而进行课堂综合学习与实践。我校人文学科课程群可以分为以下5个子课程群（表3）。

表 3　人文学科课程群

课程群名称	培育核心素养	核心内容	内容呈现
语文学科课程群	语言建构与运用、思维发展与提升、审美鉴赏与创造、文化承与理解	经典阅读	读、赏、写、讲、评、诵
政治学科课程群	政治认同、理性精神、法治意识、公共参与	时事评说	科学社会主义、辩证唯物主义、政治经济学、爱国主义、中国特色社会主义
历史学科课程群	时空观念、史料实证、历史理解、历史解释、历史价值观	历史故事讲与评	大历史概念构建、历史材料的评析、辩证唯物主义历史观
英语学科课程群	语言能力、文化品格、思维品质、学习能力	情境会话与表演	读、说、写、赏、演
地理学科课程群	人地协调观、综合思维、区域认知、地理实践力	生活中的地理	地理空间概念的构建、地理与文学、地理与历史、地理与政治

（三）研发公共学习主题，开展研学活动

人文学科教师在梳理本学科内容和学科间内容联系的基础上，把阅读理解、归纳、概括、总结、获取信息能力，图表判读能力，思辨、表达能力，应用探究、综合分析解决问题能力确定为各学科共同培养的公共能力。共同开发公共学习主题，利用选修课、社会大课堂、综合实践活动课、研究性学习课和课下时间，通过教师讲授、视频观看、实地参观、社会调查、野外实践、小组讨论等形式组织学生进行微课题的研究活动（表4）。

表 4　人文学科公共学习主题

学习主题	专题内容	课程形式	学段	关联学科
阅读主题	《红楼梦》《论语》	视频、讲座、课堂教学、学科实践	高一	语文、历史、政治
	《史记》《平凡的世界》	视频、讲座、课堂教学、学科实践	高一、高二	语文、历史、政治、地理
中外历史文化名人评述	秦始皇、唐太宗、徐霞客、毛泽东	视频、讲座、课堂教学、学科实践	高一、高二	语文、历史、政治、地理

续表

学习主题	专题内容	课程形式	学段	关联学科
中国传统文化与思想	孔孟之道、老庄之学、法家思想、考试制度文化	视频、讲座、课堂教学、学科实践	高一、高二、高三	语文、历史、政治
时事纵横	《新闻联播》述评、《学习强国》感悟	课堂教学、学科实践	高一、高二	语文、历史、政治、地理
中国特色社会主义事业	党史概要	视频、讲座、课堂教学、学科实践	高一、高二	语文、历史、政治、地理
	改革开放	视频、讲座、课堂教学、学科实践	高一、高二	语文、历史、政治、地理
	人类命运共同体	视频、讲座、课堂教学、学科实践	高一、高二	语文、历史、政治、地理
	中国抗疫大事件	视频、讲座、课堂教学、学科实践	高一、高二	语文、历史、政治、地理
	"一带一路"	视频、讲座、课堂教学、学科实践	高一、高二	语文、历史、政治、地理
	精准扶贫	视频、讲座、课堂教学、学科实践	高一、高二	历史、政治、地理
	京津冀一体化	视频、讲座、课堂教学、学科实践	高一、高二	历史、政治、地理
	生态文明建设	视频、讲座、课堂教学、学科实践	高一、高二	语文、历史、政治、地理
社会大课堂探秘	长城文化	课堂教学、学科实践	高一	语文、历史、政治、地理
	故宫文化	课堂教学、学科实践	高一	语文、历史、政治、地理
	博物场馆	课堂教学、学科实践	高一、高二	语文、历史、政治、地理
	自然科技场馆	课堂教学、学科实践	高一、高二	人文、科技学科

人文学科公共学习每月推出一个主题，每一个主题的研学都按以下步骤展开（图2）。

图2 人文学科公共研学活动流程

以"革命场景我再现,红色经典永流传"研学展示活动为例:

- 月初,教学处布置研学主题——"革命场景我再现,红色经典永流传",并给出学习指导和要求。具体内容如下:①同学们可以原创诗歌或歌曲对某一英雄人物或革命场景、英雄事迹加以讴歌,并演绎自己的作品;②可以对某一红色经典作品进行场景再现。具体步骤:介绍经典作品的背景、主要内容等相关知识,并对经典场景进行情景再现。

- 语文、历史、地理、政治、英语学科老师对研究方法给予指导(包括信息获取、资料整理、设计过程、语言表达、表现方式等方面)。

- 各班级以小组为单位组织学生选题,学生分组并从语文、政治、历史、地理、英语等角度选择课题开展研究学习。班级学生每周进行一次学习成果交流(PPT、表演、竞赛等),每次每小组选定两名同学展示,交流后指导老师总结,并对学生学习过程和成果做出评价,记入学生综合素质评价系统。

- 各班推荐优秀成果,利用"行知大讲堂"的形式和时间,年级组织学生大型成果展示交流。

四、课程评价

为了对课程建设和教学活动进行科学诊断和反馈,切实促进学生可持续成长和教师可持续发展,我们构建了课程评价体系,开展了不同主体、不同阶段、不同方式的评价。每学期通过问卷调研、座谈记录等形式,组织学生对课程开设需求及既往课程效果进行评价;通过学科组会议和骨干教师会议等形式,组织教师对课程研发及实施进行反思评价。通过不同形式及时了解课程在研发、实施过程中出现的问题,并进行调整和改进。我校的人文课程建设综合评价标准,如表5所示。

表5 人文课程建设综合评价标准

评价内容	分值				
1. 课程总目标与学校价值体系和培养目标一致	5	4	3	2	1
2. 人文学科课程在校本化实施方面有突出的做法、策略	5	4	3	2	1
3. 人文学科之间相互支撑、相互联系的内容梳理清晰	5	4	3	2	1
4. 人文学科课程群目标明确,整体统筹、相互融合	5	4	3	2	1
5. 人文学科课程群内容翔实,专题集中、设计合理	5	4	3	2	1
6. 人文学科公共学习主题课程设计利于培养学生阅读理解、归纳概况、获取信息、图表判读、思辨表达、综合分析解决问题的公共学习能力	5	4	3	2	1
7. 人文学科公共学习主题课程实施精准,整体推进、彼此联动	5	4	3	2	1
8. 人文学科研学活动组织有序,学生参与积极性高,有实效性	5	4	3	2	1
9. 人文学科研学活动,学生有研学成果	5	4	3	2	1
10. 学生在人文知识、人文素养方面有明显提升	5	4	3	2	1
说明:以上项目均以过程性材料和学生变化为依据					总分:

五、实施效果

经过近3年人文特色课程实施,延庆五中学生的阅读能力、获取信息能力、语言表达能力、思辨能力、合作学习能力都有了显著提升。优秀的人文内涵润物无声地浸润学生的精神品格,融入他们的世界观、人生观和价值观中。同学们在扎实的学科知识和技能的基础上,具有了综合的核心素养,坚定了他们热爱党、热爱祖国的理想信念。延庆五中学生全面和谐、充满活力、个性张扬的蓬勃发展,已然成为学校"人文见长"课程特色的最好注脚。

"双减"背景下普通高中特色课程体系建设探索

北京市第六十五中学　吴万春　钱卫东

一、普通高中特色课程体系建设的背景

(一) 形势与背景

这几年来，党中央、国务院对普通高中教育做出了全面系统部署，2020年《北京市关于深化育人方式改革推进普通高中多样化特色发展的意见》提到着力从根本上解决本市普通高中教育质量不够均衡、办学特色不够鲜明、体制机制不够灵活等问题，更好满足学生全面而有个性发展需求和"四个中心"功能建设对人才智力需求。在《中国教育现代化2035》也提到要实现"推动各级教育高水平高质量普及"，给每个学生适合的个性化教育，是我国教育进入新的发展历史阶段后，应该在全社会形成的新的教育观。2021年7月，中共中央办公厅、国务院办公厅印发《关于进一步减轻义务教育阶段学生作业负担和校外培训负担的意见》，要求有效减轻义务教育阶段学生过重作业负担和校外培训负担。

依托课程促进高中多样化特色发展是高中教育改革的重要内容，课程、人才培养模式的多样化是高中多样化特色发展的实质和关键；随着基础教育课程改革的不断深入，特色课程在学校课程体系中占据着重要地位，当前特色课程建设在理论研究与实践探索层面都受到广泛的关注。在"双减"背景下，学校的课程实施需向校内的课后服务时段及校外时空延伸，让学习在更大的时空里成为有意义的连续体。同时，学校课程必须加强自身建设，既要为校内的课后服务时段及校外时空留有余地，又要避免课业负担向这两个时段倒灌。因此特色课程的特质决定了它在"双减"工作中发挥极其重要的作用。为了切实响应国家"双减"政策，需进一步改进特色课程实施、优化特色课程体系，重塑学校育人的力量。

（二）新机遇与新挑战

2021年"双减"政策文件特别强调"着眼建设高质量教育体系，强化学校教育主阵地作用"。由此可知"双减"的核心是提升学校办学质量，这是我们开展"双减"各项工作的立足点，不能停留于简单的减轻作业和培训负担，其真正目的在于将教育的主阵地归还于学校，这就要求学校在"双减"背景下，建设高品质特色课程体系，有效整合国家、地方和学校三级课程，构建起具有鲜明学校特色的课程体系，实现课程选择多样化、课程资源丰富化、课程实施高效化、课程评价多元化，才能为学生全面而有个性的发展搭建更广阔的平台。

"双减"背景下的学校特色课程体系建设，应体现出全面发展、重点发展、特色发展与科学发展的特点，不仅是让学生课堂提质增效、课后服务有效，还要能引领教师素养高位增长，促进教师课程领导力的全面提升，从而使学生在学习中有兴趣、在过程中有乐趣、在发展中有志趣，逐步形成一个不断完善、丰富、适合学生全面而有个性发展的学校课程生态系统。

基于以上几点，笔者认为在高中特色课程体系的建设中，学校需要树立科学发展的质量观，也就是要处理好双效、双减、双升的关系。双效：就是要研究课上如何提质增效，课后如何服务有效。"双减"："双减"对于学校来说，一方面要研究如何减轻学生过重的作业负担，另一方面要研究如何减轻教师过重的工作负担，双管齐下，"双减"才可持续发展。双升："双减"过程如何更好地转化为学校教育教学质量的提升过程和教师队伍建设水平的提升过程。处理好三者之间的关系不仅需要学校自身的统筹和建设，更需要学校课程领导者和学校教师具备专业高效的课程领导能力和课程研发能力。这对于学校来说，是学校多样化特色发展的新机遇，也是学校特色课程体系建设面临的新挑战。

二、"双减"政策下的特色课程体系构建

（一）特色课程体系建设的理念与目标

"双减"背景下，学校应聚焦"双减"，提升质量，特色发展。目前，在学校特色课程建设实践中，存在对特色课程认识不足、特色课程建设定位出现偏

差、建设方向不明、不能与时俱进，建设带有功利性和盲目性等诸多困惑。因此，随着"双减"工作的深入推进，学校应着眼于整体，做好特色课程体系建设，开发出有内涵、有层次、多样化、综合性的特色课程体系，探索出多元参与、体验探究，问题导向、观察反思，双向自主、共生共鸣的实施策略，从而落实"双减"政策，促进学生个性发展及教师专业发展，推进学校特色发展。

作为一所百年老校，学校在"致知力行、和美共进"办学理念引领下，提出"和美教育"的文化理念。北京市第六十五中学将北京"四个中心"的城市定位融入"和美教育"体系中，丰富了"和美教育"的思想内涵，为学校特色课程建设提供了新的理念指导。基于此，学校确立了"以特色课程建设为中心，培育适应首都功能定位需求的具有科学素养、人文情怀、健康身心和审美情趣的全面、和谐、个性化发展的时代英才"的特色课程建设目标。

（二）搭建特色课程体系结构

学校以首都"四个中心"城市功能定位为指导，参考加德纳多元智能理论和中国学生发展核心素养结构框架，优化了能够体现首都城市功能定位发展需求的"三进阶、四中心、五领域"和美特色课程体系。该体系呈现出互动性、动态性和结构性的特征，如图1所示。

1. 三进阶课程

三进阶课程是指根据课程的难易程度和关联程度，将全部课程划分为基础必修型、拓展选修型、探究精修型3个阶次，满足不同类型学生和学生不同发展阶段的需要。

（1）基础必修型课程

主要以培养学生的基本能力和基础学力为具体目标，面向全体学生开设，以必修课、特色节等形式要求所有学生参与。

（2）拓展选修型课程

主要针对学生的不同兴趣特长，满足不同层次学生个性发展需求，体现课程的选择性和层次的梯度性，在不同领域创设有特色的多样化的课程供给，分层分类推进，打破文理分科的格局，拓展学生对课程的选择空间。主要以具有多样性的选修课形式开设。

（3）探究精修型课程

主要以探究精神为引领，培养提升学生的创新精神和实践探究能力为具体目标，侧重于打破原有学科界限，进行多学科间的融合重构，这类课程对学生提出了更高的标准和要求，以培养学生的个性化能力为目标，不同课程面向的学生群体不一样，主要面向不同兴趣、有特长、学有余力的学生，更多以培优、竞赛小组和专业社团等精修课形式开设。

2. 五领域课程

五领域课程是指按照内容主题的不同，将学校全部课程划分为人文与社会、科学与技术、艺术与审美、生活与健康、国际理解与交往 5 个领域。

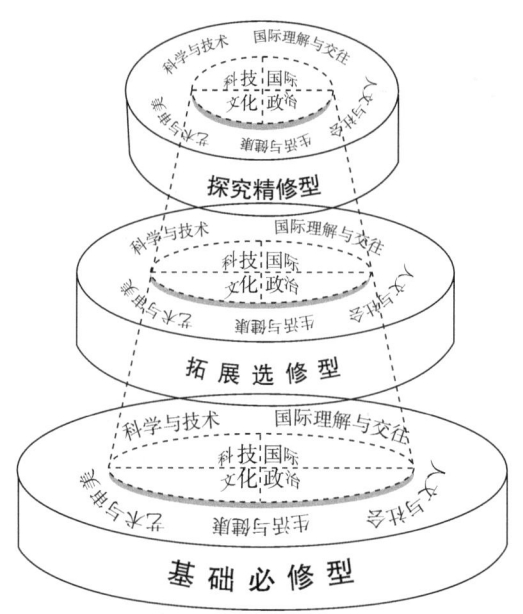

图1 学校"三进阶、四中心、五领域"和美特色课程体系示意

（三）特色课程体系内容

在"三进阶、四中心、五领域"基础框架下，学校按照"四个中心"城市功能定位，将主题一致、跨越内容层级体系的课程进行整合，积极探索跨领域、跨层级、跨学段的特色品牌课程群。例如：基于首都"全国政治中心"功能定

位，学校优化了思想政治课程、开设了"模拟政协"选修课程、"小小志愿者"综合实践活动课程，以及开发了大思政课程群，提升学生的政治意识、大局意识。

基于首都"文化中心"功能定位和学校开展文化育人的传统，构建了以故宫课程为主的中华传统文化课程群、以北大红楼为主的红色文化课程群和以国家博物馆为主的社会主义先进文化课程群。培养学生坚定的政治信仰、家国情怀，树立"四个自信"。

基于首都"科技创新中心"的核心定位和学校多年传承的科技特色，积极构建以航天科技教育、电子与信息技术为主体的课程群，进一步培养学生的科学素养，适应首都对科技创新人才的需求。

基于首都"国际交往中心"功能定位和学校国际教育特色，学校建设了国际理解教育课程群，为拓展北京市第六十五中学学生的国际视野与国际交往能力打下坚实的基础，以适应首都未来人才的需要。

总体而言，我校体现首都城市功能定位发展需求的"三进阶、四中心、五领域"和美特色课程体系呈现出互动性、动态性和结构性的特征，其内容体系如表 1 所示。

表 1 "三进阶、四中心、五领域"和美特色课程体系

三进阶	五领域				
	人文与社会	科学与技术	艺术与审美	生活与健康	国际理解与交往
基础必修型	语文、英语、历史必修、地理必修、政治必修、综合实践活动	数学、物理必修、化学必修、生物必修、信息、通技、劳技、综合实践活动	音乐、美术、综合实践活动、摄影、电影赏析	体育、心理、形体、综合实践活动、专题教育	英语、地理、历史、音乐、综合实践活动、政治
拓展选修型	历史选修、地理选修、政治选修、世界遗产教育、故宫文化、故宫双语导游、品阅故宫、故宫物语、影视地理、模拟政协、新闻写作等	物理选修、化学选修、生物选修、自然笔记、植物组培、数独、故宫科学、生活中的化学、航模、机器人、智能控制、星际探索、创意电子、虚拟现实、创意编程等	国画、油画、版画、管乐、合唱、话剧、戏剧、公共叙事、竹艺、电子艺术设计、故宫书法等	跆拳道、舞蹈极限运动、烘焙、茶艺、田径、排球、篮球等	世界遗产教育、故宫双语导游、礼仪（形体）、奥林匹克教育、托福初级、小语种课程（俄语、韩语、日语）

续表

三进阶	五领域				
	人文与社会	科学与技术	艺术与审美	生活与健康	国际理解与交往
探究精修型	北大红楼、皇城根、民国旧事、故宫里的人和事儿、故宫古建筑等	金鹏科技团、北斗导航与创新设计桌面卫星、人工智能、科创培优、科学探案等	金帆舞蹈团、环保纸雕纸艺、走进美术馆、设计思维、朗诵等	饮料与健康、垃圾分类与再利用、生活中的化学、生活中的法律常识等	中西文化史、时事竞赛、从饮食看世界（烘焙）、"一带一路"（文化理解）

三、"双减"政策下的特色课程体系实施路径

在"双减"工作中，课程体系建设要坚持学生德智体美劳全面发展的原则，合理设置课程建构，如体育活动、劳动实践、德育主题活动、科技、艺术、学科文化节，专家讲座等应尽可能兼顾学生的全面发展。在课程实施中要实现增效果、减负担、提质量。我们的主要做法如下。

（一）充分运用课程自主权，及时调整课时和内容

学校在落实国家"双减"政策、新课程标准上，充分运用学校课程自主权，及时调整课时计划，由课时改为学时，在不突破周学时总数、不突破学科学时总数的情况下，自主调整了学科学时数。例如，语文、数学、英语由原来的每周6学时调整为5学时，初一增加阅读课2学时、书法课1学时，初二增加阅读课1学时、化学1学时。初三面临选考，初二开设化学十分必要，化学教研组老师一起设计初二化学学案。在物理上，如密度、气压等内容还没有学的情况下，将化学中的部分内容进行整合和设计。在内容上，学校在初中年级开设校本必修课形体，主要内容是舞蹈基础，培养学生形体礼仪和艺术审美能力。高中年级开设职业生涯规划课程和心理健康教育课程。

（二）学科课程融合重建，开设特色融合课程

根据我校"三进阶、四中心、五领域"和美特色课程体系，充分利用丰富的校本课程资源特质，在不违背国家教学大纲标准的情况下对国家既定课程进行特色化重建，完成对国家必修课程的特色实施，开设特色融合课程。

把学校特色课程建立在必修课程与选修课程相结合的基础上,既把握了基础又强化了特色,一方面体现了以人为本的课程设置理念,同时解决了特色课程与国家既定课程体系相互兼容的关系,以选修课程多样性及必修课程层次性体现特色课程开设的意义、内涵及价值,如故宫特色课程的故宫化学等,科技课程群的生物科技等。

(三)突破学习边界,构建泛在学习空间

"双减"背景下,课堂不仅仅局限于教室,学习不仅仅局限于40分钟。学校将学习的边界拓展到课堂外、教室外、学校外和线上。学校建立了课外活动领导组织,开发了40余项课后服务活动;将课堂拓展到街道、社区、博物馆等;受信息技术驱动和新冠感染疫情影响,学校将课堂拓展到线上,在整合内外部教师资源的基础上,通过直播课与录播课等多种形式,扩大了学生学习的空间。例如,故宫课程群,我校与故宫博物院深度合作,打造精品特色课程群。在故宫里学习故宫课程,有御花园的石子画、馆藏阅读、八旗娃娃、化蝶成寿、我在故宫洗石头等。我校还借助信息3D虚拟技术构筑虚拟场馆,学生可以在虚拟环境下参观故宫。

(四)高端引领、全员普及、分层推进

我校引进世界冠军作为教师并开设跆拳道课程,与高等院校合作开设科技特色课程。例如,依托金鹏科技团和北京市"翱翔计划"课程基地,开设了智能控制、结构创新、几何创意、电子设计、虚拟现实等课程;我国航天事业方兴未艾,我校紧跟时代脉搏,推出航天科技系列特色课程,培养国家创新人才。

通过科技节、中学生世界文化遗产日、体育节、艺术节等活动的全员普及,"三进阶、四中心、五领域"和美特色课程分层推进,让每一个不同个性的学生都有机会选择适合自己潜能开发的课程。

(五)重新定义课堂,培育"三声"课堂特色

"双减"政策中明确指出,要"大力提升教育教学质量,确保学生在校内学足学好""提升课堂教学质量"。构建"轻负提质"的学科课堂,提升学

生在校学习效率,培育学科核心素养,是实现课堂减负增效的主攻方向。学校在整体课程框架下,努力培育"三声"课堂特色。学校认为,高效课堂简单表述就是笑声、掌声、辩论声。笑声,表明课堂气氛活跃,师生关系和谐,心情舒畅,这是发挥学生积极性、主动性的心理动因;掌声,表明课堂充满欣赏和赞美、叹服和顿悟、尊重和感谢,这是师生发自内心对彼此的鼓励和折服;辩论声,表明课堂民主和开放、创新和探索,这是课堂思维深度的体现,也是学生独立思考,大胆质疑等理性精神的体现。"三声"课堂将难以形象化的高效课堂变成了通俗易懂、简便易行的操作指南,正在成为学校师生对课堂的共同追求。

(六)社团学习,满足学生多元发展需求

社团是校园文化的重要载体,是学生身心发展、拓宽兴趣和开阔视野的主要阵地,是完善学生知识结构,展示学生个性,发展特长、内化能力的第二课堂。对于学生来说,社团是一个熔炉,锻炼着自己的能力;社团是一个舞台,能够展现自我的风采。例如,我校的故宫学生社团、跆拳道社团、金帆舞蹈团、合唱团、茶艺社、摄影社、书画社、虚拟3D社团等。

四、效果与反思

(一)提升学生知行合一、全面发展的素质

和美特色课程所追求的和知行合一、全面发展的目标在学生们身上都有了很好的体现,他们表现的是自信乐观、开放包容,具有更高的情怀和对生活的热爱。近几年来,学校学生先后获得全国"明天小小科学家"称号、北京市青少年科技创新市长奖、北京市青年"五四奖章"、首都十大教育新闻人物、北京市中小学生金帆奖、北京市中小学生银帆奖等荣誉。学校参加各类市级以上科技竞赛23项次,取得一等奖10项,二等奖14项,其中电子与信息项目比赛及获奖相关的有11项。每年都会有一定数量的学生获得北京市青少年科技创新大赛一等奖、二等奖,北京市中小学生科学建议奖,北京市中小学生科学建议提名奖等。

（二）建设了一支高素质专业化的教师队伍

经过这几年的课程建设，我们培养了一大批在课程开发与实施上有想法、有做法的优秀教师。他们在课程建设过程中得到了很好的锻炼，不断更新教育观念，改进教学行为，专业素养得到了极大提升。目前，学校拥有特级教师，市、区、校级骨干教师70余名，有"全国三八红旗手"、全国"创新名师"，五位全国及北京市中小学教学比赛一等奖获得者。形成了老中青结构合理的教师梯队。

（三）促进了学校的可持续发展

"和美教育"理念下的和美特色课程使得学校的办学理念更加清晰，也更加彰显了学校的办学特色，我们积累了100余门受学生欢迎、质量较高、具有学校特色的课程。在发展的过程中，学校声誉不断提高，优化了发展空间，获得了持续发展动力。近年来，学校多次在市区做经验交流发言。2017年，学校获得北京市课程建设先进校称号；从2015年起，故宫课程连续4年入选中国教育创新成果公益博览会，评为教育创新优秀成果；在2020年北京市六十五中学联合21家单位共同成立了故宫教育协作体，引起社会广泛关注。学校获得"全国中小学第三批中华优秀传统文化传承学校"称号。

（四）在市区学校发展中发挥了示范引领作用

学校与学生的发展离不开城市的发展，而城市的发展也需要学校通过学生培养来实现。这就要求学校与城市之间良性互动、紧密相连。学校充分挖掘各级各类资源，与中国科学院、中国教科院、故宫、北大红楼、国博、北师大等高校、科研机构、博物馆长期合作，借助首都资源引领学校发展。我校积极探索，以和美特色课程体系建设为抓手，全面提升学生知行合一、全面发展的素质；建设高素质专业化的教师队伍；促进学校的可持续发展，在区、市范围内得到了广泛认可，在学校多样化特色发展及城校互动发展中发挥了示范引领作用。

面对新时代建设高质量教育体系的要求和"双减"政策，学校将进一步建设高质量特色课程体系，培育适应首都发展需求的时代英才。

附 录

"双减"背景下北京市高中多样化特色发展研究方案

为贯彻落实中共中央办公厅、国务院办公厅《关于进一步减轻义务教育阶段学生作业负担和校外培训负担的意见》和北京市委办公厅、市政府办公厅正式《北京市关于进一步减轻义务教育阶段学生作业负担和校外培训负担的措施》,做好本市普通高中多样化特色发展,为义务教育发展创造良好环境,现制定本方案如下:

一、指导思想

坚持以习近平新时代中国特色社会主义思想为指导,全面贯彻党的教育方针,落实立德树人根本任务,着眼建设首都高质量教育体系,坚持首善标准,按照"校外治理、校内保障、疏堵结合、标本兼治"的总体思路,推进基础教育综合改革,强化学校教育主阵地作用,深入开展高中多样化特色发展调查研究,推动高中多样化特色发展分类指导,积极构建教育良好生态,形成高中多样化特色发展良好局面,有效缓解家长焦虑情绪,促进学生全面发展、健康成长。

二、研究目标

(一)全面落实中央和北京市"双减"文件精神,通过对高中学校干部教师和各区教育主管部门调研,了解"双减"举措对高中多样化特色发展的影响和需求,研究高中多样化特色发展为义务教育发展创造良好环境对策。

(二)通过推进高中多样化特色发展,构建北京市高中学校"新生态",让义务教育阶段的学生和家长看到将来有更多的升学渠道和成才路径,减轻家长和社会教育焦虑,有效调整和合理引导家长预期,不断提高家长在子女教育上的获得感和满意度，与"双减"形成合力。

（三）基教所协同课程中心开展"双减"背景下的高中多样化特色发展研究，形成相关研究报告，为政府决策、学校发展提供参考借鉴。

三、研究内容

学生过重的作业负担及校外培训负担与学生家长对升入示范高中的愿望密不可分，家长的"升学焦虑"与教育的"供求关系"不平衡有关。"双减"必须坚持"疏堵结合"的原则，一方面要减轻义务教育阶段学生过重的课业负担，另一方面要对高中学校实施分类发展，丰富教育供给。

（一）"双减"与高中多样化特色发展关系研究（基教所）

"双减"政策落实对高中学校带来哪些影响，对高中学校发展带来哪些机遇和挑战，高中学校如何应对，高中学校从哪些方面做好准备，从哪些方面为"双减"和为义务教育发展创造良好环境。

（二）"双减"背景下北京市高中多样化特色发展现状调研（基教所）

通过调研了解"双减"背景下北京市普通高中学校发展的现状、困惑、需求等，分析"双减"背景下高中多样化特色发展的影响因素，提出"双减"背景下高中多样化特色发展的政策建议，为推动北京市高中教育高质量发展提供依据。

（三）"双减"背景下高中多样化发展策略研究（基教所）

高中多样化特色发展在"双减"背景下如何满足学生家长的需求，如何有效减轻家长对"中考升学"的焦虑。多样化特色发展在理论上实现哪些突破？在实践上应采取哪些策略，使得北京市高中多样化特色发展与"双减"工作相互配合，形成合力，成为北京市基础教育改革的新亮点。

（四）"双减"背景下高中特色课程建设研究（课程中心）

特色课程是高中多样化特色发展的重要载体。课程中心主要探索"双减"背景下的高中学校特色课程如何建设，如何满足"双减"后的学生个性发展，如何助力学校特色发展等。同时，开展针对高中家长对于孩子的优势特长和人格发展关注不够等情况，结合学生的学业成绩，从智能结构、个性差异、兴趣爱好等方面为家长提供指导。

四、研究计划

（一）调查研究，跟踪指导阶段（2021年9月—2021年12月）

1. 组织区级层面领导专家座谈

围绕区域高中教育发展现状和优化高中学校布局，组织区级层面领导专家座谈，了解各区落实"双减"和推进高中多样化特色发展情况，听取各区关于"双减"背景下推进高中多样化特色发展，为义务教育发展创造良好环境的意见建议。

2. 组织高中学校领导和教师代表座谈

组织全市不同类型高中学校领导和教师代表，围绕高中学校初高中衔接、学校课程建设、学生多元发展指导、中高考招生制度改革等难点、热点问题召开座谈会，了解高中多样化特色发展在学校层面存在的问题及学校发展上的需求，研究为义务教育发展创造良好环境的对策。

3. 实地了解普通高中学校高中发展现状

通过实地调研，了解高中（以完全中学、十二年一贯学校为主）、职业高中深化育人方式改革和人才培养模式多样化发展现状，挖掘典型经验，发现存在问题，为"双减"反馈情况，提供对策。

（二）深入推进，交流研讨阶段（2022年1月—2022年11月）

在前期研究基础上设计《"双减"背景下高中多样化特色发展现状调研问卷》，对全市高中进行整群抽样调研。组织召开三类计划相关学校交流研讨会，完善相应的项目管理办法。面向项目学校分类征集普通高中多样化发展典型案例，总结"双减"背景下高中多样化特色发展经验。

1. 开展"双减"背景下高中多样化特色发展现状调研

采用项目组自编调查问卷《"双减"背景下普通高中多样化特色发展现状调研》（校长问卷、教师问卷、家长问卷）。分别对全市高中校长，部分高中全体教师，部分高中高一、高二年级学生家长进行问卷调查，了解他们对"双减"政策的认识，对高中多样化特色发展的认识，"双减"对高中多样化特色发展的影响，以及高中多样化特色发展推进策略。对调研数据进行分析，撰写校长、教师、家长调研报告和总报告。

2. 对"双减"联系校开展跟踪研究

通过选取全市有代表性的一些学校，作为"双减"联系学校，全程跟踪和研究"双减"背景下学生、教师、学校、家长的变化和内在规律，及时发现、分析和解决高中学校发展过程中遇到的困难和问题。

3. 开展普通高中多样化特色发展专题培训

针对前期调研和分类指导中发现的共性问题，组织项目学校开展系列培训活动，提高学校干部教师对普通高中多样化特色发展工作认识和工作能力，为普通高中多样化特色发展提供智力支持和人才支撑。

4. 学生发展指导现状与对策研究

高中学校除为学生提供选科选考指导外，还应加强职业价值引导、志愿填报辅导，为学生发展提供全过程有针对性的指导。针对高中家长对于孩子的优势特长和人格发展关注不够等情况，有必要结合学生的学业成绩，从智能结构、个性差异、兴趣爱好等方面为家长提供指导。

（三）梳理总结，形成研究成果阶段（2022年12月）

总结前期研究成果，撰写相关研究报告。

五、保障机制

组织保障方面，建立专项研究组织体系，由张熙副院长作为项目负责人，基教所佟德副所长为项目执行负责人，基教所牵头，课程中心协同，联合开展研究。

六、预期成果

《"双减"背景下高中多样化特色发展现状调研总报告》

《"双减"背景下高中多样化特色发展现状调研校长分报告》
《"双减"背景下高中多样化特色发展现状调研教师分报告》
《"双减"背景下高中多样化特色发展现状调研家长分报告》
《"双减"背景下北京市高中特色课程建设研究报告》
《"双减"背景下高中多样化特色发展探索》（编著）

"'双减'背景下普通高中多样化特色发展研究"项目组

2021年9月

国务院办公厅关于新时代推进普通高中育人方式改革的指导意见

（国办发〔2019〕29号）

各省、自治区、直辖市人民政府，国务院各部委、各直属机构：

普通高中教育是国民教育体系的重要组成部分，在人才培养中起着承上启下的关键作用。办好普通高中教育，对于巩固义务教育普及成果、增强高等教育发展后劲、进一步提高国民整体素质具有重要意义。为贯彻落实全国教育大会精神，统筹推进普通高中新课程改革和高考综合改革，全面提高普通高中教育质量，经国务院同意，现就新时代推进普通高中育人方式改革提出如下意见。

一、总体要求

（一）指导思想。坚持以习近平新时代中国特色社会主义思想为指导，深入贯彻党的十九大和十九届二中、三中全会精神，全面贯彻党的教育方针，落实立德树人根本任务，发展素质教育，遵循教育规律，围绕凝聚人心、完善人格、开发人力、培育人才、造福人民的工作目标，深化育人关键环节和重点领域改革，坚决扭转片面应试教育倾向，切实提高育人水平，为学生适应社会生活、接受高等教育和未来职业发展打好基础，努力培养德智体美劳全面发展的社会主义建设者和接班人。

（二）改革目标。到2022年，德智体美劳全面培养体系进一步完善，立德树人落实机制进一步健全。普通高中新课程新教材全面实施，适应学生全面而有个性发展的教育教学改革深入推进，选课走班教学管理机制基本完善，科的教育评价和考试招生制度基本建立,师资和办学条件得到有效保障,普通高中多样化有特色发展的格局基本形成。

二、构建全面培养体系

(三)突出德育时代性。坚持把立德树人融入思想道德教育、文化知识教育、社会实践教育各环节。深入开展习近平新时代中国特色社会主义思想教育,强化理想信念教育,引导学生树立正确的国家观、历史观、民族观、文化观,切实增强"四个自信",厚植爱党爱国爱人民思想情怀,立志听党话、跟党走,树立为中华民族伟大复兴而勤奋学习的远大志向。积极培育和践行社会主义核心价值观,深入开展中华优秀传统文化教育,加强学生品德教育,帮助学生养成良好个人品德和社会公德。要结合实际制定德育工作实施方案,突出思想政治课关键地位,充分发挥各学科德育功能,积极开展党团组织活动和主题教育、仪式教育、实践教育等活动。

(四)强化综合素质培养。改进科学文化教育,统筹课堂学习和课外实践,强化实验操作,建设书香校园,培养学生创新思维和实践能力,提升人文素养和科学素养。强化体育锻炼,修订学生体质健康标准及评价办法,丰富运动项目和校园体育活动,培养体育兴趣和运动习惯,使学生掌握1—3项体育技能。加强美育工作,积极开展舞蹈、戏剧、影视与数字媒体艺术等活动,培养学生艺术感知、创意表达、审美能力和文化理解素养。重视劳动教育,制定劳动教育指导纲要,统筹开展好生产性、服务性和创造性劳动,使学生养成劳动习惯、掌握劳动本领、树立热爱劳动的品质。

(五)拓宽综合实践渠道。健全社会教育资源有效开发配置的政策体系,因地制宜打造学生社会实践大课堂,建设一批稳定的学生社会实践基地。充分发挥爱国主义、优秀传统文化、军事国防等教育基地,以及高等学校、科研机构、现代企业、美丽乡村、国家公园等方面资源的重要育人作用,按规定免费或优惠向学生开放图书馆、博物馆、科技馆、文化馆、纪念馆、展览馆、运动场等公共设施。定期组织学生深入社区、医院、福利院、社会救助机构等开展志愿服务，走进军营、深入农村开展体验活动。

（六）完善综合素质评价。把综合素质评价作为发展素质教育、转变育人方式的重要制度，强化其对促进学生全面发展的重要导向作用。强化对学生爱国情怀、遵纪守法、创新思维、体质达标、审美能力、劳动实践等方面的评价。要从城乡学校实际出发，完善综合素质评价实施办法，以省为单位建立学生综合素质评价信息管理系统，统一评价档案样式，建立健全信息确认、公示投诉、申诉复议、记录审核等监督保障与诚信责任追究制度。要客观真实、简洁有效记录学生突出表现，对在学生综合素质评价中造假的，要依规依纪严肃追究相关人员责任。

三、优化课程实施

（七）全面实施新课程新教材。各省（区、市）要结合推进高考综合改革，制定普通高中新课程实施方案，2022年前全面实施新课程、使用新教材。组织开展国家级示范性培训、校长教师全员培训和中西部贫困地区专项培训。遴选一批新课程培训基地学校，开展校长教师挂职交流和跟岗学习，对口帮扶薄弱高中。遴选一批新课程新教材实施示范区示范校，发挥引领带动作用。

（八）完善学校课程管理。依照普通高中课程方案，合理安排三年各学科课程，开齐开足体育与健康、艺术、综合实践活动和理化生实验等课程。加强学校特色课程建设，积极开展校园体育、艺术、阅读、写作、演讲、科技创新等社团活动。鼓励普通高中与中等职业学校课程互选、学分互认、资源互通，促进普职融通。严格学分认定管理，对未按课程方案修满相应学分的学生，不得颁发高中毕业证书。加强课程实施监管，落实校长主体责任，强化责任追究。

四、创新教学组织管理

（九）有序推进选课走班。适应普通高中新课程改革和高考综合改革，依据学科人才培养规律、高校招生专业选考科目要求和学生兴趣特长，因地制宜、有序实施选课走班，满足学生不同发展需要。指导学校制订选课走班指南，开发课程安排信息管理系统，加大对班级编排、学生管理、教师调配、教学设施配置等方面的统筹力度，提高教学管理水平和资源使用效率，构建规范有序、科学高效的选课走班运行机制。加强走班教学班级管理和集体主义教育，强化任课教师责任，充分发挥学生组织自主管理作用。

（十）深化课堂教学改革。按照教学计划循序渐进开展教学，提高课堂教学效率，培养学生学习能力，促进学生系统掌握各学科基础知识、基本技能、基本方法，培养适应终身发展和社会发展需要的正确价值观念、必备品格和关键能力。积极探索基于情境、问题导向的互动式、启发式、探究式、体验式等课堂教学，注重加强课题研究、项目设计、研究性学习等跨学科综合性教学，认真开展验证性实验和探究性实验教学。提高作业设计质量，精心设计基础性作业，适当增加探究性、实践性、综合性作业。积极推广应用优秀教学成果，推进信息技术与教育教学深度融合，加强教学研究和指导。

（十一）优化教学管理。完善普通高中教学管理规范，落实市、县监管责任，强化教学常规管理。严格执行教学计划，严禁超课标教学、抢赶教学进度和提前结束课程，严禁组织有偿补课，切实减轻学生过重课业负担。减少高中统考统测和日常考试，加强考试数据分析，认真做好反馈，引导改进教学。

五、加强学生发展指导

（十二）注重指导实效。加强对学生理想、心理、学习、生活、生涯规划等方面指导，帮助学生树立正确理想信念、正确认识自我，更好适应高中学习生活，处理好个人兴趣特长与国家和社会需要的关系，提高选修课程、选考科目、报考专业和未来发展方向的自主选择能力。

（十三）健全指导机制。各地要制定学生发展指导意见，指导学校建立学生发展指导制度，加强指导教师培训。普通高中学校要明确指导机构，建立专兼结合的指导教师队伍，通过学科教学渗透、开设指导课程、举办专题讲座、开展职业体验等对学生进行指导。注重利用高校、科研机构、企业等各种社会资源，构建学校、家庭、社会协同指导机制。高校应以多种方式向高中学校介绍专业设置、选拔要求、培养目标及就业方向等，为学生提供咨询和帮助。

六、完善考试和招生制度

（十四）规范学业水平考试。普通高中学业水平考试主要检验学生达到国家规定学习要求的程度，考试成绩是学生毕业和升学的重要依据。除综合实践活动课程纳入综合素质评价外，国家课程方案规定的其他科目均实行合格性考试，考试内容为必修内容。语数外、政史地、理化生等科目合格性考试由省级统一命题、统一组织实施，鼓励有条件的地方将技术科目和理化生实验操作纳入省级统一考试。体育与健康科目合格性考试按照省级要求由地市统一组织实施；艺术（或音乐、美术）科目合格性考试由省级确定具体组织实施方式。省级统一组织实施的合格性考试应安排在学期末，高一学生参加考试的科目原则上不超过4科。高校招生录取所需学业水平考试科目实行选择性考试，考试内容为必修和选择性必修内容，由省级统一组织实施。

（十五）深化考试命题改革。学业水平选择性考试与高等学校招生全国统一考试命题要以普通高中课程标准和高校人才选拔要求为依据，实施普通高中新课程的省份不再制定考试大纲。优化考试内容，突出立德树人导向，重点考查学生运用所学知识分析问题和解决问题的能力。创新试题形式，加强情境设计，注重联系社会生活实际，增加综合性、开放性、应用性、探究性试题。科学设置试题难度，命题要符合相应学业质量标准，体现不同考试功能。加强命题能力建设，优化命题人员结构，加快题库建设，建立命题评估制度，提高命题质量。

（十六）稳步推进高校招生改革。进一步健全分类考试、综合评价、多元录取的高校招生机制，逐步改变单纯以考试成绩评价录取学生的倾向，引导高中学校转变育人方式、发展素质教育。加强高等学校招生工作能力建设，不断提高招生录取工作科学化专业化水平。高等学校要根据人才培养目标和专业学习基本需要，结合实施高考综合改革省份学生选考情况，不断完善招生专业选考科目要求；把综合素质评价作为招生录取的重要参考，并充分考虑城乡差异和不同群体学生特点，研究制订高中学生综合素质评价使用办法，提前向社会公布。

七、强化师资和条件保障

（十七）加强教师队伍建设。各地要进一步加大编制统筹调配力度，于2020年底前完成普通高中教职工编制核定，适应选课走班教学需要。各省（区、市）要完善普通高中绩效工资管理办法，在核定绩效工资总量时予以适当倾斜，并指导学校完善分配办法。创新教师培训方式，重点提升教师新课程实施、学生发展指导和走班教学管理能力。

（十八）改善学校校舍条件。各地要完善学校建设规划，扩大教育资源，优化校舍功能。要制订优惠政策，建立绿色通道，加快项目审批和工程建设进度。有条件的地方应建设学科教室、创新实验室、社团活动室等，推进数字校园建设。各省（区、市）要制订消除普通高中大班额专项规划，并于2019年12月底前报教育部备案。修订普通高中学校建设标准和装备配备标准，继续实施教育基础薄弱县普通高中建设项目，加大普通高中改造计划实施力度。

（十九）完善经费投入机制。各省（区、市）要完善普通高中建设经费投入机制，明确省市县分担责任。在严格遵守政府债务管理规定的前提下，多渠道筹措普通高中建设资金。科学核定普通高中培养成本，健全生均公用经费拨款制度，各地生均公用经费拨款标准应于2020年达到每生每年1000元以上，个别确有困难的地区可延至2022年前。完善成本分担机制，按照规定程序适当调整学费标准，建立生均公用经费拨款标准和学费标准动态调整机制。

八、切实加强组织领导

（二十）坚持党的全面领导。各地要高度重视普通高中教育工作，全面加强党的领导，强化省级政府统筹，落实市、县举办普通高中教育的责任。地方各级政府要将推进普通高中育人方式改革工作纳入重要议事日程，深入研究普通高中教育改革发展中面临的突出问题，特别是高考综合改革背景下师资和校舍资源不足问题，采取有效措施予以解决。要树立正确政绩观和科学教育质量观，完善对学校和教师的考核激励办法，严禁给学校下达升学指标或单纯以升学率评价及奖惩学校和教师。要加强普通高中学校党组织建设，发挥党组织把方向、管大局、保落实的领导作用。

（二十一）明确部门分工。各级教育部门要加强同有关部门的协调沟通，推动落实好各项改革措施。机构编制部门要加大编制统筹力度，做好普通高中教职工编制核定工作。发展改革部门要支持普通高中项目建设，建立并落实学费标准动态调整机制。财政部门要积极健全普通高中经费投入机制。人力资源社会保障部门要支持普通高中学校及时补充教师，完善普通高中绩效工资总量核定办法。自然资源部门要保障学校建设用地。住房城乡建设部门要会同教育部门修订完善普通高中学校建设标准。

（二十二）强化考核督导。国家制定普通高中办学质量评价标准，完善质量监测办法。国务院教育督导委员会要把推进普通高中教育改革发展作为对省级人民政府履行教育职责督导评估的重要内容，特别是对校舍资源建设、师资队伍保障、化解大班额、经费使用管理等方面进行重点督导。省级教育督导部门要强化对市、县政府履行相应职责的督导。要把督导检查结果作为评价政府履职行为的重要依据，对发现的问题要强化问责、限期整改。

（二十三）营造良好环境。推进普通高中育人方式改革是一项复杂的系统工程，各地要统一思想，加强统筹，形成合力。要加强家庭教育指导，引导家长关心孩子身心健康与全面发展。要坚持正确舆论导向，及时解读相关政策，深入宣传正确教育观念和各地典型经验，严禁炒作升学率和高考状元，积极营造有利于推进改革的良好氛围。

国务院办公厅

2019年6月11日

中共中央办公厅 国务院办公厅印发《关于进一步减轻义务教育阶段学生作业负担和校外培训负担的意见》

为深入贯彻党的十九大和十九届五中全会精神，切实提升学校育人水平，持续规范校外培训（包括线上培训和线下培训），有效减轻义务教育阶段学生过重作业负担和校外培训负担（以下简称"双减"），现提出如下意见。

一、总体要求

1. 指导思想。坚持以习近平新时代中国特色社会主义思想为指导，全面贯彻党的教育方针，落实立德树人根本任务，着眼建设高质量教育体系，强化学校教育主阵地作用，深化校外培训机构治理，坚决防止侵害群众利益行为，构建教育良好生态，有效缓解家长焦虑情绪，促进学生全面发展、健康成长。

2. 工作原则。坚持学生为本、回应关切，遵循教育规律，着眼学生身心健康成长，保障学生休息权利，整体提升学校教育教学质量，积极回应社会关切与期盼，减轻家长负担；坚持依法治理、标本兼治，严格执行义务教育法、未成年人保护法等法律规定，加强源头治理、系统治理、综合治理；坚持政府主导、多方联动，强化政府统筹，落实部门职责，发挥学校主体作用，健全保障政策，明确家校社协同责任；坚持统筹推进、稳步实施，全面落实国家关于减轻学生过重学业负担有关规定，对重点难点问题先行试点，积极推广典型经验，确保"双减"工作平稳有序。

3. 工作目标。学校教育教学质量和服务水平进一步提升，作业布置更加科学合理，学校课后服务基本满足学生需要，学生学习更好回归校园，校外培训机构培训行为全面规范。学生过重作业负担和校外培训负担、家庭教育支出和家长相应精力负担1年内有效减轻、3年内成效显著,人民群众教育满意度明显提升。

二、全面压减作业总量和时长,减轻学生过重作业负担

4. 健全作业管理机制。学校要完善作业管理办法,加强学科组、年级组作业统筹,合理调控作业结构,确保难度不超国家课标。建立作业校内公示制度,加强质量监督。严禁给家长布置或变相布置作业,严禁要求家长检查、批改作业。

5. 分类明确作业总量。学校要确保小学一、二年级不布置家庭书面作业,可在校内适当安排巩固练习;小学三至六年级书面作业平均完成时间不超过60分钟,初中书面作业平均完成时间不超过90分钟。

6. 提高作业设计质量。发挥作业诊断、巩固、学情分析等功能,将作业设计纳入教研体系,系统设计符合年龄特点和学习规律、体现素质教育导向的基础性作业。鼓励布置分层、弹性和个性化作业,坚决克服机械、无效作业,杜绝重复性、惩罚性作业。

7. 加强作业完成指导。教师要指导小学生在校内基本完成书面作业,初中生在校内完成大部分书面作业。教师要认真批改作业,及时做好反馈,加强面批讲解,认真分析学情,做好答疑辅导。不得要求学生自批自改作业。

8. 科学利用课余时间。学校和家长要引导学生放学回家后完成剩余书面作业,进行必要的课业学习,从事力所能及的家务劳动,开展适宜的体育锻炼,开展阅读和文艺活动。个别学生经努力仍完不成书面作业的,也应按时就寝。引导学生合理使用电子产品,控制使用时长,保护视力健康,防止网络沉迷。家长要积极与孩子沟通,关注孩子心理情绪,帮助其养成良好学习生活习惯。寄宿制学校要统筹安排好课余学习生活。

三、提升学校课后服务水平,满足学生多样化需求

9. 保证课后服务时间。学校要充分利用资源优势,有效实施各种课后育人

活动，在校内满足学生多样化学习需求。引导学生自愿参加课后服务。课后服务结束时间原则上不早于当地正常下班时间；对有特殊需要的学生，学校应提供延时托管服务；初中学校工作日晚上可开设自习班。学校可统筹安排教师实行"弹性上下班制"。

10. 提高课后服务质量。学校要制定课后服务实施方案，增强课后服务的吸引力。充分用好课后服务时间，指导学生认真完成作业，对学习有困难的学生进行补习辅导与答疑，为学有余力的学生拓展学习空间，开展丰富多彩的科普、文体、艺术、劳动、阅读、兴趣小组及社团活动。不得利用课后服务时间讲新课。

11. 拓展课后服务渠道。课后服务一般由本校教师承担，也可聘请退休教师、具备资质的社会专业人员或志愿者提供。教育部门可组织区域内优秀教师到师资力量薄弱的学校开展课后服务。依法依规严肃查处教师校外有偿补课行为，直至撤销教师资格。充分利用社会资源，发挥好少年宫、青少年活动中心等校外活动场所在课后服务中的作用。

12. 做强做优免费线上学习服务。教育部门要征集、开发丰富优质的线上教育教学资源，利用国家和各地教育教学资源平台以及优质学校网络平台，免费向学生提供高质量专题教育资源和覆盖各年级各学科的学习资源，推动教育资源均衡发展，促进教育公平。各地要积极创造条件，组织优秀教师开展免费在线互动交流答疑。各地各校要加大宣传推广使用力度，引导学生用好免费线上优质教育资源。

四、坚持从严治理，全面规范校外培训行为

13. 坚持从严审批机构。各地不再审批新的面向义务教育阶段学生的学科类校外培训机构，现有学科类培训机构统一登记为非营利性机构。对原备案的线上学科类培训机构，改为审批制。各省（自治区、直辖市）要对已备案的线上学科类培训机构全面排查，并按标准重新办理审批手续。未通过审批的，取消原有备案登记和互联网信息服务业务经营许可证（ICP）。对非学科类培训机

构,各地要区分体育、文化艺术、科技等类别,明确相应主管部门,分类制定标准、严格审批。依法依规严肃查处不具备相应资质条件、未经审批多址开展培训的校外培训机构。学科类培训机构一律不得上市融资,严禁资本化运作;上市公司不得通过股票市场融资投资学科类培训机构,不得通过发行股份或支付现金等方式购买学科类培训机构资产;外资不得通过兼并收购、受托经营、加盟连锁、利用可变利益实体等方式控股或参股学科类培训机构。已违规的,要进行清理整治。

14. 规范培训服务行为。建立培训内容备案与监督制度,制定出台校外培训机构培训材料管理办法。严禁超标超前培训,严禁非学科类培训机构从事学科类培训,严禁提供境外教育课程。依法依规坚决查处超范围培训、培训质量良莠不齐、内容低俗违法、盗版侵权等突出问题。严格执行未成年人保护法有关规定,校外培训机构不得占用国家法定节假日、休息日及寒暑假期组织学科类培训。培训机构不得高薪挖抢学校教师;从事学科类培训的人员必须具备相应教师资格,并将教师资格信息在培训机构场所及网站显著位置公布;不得泄露家长和学生个人信息。根据市场需求、培训成本等因素确定培训机构收费项目和标准,向社会公示、接受监督。全面使用《中小学生校外培训服务合同(示范文本)》。进一步健全常态化排查机制,及时掌握校外培训机构情况及信息,完善"黑白名单"制度。

15. 强化常态运营监管。严格控制资本过度涌入培训机构,培训机构融资及收费应主要用于培训业务经营,坚决禁止为推销业务以虚构原价、虚假折扣、虚假宣传等方式进行不正当竞争,依法依规坚决查处行业垄断行为。线上培训要注重保护学生视力,每课时不超过30分钟,课程间隔不少于10分钟,培训结束时间不晚于21点。积极探索利用人工智能技术合理控制学生连续线上培训时间。线上培训机构不得提供和传播"拍照搜题"等惰化学生思维能力、影响学生独立思考、违背教育教学规律的不良学习方法。聘请在境内的外籍人员要符合国家有关规定,严禁聘请在境外的外籍人员开展培训活动。

五、大力提升教育教学质量，确保学生在校内学足学好

16. 促进义务教育优质均衡发展。各地要巩固义务教育基本均衡成果，积极开展义务教育优质均衡创建工作，促进新优质学校成长，扩大优质教育资源。积极推进集团化办学、学区化治理和城乡学校共同体建设，充分激发办学活力，整体提升学校办学水平，加快缩小城乡、区域、学校间教育水平差距。

17. 提升课堂教学质量。教育部门要指导学校健全教学管理规程，优化教学方式，强化教学管理，提升学生在校学习效率。学校要开齐开足开好国家规定课程，积极推进幼小科学衔接，帮助学生做好入学准备，严格按课程标准零起点教学，做到应教尽教，确保学生达到国家规定的学业质量标准。学校不得随意增减课时、提高难度、加快进度；降低考试压力，改进考试方法，不得有提前结课备考、违规统考、考题超标、考试排名等行为；考试成绩呈现实行等级制，坚决克服唯分数的倾向。

18. 深化高中招生改革。各地要积极完善基于初中学业水平考试成绩、结合综合素质评价的高中阶段学校招生录取模式，依据不同科目特点，完善考试方式和成绩呈现方式。坚持以学定考，进一步提升中考命题质量，防止偏题、怪题、超过课程标准的难题。逐步提高优质普通高中招生指标分配到区域内初中的比例，规范普通高中招生秩序，杜绝违规招生、恶性竞争。

19. 纳入质量评价体系。地方各级党委和政府要树立正确政绩观，严禁下达升学指标或片面以升学率评价学校和教师。认真落实义务教育质量评价指南，将"双减"工作成效纳入县域和学校义务教育质量评价，把学生参加课后服务、校外培训及培训费用支出减少等情况作为重要评价内容。

六、强化配套治理，提升支撑保障能力

20. 保障学校课后服务条件。各地要根据学生规模和中小学教职工编制标准，统筹核定编制，配足配齐教师。省级政府要制定学校课后服务经费保障办法，明确相关标准，采取财政补贴、服务性收费或代收费等方式，确保经费筹措到位。课后服务经费主要用于参与课后服务教师和相关人员的补助，有关部

门在核定绩效工资总量时，应考虑教师参与课后服务的因素，把用于教师课后服务补助的经费额度，作为增量纳入绩效工资并设立相应项目，不作为次年正常核定绩效工资总量的基数；对聘请校外人员提供课后服务的，课后服务补助可按劳务费管理。教师参加课后服务的表现应作为职称评聘、表彰奖励和绩效工资分配的重要参考。

21. 完善家校社协同机制。进一步明晰家校育人责任，密切家校沟通，创新协同方式，推进协同育人共同体建设。教育部门要会同妇联等部门，办好家长学校或网上家庭教育指导平台，推动社区家庭教育指导中心、服务站点建设，引导家长树立科学育儿观念，理性确定孩子成长预期，努力形成减负共识。

22. 做好培训广告管控。中央有关部门、地方各级党委和政府要加强校外培训广告管理，确保主流媒体、新媒体、公共场所、居民区各类广告牌和网络平台等不刊登、不播发校外培训广告。不得在中小学校、幼儿园内开展商业广告活动，不得利用中小学和幼儿园的教材、教辅材料、练习册、文具、教具、校服、校车等发布或变相发布广告。依法依规严肃查处各种夸大培训效果、误导公众教育观念、制造家长焦虑的校外培训违法违规广告行为。

七、扎实做好试点探索，确保治理工作稳妥推进

23. 明确试点工作要求。在全面开展治理工作的同时，确定北京市、上海市、沈阳市、广州市、成都市、郑州市、长治市、威海市、南通市为全国试点，其他省份至少选择1个地市开展试点，试点内容为第24、25、26条所列内容。

24. 坚决压减学科类校外培训。对现有学科类培训机构重新审核登记，逐步大大压减，解决过多过滥问题；依法依规严肃查处存在不符合资质、管理混乱、借机敛财、虚假宣传、与学校勾连牟利等严重问题的机构。

25. 合理利用校内外资源。鼓励有条件的学校在课余时间向学生提供兴趣类课后服务活动，供学生自主选择参加。课后服务不能满足部分学生发展兴趣特长等特殊需要的，可适当引进非学科类校外培训机构参与课后服务，由教育

部门负责组织遴选，供学校选择使用，并建立评估退出机制，对出现服务水平低下、恶意在校招揽生源、不按规定提供服务、扰乱学校教育教学和招生秩序等问题的培训机构，坚决取消培训资质。

26. 强化培训收费监管。坚持校外培训公益属性，充分考虑其涉及重大民生的特点，将义务教育阶段学科类校外培训收费纳入政府指导价管理，科学合理确定计价办法，明确收费标准，坚决遏制过高收费和过度逐利行为。通过第三方托管、风险储备金等方式，对校外培训机构预收费进行风险管控，加强对培训领域贷款的监管，有效预防"退费难"、"卷钱跑路"等问题发生。

八、精心组织实施，务求取得实效

27. 全面系统做好部署。加强党对"双减"工作的领导，各省（自治区、直辖市）党委和政府要把"双减"工作作为重大民生工程，列入重要议事日程，纳入省（自治区、直辖市）党委教育工作领导小组重点任务，结合本地实际细化完善措施，确保"双减"工作落实落地。学校党组织要认真做好教师思想工作，充分调动广大教师积极性、创造性。校外培训机构要加强自身党建工作，发挥党组织战斗堡垒作用。

28. 明确部门工作责任。教育部门要抓好统筹协调，会同有关部门加强对校外培训机构日常监管，指导学校做好"双减"有关工作；宣传、网信部门要加强舆论宣传引导，网信部门要配合教育、工业和信息化部门做好线上校外培训监管工作；机构编制部门要及时为中小学校补齐补足教师编制；发展改革部门要会同财政、教育等部门制定学校课后服务性或代收费标准，会同教育等部门制定试点地区校外培训机构收费指导政策；财政部门要加强学校课后服务经费保障；人力资源社会保障部门要做好教师绩效工资核定有关工作；民政部门要做好学科类培训机构登记工作；市场监管部门要做好非学科类培训机构登记工作和校外培训机构收费、广告、反垄断等方面监管工作，加大执法检查力度，会同教育部门依法依规严肃查处违法违规培训行为；政法部门要做好相关维护和谐稳定工作；公安部门要依法加强治安管理，联动开展情报信息搜集研判和预警预防，做好相关涉稳事件应急处置工作；人民银行、银保监、证监部门负责指导银行等机构做好校外培训机构预收费风险管控工作，清理整顿培训机构融资、上市等行为；其他相关部门按照各自职责负起责任、抓好落实。

29.联合开展专项治理行动。建立"双减"工作专门协调机制，集中组织开展专项治理行动。在教育部设立协调机制专门工作机构，做好统筹协调，加强对各地工作指导。各省（自治区、直辖市）要完善工作机制，建立专门工作机构，按照"双减"工作目标任务，明确专项治理行动的路线图、时间表和责任人。突出工作重点、关键环节、薄弱地区、重点对象等，开展全面排查整治。对违法违规行为要依法依规严惩重罚，形成警示震慑。

30.强化督促检查和宣传引导。将落实"双减"工作情况及实际成效，作为督查督办、漠视群众利益专项整治和政府履行教育职责督导评价的重要内容。建立责任追究机制，对责任不落实、措施不到位的地方、部门、学校及相关责任人要依法依规严肃追究责任。各地要设立监管平台和专门举报电话，畅通群众监督举报途径。各省（自治区、直辖市）要及时总结"双减"工作中的好经验好做法，并做好宣传推广。新闻媒体要坚持正确舆论导向，营造良好社会氛围。

各地在做好义务教育阶段学生"双减"工作的同时，还要统筹做好面向3至6岁学龄前儿童和普通高中学生的校外培训治理工作，不得开展面向学龄前儿童的线上培训，严禁以学前班、幼小衔接班、思维训练班等名义面向学龄前儿童开展线下学科类（含外语）培训。不再审批新的面向学龄前儿童的校外培训机构和面向普通高中学生的学科类校外培训机构。对面向普通高中学生的学科类培训机构的管理，参照本意见有关规定执行。

北京市关于进一步减轻义务教育阶段学生作业负担和校外培训负担的措施

为坚决贯彻落实中共中央办公厅、国务院办公厅《关于进一步减轻义务教育阶段学生作业负担和校外培训负担的意见》,持续规范校外培训(包括线上培训和线下培训),做好本市减轻义务教育阶段学生作业负担和校外培训负担(以下简称"双减")工作,制定以下措施。

一、总体要求

1. 指导思想。坚持以习近平新时代中国特色社会主义思想为指导,全面贯彻党的教育方针,落实立德树人根本任务,着眼建设首都高质量教育体系,坚持首善标准,按照"校外治理、校内保障、疏堵结合、标本兼治"的总体思路,推进基础教育综合改革,强化学校教育主阵地作用,深化校外培训机构治理,坚决防止侵害群众利益行为,积极构建教育良好生态,形成校内外协同育人的良好局面,有效缓解家长焦虑情绪,促进学生全面发展、健康成长。

2. 工作原则。坚持育人为本、回应关切。遵循教育规律,从有利于学生身心健康成长出发,整体提升学校教育教学质量和服务水平,积极回应社会关切与期盼,减轻学生和家长负担。

坚持依法治理、标本兼治。严格执行义务教育法、未成年人保护法、民办教育促进法等法律规定,坚持校外培训的公益属性,注重源头治理、系统治理、综合治理。

坚持政府主导、各方联动。进一步优化教育资源配置,强化政府统筹,落实部门职责,健全保障政策。强化学校教育体系,发挥学校主体作用,同步深化学科类培训机构治理,明确家校社协同责任,营造良好社会氛围。

坚持统筹推进、稳步实施。严格落实国家有关规定,积极推广典型经验,深入探索推进重难点问题治理,确保"双减"工作平稳有序。

3.工作目标。全面落实中央决策部署,围绕"治乱、减负、防风险"的工作要求,校内校外双向发力,稳妥推进,分步实施,确保学生过重作业负担和校外培训负担、家庭教育支出和家长相应精力负担于2021年底前有效减轻、两年内成效显著,人民群众教育满意度明显提升。

校内服务提质增效。充分发挥学校育人主渠道作用,加大改革力度,统筹校内校外教育资源,统筹课内课后两个时段,对学校教育教学安排进行整体规划,全面系统构建学校育人生态。提升校内教育服务质量,提高学校育人水平,让每个学生在校内能够学得会、学得好、学得足。

校外培训规范有序。坚持从严治理,全面规范校外培训机构,防止无序扩张,严查各类违规培训和侵害群众利益的行为,为学生全面健康成长创造有利环境。

二、有效减轻学生过重作业负担

4.统筹作业管理。进一步完善作业统筹管理机制,学校制定作业管理办法,建立作业校内公示制度,公开班级各学科作业,加强质量监督。作业必须在课内布置,坚持作业全批全改、及时反馈,加强面批讲解,作业难度不得超过国家课标。不得布置机械重复、惩罚性作业。严禁给家长布置作业或要求家长检查、批改作业。

5.控制作业总量。小学一、二年级不布置家庭书面作业,可在校内适当安排巩固练习;小学三至六年级书面作业平均完成时间不超过60分钟;初中书面作业平均完成时间不超过90分钟。个别学生经努力仍完不成书面作业的,也应按时就寝,确保充足睡眠。

6.加强作业设计指导。发挥作业诊断、巩固、学情分析等功能,将作业设计纳入教研体系,系统设计符合学生年龄特点和学习规律、体现素质教育导向、涵盖德智体美劳全面育人的基础性作业,鼓励布置分层、弹性、个性化作业。教师要指导小学生在校内基本完成书面作业，初中生在校内完成大部分书面作业，认真分析学情，做好答疑辅导。不得要求学生自批自改作业。

7. 用好课余时间。学校和家长要引导学生放学回家后完成剩余书面作业，进行必要的课业学习，从事力所能及的家务劳动，开展适宜的体育锻炼、阅读和文艺活动等。引导学生合理使用电子产品和网络，保护视力健康，防止网络沉迷。家长要积极与孩子沟通，关注孩子心理健康，帮助其养成良好学习生活习惯。寄宿制学校要统筹安排好课余学习生活。

三、提升学校课后服务水平

8. 整体规划设计。学校要做好教育教学活动和教师资源的统筹，将课后服务时段分两个阶段进行整体规划、系统设计。第一阶段完成体育锻炼，保障学生每日 1 小时体育锻炼时间；第二阶段开展课业辅导和综合素质拓展类活动，结束时间原则上不早于 17 点 30 分。两个阶段相互衔接，满足学生多样化需求。对有特殊需要的学生，学校应提供延时托管服务。初中学校工作日晚上可开设自习班。学校可统筹安排教师实行"弹性上下班制"。

9. 丰富服务内容。学校制定具体的课后服务实施方案，提供菜单式课后服务项目和内容，供学生自愿选择，切实增强课后服务的吸引力。学校充分利用课后服务时间，指导学生完成作业，组织优秀教师对学习有困难的学生进行课业答疑和辅导，为学有余力的学生拓展学习空间。积极开展丰富多彩的科普、文体、艺术、劳动、阅读、兴趣小组及社团活动等综合素质拓展类活动。学校不得利用课后服务时间讲授新课。

10. 拓宽服务渠道。课后服务一般由本校教师承担，校级干部、特级教师、市区级学科带头人、骨干教师应主动承担课后服务工作任务，也可聘请退休教师、具备资质的社会专业人员或志愿者等优质师资，引入校外优质资源，共同做好课后服务。教育部门可组织优秀教师到本区域内优质资源不足或有需要的学校开展课后服务。充分利用社会资源，发挥好少年宫、青少年活动中心等校外活动场所在课后服务中的作用。课后服务不能满足部分学生发展兴趣特长等特殊需要的，教育部门可通过遴选，适当引进非学科类培训机构参与课后服务，并建立评估退出机制。

11. 做强做优免费线上学习服务。全面实施"互联网+基础教育"工程。充分利用信息技术，提升教育教学水平和教育管理能力。健全线上教学管理制度，完善线上公共教学平台，打造"双师课堂"。教育部门要指导学校用好免费线上优质教育资源，免费向学生提供覆盖各年级各学科的学习资源，以及法制、安全、心理健康等方面的高质量专题教育资源，深化开放式互动答疑，惠及更多学生。

四、深化校外培训机构治理

12. 严格审批准入。不再审批新的面向义务教育阶段学生的学科类培训机构。对现有学科类培训机构重新审核登记，逐步压减，动态清零无证机构。保留的学科类培训机构统一登记为非营利性机构。依法依规严肃查处不具备相应资质条件、未经审批多址开展培训的学科类培训机构。对已备案的线上学科类培训机构按要求全面排查，并按标准重新审批准入。未通过审批的，取消其原有备案登记和互联网信息服务业务经营许可证（ICP）。

13. 严控学科类培训时间。严格执行未成年人保护法有关规定，校外培训机构不得占用国家法定节假日、休息日及寒暑假期组织学科类培训。学科类培训时间不得与中小学校教学时间相冲突；线下培训结束时间不得晚于20点30分，线上培训结束时间不得晚于21点。线上培训要注重保护学生视力，每课时不超过30分钟，课程间隔不少于10分钟。探索利用人工智能技术合理控制学生连续线上培训时间。

14. 规范培训服务行为。完善学科类培训管理服务平台，动态掌握学科类培训的培训内容、培训材料、教师资质等信息，健全完善培训内容备案与监督制度。严禁超标超前培训，严禁非学科类培训机构从事学科培训，严禁提供境外教育课程。线上培训机构不得提供和传播"拍照搜题"等惰化学生思维能力、影响学生独立思考、违背教育教学规律的不良学习方法。依法依规坚决查处超范围培训、培训质量较差、内容低俗违法、盗版侵权等突出问题。从事学科类培训的人员，必须具备相应教师资格；培训机构不得高薪挖抢学校教师；不得泄露家长和学生个人信息。聘请在境内的外籍人员要符合国家有关规定，严禁聘请在境外的外籍人员开展培训活动。

学科类培训机构实施信息公开制度，对机构资质（办学许可证、法人登记证书相关信息）、教师资质（包括姓名、照片、任教班次及教师资格证编号等）、收退费标准（包括收费标准、退费办法、培训费收取账号等）、培训内容（包括课程名称、时间、价格等）、聘用外籍人员情况（包括姓名、来华工作许可证件编号），在机构办学场所显著位置及网站进行公示。

15. 强化经营活动监管。严格控制资本过度涌入培训机构，培训机构融资及收费主要用于培训业务经营，坚决禁止为推销业务以虚构原价、虚假折扣、虚假宣传等方式进行不正当竞争，依法依规坚决查处行业垄断行为。落实将义务教育阶段学科类校外培训收费纳入政府指导价管理的要求，科学合理确定计价办法，明确收费标准，坚决遏制过高收费和过度逐利行为。校外培训机构每次招生前须向教育部门报备招生简章、课程内容、教师资质、收费情况等事项。加强对培训领域贷款的监管，全面使用《中小学生校外培训服务合同（示范文本）》，严查经营者利用不公平格式条款侵害消费者合法权益的行为。全面落实学科类校外培训机构预收费管理办法。鼓励实施"先培训后收费""一课一消"培训收费模式，有效防范"退费难""卷钱跑路"等问题发生。

16. 严控广告宣传投放。加强校外培训广告管理。市属主流媒体、新媒体以及公交车站和地铁等公共场所、居民区各类广告牌和网络平台等，不刊登、不播发校外培训广告。不得在中小学校、幼儿园内开展商业广告活动，不得利用中小学和幼儿园的教材、教辅材料、练习册、文具、教具、校服、校车等发布或变相发布广告。依法依规严肃查处各种夸大培训效果、误导公众教育观念、制造家长焦虑的校外培训违法违规广告行为。

17. 严禁学科类培训机构上市融资。严格落实中央有关要求，学科类培训机构一律不得上市融资，严禁资本化运作。上市公司不得通过股票市场融资投资学科类培训机构，不得通过发行股份或支付现金等方式购买学科类培训机构资产。外资不得通过兼并收购、受托经营、加盟连锁、利用可变利益实体等方式控股或参股学科类培训机构。已违规的，要进行清理整治。

18. 完善长效治理机制。完善全链条、全流程的管理服务工作体系，进一步健全违规行为发现机制、常态化风险监测机制和联动执法惩戒机制。用好"黑白名单"制度，不断完善信用管理和分级分类监管，推进监管模式创新。依托12345市民服务热线，设立专门举报电话和举报邮箱，畅通监督举报途径，发挥群众监督举报、媒体监督作用。发挥行业协会在自律规范、权益保护、纠纷处理、行业信用建设等方面的积极作用，形成行业自律、政府监管、社会监督互为支撑的协同监管格局。

五、提升校内教育教学质量

19. 推进优质均衡发展。积极开展义务教育优质均衡创建工作，持续深化集团办学、学区制管理，促进教育全要素有序流动，努力实现教学、队伍、资源的全区域统筹。加快城乡一体化学校和市级统筹优质学校建设。充分激发学校办学活力，扩大优质资源覆盖面，缩小城乡、区域、学校间教育水平差距，整体提升学校育人能力，促进义务教育优质均衡发展。

20. 规范教育教学秩序。严格落实国家课程方案和课程标准，开齐开足开好国家规定课程，严格规范教材使用。学校不得随意增减课时、提高难度、加快进度，小学一年级坚持零起点教学，其他年级按教学计划开展教学，做到应教尽教。降低考试压力，改进考试方式，不得有提前结课备考、违规统考、考题超标、考试排名等行为，考试成绩呈现实行等级制。学校不得利用国家法定节假日、休息日及寒暑假期，组织义务教育阶段的未成年学生开展任何形式的集体补课，不得组织任何形式的招生、分班考试，严禁划分重点班、实验班。

21. 提高课堂教学质量。落实课堂教学基本要求、基本规范和基本规程，优化教学方式，强化教学管理，积极推进"空中课堂""双师课堂""融合课堂"建设，提升学生在校学习效率。加强学科建设和教研管理，科学做好幼小、小初衔接，引导教师准确把握学科特点、知识结构、思想方法，遵循学生认知与成长规律，切实提高教学质量。

22. 深化高中招生改革。积极完善基于初中学业水平考试成绩、结合综合素质评价的高中阶段学校招生录取模式，不断深化高中招生考试方式改革，坚持德智体美劳全面评价，探索过程性评价，依据不同科目特点，完善考试和成绩呈现形式。坚持以学定考，进一步提升中考命题质量，防止偏题、怪题、超过课程标准的难题。逐步提高优质普通高中招生指标分配到区域内初中的比例，规范普通高中招生秩序，杜绝违规招生、恶性竞争。

23. 纳入质量评价体系。各区党委和政府要树立正确政绩观，严禁下达升学指标或片面以升学率评价学校和教师，认真落实义务教育质量评价指南，将"双减"工作成效等情况作为区、校义务教育质量评价的重要内容。

六、增强支撑保障能力

24. 做好课后服务保障。严格执行中小学教师编制标准，配齐配足教师。完善学校课后服务经费保障办法，确保经费增量满足课后服务需要。深化绩效导向，积极向参与课后服务人员倾斜。进一步优化中小学教师绩效工资方案，确保课后服务经费主要用于参与课后服务教师和相关人员的补助。把用于教师课后服务补助的经费额度，作为增量纳入绩效工资并设立相应项目，不作为次年正常核定绩效工资总量的基数。对聘请校外人员提供课后服务的，课后服务补助可按劳务费管理。教师参加课后服务的表现应作为职称评聘、表彰奖励和绩效工资分配的重要参考。

25. 促进家校社协同。进一步明确家校育人责任，密切家校沟通，创新协同方式，推进协同育人共同体建设。教育部门要会同妇联等部门，办好家长学校或网上家庭教育指导平台，推动社区家庭教育指导中心、服务站点建设，指导学校建立定期家访制度，完善家长培训体系，引导家长树立正确的育儿观、成才观，精准分析学生发展需求，理性确定孩子成长预期，努力形成减负共识，为学生成长营造良好环境。

26. 严禁教师有偿补课。严禁在职中小学干部教师参加校外培训机构或由其他教师、家长等组织的有偿补课；不得与校外培训机构合作，为校外培训机构介绍学生或提供学生信息；不得组织、推荐或引导学生参加有偿补课。依法依规严肃查处教师校外有偿补课行为，直至撤销教师资格。

七、切实加强组织领导

27. 全面加强组织领导。全面加强党对"双减"工作的领导，充分发挥党委和政府的组织领导作用，进一步巩固校外培训机构专项治理成果，把"双减"工作作为重大民生工程，列入重要议事日程，纳入党委教育工作领导小组重点任务，加强统筹协调，精心组织实施，确保"双减"工作落地落实。中小学校党组织要认真做好教师思想工作，充分调动广大教师积极性、创造性。校外培训机构要加强自身党建工作，发挥党组织的战斗堡垒作用。

28. 明确部门工作职责。落实"市级统筹、属地负责"工作机制，市、区"双减"工作专班做好统筹协调工作，研究解决重点难点问题，进一步完善工作例会和定期调度机制，定期报告工作进展，确保"双减"工作取得实效。

教育部门要抓好统筹协调，会同有关部门加强对校外培训机构日常监管，指导学校做好"双减"有关工作；宣传、网信部门要加强舆论宣传引导，网信部门要配合教育、经济和信息化部门做好线上校外培训监管工作；机构编制部门要及时为中小学校补齐补足教师编制；发展改革部门要会同财政、教育等部门制定学校课后服务性或代收费标准，会同教育等部门制定校外培训机构收费指导政策；财政部门要加强学校课后服务经费保障；人力资源社会保障部门要做好教师绩效工资核定有关工作；民政部门要做好学科类培训机构登记工作；市场监管部门要做好非学科类培训机构登记工作和校外培训机构收费、广告、反垄断等方面监管工作，依法行使教育行政处罚权和相应的行政检查权，加大执法检查力度，依法依规严肃查处违法违规行为；应急管理部门负责牵头做好培训场所安全管理工作；政法部门要做好维护和谐稳定相关工作；公安部门要依法加强治安管理，联动开展情报信息搜集研判和预警预防，做好相关涉稳事件应急处置工作；金融监管部门和人民银行营业管理部、北京银保监局、北京证监局负责指导银行等机构做好校外培训机构预收费风险管控工作，清理整顿培训机构融资、上市等行为；纪检监察部门负责监督执纪工作；党委、政府督查部门负责督查检查工作；其他相关部门按各自职责分工抓好落实。

各相关行业主管部门负责明确本领域校外培训机构的设置标准、准入方式，并强化日常监管。教育部门负责中小学学科类培训机构和各类外语培训机构的管理；文化和旅游部门负责文化艺术培训机构的管理；体育部门负责体育培训机构的管理；科技部门负责科普知识培训机构的管理。

29. 强化监督检查。加大"双减"工作专项督查力度，将落实"双减"工作成效作为督查督办、漠视群众利益专项整治和政府履行教育职责督导评价的重要内容。充分发挥市、区两级教育督导力量，对"双减"工作进行专项督导检查。建立责任追究机制，对责任不落实、措施不到位的属地、部门、学校及相关责任人，要依规依纪依法严肃追究责任。督查结果纳入年度绩效考核。

30. 加强宣传引导。新闻媒体要坚持正确舆论导向，及时宣传党的教育方针、政策，积极营造良好社会氛围，稳定社会面预期。及时总结"双减"推进工作中的好经验好做法，并做好宣传推广。

31. 稳妥推进实施。坚决贯彻落实中央要求，准确把握"双减"政策，了解机构诉求，引导机构转型和规范发展。着力解决各类重点难点问题，对特殊情况，采取"一企一策"予以化解。各区各部门各单位要高度重视并防范可能出现的风险隐患，制定应对方案，不断完善政策措施，妥善处置突发事件，维护社会安全稳定。

在做好义务教育阶段学生"双减"工作的同时，统筹做好面向 3 至 6 岁学龄前儿童和普通高中学生的校外培训治理工作，不得开展面向学龄前儿童的线上培训，严禁以学前班、幼小衔接班、思维训练班等名义面向学龄前儿童开展线下学科类（含外语）培训。不再审批新的面向学龄前儿童的校外培训机构和面向普通高中学生的学科类校外培训机构。对面向普通高中学生的学科类培训机构的管理，参照中央及本市有关规定执行。

后 记

本书是北京教育科学研究院为贯彻落实"双减"政策,举全院之力,推进《北京教育科学研究院支持"双减"工作计划行动》落实,开展跨部门专项协同研究的系列研究成果之一。本书重点围绕"双减与高中教育"问题,探索"双减"政策与普通高中多样化特色发展的关系、与高中学校课程建设、学生培养的对接策略等问题。通过大规模数据调研、典型案例挖掘等方式全面监测普通高中多样化特色发展情况,及时总结经验,发现存在的问题,为教育行政部门提供政策建议,为"双减"背景下普通高中学校发展提供行动指南。

本书共分为4个篇章,分别是认识与思考、现状与分析、对策与建议、探索与实践等。整体概括和提炼了"双减"工作开展一年多来北京市普通高中多样化发展,课程建设的现状、问题与经验,展示教育科研部门及普通高中学校在落实"双减"政策、推进高中多样化特色发展方面所进行的探索与实践,可为普通高中学校、教育行政部门及教育科研部门提供一定的参考与借鉴。

本书由北京教育科学研究院"双减"工作领导小组院长方中雄、副院长冯洪荣、副院长张熙、副院长钟祖荣总体策划,由北京教育科学研究院基础教育科学研究所、基础教育课程教材发展研究中心2个部门协同推进,张熙副院长多次组织召开工作协调会,基础教育科学研究所佟德副所长、基础教育课程教材发展研究中心杨德军主任通力配合,确定了全书的框架体系,2个部门分别组织项目组成员撰写专题报告。需要说明的是，原框架体系中有关"双减"背景下高中学生创新人才培养的相关论文因成果梳理的时间进度等原因无法及时编入本书中，但前期在书稿框架、文献整理、沟通协调等方面付出的努力在后续的相关成果中有所体现。

本书是《北京教育科学研究院支持"双减"工作行动计划》的重要成果之一，是跨部门协同研究的重要体现。在"双减"项目推进的过程中，为了全面了解"双减"背景下北京市普通高中多样化发展的现状，项目组开展一系列问卷调研、专题访谈、案例征集，也得到了部分区教委中教科、区教科院所和高中学校的高度重视、大力支持与积极配合，在此一并表示感谢。张熙、殷桂金、黄晓玲、占德杰、李海燕、李瑞雪、高翔、范佳午等负责撰写相关主题论文，殷桂金、黄晓玲、李海燕对高中学校提交的典型案例做了具体修改与审校。同时，感谢院科研管理与合作交流处的大力支持，感谢科学技术文献出版社的策划编辑、责任编辑等为本书的出版付出的辛苦和努力！

本书每篇文章都标明了作者单位和姓名，项目组佟德、殷桂金、占德杰、李海燕、李瑞雪负责全书的审阅、校对与统稿，"双减"工作领导小组进行审定。鉴于作者的理论视野和实践经验有限，本书肯定存在若干不足之处，恳请方家不吝赐教。

"'双减'背景下普通高中多样化特色发展研究"项目组
2022年12月